A VOLTA DO ESTADO PLANEJADOR

neoliberalismo em xeque

CONTRACORRENTE

Gilberto Maringoni
(Organizador)

A VOLTA DO ESTADO PLANEJADOR

neoliberalismo em xeque

São Paulo

2021

Copyright © EDITORA CONTRACORRENTE
Alameda Itu, 852 | 1º andar |
CEP 01421 002
www.loja-editoracontracorrente.com.br
contato@editoracontracorrente.com.br

EDITORES
Camila Almeida Janela Valim
Gustavo Marinho de Carvalho
Rafael Valim
Walfrido Warde
Silvio Almeida

EQUIPE EDITORIAL
COORDENAÇÃO DE PROJETO: Juliana Daglio
REVISÃO: Graziela Reis
PREPARAÇÃO DE TEXTO: João Machado
REVISÃO TÉCNICA: Amanda Dorth
DIAGRAMAÇÃO: Gisely Fernandes
CAPA: Marina Avila

EQUIPE DE APOIO
Fabiana Celli
Carla Vasconcelos
Fernando Pereira
Lais do Vale
Valéria Pucci
Regina Gomes

Dados Internacionais de Catalogação na Publicação (CIP)
(Câmara Brasileira do Livro, SP, Brasil)

A volta do Estado planejador : neoliberalismo em xeque / Gilberto Maringoni (org.). -- São Paulo, SP : Editora Contracorrente, 2022.

Vários autores.
ISBN 978-85-69220-80-0

1. Administração pública 2. Brasil - Política econômica 3. Brasil - Política e governo 4. Estado 5. Política social 6. Neoliberalismo - Brasil I. Maringoni, Gilberto.

21-87157   CDD-320.51

Índices para catálogo sistemático:
1. Neoliberalismo : Ciência política 320.51

Eliete Marques da Silva - Bibliotecária - CRB-8/9380

@editoracontracorrente
Editora Contracorrente
@ContraEditora

Sumário

PREFÁCIO
Luiz Gonzaga Belluzzo ... 9

INTRODUÇÃO – O ETERNO RETORNO DAQUELE QUE NUNCA SAIU DE CENA
Gilberto Maringoni ... 19

PARTE I – O AMALDIÇOADO COMO PROBLEMA E SOLUÇÃO

CAPÍTULO I – O ESTADO, AGENDAS E DISPUTAS POLÍTICAS
Gilberto Maringoni ... 31

CAPÍTULO II – ESTADO E DESENVOLVIMENTO NA AMÉRICA LATINA
José Luís Fiori ... 57

CAPÍTULO III – ESTADO E DESENVOLVIMENTO: EUA, CHINA E ALGUMAS EXPERIÊNCIAS HISTÓRICAS
José Sérgio Gabrielli de Azevedo ... 93

CAPÍTULO IV – O ESTADO NA CHINA
Isabela Nogueira ... 127

CAPÍTULO V – PROTEÇÃO SOCIAL E CAPITALISMO: SOCIALIZANDO O "DESENVOLVIMENTO"
Rosa Maria Marques ... 145

PARTE II – DINHEIRO, INVESTIMENTO E AUSTERIDADE

CAPÍTULO VI – MOEDA É DÍVIDA PÚBLICA
André Lara Resende ... 165

CAPÍTULO VII – SE O DINHEIRO NÃO ACABOU, POR QUE A AUSTERIDADE FISCAL?
David Deccache ... 175

CAPÍTULO VIII – O GASTO DO ESTADO E AS FINANÇAS FUNCIONAIS: A CONTRIBUIÇÃO DE ABBA LERNER
Renata Lins ... 195

PARTE III – A LONGA CONSTRUÇÃO

CAPÍTULO IX – DE VARGAS A SARNEY: APOGEU E CREPÚSCULO DO DESENVOLVIMENTISMO BRASILEIRO
Pedro Cezar Dutra Fonseca e Ivan Colangelo Salomão ... 209

CAPÍTULO X – O RECUO DA INDÚSTRIA
Mário Bernardini ... 241

CAPÍTULO XI – ESTADO E PETRÓLEO NO BRASIL: ENTRE A SOBERANIA E O SUBDESENVOLVIMENTO
William Nozaki ... 255

PARTE IV – TRABALHO, DIREITOS E CIDADANIA

CAPÍTULO XII – ESTADO E CLASSES TRABALHADORAS NO BRASIL
Adalberto Cardoso ... 291

CAPÍTULO XIII – A PANDEMIA E O AGRAVAMENTO DAS DESIGUALDADES DE GÊNERO NA SOCIEDADE BRASILEIRA

Juliane Furno 309

CAPÍTULO XIV – RACISMO PARA ALÉM DAS IDENTIDADES: POR UMA PERSPECTIVA HISTÓRICO-CRÍTICA

Dennis de Oliveira 331

PARTE V – DESTRUIÇÃO E POSSIBILIDADES DE RECONSTRUÇÃO

CAPÍTULO XV – CHOQUE NEOLIBERAL, FASCISMO CULTURAL E PANDEMIA: A DESTRUIÇÃO DO ESTADO NO BRASIL

Leda Maria Paulani 357

CAPÍTULO XVI – DESMANCHE, A ETAPA SUPERIOR DA PRIVATIZAÇÃO

Paulo Kliass 383

CAPÍTULO XVII – É POSSÍVEL REINDUSTRIALIZAR O BRASIL?

Antonio Corrêa de Lacerda 399

CAPÍTULO XVIII – O DESAFIO DA POLÍTICA INDUSTRIAL EM TEMPOS DE PANDEMIA

Paulo Gala e André Roncaglia de Carvalho 423

CAPÍTULO XIX – KEYNES, UM ESTRATEGISTA DO PLANEJAMENTO E DE UMA NOVA SOCIEDADE

João Sicsú 449

PARTE VI - DISPUTA DE RUMOS

CAPÍTULO XX - AS TRAVESSIAS
Walter Sorrentino … 471

CAPÍTULO XXI - A SAÍDA, ONDE ESTÁ A SAÍDA?
Juliano Medeiros … 485

CAPÍTULO XXII - CRISE E PAPEL DO ESTADO
Aloizio Mercadante … 501

CAPÍTULO XXIII - BRASIL DE TODOS OU QUINTAL DOS OUTROS?
Franklin Martins … 519

PREFÁCIO

É ousadia escrever o prefácio de um livro agraciado com artigos de tal qualidade. Os autores espargem suas investigações em temas diversos. Diversos, porém concentrados na trajetória da vida social, política e econômica do Brasil. Também ouso dizer que trajetória não significa caminhar em linha reta do passado para o presente, mas sim desvendar as marcas e cicatrizes do passado na alma do presente para perscrutar o futuro.

Sendo assim, pratico a terceira ousadia ao invocar as imprecações que, na voz do ex-presidente do Banco Central do Brasil, Gustavo Franco, buscaram desqualificar a experiência brasileira de desenvolvimento.

Franco chegou a proclamar – em uma entrevista à revista *Veja* – que os tempos do nacional-desenvolvimentismo foram "40 anos de burrice". Quando prolatada, esta sentença irrecorrível de condenação ao passado projetava o poder e o prestígio do Real Forte, prestígio que ensejou a dominância das ideias liberais na condução das políticas econômicas a partir dos anos 1990. Era, então, de mau-gosto, para não dizer quase proibido, lembrar que o prolongado desfile de burrice, afinal, liberou o Brasil e os brasileiros da dependência da exportação de café e de outros produtos agrícolas menos votados (além do bicho do pé, da febre amarela e da hemoptise), forjando a mais importante economia urbana e industrial do chamado Terceiro Mundo.

As políticas "inteligentes" que o sr. Franco administrou por algum tempo prometiam tirar o país do atraso e aproximar o padrão de vida dos brasileiros daqueles gozados pelos povos do primeiro mundo. Essas ideias tiveram sequência depois do intervalo lulista: abertura da economia, liberalização financeira, recuo do Estado, privatizações, flexibilização do mercado de trabalho e reforma da previdência.

Entre tantas mazelas, faço questão de sublinhar os danos da privatização. A venda de empresas públicas estratégicas vai desarticular os mecanismos de coordenação do capitalismo brasileiro. Os liberais acham que isto não tem a menor importância: bastam a estabilidade e a previsibilidade macroeconômicas para lançar o país numa trajetória de crescimento.

O credo do novo (neo?) liberalismo, como o do velho, reza que é preciso abandonar a pretensão de influir no funcionamento dos mercados. Se pretendermos estar no futuro, devemos desembaraçar os possuidores de riqueza de qualquer entrave à compulsão "egoísta" de acumular. Quaisquer constrangimentos à busca do próprio interesse, afirmam, podem desencadear reações "negativas", a ponto de paralisar a máquina de crescimento capitalista, inviabilizando o funcionamento dos próprios dispositivos de proteção e compensação social que se imaginou criar.

O problema da política

O mal, dizem, é a política. Se o Estado se limitasse a cumprir os seus deveres de guardião da livre-concorrência, de bom administrador das finanças e da moeda, um discreto provedor de "externalidades", mediante o investimento em infraestrutura, tudo correria às mil maravilhas. Mas a política dos interesses e os interesses da política se intrometem frequentemente no jogo da economia, quebrando a harmonia de interesses promovida pela ação dos sujeitos racionais.

O Estado Democrático e seus direitos são conquistas muito recentes. O sufrágio universal foi conseguido com muita briga entre o final do século XIX e o começo do século XX. Os direitos econômicos e

PREFÁCIO

sociais são produtos da luta que transcorre entre o final dos anos 1930 e o final da Segunda Guerra Mundial.

A Grande Depressão dos anos 1930 e a Segunda Guerra Mundial foram experiências terríveis vividas pelas sociedades modernas no século XX. As lideranças políticas intelectuais e religiosas que sobreviveram aos dois cataclismos estavam dispostas a impedir a repetição da tragédia que levou milhões de pessoas à falência, ao desemprego e, depois, as submeteu ao terror do totalitarismo nazifascista e à morte.

Americanos e europeus, socialistas e democrata-cristãos concordavam, então, que o capitalismo e a democracia só poderiam conviver e sobreviver sob duas condições: 1) se as forças destrutivas que levaram ao colapso da economia fossem controladas pelo Estado e pela sociedade; 2) se os riscos e desigualdades produzidos pela operação dos mercados fossem contrabalançados por ações destinadas a criar e defender os direitos econômicos e sociais das classes não-proprietárias.

Nos países periféricos, predominantemente exportadores de produtos primários, acentuaram-se os movimentos em prol do desenvolvimento da indústria. A industrialização era vista como a única resposta adequada aos inconvenientes da dependência da demanda externa. A renda nacional dependia da exportação de produtos sujeitos à tendência secular de queda de preços e flutuações cíclicas da demanda.

Da fazenda à indústria

A economia brasileira mudou e evoluiu entre 1930 e 1945. O fazendão atrasado e melancólico do Jeca Tatu cedeu espaço para a urbanidade industrial incipiente. Mas a velha economia primário-exportadora deixou uma herança de deficiências na infraestrutura – energia elétrica, petróleo, transportes, comunicações –, nas desigualdades regionais e na péssima distribuição de renda.

Eleito em 1950, Getúlio Vargas retomou o projeto desenvolvimentista. Lançou em 1951 o Plano de Eletrificação, criou o BNDE

(Banco Nacional de Desenvolvimento Econômico) em 1952 e a Petrobras em 1953. O avanço da industrialização só poderia ocorrer com a modernização dos setores já existentes e a constituição de departamentos industriais que produzissem equipamentos, componentes, insumos pesados e bens duráveis.

Getúlio cometeu suicídio em agosto de 1954. As eleições de 1955 transcorreram num ambiente turbulento. As forças que levaram Vargas ao suicídio no ano anterior tentaram impedir a posse de Juscelino Kubitschek, eleito em 1955. O golpe foi frustrado pela reação pronta do general Henrique Batista Duffles Teixeira Lott. Juscelino assumiu em 1956 e seu mandato foi ameaçado por novas tentativas de derrubada pelos militares.

No poder, ele prometeu avançar 50 anos em 5. Pode-se dizer que cumpriu a promessa. Governou sob a orientação do Plano de Metas elaborado a partir de dois estudos: o da Comissão Mista Brasil-Estados Unidos e o da Comissão Mista BNDE-CEPAL (Comissão Econômica para a América Latina e o Caribe).

O Plano de Metas contemplava cinco prioridades: energia, transportes, alimentação, indústrias de base e educação. O governo concentrou os gastos na infraestrutura. A construção de Brasília e a abertura de estradas, como a Belém-Brasília, integravam o projeto de interiorização do desenvolvimento.

Ao mesmo tempo, foram constituídos os grupos executivos, coordenados pelo Conselho Nacional de Desenvolvimento, compostos por empresários do setor privado e de técnicos do BNDE, com o propósito de coordenar os programas de investimento e a divisão do trabalho entre o capital estrangeiro e o nacional nas diversas áreas. Essa era a tarefa do GEIA (Grupo Executivo da Indústria Automobilística), do GEICON (Grupo Executivo da Construção Naval), do GEIPOT (Grupo Executivo da Indústria de Transporte), e do GEIMAP (Grupo Executivo da Indústria Mecânica Pesada). Em 1958 foi criada a SUDENE (Superintendência do Desenvolvimento do Nordeste) com o propósito de promover o desenvolvimento naquela região.

PREFÁCIO

O Plano de Metas articulou, portanto, as ações do governo, do setor privado nacional e do capital produtivo internacional, que já experimentava uma forte expansão. A grande empresa americana movimentava-se dos Estados Unidos para a Europa, então em reconstrução. Ao mesmo tempo, as companhias europeias, em maior número, e as americanas transladavam suas filiais para os países em desenvolvimento dotados de estruturas produtivas mais avançadas e que apresentavam taxas de crescimento mais elevadas. O Brasil, entre 1956 e 1960, cresceu em média 7% ao ano.

Ainda me lembro que o seriado JK, da Rede Globo, em 2006, atiçou nas novas gerações a nostalgia do Brasil que não viveram. Jovens que vão além dos devaneios da telinha e se dão ao trabalho de escavar a história, não raro interpelam com suas angústias e esperanças os sobreviventes do desenvolvimentismo. Perguntam se "Juscelino foi 'tudo aquilo'".

A busca de um passado idealizado e mitificado, em sua maciça e massificante perplexidade, é a crítica ingênua de um presente atolado na mediocridade e na estagnação. Juscelino e suas circunstâncias foram tudo aquilo e mais alguma coisa.

Mais alguma coisa é o resíduo que a história não revela aos gênios da baixaria, ventríloquos do *establishment* nativo, sempre empenhados na cruzada contra o que chamam de populismo. São reencarnações sucessivas e inesgotáveis dos escribas do coronelato.

Seja como for, no período desenvolvimentista foram travadas as batalhas decisivas pela consolidação do processo de industrialização. Juscelino ganhou os duelos que Getúlio concebeu. O "desenvolvimentismo" como projeto de um capitalismo nacional cumpriu o seu destino através do Plano de Metas. A contrário do que pregam os caipiras-cosmopolitas – aquela malta que circula pelo mundo, sem entender nada do que acontece – o projeto juscelinista integrou a economia brasileira ao vigoroso movimento de internacionalização do capitalismo do pós--guerra. Por isso, os ultranacionalistas achavam que Juscelino perdeu as batalhas que Getúlio teria imaginado ganhar.

A análise do Plano de Metas explicita a concepção de um bloco integrado de investimentos na infraestrutura, no setor de bens de capital e de bens de consumo duráveis. As inovações institucionais consubstanciadas nos Grupos Executivos conferiram plasticidade ao aparelho econômico do Estado. Juscelino tomou posse em 1956 e atravessou o mandato sob as ameaças do golpismo antinacional, o mesmo que foi frustrado pelo suicídio de Getúlio em 1954 e que conseguiu submeter o país na quartelada de 1964.

Diante da globalização

Disse alguém, certa vez: "os movimentos sociais e políticos são pegos pela voragem da história, não estão conduzindo a história, estão sendo instrumentos dessa voragem". Temos de reconhecer: é uma avaliação concisa e brilhante do papel das ideologias e das certezas na história.

Nos anos 1990, os "renovados" da periferia, por exemplo, tiveram os seus dias de glória. Hoje o que vemos são cadáveres boiando na enxurrada da globalização. Quanto mais crédula foi a adesão às torrentes da mercantilização universal, mais rasa a poça d'água em que terminam por se afogar os clones de estadistas. As políticas nacionais de desenvolvimento pareciam sucumbir diante da maré montante da globalização e da integração dos mercados, sobretudo os financeiros. Apropriada pelos "renovados" da periferia, a estratégia de "desenvolvimento" do Consenso de Washington apoiava-se em cinco supostos: 1) a estabilidade de preços criaria condições para o cálculo econômico de longo prazo, estimulando o investimento privado; 2) a abertura comercial (e a valorização cambial) imporia disciplina competitiva aos produtores domésticos, forçando-os a realizar ganhos substanciais de produtividade; 3) as privatizações e o investimento estrangeiro removeriam gargalos de oferta na indústria e na infraestrutura, reduzindo custos e melhorando a eficiência; 4) a liberalização cambial, associada à previsibilidade quanto à evolução da taxa real de câmbio, atrairia "poupança externa" em escala suficiente para complementar o esforço de investimento doméstico e para financiar o déficit em conta corrente; 5) o desbordamento da renda e da riqueza, promovida pelo novo dinamismo incitado pelos mercados

PREFÁCIO

e pela ação focalizada das políticas sociais é a forma mais eficiente de reduzir a desigualdade e eliminar a pobreza.

Mas a crise do capitalismo financeirizado em 2007-2008 mostrou que as ilusões dos mercados eficientes não conseguiram suplantar o fetichismo do dinheiro e, portanto, não lograram escapar das armadilhas que se espalham ao longo do caminho dos que perseguem a acumulação de riqueza abstrata. Tudo indica que ainda está muito distante a prometida substituição das políticas nacionais por uma nova ordem global fundada exclusivamente nas forças do mercado.

Aqui peço passagem para uma menção ao desenvolvimento chinês. Poucos sabem que uma missão chinesa visitou o Brasil no início dos anos 1980. Buscavam inspiração para avançar nas reformas prometidas por Deng Xiaoping. Em suas conversações brasileiras, a missão chinesa concentrou suas indagações nas peculiaridades da construção institucional brasileira, sobretudo buscaram compreender o arranjo entre bancos públicos-empresas estatais e setor privado.

A experiência chinesa pode ser entendida como um paradigma da *aufhebung*, superação com conservação. Em seu artigo "Um novo paradigma para o capitalismo de Estado chinês", Jude Blanchette apresenta a evolução das formas de organização da economia chinesa. Nas primeiras etapas de seu desenvolvimento "híbrido", diz Blanchette, a China adotou demarcações relativamente claras entre empresas "estatais" e privadas. No período mais recente, essas demarcações tornaram-se imprecisas, praticamente irrelevantes, mediante o esforço para expandir o papel coordenador do Estado Chinês na economia, tanto no âmbito público quanto no privado. De fato, mesmo depois de reconhecer as limitações da influência de Pequim sobre muitas decisões das empresas, é difícil (se não impossível) delinear com qualquer precisão onde a influência do Estado termina e onde a autonomia privada começa. Esta nova articulação do público-privado totalmente integrados foi recentemente mencionada pelo presidente do SASAC (State-owned Assets Supervision and Administration Commission of the State Council), Hao Peng, que disse em uma entrevista: "Independentemente de empresas estatais ou privadas, são todas empresas chinesas. [Nós] promoveremos firmemente a integração a montante e a jusante de empresas de várias estruturas de propriedade, a integração de grandes, médios e pequenos, e o desenvolvimento coordenado e inovador de várias entidades de mercado para construir conjuntamente um grupo de empresas de classe mundial".

"Mercados" e "planejamento" não estão em lados opostos, mas suas relações constituem o ecossistema chinês que tornou obsoleta a taxonomia conceitual anterior. Como o *The Economist* resume em uma recente matéria perspicaz, "[a ideia de Xi] é que as empresas estatais obtenham mais disciplina de mercado e empresas privadas mais disciplina sistêmica para alcançar a grande missão coletiva da China".

À sombra da aproximação com os Estados Unidos e outros países ocidentais, Deng Xiaoping entrosou as reformas domésticas com a abertura ao investimento estrangeiro. Nesse momento, a força do dólar e as condições oferecidas pelo mercado financeiro dos EUA favoreceram a migração das empresas do Tio Sam para fruir as vantagens do novo espaço de expansão. Os chineses compraram o movimento de capitais, mas rejeitaram o ideário neoliberal.

Escalada regressiva

Voltamos ao Brasil. Na posteridade da crise da dívida externa deflagrada entre o final dos 1970 e início dos 1980, o Brasil iniciou sua escalada regressiva, na contramão da experiência chinesa.

Uma economia urbano-industrial, como a brasileira, formada há anos, não pode apoiar o crescimento e a estabilidade na exportação de *commodities*, cujos efeitos sobre o emprego e sobre a renda são limitados. O crescimento da indústria é almejado porque impõe a diversificação produtiva e torna mais densas as relações intrasetoriais e intersetoriais, proporcionando, ao mesmo tempo, ganhos no comércio exterior e na economia doméstica.

Não é de espantar que as tendências à desindustrialização tenham levado à corrosão das esperanças. Estão em conflito agudo as aspirações a uma vida decente, segura, economicamente amparada e o funcionamento real da economia capitalista contemporânea. A *liberação* das forças autorreferenciais que impulsionam a acumulação de capital é um movimento de aumento da desigualdade e, portanto, de degradação das liberdades para os mais desprotegidos.

PREFÁCIO

É natural que se intensifiquem as tensões entre o capitalismo e a democracia. A democracia moderna, diz Bobbio, significa, na verdade, a imposição de limites ao domínio do econômico, ao jogo da acumulação e do enriquecimento privado. Só o avanço democrático pode preservar as condições de vida, o meio ambiente, a saúde psicológica dos indivíduos submetidos às inseguras condições da sociabilidade governada pelo mercado.

O Estado brasileiro dos Guedes e Bolsonaros se ocupa, na verdade, da produção da insegurança: omite-se diante das tragédias do desemprego, da falta de saúde e de moradia e recua diante da violência dos criminosos. O Estado mostra-se negligente com a vida dos seus cidadãos mais pobres. Como é de conhecimento geral, são os *ferrados* que morrem como moscas, sem atendimento médico, sem comida ou pelas armas dos assassinos à solta. Tal descaso é cúmplice da violação sistemática dos códigos da cidadania moderna, que foram concebidos como uma reação da maioria mais fraca contra o individualismo anarquista dos mais fortes, mais ricos e seus vassalos remediados. Estes estão sempre prontos a defender uma sociedade totalitária cujo poder está concentrado em uma personalidade paranoica, disposta a demolir um Estado democrático e forte, capaz de desestimular os que pretendem se impor através da intimidação da maioria.

O liberalismo à brasileira almeja empreender uma reforma do Estado, conluiando-se com as forças políticas mais reacionárias e retrógradas do país e entregando a soberania aos caprichos dos mercados. Trata-se, certamente, de uma das mais engenhosas arrumações que a velha oligarquia brasileira imaginou para continuar no papel de sátrapas do Império.

Luiz Gonzaga Belluzzo[1]

---

1 Luiz Gonzaga Belluzzo, ex-secretário de Política Econômica do Ministério da Fazenda, é professor titular do Instituto de Economia da Unicamp.

INTRODUÇÃO

O ETERNO RETORNO DAQUELE QUE NUNCA SAIU DE CENA

GILBERTO MARINGONI

O personagem central deste livro foi cuidadosamente caluniado durante as últimas cinco décadas, aos olhos da opinião pública, em variadas campanhas de desinformação ao redor do mundo. Tido como ineficiente, lerdo, atrasado, obsoleto, perdulário, burocratizado, patrimonialista, foco de empreguismo, preguiça, desperdício e corrupção, entre tantos outros atributos negativos, o Estado foi responsabilizado por quase todos os pecados passados, presentes e futuros da sociedade.

Foi chamado de dinossauro por presidentes, governadores/as, deputados/as, prefeitos/as, empresários/as, acadêmicos/as, intelectuais, dirigentes sindicais, jornalistas, artistas e incontáveis mais, numa corrente ecumênica de detratores. No Brasil, comerciais de TV e rádio nos anos 1990 associavam suas empresas a paquidermes postados na sala de jantar a atrapalhar a faina diária de pacatas famílias de bem.

Seria necessário realizar o desmonte, a desestatização, a privatização, a capitalização, a parceria público-privada, a concessão em busca de melhores preços e qualidade de serviços e produtos para se abolir tais males. Urgia abrir a economia, derrubar barreiras, desmontar cartórios, varrer privilégios e acabar com a boa-vida de funcionários folgados e indústrias superadas, em um bota-abaixo furioso. As palavras de ordem imediatas passaram a ser reformas, enxugamentos e ajustes. O conceito schumpeteriano de destruição criativa foi açodadamente aplicado de maneira inusitada, com destruição violenta e criatividade exacerbada para as contas de novos controladores de ativos públicos então leiloados.

Nada se inventava ao Sul do mundo. Bastaria repetir o mantra *não há alternativa* da sra. Margareth Thatcher, com pitadas de Consenso de Washington, tudo regado à infindável e sempre inconclusa busca de credibilidade internacional, para que novos horizontes se descortinassem.

Em nosso país, a cruzada daqueles tempos foi propagada como um embate moral e mortal entre o moderno e o arcaico. A imagem aludida era de um arcabouço gosmento e pegajoso, do qual só nos livraríamos se rompêssemos com a Era Vargas, raiz de nossos percalços e de um capitalismo de compadres, autoritário e paternalista. Um atentado à livre iniciativa, ao direito de propriedade e outras pragas mais.

A vinculação da ação do Estado com o autoritarismo veio a se somar à torrente de meias-verdades (ou meias-mentiras, como disse Millôr Fernandes)[2] lançadas como areia aos olhos do distinto público. Associar planejamento – ou intervenção – estatal na economia com regimes de força é uma velha muleta do liberalismo econômico, que não tem o mesmo sentido de liberalismo político. Em tais argumentos, o país necessitaria urgentemente de choques de capitalismo para se livrar do entulho estatizante. O discurso reverberado em todas as mídias foi alardeado como unanimidade planetária. Conversa fiada, ou *fake news*, como se diz em português pós-moderno.

---

2   FERNANDES, Millôr. *A bíblia do caos*. Porto Alegre: L&PM, 1994, p. 487.

Basta lembrar que uma das mais sangrentas ditaduras do século XX, a do Chile de Pinochet (1973-90), foi o laboratório pioneiro das políticas neoliberais, com sua agressiva dinâmica de desregulamentações e alienações de bens e serviços.[3]

Após um longo período de liberalização acelerada, a economia global sofreu pelo menos duas grandes crises, a do *subprime*, em 2008-2009, e a da pandemia do novo coronavírus, em 2020-2021. Embora tenham matrizes distintas, ambas tiveram como consequências gerais queima de capital, destruição de meios de produção e fortes intervenções do Estado em ações anticíclicas. Se no primeiro caso a ação do poder público restringiu-se a localizadas injeções de capital em corporações privadas, no segundo, tais iniciativas se dão de formas muito mais abrangentes e profundas, e têm suscitado um amplo debate internacional.

É possível dizer que um tabu histórico está sendo rompido. Rapidamente, cortinas de fumaça se desfazem e se torna perceptível que nenhuma economia funciona sem Estado. E que suas diretrizes devem ser objeto de escrutínio público democrático, e não apenas a partir das vontades de especialistas vinculados ao topo da sociedade.

Este livro é fruto de um esforço plural, produzido por autores oriundos de distintas correntes de pensamento, que têm a saudável pretensão de interferir nessas controvérsias. A obra cobre alguns aspectos dos dilemas do desenvolvimento em meio a pesadas turbulências, em especial aqueles voltados para áreas políticas, econômicas e sociais. Está longe de ser totalizante e muitos temas ficaram de fora, até mesmo pela impossibilidade de se examinar de uma única vez a caleidoscópica gama de carências sociais que nos rodeia.

O trabalho é dividido em quatro partes.

A primeira tem por título "O amaldiçoado como problema e solução", com cinco capítulos.

---

[3] ANDERSON, Perry. "Balanço do neoliberalismo". *In*: SADER, Emir; GENTILI, Pablo (Coord.). *Pós-neoliberalismo*: as políticas sociais e o Estado democrático. Rio de Janeiro: Paz e Terra, 1995, pp. 9-23.

O primeiro deles, *O Estado, agendas e disputas políticas*, de **Gilberto Maringoni**, professor de Relações Internacionais da UFABC, mostra como o combo crise sanitária e recessão econômica recoloca na mesa a necessidade da ação estatal como promotora de soluções universais para a situação, abrindo um novo ciclo de disputas políticas ao redor do mundo.

Em seguida, **José Luís Fiori**, professor de Economia Política Internacional da UFRJ, em *Estado e desenvolvimento na América Latina*, detalha as matrizes teóricas do desenvolvimentismo continental e as agendas políticas que orientaram a ação do poder público nos anos 1940-1950 e 1980-1990. Ao fim, delineia alguns dos passos necessários para a superação da difícil quadra histórica em que o Brasil se encontra.

José Sergio Gabrielli de Azevedo, professor de Economia da UFBA, examina, em *Estado e desenvolvimento: EUA, China e algumas experiências históricas*, as diretrizes do Plano Biden, marcadamente inspirado no New Deal, de Franklin Roosevelt, e o caminho francamente heterodoxo do socialismo de mercado chinês.

Na sequência, **Isabella Nogueira**, professora de Economia da UFRJ, em *O Estado na China*, mostra como o país – dirigido pelo Partido Comunista – eliminou a pobreza extrema, colocou em pé uma indústria de ponta, baniu qualquer possibilidade de se construir uma economia dependente e subiu efetivamente nas cadeias globais de valor, representando o principal desafio econômico e estratégico aos Estados Unidos.

Em *Proteção social e capitalismo: socializando o desenvolvimento*, **Rosa Maria Marques**, professora de Economia da PUC-SP, refaz o longo trajeto histórico da construção dos sistemas de proteção social atualmente vigentes. Ela argumenta que serviços e direitos para as maiorias são resultados de lutas sociais que os definiram como fundamentos da cidadania, garantidos pelo Estado.

A segunda parte, "Dinheiro, investimento e austeridade", contém três capítulos.

André Lara Resende, ex-presidente do BNDES, em *Moeda é dívida pública*, afirma ser "preciso compreender que o Estado pode e deve investir de forma produtiva. É preciso compreender que isso não é o mesmo que defender um Estado inchado e refém de interesses clientelistas".

Páginas adiante, **David Deccache**, professor de Economia da UnB, lança uma provocação em *Se o dinheiro não acabou, por que a austeridade fiscal?* Para ele, as políticas de cortes orçamentários nada têm de neutras. Elas acarretam sucateamento do Estado, abrindo caminho para o grande capital privado ampliar sua participação em atividades antes ocupadas pelo setor público.

De maneira quase complementar, **Renata Lins,** do Grupo de Economia do Setor Público do IE/UFRJ, escreve *O gasto do Estado e as finanças funcionais: a contribuição de Abba Lerner.* Suas palavras são diretas: "A ideia de Estado mínimo é uma falácia. Não existe a alternativa de 'mais ou menos Estado'; há formas de atuação que são diferentes e beneficiam mais ou menos os trabalhadores ou os donos do capital".

A terceira parte – "A longa construção" – abrange mais três capítulos.

Pedro Cezar Dutra Fonseca e Ivan Colangelo Salomão – professores de Economia da UFRGS e da UFPR – produziram o texto *De Vargas a Sarney: apogeu e crepúsculo do desenvolvimentismo brasileiro*. Ambos mostram como, entre os anos 1930-1980, "a utilização dos meios e recursos estatais (...) consagrou-se como estratégia medular do projeto desenvolvimentista". Segundo os autores, a atuação do Estado não pode ser considerada "mera opção" baseada em preceitos ideológicos. Trata-se de condição necessária para desencadear e viabilizar o processo.

A reflexão de **Mário Bernardini**, industrial e membro do Conselho Superior de Economia da FIESP, intitulada *O recuo da indústria*, aponta em direção semelhante. O autor mostra que o processo de desindustrialização brasileira se abre com o advento da financeirização da economia e com a exposição da indústria a uma importação selvagem e a redução de decisivas políticas públicas. Um projeto nacional, em sua definição, precisa ter como foco o desenvolvimento com justiça social e redução das desigualdades.

William Nozaki, professor de Economia da FESP-SP, toca num tema central para a industrialização e a autonomia energética: a criação e afirmação da Petrobrás, empreendimento de enorme importância política, econômica e social. Nas páginas de *Estado e petróleo no Brasil: entre a soberania e o subdesenvolvimento*, ele sublinha que a empresa "não foi criada como (...) estatal apenas por ousadia do poder público, mas também por timidez da iniciativa privada".

Mais três capítulos formam a quarta parte, "Trabalho, direitos e cidadania".

Adalberto Cardoso, professor de Sociologia do IESP/UERJ, abre o tema com *Estado e classes trabalhadoras no Brasil*. Ao integrar o povo no desenvolvimento e na vida institucional, Vargas consolidou um projeto político abrangente de construção da Nação e da ordem burguesa. Cardoso destaca: "Esse mecanismo foi em grande parte desfeito a partir do golpe de 2016", que levou ao poder agentes de um projeto neoliberal radical contrário à regulação pública das relações entre capital e trabalho.

Racismo para além das identidades: por uma perspectiva histórico-crítica é o título do texto de **Dennis de Oliveira**, professor da ECA/USP. Não se pode conceber uma política de desenvolvimento séria sem que se ataque o preconceito racial de forma radical, no Brasil. Em suas linhas, Oliveira afirma que a pandemia "evidenciou a necessidade do Estado como principal agente de enfrentamento da crise social, econômica e política, particularmente quando se fala do impacto junto à população mais pobre, na qual se situa a esmagadora maioria de negras e negros".

Na opinião de **Juliane Furno**, doutora em Economia pela Unicamp, "As mulheres foram duplamente afetadas com o avanço da doença, tanto no espaço próprio das atividades econômicas, expresso nas oscilações do mercado laboral, quanto na sobrecarga de trabalho doméstico". Ela desenvolve o raciocínio em *A pandemia e o agravamento das desigualdades de gênero na sociedade brasileira*.

"Destruição e possibilidades de reconstrução" é o título da quinta parte. Nela estão contidos quatro capítulos.

Leda Maria Paulani, professora de Economia da USP, em *Choque neoliberal, fascismo cultural e pandemia: a destruição do Estado no Brasil*, desenha um amplo painel sobre o projeto em curso no país. O desmonte pretendido abrange todas as esferas da vida social e tem como alvo essencial as conquistas da Constituição de 1988. Há, contudo, um problema a se resolver com a chegada da pandemia. "O combate ao vírus só será efetivo se for coletivo, e se contar com solidariedade, consciência gregária, ciência presente e atuante, sistema público de saúde e um Estado grande e forte", destaca.

Paulo Kliass, especialista em políticas públicas e gestão governamental, esmiúça como a sanha destrutiva se concretiza em *Desmanche, a etapa superior da privatização*. Se nos anos 1990, a comercialização de ativos públicos se fez sob o argumento de busca da eficiência e barateamento dos serviços, três décadas depois, a venda de estatais se tornou um valor em si. Ao que parece, privatiza-se porque sim, porque se quer e ponto final.

O questionamento É *possível reindustrializar o Brasil?* é feito por **Antonio Corrêa de Lacerda**, professor da PUC-SP e presidente do Conselho Federal de Economia. Seu capítulo mostra ser equivocado apostar que apenas as forças do mercado e a fé na abertura comercial poderiam nos recolocar no caminho do desenvolvimento. Não há experiência histórica a comprovar isso. Ao longo do trabalho, fica claro que a indústria só voltará a ter peso na economia através da adoção de um conjunto de políticas e medidas anticíclicas de largo espectro.

Paulo Gala e André Roncaglia de Carvalho, professores de Economia da FGV-SP e da Unifesp, examinaram experiências internacionais ao escrever *O desafio da política industrial em tempos de pandemia*. De acordo com a dupla, "a história das nações mostra que quem dominou o núcleo das atividades produtivas complexas ficou rico. É o caso de Estados Unidos, Japão e Inglaterra e, mais recentemente, do leste da Europa e da Ásia". A pesquisa mostra que "O sucesso não veio espontaneamente apenas através das forças de mercado", mas foi construído a partir de uma articulada integração entre Estado, sociedade civil e mercados locais.

Esta parte se fecha com um artigo de **João Sicsú**, professor de Economia da UFRJ, sobre uma face desconhecida do principal teórico do desenvolvimento do século XX. Em *Keynes, um estrategista do planejamento e de uma nova sociedade*, o estudioso mostra que o planejamento estatal é essencial para qualquer transformação social.

A sexta e última parte – "Disputa de rumos" –, com quatro textos, busca responder uma questão que dá título a uma das mais famosas obras de Vladimir Lenin: *Que fazer?*

Walter Sorrentino, médico e dirigente do PCdoB, destaca em *As travessias*, que o caminho para a recuperação do país envolve o Estado como indutor de investimentos, do desenvolvimento, da reindustrialização e do fortalecimento do mercado interno, ações que devem se traduzir em políticas ousadas e profundamente democráticas.

A saída, onde está a saída?, do presidente do PSOL e historiador **Juliano Medeiros**, aponta que meia década depois do golpe contra Dilma Rousseff, as esquerdas ainda se perguntam por onde recomeçar. "Compreender as razões que levaram as elites no Brasil a rechaçar até mesmo o 'reformismo fraco' do projeto lulista é passo fundamental para encontrarmos um novo sentido para o papel do Estado".

O presidente da Fundação Perseu Abramo, ex-Senador (PT-SP) e ex-ministro **Aloizio Mercadante** assegura, no capítulo *A crise e o papel do Estado*, que a superação das crises sobrepostas, econômica e sanitária, só será possível com "o fortalecimento do papel do Estado, com ideias que rompam os limites da ortodoxia fiscal e com a superação das políticas neoliberais".

O livro termina diante da disjuntiva - *Brasil de todos ou quintal dos outros?* – do jornalista e ex-ministro **Franklin Martins**. Ele volta às políticas anticíclicas de Roosevelt e Biden e afirma: "Os governos democráticos e populares do início do século XXI (...) mostraram que a exclusão social não é algo inevitável, mas fruto das escolhas políticas dos donos do poder. Desnudaram o absurdo da tese de que o povo não cabia no país. O povo não só cabe no Brasil e no orçamento, como é uma grande riqueza e um patrimônio extraordinário (...). Com ele, o Brasil progride, torna-se mais justo e pode ser mais rico e mais respeitado no mundo".

Boa leitura.

PARTE I

O AMALDIÇOADO COMO PROBLEMA E SOLUÇÃO

CAPÍTULO I
O ESTADO, AGENDAS E DISPUTAS POLÍTICAS

GILBERTO MARINGONI

A emergência da crise sanitária a partir de 2020, combinada com recessão econômica na quase totalidade dos países, recoloca na agenda política e na pauta acadêmica o debate sobre o Estado como agente fundamental do desenvolvimento. Abre-se uma janela de oportunidades para a superação do neoliberalismo e da ideia do mercado como organizador da sociedade.

Adentramos a catástrofe. A pandemia do novo coronavírus cria um rastro brutal que destroça vidas, famílias e economias, muda comportamentos e evidencia um panorama que parece saído de um manual de luta de classes. O caos sanitário é seletivo. Tem como alvo prioritário pobres, periféricos e prejudicados de sempre. O esgarçamento do tecido social é tão súbito que subverte dogmas tidos como absolutos na cena mundial das últimas décadas. É o caso do papel do Estado, esse pretenso fardo para a sociedade, que volta a ser valorizado como único ente capaz de fazer frente ao tsunami viral. O looping de conceitos é tão radical que abre espaço para uma disputa política de grande envergadura.

Uma lógica de convivência imposta ao mundo desde os anos 1970-1980 se desmancha no ar ao longo de 2020-2021, a lógica de que o livre-mercado seria o ordenador da vida social. Em quase todo o mundo, os Estados voltam a se mostrar cruciais diante da hecatombe.

A pandemia colide com a economia internacional como força externa a ela e coloca em xeque a lógica pretensamente gregária propagada ao longo de quatro décadas de globalização neoliberal. Onde foi parar o mundo sem fronteiras e caudatário de um novo tipo de internacionalização? Onde foi parar a mobilidade infinita numa época em que o confinamento e o isolamento tornam-se regra?

Se o surgimento da Covid-19 faz parte das condições objetivas da realidade, o seu desenvolvimento, deslocamento e contágio está subordinado – impulsionado ou bloqueado – por condições subjetivas das ações humanas. É aqui que a doença se insere na esfera política e pode criar a necessidade para se alterarem regras estabelecidas anteriormente.

A guerra

Em 16 de março de 2020, o presidente francês Emmanuel Macron fez um pronunciamento televisivo de pouco mais de 20 minutos. Por seis vezes, a pontuar o ritmo da fala, o chefe do palácio do Eliseu repetiu: "Estamos em guerra".[4]

O mote *guerra*, a partir daí disseminou-se pelo planeta, sendo reproduzido por governantes, políticos, gestores, médicos e outros profissionais de saúde. Até mesmo o ex-ministro da Defesa do Brasil,

---

[4] GOVERNO FRANCÊS. "Coronavirus: allocution du Président de la République (16 mars)". *Consulat Général de France à Vancouver*, 2020. Disponível em: https://vancouver.consulfrance.org/Coronavirus-Allocution-d-Emmanuel-Macron-16-mars. Acessado em: 21.10.2021.

O ESTADO, AGENDAS E DISPUTAS POLÍTICAS

general Fernando Azevedo e Silva, afirmou, em 16 de abril: "Estamos em uma guerra e o Exército está nela". Bravata, como se sabe. As Forças Armadas brasileiras entraram na guerra através de uma polêmica intervenção do prosaico general Eduardo Pazuello no ministério da Saúde. A ação primou pela inoperância, pelo empreguismo e por não traçar nenhuma estratégia sanitária nacional coerente.

O Exército brasileiro demonstra não ter a menor noção do que significa um conflito de grandes proporções. Seus generais sabem do que se trata através de filmes de Quentin Tarantino, de Steven Spielberg, ou de jogos de computador que disputam com os netos.

Apesar disso, a metáfora lançada por Macron tem razão de ser. Há alguma similitude entre guerras e pandemias. Ambas operam com conquistas de territórios e as vítimas são contadas em quantidades industriais. Só se pode combater infecções de larga expansão geográfica através de um tipo de mobilização política e social semelhante à de uma união nacional contra agressão externa.

Em ambos os casos é necessário um comando nacional único e centralizado, capaz de mobilizar e coordenar ações de três níveis do Estado – nas áreas de informação, crédito, financiamento, redes de saúde, educação, pesquisa, assistência social e forças armadas – e da iniciativa privada – comércio, indústria e serviços, com destaque para transportes –, além de entidades associativas.

O vírus se move ocupando espaços e territórios. Embora o atendimento médico na fase aguda da doença seja individualizado, o controle do ataque viral demanda ação pública e coletiva. O isolamento social e territorial só pode ser aventado mediante operações de compensação e transferência de renda que supram necessidades básicas da população em períodos de suspensão de atividades econômicas. Secundariamente, o confinamento físico apenas é factível através da adoção de táticas e logísticas militares e eficientes campanhas de esclarecimento popular. No caso concreto do Brasil, a ação estatal teria a vantagem de contar com a decisiva atuação da rede pública e capilarizada do Sistema Único de Saúde (SUS).

Ressalte-se: o combate a uma pandemia para a qual inexistia vacina ou cura em seu primeiro ano teria de ser pensado antes de mais nada como disputa de tempo, espaço e território.[5] Só se enfrenta a Covid-19 se o conhecimento de seu deslocamento geográfico presente e futuro for o mais detalhado possível. Dessa maneira se traçam normas de isolamento. Vale atentar para o que escreveram Dina Czeresnia e Adriana Maria Ribeiro, da Escola Nacional de Saúde Pública:

> Em epidemiologia, o uso do conceito de espaço acompanhou o desenvolvimento teórico da geografia, especialmente da vertente chamada geografia médica. Pensando a especificidade desses estudos, destaca-se, mais uma vez, a importância da teoria de transmissão de germes como estrutura nuclear da apreensão da relação entre espaço e corpo, constituindo-se também em limite epistemológico à intenção de compreender o espaço como uma totalidade integrada.[6]

O conhecimento e o domínio do espaço geográfico se mostram essenciais para uma ação integrada no combate à doença, só factível através de iniciativas universais coordenadas. No Brasil e nos Estados Unidos – países nos quais a peste fugiu de controle – as soluções adotadas em 2020 foram descentralizadas, desiguais e com uma multiplicidade contraditória de procedimentos, erros, diversionismos e omissões. Em síntese, nos dois países, uma lógica análoga à anarquia de mercado se sobrepôs às necessidades da saúde pública. No mercado vigora a concorrência sem regras, mas na ação pública, a matriz pode ser cooperativa. Vale assinalar que após a posse de Joe Biden, o comportamento

---

5 OLIVEIRA, Ricardo Devides. "Assim nasce a geografia da pandemia". *Outras palavras*, 2020. Disponível em: https://outraspalavras.net/descolonizacoes/assim-nasce-a-geografia-da-pandemia/. Acessado em: 21.10.2021.

6 CZERESNIA, Dina; RIBEIRO, Adriana. "O conceito de espaço em epidemiologia: uma interpretação histórica e epistemológica". *Cadernos de Saúde Pública*, 2000. Disponível em: https://www.scielo.br/scielo.php?script=sci_arttext&pid=S0102-311X2000000300002. Acessado em: 21.10.2021.

do governo norte-americano mudou. E os resultados no combate à pandemia também.

Voltemos ao paralelo bélico. A maneira mais eficiente de se combater o coronavírus é encará-lo como um exército invasor contra o qual uma multiplicidade de forças nacionais pede comando centralizado, ofensivas convergentes, emulação popular e unidade de ação.

O mapeamento da ocupação só pode ser realizado por uma rede pública e nacional de saúde fortalecida. A tática de defesa precisa envolver, ademais, recursos ilimitados e a fundo perdido (em especial para que se garanta o funcionamento da economia, com dinheiro nas mãos das pessoas e créditos para as empresas), campanhas educativas e restrições à mobilidade, para garantir isolamento social. As intervenções demandam ação militar e sanitária, além de investimentos emergenciais em pesquisa, compra de equipamentos, montagens de hospitais, pronta resposta, transparência de decisões, testagem e vacinação em massa etc. A difusão da ideia de *Pátria em perigo*, típica de conflitos bélicos, torna-se fundante. Sem mobilização e engajamento social não se enfrenta a pandemia. O clima de New Deal mais economia de guerra é essencial para uma empreitada desse tipo.

Foi com iniciativas desse quilate que a China obteve êxito em mitigar a propagação da Covid-19, antes mesmo da chegada dos imunizantes. Pode-se alegar que o país é governado por uma ditadura há mais de 70 anos, motivo pelo qual uma dinâmica articulada nos moldes acima enunciados é factível. O mesmo não seria possível em um regime de liberdade.

A alegação é enganosa. Grandes democracias enfrentaram guerras cruentas sem perder sua pluralidade política. A questão a ser colocada não é entre ditadura e democracia, mas entre mercado e ação estatal.

No Brasil, sem nenhum planejamento ou controle centralizado e com um discurso negacionista por parte do presidente da República, a regra é a mazorca sanitária. É como se não houvesse Estado e o mercado reinasse sobre tudo e todos. Chegou-se até a aventar a venda privada das vacinas, tudo justificado perante o que seria a contumaz inoperância do Estado.

O senso comum do Estado ineficiente

Não apenas o poder público federal não age de forma integrada, como a percepção de seu escasso dinamismo e eficiência se tornou parte do senso comum. Investir contra a suposta ineficiência e descontrole inerentes ao Estado tornou-se quase um consenso social no Brasil das últimas quatro décadas. Estado virou sinônimo de um estorvo para a sociedade, a ponto de até mesmo parcelas da esquerda aderirem à sua demonização. Até a palavra tornou-se maldita.

Assim é que, apesar de orçamento público e orçamento estatal serem sinônimos, a primeira forma é utilizada e a segunda evitada. O mesmo ocorre com empresa pública e empresa estatal, comunicação pública e comunicação estatal etc. O adjetivo "público" teoricamente embutiria uma característica democrática, tida como inexistente em "estatal", e evitaria a pecha de se tratar de um meio burocratizado, inchado e pouco funcional.

A queda dos regimes do Leste Europeu, com seus Estados pouco transparentes, serviu de argumento adicional nessa eficaz batalha ideológica. Assim, diante do hipotético autoritarismo próprio do Estado – provavelmente uma ideia caudatária do "Estado total", difundida entre outros, por Mussolini – a privatização não representaria a captura de ativos e serviços públicos por monopólios particulares, mas uma espécie de devolução desses aparatos à sociedade. O neoliberalismo cumpriria uma função profilática e supostamente democratizante, especialmente no fornecimento de serviços estatais.

A demonização do Estado se constitui numa hábil construção histórica e ideológica, com grande poder de sedução popular. No entanto, não existe capitalismo sem Estado ou um Estado que não interfira no mercado. A própria existência da moeda estatal já representa uma intervenção em todas as esferas da economia. O que sempre esteve em pauta ao longo da História, para as classes dominantes, foi o papel ou a agenda do Estado, e nunca sua existência. Mas essa distinção muitas vezes não é explicitada.

Estado e capitalismo

O Estado moderno surge na Europa ao final da Idade Média como a forma política que o capitalismo nascente tinha para organizar a produção e possibilitar a apropriação privada do excedente. Em outras palavras, o Estado é a expressão superestrutural das relações de produção na sociedade e em cada período assumirá as formas pelas quais essas relações possam se desenvolver e acumular capital. Nicos Poulantzas sublinhava que: "O papel do Estado em relação à economia modifica-se não somente no decorrer dos diversos modos de produção, mas também segundo os estágios e fases do próprio capitalismo".[7]

Assim, o Estado é determinante na organização das relações de produção e é nele que se constituirá o lugar e as condições em que as diversas classes sociais disputarão o excedente. O Estado não é apenas o comitê organizador da dominação de uma classe sobre as demais – como diziam Marx e Engels no *Manifesto Comunista* –, mas também se constitui no espaço público da disputa política e do conflito distributivo. Gramsci, sem discordar de Marx, chegou a apontar que "o Estado *ut sic* não produz a situação econômica, mas é a expressão da situação econômica".[8]

Se pensarmos o Estado como *espaço* e não apenas como um comitê ou organismo – coisa que ele *também* é – verificamos não haver uma separação clara entre sociedade e Estado, e nem entre mercado e

---

[7] POULANTZAS, Nicos. *O Estado, o poder, o socialismo*. Rio de Janeiro: Graal, 1980, p. 19.
[8] LIGUORI, Guido; VOZA, Pasquale. *Dicionário gramsciano*. São Paulo: Boitempo, p. 261, 2017.

Estado. Isso nos remete à ideia de Estado ampliado, ou integral, formulada por Gramsci, para quem não existem fronteiras claras entre Estado e sociedade civil.

Com base nessa percepção é que Althusser escreve que "Toda a luta de classes política gira em torno do Estado".[9] É sobre essa afirmação que os agentes do neoliberalismo intervêm, na tentativa de retirar a luta política da esfera do Estado. Ou da esfera pública, transformando-a novamente – como no absolutismo – em intriga palaciana, isolada das pressões e demandas populares, num processo claro de elitização da Política.

Se não há uma cisão entre Estado e relações de produção, existem diferenças nítidas entre Estado e propriedade privada dos meios de produção. Essa delimitação é essencial para que se perceba qual é exatamente a dissensão alardeada pelos arautos do mercadismo.

A grande base conceitual do neoliberalismo é buscar separar o Estado da sociedade, ou o Estado da Política. Estamos diante de um derivativo da concepção de Jean-Baptiste-Say (1767-1832), que colocou no papel teses que se tornariam caras aos liberais ao longo dos séculos. Trata-se da ideia correlata, de estabelecer a completa separação entre Economia e Política:

Durante muito tempo, confundiu-se a Política propriamente dita, a ciência da organização das sociedades, com a Economia Política, que ensina como se constituem, se distribuem e se consomem as riquezas que satisfazem as necessidades das sociedades. Entretanto, as riquezas são essencialmente independentes da organização política. Desde que bem administrado, um Estado pode prosperar sob qualquer forma de governo.[10]

---

[9] ALTHUSSER, Louis. *Ideologia e aparelhos ideológicos do Estado*. Lisboa: Martins Fontes, 1979, p. 36.

[10] ALTHUSSER, Louis. *Ideologia e aparelhos ideológicos do Estado*. Lisboa: Martins Fontes, 1979, p. 39.

Ao se proceder essa separação, o ato de governar se torna neutro, ou "técnico", na má acepção da palavra. Bastaria um treinamento específico para se gerir o Estado, acima das contradições e interesses da sociedade. Esse Estado, que também seria neutro, não deveria sofrer interferências oriundas da sociedade, terreno no qual se organizaria a Política, uma atividade tida como estéril e corrupta. Trata-se de uma visão fortemente autoritária, que representa na prática a privatização do Estado, embora isso não seja aparente à primeira vista. A visão do Estado liberal neutro é funcional para a disseminação da concepção de separação entre este e a sociedade.

Desde sua criação, nunca houve nenhum questionamento sério à existência do Estado como organizador social, excetuando-se pregações anarquistas de curto alcance entre a segunda metade do século XIX e a primeira do século XX. O que sempre houve foi a encarniçada disputa pelos seus rumos.

O advento do Estado-fardo

Quando começa a ser formulada a concepção do Estado-fardo, repetida *ad nauseam* a partir da segunda metade dos anos 1970? A ação do Estado em algum momento tolheu o desenvolvimento capitalista? A questão parece descabida, pois o que existe, desde o início da modernidade, é a disputa pela posse do Estado. A ideia de Estado mínimo ou da supremacia do mercado como organizador social se revela cada vez mais um argumento raso e inconsistente, mas de grande apelo na opinião pública. Essas pretensas teorizações sempre funcionaram como cortinas de fumaça na disputa de agendas e prioridades da ação estatal.

Os partidários das teses neoliberais na economia usualmente alegam que suas formulações significariam uma volta aos fundamentos do liberalismo clássico.

Se formos às ideias básicas sustentadas por Adam Smith em *A riqueza das Nações* (1776), fica evidente sua firme defesa da ação empreendedora privada. O autor advoga plena liberdade de iniciativa e repudia qualquer tentativa regulatória pública em *determinadas* modalidades econômicas. A célebre referência à mão invisível é usualmente divulgada como a negação de qualquer determinação extramercado na economia. No entanto, é complicado reduzir Smith a um pregador anti-Estado.

Smith escreve no período histórico em que a economia britânica conhecia um inédito aumento de produtividade, graças à série de invenções e inovações tecnológicas que seria chamada de I Revolução Industrial. Não se trata exatamente de uma revolução, mas a confluência de vários inventos que possibilitaram o aumento da mecanização das manufaturas, em especial na indústria têxtil. O fenômeno acarreta expansão da demanda por insumos e matérias primas e uma crescente especialização do trabalho, numa ponta, e a necessidade premente busca por mercados consumidores, em outra. Havia, no entanto, obstáculos ao desenvolvimento produtivo. Smith é objetivo nessa questão:

> É altamente impertinente e presunçoso, por parte de reis e ministros, pretenderem vigiar a economia das pessoas particulares e limitar seus gastos (...). São sempre eles, sem exceção alguma, os maiores perdulários da sociedade.[11]

Quase ao final da obra, o autor é direto:

> Como um perdulário imprevidente, cujas prementes ocasiões não lhe permitirão esperar pelo pagamento regular de suas rendas, o Estado está na prática constante de emprestar de seus próprios feitores e agentes, e pagando juros pelo uso de seu próprio dinheiro.

O Estado contra o qual Adam Smith se insurge é o Estado absolutista, que estabelece o controle da reprodução do capital no interior de um pacto monarca-aristocracia-clero, bem como a concentração da

---

[11] SMITH, Adam. *A riqueza das nações*. São Paulo: Abril Cultural, 1983, p. 346.

grande propriedade da terra para os caudatários do que restava do mundo feudal. Ou seja, ele não investe contra o Estado em si, mas contra uma determinada pactuação social.

Segundo Perry Anderson, o Estado absolutista era:

> Um aparelho de dominação feudal recolocado e reforçado, destinado a sujeitar as massas camponesas à sua posição social tradicional (...). Em outras palavras, o Estado absolutista nunca foi um árbitro entre a aristocracia, e menos ainda um instrumento da burguesia nascente contra a aristocracia: ele era a nova carapaça política de uma nobreza atemorizada.[12]

Apesar da firme defesa que faz do liberalismo, Smith dificilmente pode ser classificado como antecessor direto dos apóstolos do fim do Estado. Vale a pena examinar a percepção de Giovanni Arrighi sobre as nuances do pensamento smithiano:

> Longe de teorizar um mercado autorregulado, que funcionaria melhor com um Estado mínimo ou sem Estado algum, *A riqueza das nações*, assim como a *Teoria dos sentimentos morais* e as não publicadas *Lectures on jurisprudence* [Aulas de jurisprudência], pressupunha a existência de um Estado forte que criaria e reproduziria as condições de existência do mercado; usaria o mercado como instrumento eficaz de governo; regulamentaria seu funcionamento; e interviria ativamente para corrigir ou contrabalançar resultados social ou politicamente indesejáveis. (...)
> A crença dogmática nos benefícios do governo minimalista e do mercado autorregulado, típica do "credo liberal" do século XIX, ou a crença igualmente dogmática no poder curativo das "terapias de choque" defendidas pelo Consenso de Washington no fim do século XX, eram totalmente alheias a Smith. Na verdade,

---

12 ANDERSON, Perry. *Linhagens do Estado absolutista*. São Paulo: Brasiliense, 2004, p. 18.

ele provavelmente concordaria com a tese de Karl Polanyi de que tais crenças são utópicas e impraticáveis.[13]

Para Arrighi, Smith jamais defendeu algo como a retirada do Estado da economia. Na prática, disputava sua agenda e não se furtava a propor fortes restrições a iniciativas que poderiam prejudicar a dinâmica do livre-mercado. Nessa hora, apelava por regulações eficientes. É o caso do ilimitado poder de emissão que os bancos privados dispunham:

> Tais atos de liberdade natural de alguns poucos indivíduos, pelo fato de poderem representar um risco para a segurança de toda a sociedade, são e devem ser restringidos pelas leis de todos os governos; tanto dos países mais livres como dos mais despóticos. A obrigação de erguer muros refratários, visando a impedir a propagação de um incêndio, constitui uma violação da liberdade natural, exatamente do mesmo tipo dos regulamentos do comércio bancário aqui propostos.[14]

Smith diferentemente do que Say externaria meio século depois, também não estabelece uma separação conceitual entre Economia e Política:

> A Economia Política, considerada como um setor da ciência própria de um estadista ou de um legislador, propõe-se a dois objetivos distintos: primeiro, prover uma renda ou manutenção farta para a população ou, mais adequadamente, dar-lhe a possibilidade de conseguir ela mesma tal renda ou manutenção; segundo, prover o Estado ou a comunidade de uma renda suficiente para os serviços públicos. Portanto, a Economia Política visa a enriquecer tanto o povo quanto o soberano.[15]

---

[13] ARRIGHI, Giovanni. *Adam Smith em Pequim*. São Paulo: Boitempo, São Paulo, 2008, pp. 57/58.
[14] SMITH, Adam. *A riqueza das nações*. São Paulo: Abril Cultural, 1983, p. 328.
[15] SMITH, Adam. *A riqueza das nações*. São Paulo: Abril Cultural, 1983, p. 408.

A concepção de Estado mínimo é uma construção *ex-post-facto*, lançada na segunda metade do século XX. Essa ideia não existia nem mesmo no século XIX, em que "a fonte e matriz de todo o sistema (internacional) foi o mercado autorregulável",[16] como afirmou Karl Polanyi.

Avancemos a fita em duzentos anos, quando os ataques ao suposto inchaço do Estado ganharam foros de sofisticada teorização e a concretude das ações políticas.

As tábuas da lei

Durante mais de quarenta anos, desde que os Estados Unidos expandiram seu poder sobre a liquidez internacional, com o rompimento do lastro de sua moeda em ouro (1972), desde que Milton Friedman levou seus Chicago Boys para transformar o Chile de Pinochet em laboratório pioneiro do neoliberalismo no mundo (1973), desde a ascensão de Margareth Tatcher e de Ronald Reagan ao poder na Grã-Bretanha e nos EUA (1979-80) e desde que o Consenso de Washington estabeleceu novas regras de organização dos Estados nacionais (1989), as teses da redução e retirada do Estado da economia foram as tábuas da lei que engendrariam o mundo pós-moderno.[17] E divulgava-se que sua origem estaria nos postulados dos primeiros liberais.

A pandemia do novo coronavírus impacta as bases dessa controvérsia. E desmonta o embaralhamento de agendas e conceitos montados diligentemente desde quando Friedrich Hayek escreveu, em 1944, que:

---

[16] POLANYI, Karl. *A grande transformação*. Rio de Janeiro: Campus, 2000, p. 17.
[17] Para um breviário do neoliberalismo, vale ler: ANDERSON, Perry. "Balanço do neoliberalismo". *In*: SADER, Emir; GENTILI, Pablo (Coord.). *Pós-neoliberalismo*: as políticas sociais e o Estado democrático. Rio de Janeiro: Paz e Terra, 1995, pp. 9-23.

O Estado deve limitar-se a estabelecer normas aplicáveis a situações gerais deixando os indivíduos livres em tudo que depende das circunstâncias de tempo e lugar, porque só os indivíduos poderão conhecer plenamente as circunstâncias relativas a cada caso e a elas adaptar suas ações.[18]

Por décadas, a sociedade digeriu a ideia propagada pelas grandes corporações – produtivas, financeiras e de mídia – de que a felicidade chegara para todos e haveria um pote de ouro no fim de um infindável ajuste fiscal e de inadiáveis reformas para reduzir o poder do Estado-fardo. Uma avenida para tais investidas se abriu com o desmanche das economias de corte soviético, entre os anos 1980-1990.

Ao sul do Equador

Nos trópicos, o ataque foi selvagem. Talvez a primeira investida qualificada contra o Estado realizada no Brasil tenha se dado através de uma intervenção pública de Eugenio Gudin (1886-1986), referência do liberalismo brasileiro. Ao receber o prêmio Homem de Visão 1974, ele pronunciou vigoroso discurso em cerimônia, no Hotel Glória, no Rio de Janeiro. Entre outras coisas, Gudin disse o seguinte:

> Vivemos, em princípio, em sistema capitalista. Mas o capitalismo brasileiro é mais controlado pelo Estado do que o de qualquer outro país, com exceção dos comunistas. Setores industriais, como o de energia elétrica, siderurgia, petróleo, navegação, portos, estradas de ferro, que nos Estados Unidos estão nas mãos das empresas privadas, foram no Brasil absorvidas pelo Estado. Bem assim, em grande parte, a rede bancária que controla o crédito para as empresas privadas.[19]

---

[18] HAYEK, Friedrich. *O caminho da servidão*. São Paulo: Mises Brasil, 2010, p. 85.
[19] GUDIN, Eugenio. *Análise de problemas brasileiros, 1958-1964*. Rio de Janeiro: Agir, 1965, p. 84.

O ESTADO, AGENDAS E DISPUTAS POLÍTICAS

A partir daí, o decano dos economistas brasileiros desfiou um rosário de acusações que se tornariam lugar-comum nas décadas seguintes.

Demonize-se o Estado em nome da supremacia do mercado e abandone-se qualquer ideia – na periferia – de desenvolvimento, em nome do que Fernando Henrique Cardoso exaltou como a "maior abertura aos fluxos externos de bens, serviços, capital e tecnologia [que] contribuiu para uma restruturação abrangente de nossa base produtiva".[20] Deixemos caipirismos de lado, sejamos cosmopolitas. Façamos abertura comercial, privatizemos, cortemos gastos públicos, executemos o dever de casa, desregulamentemos a economia, aceitemos as regras de um mundo sem regras e o atraso ficará para trás. Adotemos disciplina fiscal, câmbio flutuante e métricas de propriedade intelectual propostas pelos grandes centros produtores de tecnologia.

Cardoso claramente se mostrava caudatário de visões fantasiosas propagada em livros de grande repercussão nos anos 1990 e no início da década seguinte. Examinemos brevemente os três principais.

O primeiro deles, lançado em 1992, é *O fim da história e o último homem*, do cientista político Francis Fukuyama. Ex-assessor de Ronald Reagan na presidência dos EUA (1981-1989), Fukuyama expressava a ideia de que a queda dos regimes de corte soviético e o consequente fim da Guerra Fria possibilitariam à democracia liberal se afirmar como forma de governo majoritária na cena mundial dali para a frente. Em suas palavras:

> O que está emergindo vitoriosa (...) não é tanto uma prática liberal, mas uma ideia liberal. Ou seja, para uma grande parte do mundo, agora não há ideologia com pretensões universais que esteja em posição de desafiar a democracia liberal, e nenhum

---

[20] CARDOSO, Fernando Henrique. "A política externa do Brasil no início de um novo século: uma mensagem do Presidente da República". *Revista Brasileira de Política Internacional*, vol. 44, 2001. Disponível em: http://www.scielo.br/scielo.php?script=sci_arttext&pid=S0034-73292001000100001&lng=en&nrm=iso. Acessado em: 21.10.2021.

> princípio universal de legitimidade que não seja a soberania popular (...). O fato de ser assim, e a amplitude da revolução liberal mundial em curso, suscita a seguinte questão: estamos simplesmente testemunhando uma reviravolta momentânea nos destinos da democracia liberal, ou há algum padrão de desenvolvimento de longo prazo no trabalho que acabará por levar todos os países na direção da democracia liberal?[21]

Embora demonstrasse certa cautela ao comentar as vantagens das democracias liberais realmente existentes para o enfrentamento dos conflitos sociais, a obra de Fúkuyama tornou-se uma espécie de cânone da vitória Ocidental não apenas sobre os regimes do socialismo real, mas também sobre governos caracterizados por intervenções do poder público na economia, como dos Estados de bem-estar social. Mais do que o livro em si, disseminou-se – com chancela acadêmica – a percepção de que a volta do livre-mercado como organizador social – seria inelutável e positiva para todos.

O segundo trabalho a selar a vitória liberal foi *O choque de civilizações e a recomposição da ordem mundial*, de Samuel Huntington, publicado em 1996. Logo em seu início, o autor sintetiza sua tese principal, a de que os embates na arena internacional teriam novas matrizes:

> No mundo pós-Guerra Fria, as distinções mais importantes entre os povos não são ideológicas, políticas ou econômicas. Elas são culturais (...).
>
> A política mundial está sendo reconfigurada seguindo linhas culturais e civilizacionais. Nesse mundo, os conflitos mais abrangentes, importantes e perigosos não se darão entre classes sociais, ricos e pobres, ou entre outros grupos definidos em

---

21 FUKUYAMA, Francis. *The end of History and the last man*. Nova York: The free press, 1992, pp. 45/46 (tradução livre).

termos econômicos, mas sim entre povos pertencentes a diferentes entidades culturais.[22]

O livro de Huntington já causou intensa polêmica e mereceu caudalosas resenhas e comentários. O volume tem como grande mérito o de modernizar e consolidar um pensamento conservador gestado pelo menos desde a segunda metade do século XIX. Em seu subtexto, Huntington explicita a ideia da existência de uma hierarquia entre o que chama de "civilizações". Há pontos de contato com a obra de Fukuyama. Se para este, o hipotético fim da História levaria as dissensões globais para a esfera administrativa, numa despolitização dos conflitos – uma vez que fora do liberalismo não haveria alternativas viáveis –, Huntington volta à antiga formulação sobre o choque Ocidente-Oriente:

> O colapso do comunismo exacerbou essa disparidade [entre o Ocidente e o resto do mundo] ao reforçar no Ocidente a noção de que sua ideologia de liberalismo democrático tinha triunfado em escala global e que, portanto, tinha validade universal (...). O que é universalismo para o Ocidente é imperialismo para o resto (...). O Ocidente está, por exemplo, tentando integrar as economias das sociedades não-ocidentais num sistema econômico global que é dominado por ele.[23]

Assim, o novo conflito pós-Guerra Fria invocaria a adoção das práticas de livre-mercado por todo o mundo. Ao retirar os Estados do centro da cena e colocar "civilizações", Huntington estabelece uma dicotomia, a partir da qual todos os conflitos se organizariam. O pesquisador esboçou suas ideias de choque civilizacional em artigo para a *Foreign Affairs*, em 1993, e as lançou como livro três anos depois. Ou seja, sua elaboração acontece no governo Bill Clinton (1993-2001), auge do unilateralismo estadunidense. Naqueles tempos, a Rússia estava

---

22 HUNTINGTON, Samuel. *O choque de civilizações e a recomposição da ordem mundial.* Rio de Janeiro: Objetiva, 1997. pp. 18 e 21.
23 HUNTINGTON, Samuel. *O choque de civilizações e a recomposição da ordem mundial.* Rio de Janeiro: Objetiva, 1997, pp. 228/229.

reduzida a ator internacional secundário e a China não atingira ainda o *status* de potência de primeira grandeza. Em suas páginas, Huntington estabelece as bases para a grande aliança civilizacional, com forte componente étnico-determinista, embora isso não seja dito às claras:

> No choque das civilizações, a Europa e os Estados Unidos se juntarão ou serão destruídos separadamente. No choque maior, o "choque verdadeiramente global, entre a Civilização e a barbárie, as grandes civilizações do mundo, com suas ricas realizações em religião, arte, literatura, filosofia, ciência, tecnologia, moralidade e compaixão, também se juntarão ou serão destruídas separadamente. Na era que está emergindo, os choques das civilizações são a maior ameaça à paz mundial, e uma ordem internacional baseada nas civilizações é a melhor salvaguarda contra a guerra mundial.[24]

Barbárie seria tudo o que não é civilizado, liberal e pró-mercado.

Quando, duas décadas depois, o presidente estadunidense Donald Trump – secundado por Jair Bolsonaro e seus aliados – denomina a Covid-19 de "vírus chinês", acusando Pequim de tê-la produzido em laboratório[25], a tentativa de evocar o choque de civilizações é clara, enquadrando a doença em seu figurino de guerra mercantil-civilizacional. A pandemia faria assim uma "ameaça à paz mundial" e à "ordem internacional baseada nas civilizações". O choque de civilizações representa a enésima repaginação da doutrina do Destino Manifesto, da primeira metade do século XIX.[26]

---

[24] HUNTINGTON, Samuel. *O choque de civilizações e a recomposição da ordem mundial*. Rio de Janeiro: Objetiva, 1997, p. 410.

[25] BBC. "Coronavirus: Trump stands by China lab origin theory for vírus". *BBC News*, 2020. Disponível em: https://www.bbc.com/news/world-us-canada-52496098. Acessado em: 21.10.2021.

[26] Destino Manifesto é uma frase lançada pelo jornalista John O'Sullivan, em 1845, que acabou por se transformar na base da doutrina do expansionismo estadunidense a partir da guerra contra o México. O expansionismo seria a expressão de uma vontade divina para que os norte-americanos expandissem seu domínio pelo mundo como

O ESTADO, AGENDAS E DISPUTAS POLÍTICAS

Trump não inova em seu ataque verbal: para vencer, é preciso desumanizar seu inimigo. A denominação da outra doença planetária, cem anos antes, também foi resultado de uma controvérsia política:

> A explicação para a imputação do nome espanhola tem raízes políticas, devendo-se também à posição de neutralidade da Espanha durante a Primeira Guerra Mundial, assim como às demonstrações de simpatia por parte de uma facção do governo espanhol pelos alemães, fazendo com que a alcunha atribuída à moléstia – espanhola – ganhasse mais amplitude política, principalmente por iniciativa da Inglaterra.[27]

A modernidade pandêmica é solidamente ancorada no passado. O Covid-19 tende a esgarçar o universo neoliberal, ao recolocar em cena contradições que Huntington considerava superados. Antes de esmiuçar essas formulações, vamos à terceira obra que propagou a nova ordem. Dessa vez, não se trata de um trabalho acadêmico, mas de um arrazoado dirigido ao grande público.

Thomas Friedman é editorialista e colunista internacional do *New York Times* e lançou, em 2005, *O mundo é plano: uma breve história do século XXI*. Escrito em tom jornalístico, o livro se tornou um *best-seller* mundial. Friedman é um divulgador eficiente dos encantos da globalização neoliberal e defende a tese de que a distância entre os países centrais e a periferia estaria se reduzindo graças aos notáveis progressos tecnológicos observados entre o final do século XX e o início do seguinte. Daí seu raciocínio de que não haveria mais desníveis entre países numa mundialização que impôs o livre-mercado a quase todos os países. Seu tom literário é leve e estimulante. Vale a pena atentar para um trecho:

---

um destino pré-concebido. Ver JOHANNSEN, Robert Walter. "The meaning of manifest destiny". In: _____ (et al.). *Manifest destiny and empire*: american antebellum expansionismo. Arlington: Texas A&M University Press, 1997, pp. 7-20.

[27] GOULART, Adriana da Costa. "Revisitando a espanhola: a gripe pandêmica de 1918 no Rio de Janeiro". *História, Ciências, Saúde-Manguinhos*, vol. 12, 2005. Disponível em: https://www.scielo.br/scielo.php?script=sci_arttext&pid=S0104-59702005000100006. Acessado em: 21.10.2021.

> Enquanto a força dinâmica na Globalização 1.0 foi a globalização dos países e, na Globalização 2.0, a das empresas, na 3.0 a força dinâmica vigente (aquilo que lhe confere seu caráter único) é a recém-descoberta capacidade dos indivíduos de colaborarem e concorrerem no âmbito mundial – e a alavanca que vem permitindo que indivíduos e grupos se globalizem com tamanha facilidade e de maneira tão uniforme é não o cavalo-vapor nem o *hardware*, mas o *software* (novos aplicativos de todos os gêneros), conjugado à criação de uma rede de fibra óptica em escala planetária que nos converteu, a todos, em vizinhos de porta. Agora, o que os indivíduos podem e devem indagar é: como é que eu me insiro na concorrência global e nas oportunidades que surgem a cada dia e como é que eu posso, por minha própria conta, colaborar com outras pessoas, em âmbito global?[28]

Friedman, como Fukuyama e Huntington, deixa de lado os Estados nacionais. Sua métrica é o indivíduo, verdadeira célula da globalização. O problema a ser resolvido é "como é que eu posso, por minha própria conta" me dar bem na nova Ordem? Como em Fukuyama e em Huntington, o problema não é político ou econômico. Ou de classe. Ele dá um passo à frente. As discrepâncias seriam de procedimentos e capacidades pessoais, ou de uma meritocracia de valor universal. Ao tirar os conflitos políticos de cena, Friedman cria outra nuvem de fumaça como o *fim da História* ou o *choque de civilizações*.

A variável que o autor de *O mundo é plano* agrega ao argumento de seus conterrâneos é a perspectiva de felicidade pessoal, que tem sido, nas últimas quatro décadas, a chave para a aceitação do *novo normal* reunido na caixa de Pandora da globalização.

O que Friedman não conta a seus leitores é que a felicidade sem fronteiras propagada em suas páginas era privilégio do dinheiro e das mercadorias, mas não de todas as pessoas. Vigoraria uma espécie de *comunismo das coisas*, como notou Robert Kurz em outro livro de grande

---

[28] FRIEDMAN, Thomas Loren. *O mundo é plano*: uma breve história do século XXI. Rio de Janeiro: Objetiva, 2005, p.19.

impacto do início dos anos 1990, que contestava as formulações do *mainstream* acadêmico dos EUA.[29]

A rota acidentada das economias de mercado apresentou naquela década crises na periferia, como no sul da Ásia, na Rússia, no México, no Brasil e na Argentina. No início do novo século, a emergência da China como ator principal na cena mundial colocou um ponto final à década do unilateralismo estadunidense. A culminância do que Alan Greenspan, ex-presidente do banco central dos EUA, classificou em 1996 como "exuberância irracional" se deu com a crise do *subprime*, em 2008. A nova ordem aludida por Huntington enfrentava turbulências.

Embora seja arriscado comentar eventos históricos durante sua ocorrência, as consequências atuais do contágio do novo coronavírus têm de ser compreendidas na perspectiva dos três eventos apontados no último parágrafo. Ao mesmo tempo, o impacto econômico da doença abre – repetindo – um novo terreno de disputas. Por isso é fundamental para os centros de poder global propagarem cortinas de fumaça que buscam enquadrar a Covid-19 no figurino do choque de civilizações e de um hipotético novo normal. É preciso limpar o emaranhado de falsas escolhas e deixar visível – repetindo – a disjuntiva pretensamente real entre Estado e mercado.

Desafio inédito

O novo coronavírus coloca o mundo diante de uma situação com poucos paralelos históricos, a combinação de recessão global com a gripe espanhola, que infectou uma em cada três pessoas no planeta, ou 500 milhões de seres humanos, no início do século XX. O número de mortes é estimado no patamar mínimo de 50 milhões.[30]

---

[29] KURZ, Robert. *O colapso da modernização*. Rio de Janeiro: Paz e Terra, 1993, p. 228.
[30] SPINNEY, Laura. *Pale rider*: the Spanish flu of 1918 and how it changed the world. Nova York: Hachette Book Group, 2017, p. 6 (tradução livre).

Hoje, o novo coronavírus emerge em meio a progressos científicos-tecnológicos incomparáveis com os de um século atrás, num ambiente global mais financeirizado, pautado por integrações sofisticadas nas cadeias de valor e numa acirrada guerra comercial entre as duas maiores potências do planeta.

O desenlace da disputa política envolvendo saídas pautadas pelo poder público ou pela mercantilização da saúde definirá o mundo pós-pandemia. Há nuances entre elas, mas as duas diretrizes principais são excludentes. A pandemia é e será por tempo ainda indefinido o principal problema político do Brasil e do mundo. Se o vírus faz parte da realidade objetiva, o avanço e o recuo da doença depende de ações humanas, como já mencionado.

A mais vistosa iniciativa de ativismo estatal para impulsionar a dinâmica econômica e debelar a pandemia é o conjunto de investimentos a fundo perdido reunidos no chamado Plano Biden. O governo estadunidense apresentou um ousado programa de recuperação econômica, com intervenções em dezenas de frentes, num total inicial de US$ 4,15 trilhões em investimentos, ou cerca de 20% do PIB anual do país. Trata-se da mais ampla intervenção do poder público na economia desde o New Deal, o que desfaz décadas de iniciativas pró-mercado e de franco favorecimento ao topo da pirâmide social.

As diretrizes neoliberais criadas nos governos de Ronald Reagan (1981-1989) e os cânones do Consenso de Washington podem virar peças de museu. Ações com viés semelhante às do Plano Biden são tomadas na Itália, na França, na Alemanha, no Reino Unido e na Bélgica, o que representa um giro desenvolvimentista comandado pelo Estado em todos esses países.[31]

Sairemos da pandemia com a adoção de práticas keynesianas e anticíclicas por parte dos Estados, com planejamento e investimentos

---

31 Para mais informações, consultar: FMI. "Policy responses to Covid-19". *FMI*. Disponível em: https://www.imf.org/en/Topics/imf-and-covid19/Policy-Responses-to-COVID-19#F. Acessado em: 21.10.2021.

públicos em alta? Ou deixaremos a superação das múltiplas crises em andamento aos imponderáveis desígnios da mão invisível do mercado?

O exercício de se prever o mundo pós-pandemia tem muito de achismo. Depende dos rumos e ritmos da luta política entre partidários da ação estatal e mercadistas. Leiamos uma das publicações do mercado financeiro global, que vê dificuldades para os partidários do livre-mercado:

> Mesmo antes da pandemia, a globalização estava em apuros. O sistema de livre-comércio que dominou a economia mundial durante décadas já havia sido atingido pela crise financeira e pela guerra comercial sino-americana. Desde janeiro [de 2020], uma nova onda de turbulências se espalhou para o oeste da Ásia. O fechamento de fábricas, lojas e escritórios tem causado queda na demanda e impedido que os fornecedores cheguem aos clientes (...). Isso é apenas o começo.

Assim, em tom de lamento, a *Economist* de 14 de maio de 2020 iniciava um de seus artigos de opinião, intitulado "A Covid-19 matou a globalização?". O raciocínio já havia sido exposto dois meses antes por Branko Milanovic, professor da London School of Economics, na *Foreign Affairs* de 19 de março de 2020. Na revista, ele mostrava temor de um "colapso social". Segundo ele:

> O mundo enfrenta a perspectiva de mudança profunda: um retorno à economia natural – ou seja, autossuficiente. Essa mudança é exatamente o oposto da globalização. Enquanto a globalização implica uma divisão do trabalho entre economias díspares, um retorno à economia natural significa que as nações se moveriam em direção à autossuficiência. Esse movimento não é inevitável. [...] Mas se a crise continuar, a globalização poderá se desfazer. Quanto mais dura a crise, e quanto mais obstáculos ao livre fluxo de pessoas, bens e capitais, mais esse estado de coisas parecerá normal. [...] O movimento para a economia natural seria impulsionado não por pressões econômicas comuns, mas

por preocupações muito mais fundamentais, a saber, doenças epidêmicas e medo da morte.[32]

Nem a *Economist* e nem Milanovic fogem da disjuntiva essencial. Um retorno ao que o articulista da *Foreign Affairs* classifica como economia natural oposta à globalização equivale um sério golpe no neoliberalismo, através de uma autarquização crescente das economias nacionais, com aumento do protecionismo e a proeminência de barreiras comerciais rígidas. Teríamos a volta a algum tipo de regime de substituição de importações e consequente reconversão industrial? Ou seja, de volta ao Estado indutor, planejador e financiador?

A fragilidade do mercado como organizador social fica evidente em meio ao abismo sanitário, mas tal disfunção por si só não engendra sua superação. É difícil vislumbrar a existência de força política capaz de construir tal ultrapassagem.

Voltemos a um clássico. A superação do longo ciclo do liberalismo original se deu através de uma sucessão de desastres na já aludida Segunda Guerra dos Trinta Anos, entre 1914-1945. Voltemos a Karl Polanyi:

> Nossa tese é que a ideia de um mercado autorregulável implicava uma rematada utopia. Uma tal instituição não poderia existir em qualquer tempo sem aniquilar a substância humana e natural da sociedade; ela teria destruído fisicamente o homem e transformado seu ambiente num deserto. Inevitavelmente, a sociedade teria que tomar medidas para se proteger, mas, quaisquer que tenham sido essas medidas, elas prejudicaram a autorregulação do mercado, desorganizaram a vida industrial e, assim, ameaçaram a sociedade em mais de uma maneira.[33]

---

[32] MILANOVIC, Branko. "The real pandemic danger is social collapse". *Foreign Affairs*, 2020. Disponível em: https://www.foreignaffairs.com/articles/2020-03-19/real-pandemic-danger-social-collapse. Acessado em: 21.10.2021 (tradução livre).

[33] POLANYI, Karl. *A grande transformação*: as origens de nossa época. Rio de Janeiro: Campus, 2000, p. 18.

O ESTADO, AGENDAS E DISPUTAS POLÍTICAS

No meio da pandemia, a supremacia do mercado autorregulável implica novamente "aniquilar a substância humana e natural da sociedade". Significa abandonar a saúde pública, o planejamento, os financiamentos anticíclicos em favor de serviços pagos e descoordenados.

A história está em curso. Ninguém tem ideia de como será o mundo para os que ficarem. A mudança das lógicas espaciais, territoriais, culturais e afetivas do que virá a ser um ambiente global que nunca aboliu suas fronteiras políticas, sociais e étnicas para seres humanos pode ser estrutural. Para melhor ou para pior.

O caminho do *laissez-faire* se transforma no *laissez-mourir* da pandemia. "Morra quem morrer", chegou a bradar o prefeito da cidade de Itabuna, na Bahia, em julho de 2020, ao avisar que abriria as atividades comerciais a qualquer custo.[34]

Vamos repetir mais uma vez. A encruzilhada aponta dois caminhos, o privado e o público, o de mercado ou o estatal, e não é exagero afirmar, entre a morte e a vida.

Não se trata de uma escolha tranquila. Aliás, não é exatamente uma escolha, mas um resultado a ser obtido ao fim de uma intensa e sofrida batalha. No terreno da política.

---

[34] LUIZ, Bruno. "'Morra quem morrer', diz prefeito de Itabuna ao anunciar reabertura da cidade". *Estadão*, 2020. Disponível em: https://saude.estadao.com.br/noticias/geral,morra-quem-morrer-diz-prefeito-de-itabuna-ao-anunciar-reabertura-da-cidade,70003352336. Acessado em: 21.10.2021.

Referências Bibliográficas

ALTHUSSER, Louis. *Ideologia e aparelhos ideológicos do Estado*. Lisboa: Martins Fontes, 1979.

ANDERSON, Perry. "Balanço do neoliberalismo". *In*: SADER, Emir; GENTILI, Pablo (Coord.). *Pós-neoliberalismo*: as políticas sociais e o Estado democrático. Rio de Janeiro: Paz e Terra, 1995.

ANDERSON, Perry. *Linhagens do Estado absolutista*. São Paulo: Brasiliense, 2004.

ARRIGHI, Giovanni. *Adam Smith em Pequim*. São Paulo: Boitempo, 2008.

FRIEDMAN, Thomas L. *O mundo é plano*: uma breve história do século XXI. Rio de Janeiro: Objetiva, 2005.

FUKUYAMA, Francis. *The end of history and the last man*. Nova York: The free press, 1992.

HAYEK, Friedrich. *O caminho da servidão*. São Paulo: Instituto Mises Brasil, 2010.

HUNTINGTON, Samuel. *O choque de civilizações e a recomposição da ordem mundial*. Rio de Janeiro: Objetiva, 1997.

JOHANNSEN, Robert Walter. "The meaning of manifest destiny". *In*: _____ (et al.). *Manifest destiny and empire*: american antebellum expansionismo. Arlington: Texas A&M University Press, 1997.

KURZ, Robert. *O colapso da modernização*. Rio de Janeiro: Paz e Terra, 1993.

LIGUORI, Guido; VOZA, Pasquale. *Dicionário gramsciano*. São Paulo: Boitempo, 2017.

POLANYI, Karl. *A grande transformação*. Rio de Janeiro: Campus, 2000.

POULANTZAS, Nicos. *O Estado, o poder, o socialismo*. Rio de Janeiro: Graal, 1980.

SMITH, Adam. *A riqueza das nações*. São Paulo: Abril Cultural, 1983.

SPINNEY, Laura. *Pale rider*: the spanish flu of 1918 and how it changed the world. Nova York: Hachette Book Group, 2017.

CAPÍTULO II

ESTADO E DESENVOLVIMENTO NA AMÉRICA LATINA

JOSÉ LUÍS FIORI[35]

O capitalismo só triunfa quando se identifica com o Estado, quando é o Estado.[36]

Introdução[37]

O debate sobre o Estado e o desenvolvimento econômico teve grande importância política e intelectual na América Latina, sobretudo depois

---

[35] Professor permanente do Programa de Pós-Graduação em Economia Política Internacional (PEPI), coordenador do GP da UFRJ/CNPQ "O poder global e a geopolítica do Capitalismo", coordenador adjunto do Laboratório de Ética e Poder Global, pesquisador do Instituto de Estudos Estratégicos do Petróleo, Gás e Biocombustíveis (INEEP), autor, entre outros, de *O Poder global e a nova geopolítica das nações, História, estratégia e desenvolvimento* e *Sobre a Guerra*.

[36] BRAUDEL, Fernand. *A dinâmica do capitalismo*. Rio de Janeiro: Rocco, 1987, p. 55.

[37] Este artigo foi escrito no ano de 2011, a pedido da CEPAL, e com o objetivo de propor um programa de pesquisa alternativo com relação à visão tradicional do

da Segunda Guerra Mundial.[38] Mas ele foi mais pragmático do que teórico, e respondeu a problemas e desafios imediatos, mais do que a uma estratégia de pesquisa sistemática e de longo prazo. Mesmo a pesquisa acadêmica desta época foi *policy oriented* e voltada para o estudo comparativo dos "padrões de intervenção do Estado, ou para a discussão normativa do planejamento e das políticas públicas, em particular, da política econômica". Neste período, é possível identificar duas grandes "agendas hegemônicas", que se consolidaram nos anos 1940-1950 e 1980-1990, respectivamente, e que orientaram a discussão, a pesquisa e as políticas concretas, nas duas décadas sucessivas.

Logo depois da Segunda Guerra Mundial, o mundo enfrentou o desafio da reconstrução dos países envolvidos no conflito e o da descolonização afro-asiática. A América Latina se propôs uma agenda centrada no problema do "atraso", no desafio do desenvolvimento e da "modernização" de suas sociedades e economias nacionais. A reflexão política sobre a natureza e o papel do Estado seguiu esta mesma trilha, independente da orientação teórica dos seus pensadores da época: fosse ela estruturalista, marxista, weberiana etc. Foi a época da hegemonia das ideias desenvolvimentistas. Algumas décadas mais tarde, na sequência da crise internacional dos anos 1970 e, em particular, depois da crise da "dívida externa" dos anos 1980,[39] se impôs na América Latina uma nova

---

problema das relações entre o Estado e o Desenvolvimento. Nesta versão, entretanto, ele inclui um último tópico que atualiza a visão e análise conjuntural do autor.

[38] O mapeamento deste debate já foi feito por vários autores, e se pode encontrar, entre outros, em: FIORI, José Luís. "Para uma crítica da teoria latino-americana do Estado". *Revista Síntese*, nº 50, Belo Horizonte, 1990; FIORI, José Luís. "De volta à questão da riqueza de algumas nações". *In:* _____ (Coord.). *Estados e moedas no desenvolvimento das nações*. Petrópolis: Vozes, 1999; sobre a "economia do desenvolvimento", ver: HIRSCHMAN, Albert. "The rise and decline of development economics". *In:* _____. *Essays in trespassing*. Cambridge: University Press, 1981. Com relação às idéias da CEPAL, ver: BIELSCHOWSKY, Ricardo. "Introdução". *In:* _____ (Coord.). *Cinquenta anos de pensamento na CEPAL*. Rio de Janeiro: Record, 2000. Com relação às teorias da dependência, ver: PALMA, Gabriel. "Dependence and development: a critical overview". *In:* SEERS, Dudley. Dependency Theory: a critical reassessment. London: Frances Pinter, 1981.

[39] Ver FIORI, José Luís. *60 lições dos anos 90*. Rio de Janeiro: Record, 2001.

"agenda" que priorizou o "ajuste" das economias latino-americanas à nova ordem financeira global. Nesse período, predominou a crítica ao intervencionismo estatal e a defesa intransigente das privatizações e da "despolitização dos mercados". Foi a época da hegemonia neoliberal em quase todo o mundo, da desmontagem das políticas e do Estado desenvolvimentista na América Latina. Mas no início do século XXI, o fracasso das políticas neoliberais, a crise econômica de 2008 e as grandes mudanças geopolíticas mundiais, que estão em pleno curso, criaram um novo desafio e produziram uma nova inflexão política e ideológica na América Latina, trazendo de volta ao debate público alguns temas da antiga agenda desenvolvimentista.

Este texto contém três partes. A primeira faz um balanço sintético e crítico deste "debate líbero-desenvolvimentista" do século XX, e do início do século XXI; a segunda propõe as premissas e hipóteses de um novo "programa de pesquisa" sobre o Estado e o desenvolvimento capitalista; e a terceira apresenta três especulações sobre o futuro do sistema mundial e da América Latina.[40]

A controvérsia do Estado e do desenvolvimento

O "debate desenvolvimentista" latino-americano não teria nenhuma especificidade se tivesse se reduzido à uma discussão macroeconômica entre "ortodoxos" neoclássicos ou liberais, e "heterodoxos" keynesianos ou estruturalistas. Na verdade, ele não teria existido se não fosse por causa do Estado e da discussão sobre a eficácia ou não da intervenção estatal, para acelerar o crescimento econômico, por cima das "leis do mercado". Até porque, na América Latina como na Ásia, os governos desenvolvimentistas sempre utilizaram políticas macroeconômicas ortodoxas, segundo a ocasião e as circunstâncias, e o inverso também se

---

40 São ideias extraídas do ensaio: FIORI, José Luís. "O sistema interestatal capitalista no início do século XXI". In: _____ (et al.). *O mito do colapso do poder americano.* Rio de Janeiro: Record, 2008.

pode dizer de muitos governos europeus ou norte-americanos conservadores ou ultraliberais que utilizam frequentemente políticas de corte keynesiano. Na verdade, o pivô de toda a discussão e o grande pomo da discórdia foi sempre o Estado e a definição do seu papel no processo do desenvolvimento econômico. Apesar disso, depois de mais de meio século de discussão, o balanço teórico é decepcionante. Dos dois lados do debate "líbero-desenvolvimentistas", se utilizou — quase sempre — um conceito de Estado igualmente impreciso, atemporal e a-histórico, como se o Estado fosse uma espécie de "ente" lógico e funcional, criado intelectualmente para resolver os problemas do crescimento ou da regulação econômica, como se pode ver através de uma rápida releitura das duas grandes "agendas" e das principais matrizes teóricas que participaram da "controvérsia latino-americana":

I. **A "agenda desenvolvimentista"** deita raízes nos anos 1930, se consolida nos anos 1950, e passa por uma autocrítica e uma transformação conceitual nos anos 1960, para perder seu vigor intelectual na década de 1980. Nesse percurso, é possível identificar quatro grandes "matrizes teóricas" que analisaram a "questão do Estado" e contribuíram para a construção e legitimação da ideologia nacional-desenvolvimentista, que teve um papel central nos grandes conflitos políticos e ideológicos latino-americanas, da segunda metade do século XX:

a) **A matriz weberiana** e as suas várias versões da "teoria da modernização", que foram contemporâneas da "economia do desenvolvimento" anglo-saxônica, e apareceram quase sempre associadas com a teoria das "etapas do desenvolvimento econômico", de Rostow.[41] Dedicaram-se à pesquisa dos processos de formação histórica dos Estados nacionais europeus comparados com o "desenvolvimento político" das sociedades "atrasadas". Sua proposta e sua estratégia

---

41 ROSTOW, Walt Whitman. *The process of economic growth*. New York: Norton, 1952; e ROSTOW, Walt Whitman. *The stages of economic growth*: a non-comunist manifesto. Cambridge: University Press, 1960.

de modernização supunha e apontava, ao mesmo tempo, de forma circular, para uma idealização dos Estados e dos sistemas políticos europeu e norte-americano, definidos como padrão ideal de modernidade, e como objetivo e ponto de chegada do desenvolvimento e da transição das "sociedades tradicionais".[42]

b) **A matriz estruturalista** e as suas várias versões da teoria do "centro-periferia" e do "intercâmbio desigual", cuja referência fundamental foram os textos clássicos da Cepal, dos anos 1950-1960, com algumas contribuições posteriores importantes, sobretudo no Brasil.[43] Só a Cepal desenvolveu instrumentos analíticos e operacionais específicos para o planejamento econômico dos Estados latino-americanos. Mas devido à sua própria condição como organismo internacional, a Cepal sempre tratou os Estados da América Latina como se fossem iguais e homogêneos, sem tomar em conta, na sua teoria e nas suas propostas concretas, a existência de conflitos de interesse diferentes dentro de cada país, e entre os próprios países, dentro e fora da região. Por isso, as teses industrializantes da Cepal lembram muitas vezes as ideias protecionistas de Friedrich List e Alexander Hamilton, mas ao mesmo tempo a Cepal se diferencia dos dois economistas, por não dar importância teórica e prática aos conceitos de nação, poder e guerra, que ocupavam um lugar central na visão do Estado e do desenvolvimento econômico, sobretudo no caso do "sistema nacional de economia política" de List.[44]

---

[42] EISENSTADT, Shmuel Noah; ROKKAN, Stein. *Building states and nations.* vols. 1 e 2, London: Sage Publications, 1973; LAPALOMBARA, Joseph; WEINER, Myron. *Political parties and political development.* Princeton: University Press, 1966.

[43] TAVARES, Maria da Conceição. *Acumulação de capital e industrialização no Brasil.* Campinas: Unicamp, 1974; MELLO, João Manuel Cardoso de. *O capitalismo tardio.* São Paulo: Brasiliense, 1982; e BELLUZZO, Luiz Gonzaga; COUTINHO, Renata (Coord.). *Desenvolvimento capitalista no Brasil.* vols. 1 e 2, São Paulo: Brasiliense, 1982.

[44] Ver BIELSCHOWSKY, Ricardo. *Pensamento econômico brasileiro:* o ciclo ideológico do desenvolvimentismo. Rio de Janeiro: Ipea, 1988; BIELSCHOWSKY, Ricardo

c) **A matriz marxista** e as suas várias versões da teoria da "revolução democrátrico-burguesa", sustentadas nos textos clássicos de Marx, sobre as etapas do desenvolvimento capitalista, e nos textos de Lenin e da III Internacional, sobre a estratégia da luta anticolonialista na Ásia e no Egito. Sua tradução para a realidade latino-americano foi feita de forma mecânica e pouco sofisticada, do ponto de vista teórico, sem considerar as especificidades e heterogeneidades regionais. Por isso, apesar de falar de classes, luta de classes e imperialismo, propunha o mesmo modelo e a mesma estratégia para todos os países do continente, independente da sua estrutura interna e da sua posição dentro da hierarquia de poder regional e internacional. Nos anos 1960, a teoria marxista da dependência criticou essa estratégia reformista da "esquerda tradicional", e a própria possibilidade de uma "revolução democrático-burguesa" na América Latina, mas não aprofundou sua nova visão crítica do Estado latino-americano.[45]

d) **Por fim, é necessário incluir a matriz geopolítica** da teoria da "segurança nacional", formulada pela Escola Superior de Guerra do Brasil,[46] fundada no início da década de 1950. Suas ideias também remontam aos anos 1930, e à defesa da industrialização nacional, por parte dos militares

---

(Coord.). *Cinquenta anos de pensamento na CEPAL*. vols. 1 e 2, Rio de Janeiro: Record, 1988.

[45] BARAN, Paul. *The political economy of economic growth*. New York: Monthly Review Press, 1957; DAVIS, Horace Bancroft. *Nationalism and socialism*. New York: Monthly Review Press, 1967; MOHRI, Kenzo. "Marx and 'underdevelopment': his thesis on the 'historical role of British free trade' revisited". *Annals of the Institute of Social Science*, n° 19, University of Tokyo, 1978.

[46] Ver COUTO SILVA, Golbery do. *Planejamento estratégico*. Rio de Janeiro: Biblioteca do Exército, 1955; MATTOS, Carlos de Meira. *Brasil*: geopolítica e destino. Rio de Janeiro: Biblioteca do Exército, 1975; CASTRO, Therezinha de (*et al.*). *África*: geohistória, geopolítica e relações internacionais. Rio de Janeiro: Livraria Freitas Bastos, 1979; CASTRO, Therezinha de (*et al.*). *O Brasil no mundo atual*: posicionamento e diretrizes. Rio de Janeiro: Editora Colégio Pedro II, 1982.

que participaram da Revolução de 30, e do Estado Novo. Na década de 1950, entretanto, este primeiro desenvolvimentismo pragmático dos militares brasileiros se transformou num projeto de defesa e expansão do poder nacional, condicionado por sua visão da "segurança nacional", dentro de um mundo dividido pela Guerra Fria. Esta matriz teve um desenvolvimento teórico menor que o das outras três, mas acabou tendo uma importância histórica muito maior, devido ao lugar central ocupado pelos militares na construção e no controle do Estado desenvolvimentista brasileiro, durante a maior parte dos seus cerca de 50 anos de existência. O seu projeto geopolítico e econômico era expansionista e tinha uma visão competitiva do sistema mundial, mas nunca foi muito além de algumas ideias elementares sobre o próprio poder e a defesa, porque girava em torno de uma obsessão com um inimigo externo e interno que nunca ameaçou nem desafiou efetivamente o país, que foi importado ou imposto pelo geopolítica anglo-saxônica da Guerra Fria. Assim mesmo, esta foi a única teoria e estratégia dentro do universo desenvolvimentista, que associou explicitamente a necessidade da industrialização e do crescimento econômico acelerado com o problema da defesa nacional, mas sua visão simplista e maniqueísta do mundo explicam o seu caráter antipopular e autoritário, e a facilidade com que foi derrotado e desconstruído, nos anos 1980-1990.[47]

Se existiu algum denominador comum entre todas estas teorias e estratégias desenvolvimentistas, foi sua crença inabalável na existência de um Estado racional, homogêneo e funcional, capaz de formular políticas de crescimento econômico, por cima de divisões, conflitos e contradições que pudessem atravessar e paralisar o próprio Estado. Além disto, todos consideravam que o desenvolvimento era um objetivo

---

[47] Ver: FIORI, José Luís. *Conjuntura e crise na dinâmica de um Estado periférico*. São Paulo: USP, 1984 (Tese de Doutoramento); publicado como FIORI, José Luís. *O vôo da coruja*: uma leitura não liberal da crise do Estado desenvolvimentista. Rio de Janeiro: Eduerj, 1995.

consensual – por si mesmo – capaz de constituir e unificar a Nação, e de mobilizar a sua população, por cima de suas divisões internas, de classe, etnia e regiões. Talvez por isto, apesar da sua hegemonia ideológica, depois da Segunda Guerra Mundial as políticas desenvolvimentistas só tenham sido aplicadas na América Latina, de forma pontual, irregular e inconsistente, e só se possa falar efetivamente, neste período, da existência em todo continente de dois "Estados desenvolvimentistas", um, com certeza, no Brasil, e o outro, com muitas reservas, no México.

II. **Do outro lado da controvérsia latino-americana**, a origem da "agenda neoliberal" remonta à década de 1940, mas ela permaneceu em estado latente ou defensivo, durante a "era desenvolvimentista", e só conquistou o poder e a hegemonia ideológica nas últimas décadas do século XX. Nos anos 1980, as teses neoliberais apareceram e se difundiram na América Latina, como resposta à "crise da dívida externa" e da inflação galopante daquela década, e trouxeram junto uma proposta de reformas institucionais voltadas para a privatização e desregulação dos mercados, e para a austeridade fiscal e monetária.[48] É possível identificar pelo menos duas grandes teorias que participaram da crítica intelectual e da legitimação ideológica da desmontagem das políticas e das instituições desenvolvimentistas: a teoria dos "buscadores de renda", e a teoria neoinstitucionalista,[49] que exerceram grande influência dentro dos organismos internacionais de Washington, e em particular dentro do Banco Mundial.

a) **Para a teoria dos "buscadores de renda"**, o Estado é apenas mais um mercado de trocas entre burocratas – movidos por interesses egoístas – e empresários em busca de privilégios e de rendas monopólicas garantidas através do

---

[48] DORNBUSCH, Rudiger; EDWARDS, Sebastian. *The macroeconomics of populism in Latin America*. Chicago: The Chicago University Press, 1991.

[49] KRUEGER, Anne. "The political economy of the rent-seeking society". *American Economic Review*, vol. 64, 1974; NORTH, Douglas. *Structure and change in economic history*. New York: W.W. Norton & Co, 1981.

controle e/ou da influência dentro da máquina estatal. Desta perspectiva, qualquer aumento do setor público ampliaria automaticamente as oportunidades de obtenção de rendas extraordinárias, às custas do cidadão e do consumidor comum, que acabaria tendo que pagar preços mais altos do que os que seriam definidos "normalmente" pelos mercados competitivos e desregulados;

b) **A teoria neoinstitucionalista** também defende a "retirada do Estado", mas, ao contrário da teoria anterior, sustenta a sua importância para a construção e preservação do ambiente institucional associado à garantia do direito de propriedade privada e de liberdade individual das pessoas, considerados pelos neoinstitucionalistas como condições indispensáveis de todo e qualquer processo de desenvolvimento econômico.

No final do século XX, a agenda neoliberal reforçou um viés da discussão que já vinha crescendo desde o período desenvolvimentista: o deslocamento do debate para o campo da macroeconomia. Como volta a acontecer com o chamado "neodesenvolvimentismo", que se propõe inovar e construir uma terceira via "entre o populismo e a ortodoxia". Como se tratasse de uma gangorra que ora aponta para o fortalecimento do mercado, ora para o fortalecimento do Estado. Na prática, o "neodesenvolvimentismo" acaba se reduzindo a um programa de medidas macroeconômicas ecléticas, que se propõem fortalecer, simultaneamente, o Estado e o mercado; a centralização e a descentralização; a concorrência e os grandes "campeões nacionais"; o público e o privado; a política industrial e a abertura; e uma política fiscal e monetária, que seja ao mesmo tempo ativa e austera. E, finalmente, com relação ao papel do Estado, o "neodesenvolvimentismo" propõe que ele seja recuperado e fortalecido, mas não esclarece em nome de quem, para quem e para quê, deixando de lado a questão central do poder, e dos interesses contraditórios das classes e das nações, como já acontecera com o "velho desenvolvimentismo" do século XX.

Apesar de suas grandes divergências ideológicas e políticas, desenvolvimentistas e liberais sempre compartilharam uma mesma visão do Estado como criador ou destruidor da boa ordem econômica, mas sempre visto como se fosse um *deus ex machina*, atuando desde fora da atividade econômica propriamente dita. Ambos criticam os processos de monopolização, idealizam os mercados competitivos e vêm com maus olhos toda forma de associação ou envolvimento entre o Estado e os capitais privados. Ambos consideram que o poder, as lutas pelo poder e o processo de acumulação de poder a escala nacional e internacional não têm a ver diretamente com o processo simultâneo de desenvolvimento econômico e acumulação do capital. Além disso, todos consideram os Estados latino-americanos como se fossem iguais e não fizessem parte de um sistema regional e internacional único, desigual, hierarquizado, competitivo e em permanente processo de transformação. E mesmo quando os desenvolvimentistas falaram de Estados centrais e periféricos, e de Estados dependentes, falavam de um sistema econômico mundial que tinha um formato bipolar relativamente estático, onde as lutas de poder entre os Estados e as nações ocupavam um lugar secundário.[50] Por fim, esta convergência entre desenvolvimentistas e liberais latino-americanos permite extrair duas conclusões críticas de todo este debate:

(i) **A primeira** é que o desenvolvimentismo latino-americano sempre teve um parentesco muito maior com o keynesianismo e com a "economia do desenvolvimento" anglo-saxônica, do que com o nacionalismo econômico e o anti-imperialismo, que foram até hoje a mola mestra e propulsora de todos os desenvolvimentos tardios, em particular, dos desenvolvimentos asiáticos;

(ii) **E a segunda** é a certeza de que os desenvolvimentistas e os liberais latino-americanos compartilham a mesma concepção econômica do Estado, que é comum ao paradigma da economia política clássica, marxista e neoclássica. Esta coincidência de paradigmas explica a facilidade com que muitos passam teoricamente de um lado para o outro da

---

50 FRANK, Andre Gunder. *Capitalism and underdevelopement in Latin America*. New York: Monthly Review Press, 1969; CARDOSO, Fernando Henrique; FALETTO, Enzo. *Dependência e desenvolvimento na América Latina*. Rio de Janeiro: Zahar, 1970.

"gangorra" "líbero-desenvolvimentista", sem precisar sair do mesmo lugar.

Doze notas para um novo "programa de pesquisa"

É muito pouco provável que o velho paradigma "líbero-desenvolvimentista" consiga se renovar. Seu "núcleo duro" perdeu vitalidade e não consegue gerar novas perguntas, nem consegue dar conta dos novos problemas latino-americanos, e muito menos do desenvolvimento asiático e do desafio chinês. Nestes momentos é preciso ter a coragem intelectual de romper com as velhas ideias, para propor novos caminhos teóricos e metodológicos. Com este objetivo, expomos em seguida algumas premissas e hipóteses de um novo "programa de pesquisa", que parte dos conceitos de "poder global", "Estados-economias nacionais" e "sistema interestatal capitalista", para repensar a relação entre os Estados nacionais e o desenvolvimento desigual das economias capitalistas que se formaram na Europa e fora dela, a partir da expansão mundial global do "poder europeu".[51]

I. **No final século XX** se falou com insistência do fim das fronteiras e da soberania dos Estados nacionais, que estariam sendo atropeladas pelo avanço incontrolável da globalização econômica. Ao mesmo tempo, se falou do poder imperial e unipolar dos EUA, depois do fim da Guerra Fria. Mas foi exatamente nesse período que se deu a universalização do sistema interestatal, que foi "inventado" pelos europeus e que contabilizava cerca de 60 Estados independentes, depois do fim da Segunda Guerra Mundial, e hoje inclui cerca de 200 Estados nacionais, a maioria deles com assento nas Nações Unidas. É óbvio que se trata de Estados muito diferentes entre

---

[51] Ver: FIORI, José Luís. "Formação, expansão e limites do poder global". *In*: FIORI, José Luís (Coord.). *O poder americano*. Petrópolis: Vozes, 2004; FIORI, José Luís. *O poder global e a nova geopolítica das nações*. São Paulo: Boitempo, 2007; FIORI, José Luís (*et al.*). *O mito do colapso do poder americano*. Rio de Janeiro: Record, 2008.

si, do ponto de vista das suas dimensões e população, mas sobretudo do ponto de vista do seu poder e da sua riqueza, e da sua capacidade de defender a sua própria soberania. A maior parte desses novos Estados havia sido colônia europeia, e depois de sua independência permaneceram sob a camisa de força da Guerra Fria, e só adquiriram um maior grau de autonomia depois de 1991, a despeito que sigam sendo países muito pobres e impotentes, em muitos casos. É importante perceber que esta multiplicação do número dos Estados nacionais que agora são membros do sistema político mundial ocorreu em simultâneo com os processos de acumulação do poder global dos EUA e de globalização produtiva e financeira, que se aceleraram depois das décadas 1950 e 1980, respectivamente. Esta coincidência poderia representar um paradoxo se não fosse um produto contraditório e necessário do próprio "sistema interestatal capitalista" que nasceu na Europa e só na Europa, e se universalizou a partir da expansão do poder imperial europeu.

II. **A origem histórica deste sistema** remonta às "guerras de conquista" e à "revolução comercial", que se somaram na Europa dos séculos XII e XIII, para criar a energia que moveu dois processos que foram decisivos nos séculos seguintes: o da centralização do poder e o da monetização dos tributos e das trocas. Como se sabe, depois do fim do Império de Carlos Magno, houve na Europa uma fragmentação do poder territorial e um desaparecimento quase completo da moeda e da economia de mercado. Mas nos dois séculos seguintes – entre 1150 e 1350 – houve uma revolução que mudou a história da Europa e do mundo: naquele período se forjou no continente europeu uma associação expansiva entre a "necessidade da conquista" e a "necessidade de excedentes" econômicos cada vez maiores. Esta mesma associação se repetiu através da Europa em várias de suas unidades territoriais de poder, que foram obrigadas a criar tributos e sistemas de tributação, além das moedas soberanas, para financiar suas guerras de defesa e de conquista e a administração dos novos territórios conquistados através destas guerras.

III. **As guerras, os tributos, as moedas e o comércio** sempre existiram. A grande novidade europeia foi a forma em que se combinaram, somaram e multiplicaram em conjunto, dentro de pequenos territórios altamente competitivos, e em estado de permanente guerra ou preparação para a guerra. Essas guerras permanentes se transformaram num grande multiplicador de tributos e de dívidas, e, por derivação, num multiplicador do excedente, do comércio, do mercado de moedas e de títulos da dívida, criando um circuito acumulativo absolutamente original, entre os processos de acumulação do poder e da riqueza. Além disso, estas guerras soldaram uma aliança indissolúvel entre príncipes e banqueiros, e deram origem às primeiras formas de acumulação do "dinheiro pelo dinheiro", através da *senhoriagem* das moedas soberanas e da negociação das dívidas públicas, pelos "financistas", primeiro nas "feiras" e depois nas bolsas de valor. No longo prazo, esta centralização do poder e essa monetização dos tributos e das trocas permitiu a formação, nos séculos XVI e XVII, dos primeiros "Estados-economias nacionais" europeus que se transformaram em verdadeiras máquinas de acumulação de poder e de riqueza durante os séculos seguintes, com seus sistemas de bancos e de crédito, seus exércitos e burocracias, e com seu sentimento coletivo de identidade e de "interesse nacional".

IV. **Estes "Estados-economias nacionais"** não nasceram de forma isolada: já nasceram dentro de um sistema que se move continuamente, competindo e acumulando poder e riqueza, em conjunto e dentro de cada uma de suas unidades territoriais. Foi dentro dessas unidades territoriais expansivas e deste sistema competitivo de poder que se forjou o "regime capitalista". Desde o início, o movimento de internacionalização dos seus mercados e dos seus capitais se deu junto com a expansão e consolidação dos grandes impérios marítimos e territoriais dos primeiros Estados europeus. E, desde então, foram sempre estes Estados expansivos e ganhadores que lideraram a acumulação do capital, em escala mundial. Esses primeiros Estados nasceram e se expandiram para fora de si mesmos, de forma quase simultânea. Enquanto lutavam para impor seu poder e sua soberania interna, já se expandiam e conquistavam novos territórios, construindo seus impérios coloniais. Por isso é que se pode dizer que o "imperialismo" foi uma força e uma dimensão co-constitutiva e permanente de todos os Estados e do próprio sistema interestatal europeu. Essa luta contínua, dentro e fora da Europa, promoveu uma rápida hierarquização do sistema, com a constituição de um pequeno "núcleo central" de "Estados/Impérios" que se impuseram aos demais, dentro e fora da Europa. Assim nasceram as chamadas "Grandes Potências", e seguiram mantendo entre si relações a um só tempo complementares e competitivas. A composição interna deste núcleo foi sempre muito estável, devido ao próprio processo contínuo de concentração do poder, mas também devido às "barreiras à entrada" de novos "sócios", que foram sendo criadas e recriadas pelas potências ganhadoras, ao longo dos séculos. De qualquer forma, o ponto importante é que o sistema mundial em que vivemos até hoje não foi o produto de uma somatória simples e progressiva de territórios, países e regiões, nem muito menos foi o produto da simples expansão dos mercados ou do capital, foi uma criação do poder expansivo de alguns Estados e economias nacionais europeus que conquistaram e colonizaram o mundo, durante os cinco séculos em que lutaram entre si pela monopolização das hegemonias regionais e do "poder global".

V. **Sempre existiram projetos e utopias cosmopolitas** propondo algum tipo de "governança global" para o conjunto do sistema interestatal capitalista. Mas todas as formas conhecidas e experimentadas de "governo supranacional" foram até hoje uma expressão do poder e da ética das potências que compõem o núcleo central do sistema, e em particular da potência que lidera este núcleo central. Muitos autores falam em "hegemonia" para referir-se à função estabilizadora do líder do sistema. Mas esses autores não percebem – em geral – que a existência dessa liderança ou hegemonia não interrompe o expansionismo dos demais Estados, nem muito menos o expansionismo do próprio líder ou *hegemon*. Dentro deste sistema mundial, o aparecimento e ascensão de uma nova "potência emergente" será sempre um fator de desestabilização do seu núcleo central. Mas o maior desestabilizador de qualquer situação hegemônica será sempre o seu próprio líder ou *hegemon*, porque ele não pode parar de conquistar para poder manter sua posição relativa na luta pelo poder global. Por isso, é logicamente impossível que algum país "hegemônico" possa estabilizar o sistema mundial. Neste "universo em expansão" que nasceu na Europa, durante o "longo século XIII", nunca houve nem haverá "paz perpétua", nem sistemas políticos internacionais estáveis. Porque se trata de um "universo" que se estabiliza e se ordena através da sua própria expansão e, portanto, também das crises e das guerras, provocadas pela contradição entre sua tendência permanente à internacionalização e ao poder global, e sua contratendência ao fortalecimento contínuo dos poderes, das moedas e dos capitais nacionais.

VI. **A expansão competitiva** dos "Estados-economias nacionais" europeus criou impérios coloniais e internacionalizou a economia capitalista, mas nem os impérios, nem o capital internacional eliminaram os Estados e as economias nacionais. Porque o capital sempre aponta contraditoriamente na direção da sua internacionalização e, ao mesmo tempo, na direção do fortalecimento da sua economia nacional de origem, como percebeu corretamente Nikolai Bukharin.[52] O que Bukharin não disse ou não percebeu é que esta contradição entre os movimentos simultâneos de internacionalização e

---

52 "A internacionalização dos interesses capitalistas exprime apenas um lado da internacionalização da vida econômica, torna-se também indispensável conhecer o outro lado que ela contém: isto é, o processo de nacionalização dos interesses capitalistas [...]. O desenvolvimento do capitalismo mundial traz como resultado, de um lado, a internacionalização da vida econômica e o nivelamento econômico; e, de outro, em medida infinitamente maior, o agravamento extremo da tendência à nacionalização dos interesses capitalistas [...]". BUKHARIN, Nicolai. *A economia mundial e o imperialismo*. São Paulo: Abril Cultural, 1984, pp. 54 e 97.

nacionalização do capital se deve ao fato que os capitais só podem se internacionalizar na medida em que mantém sua relação originária com a moeda nacional em que se realizam como riqueza, a sua própria ou a de um Estado nacional mais poderoso. Por isso, sua internacionalização contínua não é uma tendência apenas do "capital em geral", é uma obra simultânea do capital e dos Estados emissores das moedas e das dívidas de referência internacionais, que souberam conquistar e preservar, mais do que todos os outros, situações e condições monopólicas.

VII. **As "moedas internacionais"** sempre foram cunhadas pelos Estados vitoriosos que conseguiram projetar seu poder para fora de suas fronteiras até o limite do próprio sistema. Desde o "longo século XVI" e a consolidação do "sistema interestatal capitalista", só existiram duas moedas internacionais: a Libra e o Dólar. E só se pode falar da existência de três sistemas monetários globais: o "padrão libra-ouro", que ruiu na década de 1930; o "padrão dólar-ouro", que terminou em 1971; e o "padrão dólar-flexível", que nasceu na década de 1970 e que segue vigente neste início do século XXI. Em todos os casos, e desde a origem do sistema interestatal capitalista: i) nenhuma moeda nacional foi jamais apenas um "bem público", e muito menos ainda, as moedas nacionais que se transformaram em referência internacional. Todas elas envolvem relações sociais e de poder entre seus emissores e os seus detentores, entre os seus credores e os seus devedores, entre os poupadores e os investidores, e assim por diante. E por trás de toda moeda e de todo sistema monetário, se esconde e se reflete sempre uma correlação de poder, nacional ou internacional; ii) por sua vez, as moedas de referência regional ou internacional não são apenas uma escolha dos mercados. São o produto de uma luta pela conquista e dominação de novos territórios econômicos supranacionais e, ao mesmo tempo e depois das conquistas, seguem sendo um instrumento de poder dos seus Estados emissores e dos seus capitais financeiros; iii) por isso, o uso dentro do sistema interestatal capitalista de uma moeda nacional que seja, ao mesmo tempo, uma moeda de referência supranacional, é uma contradição co-constitutiva e inseparável do próprio sistema. E, neste sentido, a moeda poderá até mudar nas próximas décadas (o que é muito pouco provável), mas a regra seguirá sendo a mesma, com o Yuan, o Yen, o Euro, ou o Real; iv) por fim, é parte do poder do emissor da "moeda internacional" transferir os custos de seus ajustes internos, para o resto da economia mundial, em particular para sua periferia monetário-financeira.

VIII. **A "dívida pública" dos Estados vitoriosos** sempre teve maior credibilidade do que a dívida dos derrotados ou dos subordinados. Por isso também, os títulos da dívida pública das grandes potências têm maior "credibilidade" do que os títulos dos Estados situados nos degraus inferiores da hierarquia do poder e da riqueza internacional. Marx[53] percebeu a importância decisiva da "dívida pública" para a acumulação privada do capital e vários historiadores[54] têm chamado a atenção para a importância do endividamento

---

53 "Como pelo toque de uma vara de condão, ela [a dívida pública] dota o dinheiro de capacidade criadora, transformando-o assim em capital, sem ser necessário que o seu dono se exponha aos aborrecimentos e riscos inseparáveis das aplicações industriais e mesmo usurárias. Os credores do Estado nada dão na realidade, pois a soma emprestada converte-se em títulos da dívida pública facilmente transferíveis, que continuam a funcionar em suas mãos como se fossem dinheiro. A dívida pública criou uma classe de capitalistas ociosos, enriqueceu, de improviso, os agentes financeiros que servem de intermediários entre o governo e a nação. As parcelas de sua emissão adquiridas pelos arremates de impostos, comerciantes e fabricantes particulares lhes proporcionam o serviço de um capital caído em céu". MARX, Karl. *El Capital*: crítica de la economía política. México: Fondo de Cultura Económica, 1947, p. 642.

54 "Qualquer teoria sobre o significado econômico da dívida publica está obrigada a esclarecer por que tanto no século XVIII quanto no século XIX, a Grã Bretanha foi capaz de superar concorrentes superiores econômica e demograficamente, por que conseguiu evitar crises políticas internas associadas a uma dívida muito alta, e sobretudo por que emergiu como a "primeira nação industrial" apesar de sustentar uma dívida pública de tamanha e duração ímpar". FERGUSON, Niall. *A lógica do dinheiro, riqueza e poder no mundo moderno, 1700-2000*. Rio de Janeiro: Record, 2007, p. 138.

dos Estados que foram os "grandes predadores" do sistema mundial. Para financiar suas guerras e a projeção internacional do seu poder, e para sustentar seus sistemas nacionais e internacionais de bancos e de crédito, a "dívida pública" da Inglaterra, por exemplo, passou de 17 milhões de Libras esterlinas, em 1690, para 700 milhões de Libras, em 1800. E contribuiu decisivamente para o financiamento da expansão do poder britânico, dentro e fora da Europa, a despeito do desequilíbrio fiscal de curto prazo das contas públicas inglesas, o que jamais afetou a "credibilidade" de sua dívida ao redor do mundo. Da mesma forma como aconteceu com os Estados Unidos, onde a capacidade de tributação e de endividamento do Estado também cresceram de mãos dadas com a expansão do poder americano, dentro e fora da América. Ainda na entrada do século XXI, são os títulos da dívida pública americana que lastreiam seu crédito internacional e sustentam o atual sistema monetário internacional. Quando se olha deste ponto de vista, se entende melhor a natureza da crise financeira de 2008, por exemplo, e se percebe que ela não foi produzida por nenhum tipo de "déficit de atenção" do Estado americano. Pelo contrário, também neste caso o que ocorreu foi que o Estado e o capital financeiro norte-americano se fortaleceram juntos durante as décadas de 80/90, e agora estão se defendendo juntos, a cada novo passo e a cada nova arbitragem que imponha o seu enfraquecimento dentro e fora dos EUA. Mas, apesar da crise, uma coisa é certa: os títulos da dívida pública norte-americana seguirão ocupando um lugar central dentro do sistema interestatal capitalista enquanto o poder americano seguir sendo um poder expansivo, com ou sem a parceria da China. Também neste caso, os ganhadores não podem parar nem podem deixar de aumentar o seu poder, por maior que ela já seja. Agora bem: esta "mágica" estará ao alcance de todos os Estados e economias capitalistas? Sim e não, a um só tempo, porque neste jogo, se todos ganhassem ninguém ganharia, e os que já ganharam estreitam o caminho dos demais, reproduzindo dialeticamente as condições da desigualdade.

IX. **A conquista e preservação de "situações monopólicas"** é talvez o lugar ou conexão onde fica mais visível a relação entre a acumulação do poder e a acumulação do capital. É disso que está falando Braudel quando afirma que o "o capitalismo só triunfa quando se identifica com o Estado, quando é o Estado", porque seu objetivo são os lucros extraordinários que se conquistam através de posições monopólicas, e essas posições monopólicas se conquistam através do poder, elas são poder, como fica claro – desde a primeira hora do sistema, no "longo século XIII – na forma em que Veneza e Gênova disputaram e conquistaram suas posições hegemônicas, dentro da "economia-mundo mediterrânea". Para Braudel, "o 'capitalismo é o antimercado',[55] exatamente porque o mercado é o lugar das trocas e dos 'ganhos normais', enquanto o capitalismo é o lugar dos 'grandes predadores' e dos 'ganhos anormais'". A acumulação do poder cria situações monopólicas e a acumulação do capital "financia" a luta por novas fatias de poder. Nesse processo conjunto, os Estados estimularam e financiaram desde o início o desenvolvimento e o controle monopólico de "tecnologias de ponta", responsáveis pelo aumento do excedente econômico, e da capacidade de defesa e ataque destes Estados. Assim mesmo, com o passar dos séculos, o mundo do capital adquiriu uma autonomia relativa crescente com relação ao mundo do poder, mas manteve a sua relação de dependência essencial, sem a qual não existiria o próprio sistema "interestatal capitalista". É nesse sentido que Braudel também conclui que se o capitalismo é o antimercado, ele não pode sobreviver sem o mercado. E, assim, ao contrário do que pensam os institucionalistas, o desenvolvimento econômico e a acumulação do capital não passam apenas pelo respeito das regras e das instituições. Pelo contrário, quase sempre passam pelo desrespeito das regras, e pela negação frequente dos regimes e das instituições construídas

---

[55] BRAUDEL, Fernand. *Os jogos das trocas*. São Paulo: Martins Fontes, 1998, p. 403; e BRAUDEL, Fernand. *A dinâmica do capitalismo*. Rio de Janeiro: Rocco, 1987.

em nome do mercado e da competição perfeita. Regimes e instituições que servem muitas vezes para bloquear o acesso às inovações e aos monopólios, por parte dos concorrentes mais débeis que são obrigados a se submeterem às regras. Quem liderou a expansão vitoriosa do capitalismo foram sempre os "grandes predadores" e as economias nacionais que souberam navegar com sucesso, na contramão das "leis do mercado".

X. **Até o fim do século XVIII**, o "sistema interestatal capitalista" se restringia aos Estados europeus e aos territórios incluídos dentro de seu espaço de dominação colonial. Esse sistema só se expandiu e mudou sua organização interna depois da Independência dos Estados Unidos e dos demais Estados latino-americanos. No momento da independência, os Estados latino-americanos não dispunham de centros de poder eficientes, nem contavam com "economias nacionais" integradas e coerentes. E foi só no cone sul do continente que se formou um subsistema estatal e econômico regional, com características competitivas e expansivas, sobretudo na região da Bacia do Prata, pelo menos até o século XX. Este mesmo cenário se repetiu depois de 1945, com a maioria dos novos Estados criados na África, na Ásia Central e no Oriente Médio: não possuíam estruturas centralizadas e eficientes de poder, nem dispunham de economias expansivas. Só no sul e no sudeste da Ásia é que se pode falar da existência de um sistema de Estados e de economias nacionais integradas e competitivas, que lembram o modelo original europeu. Apesar da sua enorme heterogeneidade, é possível formular algumas generalizações a respeito do desenvolvimento econômico e político destes países. Existem países ricos que não são nem nunca serão potências expansivas, nem farão parte do jogo competitivo das grandes potências. Existem Estados militarizados na periferia do sistema mundial, que nunca chegarão a ser potências econômicas. Mas não há possibilidade de que algum desses Estados nacionais se transforme em uma nova potência sem dispor de uma economia dinâmica e de um projeto político-econômico expansivo. E é pouco provável que algum capital individual ou bloco de capitais nacionais, públicos ou privados, consiga se internacionalizar com sucesso, se não for junto a Estados que tenham projetos de poder extraterritorial.

XI. **Olhando para o movimento conjunto do sistema** pode-se ver que a expansão dos "Estados-economias nacionais" líderes gera uma espécie de "rastro econômico", que se alarga a partir da sua própria economia nacional, começando pelas economias do "núcleo central", cujo crescimento define as fronteiras externas do "rastro do sistema". Cada um desses "Estados-economias nacionais" expansivos produz seu próprio rastro e, dentro dele, as demais economias nacionais se hierarquizam em três grandes grupos, segundo suas estratégias político-econômicas internas. Num primeiro grupo, estão as economias nacionais que se desenvolvem sob o efeito imediato do líder. Vários autores já falaram de "desenvolvimento a convite" ou "associado" para referir-se ao crescimento econômico de países que têm acesso privilegiado aos mercados e aos capitais da potência dominante. Como aconteceu com os antigos domínios ingleses do Canadá, Austrália e Nova Zelândia, depois de 1931, e também, com a Alemanha, o Japão e a Coréia, depois da Segunda Guerra Mundial, no momento em que foram transformados em protetorados militares dos EUA, com acesso privilegiado aos mercados norte-americanos. Num segundo grupo, se situam os países que adotam estratégias de *catch up* para alcançar as "economias líderes". Por razões ofensivas ou defensivas, aproveitam os períodos de bonança internacional para mudar sua posição hierárquica e aumentar sua participação na riqueza mundial, através de políticas agressivas de crescimento econômico. Nesses casos, o fortalecimento econômico vai junto com o fortalecimento militar e o aumento do poder internacional do país. São projetos que podem ser bloqueados, como já aconteceu muitas vezes, mas também podem ter sucesso e dar nascimento a um novo Estado e à uma nova economia líder. Como aconteceu com os Estados Unidos, na segunda metade do XIX e começo do XX, e está em vias de acontecer com a China, na segunda década do século XXI. Por fim, num terceiro grupo muito mais amplo, se localizam quase todas as demais economias nacionais do sistema mundial, que atuam como periferia econômica do sistema. São economias nacionais que podem ter fortes ciclos de crescimento e alcançar altos níveis de renda *per capita*, e podem se industrializar, sem deixarem de ser periféricos, do ponto de vista de sua posição dentro do "rastro do cometa", ou seja, dentro da hierarquia regional e global de poder.

XII. **Se existisse um denominador comum** entre todos os países de forte desenvolvimento econômico, com certeza seria a existência de um grande desafio ou inimigo externo competitivo, responsável pela existência de uma orientação estratégica defensiva e permanente, envolvendo quase sempre, uma dimensão político-militar e uma competição acirrada pelo controle das "tecnologias sensíveis". Esse foi o caso de todos os Estados e economias nacionais que fazem parte do núcleo central das grandes potências do sistema. Nesses casos, a guerra real ou virtual teve um papel decisivo na trajetória dos seus desenvolvimentos econômicos. Mas atenção, porque não se trata da importância apenas das armas ou da indústria de armamentos, trata-se de um fenômeno mais complexo que envolveu sempre uma grande mobilização nacional, uma grande capacidade central de comando estratégico, além de uma economia dinâmica e inovadora. As armas e as guerras, por si mesmas, podem não ter nenhum efeito dinamizador sobre as economias nacionais, como no caso – por exemplo – da Coreia do Norte, do Paquistão e de tantos outros países que possuem grandes exércitos e estoques de armamentos e baixíssima capacidade de mobilização nacional e crescimento econômico. Nesse sentido, tudo indica que Max Weber tem razão quando afirma que "em última instância os processos de desenvolvimento econômico são lutas de dominação", ou seja, que não existe desenvolvimento econômico capitalista que não envolva uma luta de poder e pelo poder.[56]

Três notas sobre o futuro

Quando se pesquisa o passado, se está sempre tentando diminuir — de uma forma ou outra — a opacidade do futuro, ainda mais num tempo de grandes mutações e incertezas. Mas pensar o futuro não é uma tarefa fácil e sempre envolve uma alta dose de especulação. Mesmo assim, o pesquisador deve manter a mais absoluta fidelidade com relação às hipóteses utilizadas na sua leitura do passado, e é isto que nos propomos a fazer nas três notas finais deste trabalho, sobre o futuro do sistema interestatal capitalista e da própria América Latina:

I. **Do nosso ponto de vista**, quando se olha para o sistema interestatal capitalista, de uma perspectiva macro-história e de longa duração, se pode identificar quatro momentos em que ocorreram grandes "explosões expansivas", dentro do próprio sistema. Nesses períodos, primeiro ocorreu um aumento da "pressão competitiva" e depois uma grande "explosão" ou alargamento das suas fronteiras internas e externas. O aumento da "pressão competitiva" foi provocado — quase sempre — pelo expansionismo de uma ou várias "potências líderes", e envolveu também um aumento do número e da intensidade do conflito entre as outras unidades políticas e econômicas do sistema. E a "explosão expansiva" que se seguiu projetou o poder destas unidades ou "potências" mais competitivas para fora de si mesmas, ampliando as fronteiras do próprio "universo". A primeira vez que isso ocorreu, foi no "longo século XIII", entre 1150 e 1350. O aumento da "pressão competitiva", dentro da Europa, foi provocado pelas invasões mongóis, pelo expansionismo das Cruzadas, e pela intensificação das guerras "internas", na Península

---

[56] WEBER, Max. *Escritos políticos*. vol. 1, México: Folios, 1982, p. 18.

Ibérica, no norte da França, e na Itália. A segunda vez que isso ocorreu foi no "longo século XVI", entre 1450 e 1650. O aumento da "pressão competitiva" foi provocado pelo expansionismo do Império Otomano e do Império Habsburgo, e pelas guerras da Espanha, com a França, com os Países Baixos e com a Inglaterra. É o momento em que nascem os primeiros Estados europeus, com suas economias nacionais e com uma capacidade bélica muito superior a das unidades soberanas do período anterior. A terceira vez que isso ocorreu foi no "longo século XIX", entre 1790 e 1914. O aumento da "pressão competitiva" foi provocado pelo expansionismo francês e inglês, dentro e fora da Europa, pelo nascimento e surgimento dos Estados americanos, depois de 1860, de três potências políticas e econômicas – Estados Unidos, Alemanha e Japão –, que cresceram muito rapidamente e revolucionaram a economia capitalista e o "núcleo central" das grandes potências. Por fim, do nosso ponto de vista, neste momento está em pleno curso uma quarta grande "explosão expansiva" do sistema mundial, que começou na década de 1970. Nossa hipótese é que o aumento da pressão dentro do sistema foi provocado pela própria estratégia expansionista e imperial dos Estados Unidos que se aprofundou e radicalizou depois dos anos 1970; mas também pelo grande alargamento das fronteiras do sistema, com a criação de cerca de 130 novos Estados nacionais, depois do fim da Segunda Guerra Mundial; e, finalmente, pelo crescimento vertiginoso do poder e da riqueza dos Estados asiáticos, em particular, da China.[57] Mesmo assim, do nosso ponto de vista, este aumento da pressão sistêmica não aponta para o fim do poder americano, nem muito menos para o fim do sistema capitalista, ou do próprio sistema interestatal.

Pelo contrário, depois da derrota do Vietnã e da reaproximação com a China, entre 1971 e 1973, o poder

---

[57] FIORI, José Luís. "O sistema interestatal capitalista no início do século XXI". In: _____ (et al.). *O mito do colapso do poder americano*. Rio de Janeiro: Record, 2008.

americano cresceu de forma contínua, construindo uma extensa rede de alianças e uma infraestrutura militar global que lhe permite até hoje o controle quase monopólico, naval, aéreo e espacial de todo o mundo. Mas ao mesmo tempo, essa expansão do poder americano contribuiu para a "ressurreição" militar da Alemanha e do Japão e para a autonomização e fortalecimento da China, Índia, Irã e Turquia, além do retorno da Rússia ao "grande jogo" da Ásia Central e do Oriente Médio. Os revezes militares dos Estados Unidos na primeira década do século desaceleraram o seu projeto imperial. Mas uma coisa é certa, os EUA não abdicarão voluntariamente do poder global que já conquistaram e não renunciarão à sua expansão contínua no futuro. Por outro lado, depois do fim do Sistema de Bretton Woods, entre 1971 e 1973, a economia americana cresceu de forma quase contínua até o início do século XXI. Ao associar-se com a economia chinesa, a estratégia norte-americana diminuiu a importância relativa da Alemanha e do Japão, para sua "máquina de acumulação" global de capital. Ao mesmo tempo, contribuiu para transformar a Ásia no principal centro de acumulação capitalista do mundo, transformando a China numa economia nacional com enorme poder de gravitação sobre toda a economia mundial. Essa nova geometria política e econômica do sistema mundial se consolidou na primeira década do século XXI e deve se manter nos próximos anos. Do nosso ponto de vista, os Estados Unidos manterão sua centralidade dentro do sistema, como a única potência efetivamente capaz de intervir em todos os tabuleiros geopolíticos do mundo, e que é ao mesmo tempo o Estado que emite a moeda de referência internacional. Daqui para frente, a União Europeia terá um papel cada vez mais secundário, como coadjuvante dos Estados Unidos, sobretudo se a Rússia e a Turquia aprofundarem seus laços com os EUA dentro Oriente Médio. Nesse novo contexto internacional, a Índia, o Brasil, a Turquia, o Irã, a África do Sul, e talvez a Indonésia, deverão aumentar o seu poder regional e global em escalas diferentes, mas ainda não terão por muito tempo, capacidade de projetar seu poder militar além das suas fronteiras regionais. De qualquer forma, duas coisas se podem dizer com bastante certeza nesse início da segunda década do século XXI:

i. Não existe nenhuma "lei" que defina a sucessão obrigatória e a data do fim da supremacia americana. Mas é absolutamente certo que a simples ultrapassagem econômica dos EUA não transformará automaticamente a China numa potência global, nem muito menos no líder do sistema mundial.

ii. E terminou definitivamente o tempo dos "pequenos países" conquistadores. O futuro do sistema mundial envolverá – daqui para frente – um permanente "jogo de guerra de posições" entre grandes "países continentais", como é o caso pioneiro dos EUA, e agora é também o caso da China, Rússia, Índia e Brasil. Nessa disputa, os EUA já ocupam o epicentro do sistema mundial, mas mesmo antes que os outros quatro países adquiram a capacidade militar e financeira indispensável à condição de potência global, eles já controlam em conjunto cerca de 1/3 do território, e quase 1/2 da população mundial.

Por fim, com relação à América Latina, o Brasil conquistou um razoável grau de autonomia nesse início do século XXI, e já entrou no grupo dos Estados e das economias nacionais que fazem parte do "caleidoscópio central" do sistema, onde todos competem com todos, e todas as alianças são possíveis, em função dos objetivos estratégicos do país e da sua proposta de mudança do próprio sistema internacional. Essa nova importância política e econômica deverá crescer nos próximos anos de forma regular na América do Sul, no Atlântico Sul, e no sul da África, mas o Brasil seguirá sendo um país sem capacidade de projeção global do seu poder militar. "Daqui para frente, a América Latina será cada vez mais hierarquizada e o futuro da América do Sul, em particular, será cada vez mais dependente das escolhas e decisões tomadas pelo Brasil. Em primeiro lugar, este país terá que decidir sobre a sua própria estratégia econômica nacional porque se for pelos "caminhos do mercado" o Brasil se transformará, inevitavelmente, numa economia exportadora de alta intensidade, de petróleo, alimentos e *commodities*, uma espécie de "periferia de luxo" dos grandes potências compradoras do mundo, como foram no seu devido tempo a Austrália e Argentina, ou o Canadá, mesmo depois de industrializado. E se isso acontecer, o Brasil estará condenando o resto da América do Sul à sua condição histórica secular, de periferia "primário-exportadora" da economia mundial. Mas o Brasil também pode seguir um caminho novo dentro da América do Sul, combinando indústrias de alto valor agregado, com a produção de alimentos e *commodities* de alta produtividade, sendo ao mesmo tempo, auto-suficiente do ponto de vista energético. Entretanto, esta não é uma escolha puramente técnica ou econômica, ela supõe uma decisão preliminar, de natureza política e estratégica, sobre os objetivos do Estado e da inserção internacional do Brasil. E neste caso existem duas alternativas para o Brasil: i) manter-se como sócio preferencial dos Estados Unidos, na administração da sua hegemonia continental; ou, ii) lutar para aumentar sua capacidade de decisão estratégica autônoma, no campo da economia e da sua própria segurança, através de uma política hábil e determinada de complementaridade e competitividade crescente com os Estados Unidos, envolvendo também as demais potências do sistema mundial, no fortalecimento da sua relação de liderança e solidariedade com os países da América do Sul. Mas isto só ocorrerá se o Brasil desenvolver instrumentos e competências para poder atuar simultaneamente no tabuleiro regional, e também em outros espaços transversais de articulação de interesses e alianças globais. De qualquer maneira, uma coisa é absolutamente certa: daqui para frente, as escolhas brasileiras terão um impacto cada vez maior e uma influência cada vez mais decisiva sobre o futuro da América do Sul, e da própria América Latina".[58]

Dez anos depois, já no ano de 2021[59]

Entre 2003 e 2014, o Brasil teve uma política externa que procurou aumentar seus "graus de soberania" frente às "grandes potências" e dentro do sistema internacional como um todo, através de alianças estabelecidas fora do continente americano, sobretudo no caso da criação do grupo econômico do BRICS, obedecendo a uma estratégia internacional de longo prazo, definida e exposta em documentos oficiais que foram aprovados pelo Congresso Nacional.[60] Seu objetivo explícito era aumentar e projetar a influência diplomática e o poder político e econômico do Brasil no seu "entorno estratégico", incluindo América do Sul, África Subsaariana Ocidental, Antártida e a própria Bacia do Atlântico Sul.

Nesse período, o Brasil ingressou no pequeno grupo dos Estados e economias nacionais que exercem liderança dentro de suas próprias regiões, e era necessário começar a atuar como uma potência em ascensão, porque dentro desse grupo existe uma lei de ferro: "quem não sobe, cai". Por isso mesmo, já naquele momento, o país começou a experimentar as consequências de sua nova postura, ingressando num novo patamar de competição cada vez mais feroz, com países que lutam entre si permanentemente para galgar novas posições na hierarquia do poder e da riqueza mundial.

---

58 FIORI, José Luís. "Brasil e América do Sul: o desafio da inserção internacional soberana". *Cepal*, nº 42, 2011 (Textos para discussão).

59 Como já dissemos, este artigo foi escrito no ano de 2011, mas esta nota final foi acrescentada dez anos depois, em 2021, como forma de atualizar a visão conjuntural do texto, incorporando as mudanças que ocorreram no Brasil, sobretudo depois de 2016.

60 O Plano Nacional de Defesa (PND) e a Estratégia Nacional de Defesa (END), aprovados pelo Congresso Nacional em 2005 e 2008, respectivamente.

ESTADO E DESENVOLVIMENTO NA AMÉRICA LATINA

Este foi um momento crucial da história recente do Brasil: para seguir em frente e aproveitar aquela oportunidade estratégica, era indispensável a consolidação de uma coalizão de poder interna, sólida, homogênea e decidida, com capacidade efetiva de aproveitar as brechas e avançar com decisão nos momentos oportunos. Havia que olhar para a frente e pensar grande, para não se amedrontar nem ser atropelado pelos concorrentes e pela própria história. Mas em todo momento as portas sempre estiveram abertas, e sempre foi possível acovardar-se e recuar, apesar de que o preço do recuo fosse cada vez maior.

Foi exatamente isso que aconteceu: uma parte da elite civil e militar, e da própria sociedade brasileira, decidiu recuar e pagar o preço de sua decisão. Optaram pelo caminho do golpe de Estado, e depois redobraram sua aposta, numa coalizão formada às pressas, que culminou com a instalação de um governo "paramilitar" e de extrema-direita, que neste momento está se propondo a mudar radicalmente o rumo da política externa do Brasil, com o abandono de algumas posições tradicionais do Itamaraty e a denúncia raivosa da política externa seguida pelo país entre 2003 e 2014. Tudo isso em nome de uma cruzada contra uma espécie de ectoplasma que eles chamam de "marxismo cultural", que foi inventado pela ultradireita norte-americana; e em nome da "salvação da civilização judaico-cristã", segundo o ex-chanceler brasileiro, que acumulava asnices diárias e que foram objeto da risota mundial.

Foi assim que, logo de partida, o novo governo apoiou a intervenção militar na Venezuela, anunciada pelos Estados Unidos, que acabou se transformando numa "invasão humanitária" e num gigantesco fracasso, representando uma humilhação para o Itamaraty. Este acabou sendo alijado – pela primeira vez na história da América do Sul – de uma negociação fundamental para o continente, realizada na Noruega, entre o governo e a oposição venezuelanos. Simultaneamente, o novo governo se propôs a levar à frente, de forma rápida e atabalhoada, um desmonte "selvagem" – como a feita na Rússia dos anos 1990 – de todos os principais instrumentos estatais de proteção e defesa da população, do território e dos recursos naturais, industriais e tecnológicos brasileiros.

Existe, no entanto, uma coisa que chama a atenção no meio da balbúrdia: o fato de que não exista ninguém dentro do governo que consiga dizer minimamente qual é o seu projeto para o Brasil! Qual é, afinal, seu objetivo para o país, no médio e longo prazo? O núcleo central do governo simplesmente não fala, nem pensa, só agride e repete frases de efeito. Os militares aposentados que estão na administração – da chamada "geração Haiti" – dão murros, esbravejam, ficam apopléticos, e quando falam, os que falam, costumam dizer coisas desconexas e inoportunas.

Os religiosos fundamentalistas recitam versículos bíblicos, e parecem viver cegados por suas obsessões sexuais. Os juízes e procuradores que participaram do golpe de Estado e da "operação Bolsonaro", aparentemente só falam entre si e com seus tutores norte-americanos, não conseguindo enxergar um palmo além do seu nariz provinciano. E por fim, os financistas e tecnocratas de Chicago, amigos do ministro da Economia, não conhecem o Brasil nem os brasileiros, e parecem robôs de uma ideia só.

Mesmo assim, é possível deduzir o que está na cabeça daqueles que efetivamente financiaram e seguem tutelando esse verdadeiro bando de indigentes mentais, a partir dos artigos e manifestações que aparecem nos seus jornais e revistas periódicas.

Durante a República Velha, as oligarquias agrárias e as elites financeiras brasileiras sempre admiraram e invejaram o sucesso do modelo "primário-exportador" argentino de integração com a economia inglesa, bem-sucedido durante a segunda metade do século XIX. E mesmo depois da crise de 1930 e da Segunda Guerra Mundial, muitas lideranças políticas e empresariais, e muitos economistas, como Eugenio Gudin, seguiram defendendo esse modelo para o Brasil, mesmo quando a Argentina já havia entrado em crise e iniciado seu longo declínio, que chega até nossos dias.

Basta dizer que, em pleno período desenvolvimentista, Roberto Campos, que foi presidente do BNDES e ministro do governo militar de 1964, chegou a dizer em algum momento que seu sonho seria fazer do Brasil um grande Canadá. O mesmo sonho que ainda embala a cabeça dos empresários e banqueiros que financiaram e que ainda sustentam o governo do capitão Bolsonaro.

Sua proposta e sua agenda foram sempre as mesmas, e seguem sendo repetidas como uma ladainha religiosa: é necessário abrir, desregular, privatizar e desindustrializar a economia brasileira, para radicalizar o velho modelo argentino e alcançar um novo estatuto nas relações do Brasil com os Estados Unidos e com a União Europeia. Um estatuto parecido com o dos velhos *Domínios* da Grã-Bretanha, como foi o caso exatamente do Canadá, mas também da Austrália e da Nova Zelândia, até avançado século XX.

Territórios que gozavam de uma condição diferente das demais colônias britânicas, porque mantinham seus governos e sua vida política interna autônomas, mas tinham sua economia, sua defesa e sua política externa controladas pela Inglaterra.

Este é hoje, sem dúvida, o projeto e a utopia dos segmentos da elite econômica brasileira que decidiram apostar seu futuro neste governo, que já se transformou numa verdadeira excrecência histórica. Um projeto que não é "teoricamente" impossível, mas que enfrentaria grandes obstáculos reais, situados dentro e fora do país. O Brasil é um país continental, com uma população desigual e muitas vezes superior à dos velhos domínios britânicos, com uma economia muito mais desenvolvida e heterogênea, e com grupos de interesse poderosos e que serão literalmente destruídos, caso avance este projeto ultraliberal.

Por outro lado, os Estados Unidos praticam uma política econômica altamente protecionista e não se submeterão jamais a nenhum tipo de acordo que prejudique seus "interesses estratégicos". Muito menos ainda, assumiriam a responsabilidade da tutela econômica de um país com as dimensões do Brasil, sob um governo absolutamente caótico, e com uma economia agroexportadora que compete com a americana e, em particular, com os grupos do meio-oeste que foram essenciais para a vitória eleitoral de Donald Trump.

Há ainda outra dimensão desse *Projeto Dominium*: a troca da condição de aliado militar regional, que o Brasil sempre ocupou no século

XX, pela condição de "protetorado militar" dos Estados Unidos: um território autônomo que abre mão de ter sua própria política de defesa e de segurança nacional, em troca da proteção militar de um Estado mais forte, neste caso, dos Estados Unidos. Aceitou obrigações que podem variar muito, dependendo da natureza do seu relacionamento com seu protetor, e também de sua localização geográfica e geopolítica dentro do sistema internacional.

Isso já aconteceu, de certa forma, no caso da participação brasileira, ao lado dos Estados Unidos, na invasão de Santo Domingo, em 1964. Mas em nenhum momento do século passado soldados brasileiros ocuparam posições na hierarquia interna de um comando militar regional dos Estados Unidos, como estão se propondo fazer neste momento. Nem tampouco, no século passado, sequer cogitou-se a abertura de bases militares estrangeiras no território brasileiro. Nesse sentido, existe uma grande diferença que precisa ser sublinhada, porque o projeto econômico do *Dominium* tropeça com obstáculos materiais e interesses de grupos que são reais e muito pesados.

O projeto do "protetorado militar" é perfeitamente viável do ponto de vista material e conta com a simpatia das Forças Armadas norte-americanas; depende, no entanto, de uma decisão soberana da sociedade e do Estado brasileiro, e não apenas das Forças Armadas.

E tal decisão tem limites jurídicos e morais, políticos e constitucionais, até porque quem financia a existência das Forças Armadas é o povo brasileiro, com o objetivo de que cuide de sua soberania, nos termos da sua Constituição. Não cabe moralmente a um governo, por mais direitista que seja, exigir que suas Forças Armadas se submetam ao comando de outro Estado que não seja o brasileiro.

Em síntese, do ponto de vista econômico, se o Brasil levar à frente, a "ferro e fogo", este seu projeto de autotransformação num *Dominium*,[61] deverá destruir quase tudo que foi feito nos últimos 90 anos

---

[61] Como parece ser o caso, depois da assinatura do Acordo do Mercosul com a União Europeia, que ocorreu no momento exato em que já tínhamos concluído este artigo.

da história da industrialização brasileira – com a participação decisiva dos militares do passado – e deverá se transformar numa "periferia de luxo" das grandes potências, garantindo-lhes o fornecimento de alimentos, de minerais estratégicos e de petróleo, além de suas reservas biológicas da Amazônia.

Mas se além disto, o atual governo também levar à frente o seu projeto de "protetorado militar", estará acorrentando a nação e submetendo as suas Forças Armadas, e o seu próprio povo, à humilhação de bater continência para a bandeira de outro povo, e de outro estado nacional. Uma traição que deixará sua marca na história do Brasil, causando um dano irreparável à autoestima do povo brasileiro, a menos que ele se levante e volte a caminhar com suas próprias pernas. Mas quando essa hora chegar, será fundamental que se tomem algumas decisões fundamentais, e que se tenha em mente um novo projeto de longo prazo país, um projeto capaz de se sustentar com seus próprios apoios internos, sem recuar nem esmorecer.

Lembrando sempre que todos os povos que conseguiram superar grandes catástrofes, para chegarem a ser grandes nações, tiveram primeiro que desacorrentar suas próprias mãos, e assumir o controle de sua soberania, para poder definir seus objetivos e construir o seu próprio futuro.

Referências Bibliográficas

BARAN, Paul. *The political economy of economic growth*. New York: Monthly Review Press, 1957.

BELLUZZO, Luiz Gonzaga; COUTINHO, Renata (Coord.). *Desenvolvimento capitalista no Brasil*. vols. 1 e 2, São Paulo: Brasiliense, 1982.

Mas os primeiros cálculos já indicam como consequência de um acordo feito por um governo desqualificado internacionalmente, uma queda de 7% da participação industrial no produto nacional, junto com a criação de mais 3 milhões de desempregados, nos próximos quatro ou cinco anos.

BIELSCHOWSKY, Ricardo (Coord.). *Cinquenta anos de pensamento na CEPAL.* vols. 1 e 2, Rio de Janeiro: Record, 1988.

BIELSCHOWSKY, Ricardo. "Introdução". *In:* _____. *Cinquenta anos de pensamento na CEPAL.* Rio de Janeiro: Record, 2000.

BIELSCHOWSKY, Ricardo. *Pensamento econômico brasileiro*: o ciclo ideológico do desenvolvimentismo. Rio de Janeiro: Ipea, 1988.

BRAUDEL, Fernand. *A dinâmica do capitalismo.* Rio de Janeiro: Rocco, 1987.

BRAUDEL, Fernand. *Os jogos das trocas.* São Paulo: Martins Fontes, 1998.

BUKHARIN, Nikolai. *A economia mundial e o imperialismo.* São Paulo: Abril Cultural, 1984.

CASTRO, Therezinha (*et al.*). *África*: geohistória, geopolítica e relações internacionais. Rio de Janeiro: Livraria Freitas Bastos, 1979.

CASTRO, Therezinha (*et al.*). *O Brasil no mundo atual*: posicionamento e diretrizes. Rio de Janeiro: Editora Colégio Pedro II, 1982.

DAVIS, Horace B. *Nationalism and socialism.* New York: Monthly Review Press, 1967.

EISENSTADT, Shmuel Noah; ROKKAN, Stein. *Building states and nations.* vols. 1 e 2, Londres: Sage Publications, 1973.

FERGUSON, Niall. *A lógica do dinheiro*: riqueza e poder no mundo moderno, 1700-2000. Rio de Janeiro: Record, 2007.

FIORI, José Luís. "De volta à questão da riqueza de algumas nações". *In:* _____ (Coord.). *Estados e moedas no desenvolvimento das nações.* Petrópolis: Vozes, 1999.

FIORI, José Luís. "O sistema interestatal capitalista no início do século XXI". *In:* _____ (*et al.*). *O mito do colapso do poder americano.* Rio de Janeiro: Record, 2008.

FIORI, José Luís. "Para uma crítica da teoria latino-americana do Estado". *Revista Síntese*, n° 90, 1990.

FIORI, José Luís. *60 lições dos anos 90.* Rio de Janeiro: Record, 2001.

FIORI, José Luís. *Brasil e América do Sul*: o desafio da inserção internacional soberana. n° 42, Rio de Janeiro: Ineep, 2011 (Textos para discussão).

FIORI, José Luís. *Conjuntura e crise na dinâmica de um Estado periférico.* São Paulo: USP, 1984 (Tese de Doutorado).

FIORI, José Luís. *O vôo da coruja*: uma leitura não liberal da crise do Estado desenvolvimentista. Rio de Janeiro: Eduerj, 1995.

HIRSCHMAN, Albert. "The rise and decline of development economics". *In*: _____. *Essays in tespassing*. Cambridge: University Press, 1981.

LAPALOMBARA, Joseph; WEINER, Myron. *Political parties and political development*. Princeton: University Press, 1966.

MARX, Karl. *El Capital*: crítica de la economia política. México: Fondo de Cultura Económica, 1947.

MATTOS, Carlos de Meira. *Brasil*: geopolítica e destino. Rio de Janeiro: Biblioteca do Exército, 1975.

MEDEIROS, Carlos Alberto; SERRANO, Franklin; FIORI, José Luís. *O mito do colapso do poder americano*. Rio de Janeiro: Record, 2008.

MELLO, João Manuel Cardoso de. *O capitalismo tardio*. São Paulo: Brasiliense, 1982.

MORI, Kenzo. "Marx and 'underdevelopment': his thesis on the 'historical role of British free trade' revisited". *Annals of the Institute of Social Science*, n° 19, 1978.

PALMA, Gabriel. "Dependence and development: a critical overview". *In*: SEERS, Dudley (Coord.). *Dependency theory*: a critical reassessment. Londres: Frances Pinter, 1981.

ROSTOW, Walt W. *The process of economic growth*. New York: Norton, 1952.

ROSTOW, Walt W. *The stages of economic growth*: a non-comunist manifesto. Cambridge: University Press, 1960.

SILVA, Golbery do Couto. *Planejamento estratégico*. Rio de Janeiro: Biblioteca do Exército, 1955.

TAVARES, Maria da Conceição. *Acumulação de capital e industrialização no Brasil*. Campinas: Unicamp, 1974.

WEBER, Max. *Escritos políticos*. vol. 1, México: Folios, 1982.

CAPÍTULO III
ESTADO E DESENVOLVIMENTO: EUA, CHINA E ALGUMAS EXPERIÊNCIAS HISTÓRICAS

JOSÉ SÉRGIO GABRIELLI DE AZEVEDO[62]

O que a experiência histórica e o exemplo chinês podem nos ensinar quando a ação do Estado se torna cada vez mais necessária, como nos mostram as diretrizes do Plano Biden?[63]

Introdução

Joe Biden lançou um programa de recuperação econômica para os EUA, buscando ampliar o papel do Estado no estímulo a investimentos que possibilitem saltos tecnológicos, na competição direta com a China,

---

[62] Professor aposentado da UFBA e pesquisador do Instituto de Estudos Estratégicos de Petróleo, Gás Natural e Biocombustíveis Zé Eduardo Dutra (INEEP).
[63] Pergunta de Gilberto Maringoni que motivou o texto.

que lidera essa corrida. Transição ecológica, políticas sociais e novas infraestruturas energéticas são partes fundamentais do pacote, que busca disputar a hegemonia mundial. Sem o Estado, a iniciativa privada é incapaz de dar esses saltos.

A China, por seu turno, está na frente. Uma política planejada pelo Partido Comunista Chinês (PCCh) e implementada pelo Estado, articula interesses privados e estatais, supera obstáculos, altera as estruturas econômicas em direção a uma sociedade socialista com características chinesas.

Depois de muitos anos de dominância de ideias neoliberais, de redução do tamanho do Estado, fortalecimento dos mercados e desregulamentação do setor privado, a maior parte dos países capitalistas vive a hipertrofia dos fluxos financeiros, o predomínio do curto prazo sobre o longo prazo, a deterioração dos investimentos produtivos e a perda de capacidade tecnológica. Uma redefinição parece estar ocorrendo nessa segunda década do século XXI.

Tanto os EUA retomam o papel indutor fundamental do Estado nas políticas de saída das crises, como a China redefine suas relações com os mecanismos de controle dos mercados, sob a prevalência e orientação do planejamento estatal, buscando acelerar as transformações econômico e sociais. Não é que haja uma convergência de lados opostos, em direção a um ponto comum. Há características distintas nas várias formas em que as sociedades se estruturam no relacionamento entre mercado e Estado.

Há uma longa tradição de debates sobre a capacidade do Estado de exercer o papel transformador, desde as teorias do Estado como comitê executivo das classes dominantes e, portanto, conservador em suas ações, impossibilitado de ações modificativas, até as visões liberais de que o Estado é um espaço neutro e deve apenas induzir o comportamento do setor privado, sem atuação direta nas atividades produtivas.

Uma das recentes contribuições sobre o papel do Estado tem como conceito básico a ideia do "Estado empreendedor", capaz de múltiplas tarefas na indução das transformações tecnológicas.

A China fez rupturas institucionais, retoma uma trajetória em direção a controles do mercado, mas não abre mão do protagonismo central da intervenção direta do Estado.

Da forma semelhante aos problemas que os desenvolvimentistas latino-americanos enfrentavam nos anos 1950-60 com as relações entre aumento do crescimento, quebras estruturais de tecnologias, absorção de excedentes e difusão do progresso, os novos teóricos, focados no centro do desenvolvimento do mundo ocidental, buscam teorizar a respeito da ação do Estado sobre o principal motor do crescimento de longo prazo: o progresso técnico e seus efeitos sobre a produtividade. Assim como nas formulações dos desenvolvimentistas clássicos, as classes sociais desaparecem agora dos cenários.

Evolução do conceito de desenvolvimentismo[64]

O desenvolvimentismo é um conceito ambíguo,[65] podendo expressar tanto um conjunto de políticas que resultam em transformações da economia ou uma série de ideias que inspiram um conjunto de políticas. No primeiro caso é um programa político, no segundo é uma escola de pensamento.

Em relação as transformações estruturais da sociedade, o núcleo duro do conceito[66] pode ser resumido na existência de um projeto nacional, que depende da intervenção estatal para sua implementação, especialmente focado na industrialização do país. Atributos como a distribuição de renda ou reformas de base, como a reforma agrária,

---

[64] Seção fortemente lastreada em AZEVEDO, José Sérgio Gabrielli. "Olhar o passado para orientar o futuro: diálogo com duas propostas". *Teoria e Debate*, vol. 166, 2017.

[65] PRATES, Daniela; PAULA, Luiz Fernando de. "Brazil at crossroads: a critical assessment of developmentalist policies". In: ARESTIS, Philip.; BALTAR, Carolina (*et al.*). *The brazilian economy since the great financial crisis of 2007/2008*. London: Palgrave Macmillan, 2017.

[66] FONSECA, P. C. D. "O projeto desenvolvimentista no Brasil: histórico e desafios da atualidade". *Cadernos do Desenvolvimento*, vol. 11, n° 19, 2016, p. 119.

não se encontram em todas as experiências internacionais de políticas desenvolvimentistas, não se constituindo no núcleo definidor deste conceito. Vários governos desenvolvimentistas não só não promoveram a redistribuição de renda e riqueza, como, algumas vezes, aproveitaram-se da concentração para estimular as políticas de acumulação.[67]

Desta forma, o processo desenvolvimentista ocorre sem rupturas com o sistema de poder capitalista, organizando uma coalizão de forças políticas comprometidas com o crescimento econômico, nucleada em torno da burguesia industrial, dos trabalhadores urbanos e parte da burocracia pública.[68]

A evolução do conceito de desenvolvimentismo[69] ilustra parte dos problemas do próprio conceito. Como um corpo de ideias, ele se contrapõe à ideia de subdesenvolvimento, mas no mundo material, expressa a ação deliberada do Estado de intervir na economia numa determinada direção – a industrialização. No mundo das ideias, ele expressa a possibilidade de mudanças no âmbito do sistema capitalista, mas nas relações de política econômica ele pressupõe alteração da correlação de forças para mudar a estrutura econômica.

O conceito desenvolvimentista[70] associa a industrialização com mudanças do mercado de trabalho, com deslocamentos do emprego dos setores de baixa produtividade para os setores com maior valor adicionado. Para os ortodoxos, o desenvolvimento é essencialmente um

---

[67] FONSECA, P. C. D. "O projeto desenvolvimentista no Brasil: histórico e desafios da atualidade". *Cadernos do Desenvolvimento*, vol. 11, n° 19, 2016, p. 119.

[68] BRESSER-PEREIRA, L. C. *Teoria novo-desenvolvimentista*: uma síntese. Rio de Janeiro: Centro Internacional Celso Furtado, 2016, p. 1.

[69] FONSECA, P. C. D. *Desenvolvimentismo*: a construção do conceito. Brasília: Ipea, 2015.

[70] Como lembra Fonseca, desenvolvimentismo é um conceito diferente de desenvolvimento. O último tem uma existência muito anterior do que o primeiro, que se expande em um contexto histórico específico de afirmação de lutas pela busca de autonomias nacionais, na América Latina. FONSECA, P. C. D. *Desenvolvimentismo*: a construção do conceito. Brasília: Ipea, 2015.

processo de mudança das condições de oferta da economia em busca de aumento da produtividade.

É claro para os pós-keynesianos que o investimento é volátil, refletindo avaliações dos capitalistas sobre o comportamento futuro da economia, da mesma forma que a taxa de juros resulta de avaliações sobre a oferta de moeda e a preferência pela liquidez. Os investimentos são muito importantes para serem deixados ao sabor do mercado. É por isso que tanto a política monetária, como a política fiscal são fundamentais para garantir a sustentabilidade de longo prazo da principal variável dinâmica da demanda agregada que é o investimento. O Estado, dessa forma, tem uma certa autonomia no curto prazo dos interesses imediatos das várias frações de classe.[71]

O Estado tem um papel fundamental na gestão da política fiscal e monetária de forma a assegurar que a sustentabilidade do crescimento depende das baixas taxas de juros e dos mecanismos institucionais que garantem a existência de um mercado de capitais capaz de prover fundos no longo prazo, sem estímulos à preferência pela liquidez.

Além das limitações da experiência histórica do desenvolvimentismo substituído por um neoliberalismo exacerbado, as novas condições da acumulação capitalista do mundo, com redução das barreiras entre indústria e serviços, ampliação de relações precárias de trabalho e abandono de imensas parcelas dos trabalhadores deslocados pelas novas tecnologias questionam o primado da industrialização no desenvolvimento das sociedades atrasadas. O papel do Estado aumenta nas transferências de renda, organização direta da produção, fornecimento de serviços e expansão das economias do cuidado.

---

71 Uma boa discussão sobre o papel do estado, os modelos pós-keynesianos e os modelos marxistas encontra-se em: MOLLO, M. D. L. R. "O debate desenvolvimentista: reflexões sobre alternativas desenvolvimentistas marxistas". *Revista de Economia Política*, vol. 35, nº 4, 2015, pp. 745-762.

Alguns exemplos históricos

Em plena II Revolução Industrial, antes da chegada do século XX, tanto a Alemanha quanto a Rússia eram centro de impérios internacionais. O Império Russo e o Austro-Húngaro disputavam os mercados, com a consolidação do Império Britânico, expandindo-se em terras do Império Otomano.[72] Uma das grandes transformações dessa época era a evolução da indústria da Inglaterra para o Leste Europeu.

O início do século XX, até a Primeira Guerra Mundial, é denominado por alguns como a *belle époque,* convivendo com a II Revolução Industrial, com a expansão do motor a explosão, revolução dos meios de transporte e da guerra, introdução da telefonia e do rádio nas comunicações, mudanças profundas nas organizações empresariais, que se multinacionalizaram e passaram a operar em variados setores. A Alemanha emerge como grande potência, seguida do Japão, e provoca a guerra mundial da primeira metade da segunda década do século.

O modelo de industrialização inglês passou por profundas mudanças no mundo rural, com a criação de uma burguesia industrial, que substituiu as relações feudais não assalariadas e, com a expansão do mercado consumidor, criou as condições para o domínio industrial.

A enorme expansão da produtividade decorrente do uso do vapor, inclusive no transporte, levou a uma intensificação das trocas e ao consequente circuito do capital. O capital financeiro se forma, grandes bancos passam a financiar os novos fluxos e instrumentos de crédito se sofisticam permitindo o financiamento de novos empreendimentos.

Nos anos finais do Século XIX, a Rússia passa por um intenso processo de industrialização, com uma vasta entrada de capitais estrangeiros, sob o comando do Ministro das Finanças do Império Czarista de 1882 a 1903, o conde Sergei Witte, em meio a um regime corrupto, com imensas desigualdades e incompetência generalizada. Witte considerava

---

[72] COGGIOLA, O. *História do capitalismo*: das origens até a primeira guerra mundial. Santiago do Chile: Ariadna, 2017.

que a Rússia, chegando atrasada no processo de industrialização, precisava de ação direta do Estado para promover transformações em sua economia.

A inexistência de uma burguesia industrial levou o Estado a promover a industrialização, apesar de várias contestações de análise crítica sobre a real dimensão de seu papel.

Witte lançou um conjunto de programas destinados a atrair capitais internacionais, de forma a financiar investimentos, adotou o padrão-ouro para trazer confiança ao sistema monetário do Império do Czar e adotou um sistema tarifário de proteção à indústria nacional, com altas tarifas de importação de produtos manufaturados, para estimular a substituição de importações. Além disso, várias empresas estatais foram criadas para atuar diretamente na produção de vários setores da economia de forma a viabilizar a expansão da indústria nacional. O custo da maior parte deste programa de industrialização recaiu sobre os mais pobres do país, especialmente os camponeses, através da elevação de preços para se ajustar as altas tarifas.[73]

Na Rússia czarista e na Alemanha aristocrata a passagem do feudalismo para o capitalismo se deu de forma distinta da Inglaterra. Nos países de industrialização retardatária, o desenvolvimento se deu por saltos abruptos, onde o Estado foi fundamental para viabilizar essas transformações. Nesses países de desenvolvimento descontínuo, as empresas industriais já nasciam grandes, com forte concentração em bens de capital, em vez de bens de consumo, Estado intervencionista e complementariedade entre crescimento industrial e agrícola.[74]

---

[73] ASCHER, A. *The revolution of 1905*: a short history. Califórnia: Stanford University Press, 2004, p. 4.
[74] RODRIGUES ALVES, E. G. "Uma leitura crítica sobre o desenvolvimento econômico: abordagens conceituais de Alexander Gerschenkron e a concepção centro periferia". *Eixo*, vol. 5, n° 2, 2016, pp. 38-45.

A industrialização tardia

As principais instituições mobilizadas para esses saltos, para ultrapassar os limites do baixo crescimento, foram os bancos, no caso alemão e o Estado, no caso russo. A acumulação primitiva clássica, com a expropriação dos excedentes rurais e sua aplicação na expansão industrial, a utilização do trabalho escravizado como fonte de acumulação do capital comercial e sua transformação em capital industrial, típico da Inglaterra, foi substituído pela mobilização de poupanças por parte das grandes empresas e a constituição de bancos, que financiam os grandes projetos, que dão saltos descontínuos no crescimento, como no caso da Alemanha, mas também em parte na França. Esses grandes projetos de ferrovias, metalurgia e maquinários eram os elementos fundamentais para viabilizar a indispensável expansão da infraestrutura, que possibilitaria o crescimento das grandes empresas industriais nesses países mais voltados para os bens de capital, do que para os bens de consumo.[75]

Em outro trabalho dedicado a história do petróleo[76] dizíamos que, na Rússia

> Um Estado forte, um campesinato passivo e uma pequena classe média levaram Gershenkron a teorizar que, na medida em que a industrialização caminhava da Inglaterra para o Leste da Europa, com as condições descritas acima, a necessidade de novas instituições se impunha para a indústria florescer.[77] O Estado

---

[75] GERSCHENKRON, A. "Economic backwardness in historical perspective". In: ROBERTS, J. T.; HITE, A. B. et al. (Coord.). The globalization and development reader: perspectives on development and global change. England: Wiley Blackwell, 2015, pp. 62-78; e JABBOUR, E. M. K.; PAULA, L. F. D. "A China e a 'socialização do investimento': uma abordagem Keynes-Gerschenkron-Rangel-Hirschman". Revista de Economia Contemporânea, vol. 22, nº 1, 2018, pp. 1-23.

[76] AZEVEDO, José Sérgio Gabrielli. "Disputas entre grandes empresas, impérios e regimes no confronto Europa, Ásia e Américas: o petróleo antes de 1930". INEEP, nº 1, 2018.

[77] MCKAY, J. P. "Baku oil and transcaucasian pipelines, 1883-1891: a study in tzarist economic policy". Slavic Review, vol. 43, nº 4, 1984, pp. 604-623.

deveria desempenhar este papel de dar saltos para romper o "atraso" destas economias.

Um marxista italiano, Domenico Losurdo, lembrava que a discussão sobre o papel do Estado era central no período entre as guerras. Havia o debate sobre o papel do Estado na construção de novos tipos de sociedade pós-capitalistas, assim como as nações imperiais consideravam que somente elas seriam capazes de ter Estados, de forma que: "As nações exploradas e oprimidas são consideradas incapazes de se autogovernar e se constituir como Estado independente; a luta para remover esse estigma é uma luta pelo reconhecimento".[78]

Nos países do Oriente, particularmente na China e Vietnã, que fizeram revoluções nacionais,[79] o Estado – que os movimentos socialistas do Leste, em particular na Europa, queriam ver destruído na construção das novas sociedades – era elemento fundamental da aglutinação de um projeto de soberania nacional, que ia além da mudança das relações capital-trabalho, incluindo elementos fortes de um projeto nacional.

Enquanto na China, Mao Zedong liderava uma revolução nacional, unificando projetos de nação com a luta de classes, fortalecendo o papel do Estado no imediato pós II Guerra, a URSS tinha enfrentado, nos primeiros anos revolucionários, a necessidade de reforçar o Estado para reconstruir o país destroçado pela guerra e pela Revolução Socialista vitoriosa em 1917. Já a partir de 1921, a situação econômica se deteriora e há a contração do Estado, estimulando mecanismos de controle de mercado para induzir o desenvolvimento.

A economia capitalista mais dinâmica no entre guerras era os EUA, que vivia uma gravíssima crise de superprodução a partir de 1929. O presidente Roosevelt assume seu primeiro mandato, em 1933, com um plano de recuperação – o *New Deal* – que pretendia superar

---

[78] LOSURDO, Domenico. *O marxismo ocidental*: como nasceu, como morreu, como pode renascer. São Paulo: Boitempo Editorial, 2018, p. 64.

[79] Essas revoluções combinaram um projeto nacional com um projeto de mudanças da estrutura de classes.

os desafios da destruição econômica, com forte intervenção estatal, contrariamente aos ideais liberais que defendiam a absoluta primazia de forças de mercado na definição dos investimentos.

Assim, o *New Deal* procurava expandir os gastos públicos, financiados por dívida, aceitando uma pequena aceleração da inflação. O Estado servia para quebrar a inércia da crise, detonando o ciclo de investimentos antes do setor privado, mas não o substituía, como ocorria nas experiências da URSS e mais tarde na China. Mas não era um programa em que o Estado se contraía, ao contrário, ele desempenhava um papel chave na quebra da contração das atividades econômicas. O New Deal de Roosevelt envolvia:[80]

1. Intervenção direta do governo no controle sobre os preços e a produção, superprodução na agricultura e na indústria;

2. Diminuição da jornada de trabalho, com o objetivo de abrir novas vagas.

3. Criação do salário-mínimo, do seguro-desemprego e do seguro-aposentadoria para os maiores de 65 anos.

4. Investimento maciço em obras públicas como construção de usinas hidrelétricas, barragens, pontes, hospitais, escolas, aeroportos, etc.

5. Destruição dos estoques de gêneros agrícolas, como algodão, trigo e milho, a fim de conter a queda de seus preços.

Na América Latina, incluindo Cuba, o Estado era considerado elemento indispensável nas políticas de desenvolvimento, mesmo em que a sociedade de classes da região apresentasse distintas formas de sua ocupação, e de relacionamentos com maior ou menor independência dos centros do capitalismo mundial.

---

[80] COSTA, Fernando Nogueira da. "Plano Biden: estudo para debate". *Blog Cidadania & Cultura*, 2021. Disponível em: https://fernandonogueiracosta.wordpress.com. Acessado em: 26.10.2021.

Não se pode pensar em política de desenvolvimento para a América Latina, sem que o Estado desempenhe esse papel transformador das formas de dominação locais e suas interações com os centros dinâmicos mundiais. Esse debate predomina na região nos anos 1950-1960.

Depois disso, a ideologia neoliberal se consolida e há uma intensificação dos fluxos financeiros e uma busca de redução do tamanho do Estado nas economias. Com o fim do regime soviético, privatizações selvagens se sucedem e a lógica da destruição do Estado retorna, sob uma ótica mais conservadora e de direita, diferente das concepções libertárias[81] do Estado mínimo na transição das sociedades pós-socialistas, defendidas principalmente pelos "marxistas ocidentais", na concepção de Losurdo,[82] sem responsabilidades com as tarefas concretas da condução dos países que resistiram à vaga neoliberal, como a China, Vietnã, Coreia e Cuba. Segundo alguns, o Estado desempenhou um papel fundamental no início do capitalismo, no modelo inglês, forçando através de várias regulações, a formação da classe trabalhadora assalariada, depois da acumulação primitiva decorrente da exploração do trabalho escravizado, da servidão e da apropriação da propriedade da terra para fins industriais, numa transição direta do domínio dos senhores feudais e sua aristocracia para o domínio capitalista de sua burguesia, com o Estado desempenhando um papel fundamental mas não diretamente produtivo. Esse é o modelo de transição do feudalismo para o capitalismo inglês, não sendo generalizável, sequer para toda a Europa.

A financeirização do capital

A gestão da dívida pública está na origem da maioria dos sistemas bancários do mundo, possibilitando expandir o comércio, a captação de

---

[81] No sentido de extinção do estado na transição capitalismo-socialismo e principalmente como objetivo da transição pós-socialismo.
[82] LOSURDO, Domenico. *O marxismo ocidental*: como nasceu, como morreu, como pode renascer. São Paulo: Boitempo Editorial, 2018, p. 64.

capitais para viabilizar as grandes empresas e o patrocínio do processo de acumulação primitiva em outros países.[83]

Dois fenômenos se inter-relacionaram, com crescentes déficits de transações correntes de muitos países financiados por uma grande liquidez internacional e com uma substituição do consumo pelo investimento, como forma de manter a demanda agregada, que encontrava nas bolhas especulativas parte das fontes para sua realização.

O aumento da concentração da renda e da riqueza tem um impacto sobre o consumo, ao mesmo tempo em que a desregulamentação do sistema financeiro internacional, permitiu os países a viver com grandes déficits de transações correntes, financiados por poupança internacional.

Para impulsionar as economias, os países buscaram aumentar exportações e ao mesmo tempo, aumentando suas dívidas, buscar expandir o investimento. Isto também se expressou no comportamento familiar, com crescente endividamento das famílias.

Os detentores da renda especulativa aplicaram de forma crescente em ativos cada vez mais arriscados, em busca de maior retorno, provocando a crise financeira.

Cada vez mais uma parcela crescente da renda não vem da produção, mas é originária de rendimentos financeiros, particularmente dos derivativos, que se afastam da materialidade do mundo produtivo.

Diferente de outras crises recentes, a de 2008 atingiu o mercado financeiro dos principais países do mundo: EUA e Europa Ocidental, com ramificações para todos, mais amplas do que em 1929. Seus efeitos sobre os mercados de capitais levaram a uma nova regulação, massivas doses de recursos públicos aplicados para socorrer as instituições bancárias, ampliação da clivagem entre o mercado bancário e de capitais, com o colapso do sistema herdado de Bretton Woods.

---

[83] BARBOSA, F. F. "As contradições do Estado e da dívida pública no capitalismo contemporâneo". *Revista Pesquisa & Debate*, vol. 27, nº 2, 2016.

Em relação ao Estado e as relações sociais, se intensificam as disputas com os novos segmentos do mercado de trabalho, entrantes e desalojados, com fortalecimento de posições nacionalistas extremadas e grupos politicamente mais à direita, ocupando o espaço institucional, apesar de crescimento dos novos movimentos de protesto.

A quebra dos paradigmas do Consenso de Washington que sustentaram o grande crescimento do final do Século XX e início do XXI e a maciça intervenção dos governos para salvar o sistema financeiro mundial, com enorme endividamento estatal levou a um fortalecimento das chamadas políticas de austeridade, com o corte de gastos públicos e restrição de direitos conquistados nestes países centrais e nas suas periferias mais próximas como o sul e o leste da Europa.

Juntamente com a consolidação da Unidade Europeia, com a união em torno do Euro, que limita as possibilidades das políticas monetárias nacionais, a austeridade impunha limites mais rígidos às políticas fiscais e o ajuste do Estado de bem-estar foi inevitável.

Até a eclosão da crise do *subprime*, em 2008, a ortodoxia do tripé macroeconômico era considerada uma terapia infalível para as economias.[84]

Com o colapso do mundo financeiro central, a busca de soluções heterodoxas como uma forte intervenção governamental e mecanismos de controle de capital, até então de baixa aceitação, passaram a ser considerados como instrumentos vitais para saída da crise.

Antes de 2008, a dívida pública não era uma grande preocupação dos países centrais, especialmente nos EUA que não tinham limites para a sua expansão monetária, que extravasava para os mercados internacionais como padrão de pagamentos aceito globalmente. Mais dólares não ampliavam a inflação americana, porque absorvidos por outras economias, que variavam as suas taxas de câmbio em relação ao dólar.

---

[84] O "tripé macroeconômico", apesar de parte do Consenso de Washington e aplicado em países periféricos, aumentou de importância no período pré crise também em alguns países centrais, principalmente no sul da Europa, com políticas de austeridade.

A crise de 2008 nos EUA, originária no setor bancário, "muito grande para falir" como se dizia na época, levou a uma reviravolta da gestão da dívida, que cresceu para resolver os problemas dos bancos e não por causa do crescimento dos desequilíbrios orçamentários dos governos. O FED, o banco central dos EUA, virou um banco abarrotado de ativos "tóxicos", podres, do sistema financeiro adquiridos para a evitar as falências destes agentes. O déficit público explodiu para financiar estas operações e aí torna-se o grande vilão da história.

Apesar de traumatizados pela hiperinflação de antes da II Guerra, os alemães foram os primeiros europeus a sentirem as ondas destruidoras da crise iniciada nos mercados financeiros americanos com a exposição de seus bancos a ativos tóxicos do Leste Europeu, sem condições de cumprimento de obrigações nos anos pós 2008.

Fundos públicos foram criados para resgatar os bancos problemáticos, especialmente aqueles dedicados ao desenvolvimento regional, super alavancados e com possíveis impactos sobre as exportações da Alemanha, principal fator de dinamismo da economia. Diferentes de outros países centrais, no entanto, a Alemanha não recuperou suas exportações principalmente com transferências do setor público, mas com medidas de expansão das prestações das dívidas das famílias, subsídios aos empregadores que mantivessem o nível de emprego e estímulos à indústria.[85]

A falsificação ideológica deste conceito de austeridade, no entanto, é gigantesca, na medida em que o prognostico de políticas econômicas é inadequado para o verdadeiro diagnóstico do problema, especialmente nas suas origens: o descasamento entre os fluxos privados de credores e devedores, que levou a uma estatização desses fluxos para sustentar o sistema financeiro e bancário e que impactou a dívida pública, gerando um problema fiscal. A austeridade propugna a contenção dos gastos para gerar os recursos necessários visando enfrentar a nova dívida criada, com impacto extremamente desiguais entre as várias classes sociais.

---

[85] BLYTH, M. *Austeridade*: a história de uma ideia perigosa. Lisboa: Quetzal, 2013.

Longe de uma situação ótima de Pareto, na qual se chega até que a melhora de uns leve a piora de outros, o mundo apresenta múltiplos desequilíbrios e a distribuição inicial da desigualdade de renda é determinante para receber os impactos dos ajustes desiguais sobre as rendas. As questões referentes a distribuição de renda voltam ao centro do debate econômico.

A literatura internacional ensina que uma das principais vítimas da crise de 2008-09 foi a estabilidade fiscal, tanto de países centrais como de alguns emergentes.

As mudanças da relação Estado-mercado na China[86]

A China, que passa por reformas importantes do papel do Estado, tem uma performance impressionante sob o comando do Partido Comunista Chinês (PCCh). Entre 1952 e 2018, o PIB do país cresceu 174 vezes, com uma taxa média anual de 8,1%, com seu valor agregado industrial se multiplicando por 970, com um crescimento médio anual de 11%. O PIB per capita cresceu 70 vezes nesses 66 anos.[87]

Um dos melhores especialistas brasileiros sobre a China afirma que:

> O desenvolvimento recente chinês pode ser visto como a história da transição de uma economia centralmente planificada, com fortes restrições à ação do mercado e da iniciativa privada, a outra – de caráter planificada e, também, mercantil – com crescente peso quantitativo do setor privado. Neste aspecto, a importância da existência dos grandes bancos de desenvolvimento pode ser

---

[86] Sessão fortemente baseada em: AZEVEDO, José Sérgio Gabrielli. *Gás natural na China*: transição energética, estratégia de longo prazo e papel do Estado. Rio de Janeiro: INEEP, 2021.

[87] CAMBUHY, M. C.; SIQUEIRA NETO, J. F. "Planejamento, inovação e consumo: construindo a 'sociedade harmoniosa' Chinesa". *Geosul*, vol. 35, nº 77, 2020, p. 273.

vista como apenas a ponta de um grande iceberg institucional a ser estudado.[88]

Em outro trabalho que procura abordar a evolução do gás natural na China, dizíamos[89] que há um aparente paradoxo no desempenho da economia chinesa onde as empresas estatais[90] predominam, e são consideradas menos eficientes do que as privadas, mas a economia cresce mais do que outros países, nos quais as empresas de mercado predominam.

Uma das razões do sucesso do modelo chinês foi o desenvolvimento de um Estado empreendedor, nos moldes daquele defendido por clássicos autores do desenvolvimento e os desenvolvimentistas latino--americanos e asiáticos. Isso significa dar ao Estado o papel central no desenvolvimento, dirigir o crédito para inovação e desenvolvimento mais do que para a poupança, dirigir a ação dos bancos de desenvolvimento para o investimento e fornecer os fundos necessários para o crescimento da capacidade produtiva.[91]

O setor financeiro é regulado por um Banco central – *People's Bank of China* (PBOC) –, e três entidades regulatórias dos títulos financeiros, bancos e seguros. A regulação dos bancos ocorre sob a supervisão do Conselho de Estado, ainda que o PBOC tenha crescente independência. As entidades regulatórias procuram dificultar o desenvolvimento de operações derivativas e movimentações especulativas com os títulos no mercado doméstico chinês, especialmente depois da crise de 2008.

---

[88] JABBOUR, E. M. K.; PAULA, L. F. D. "A China e a 'socialização do investimento': uma abordagem Keynes-Gerschenkron-Rangel-Hirschman". *Revista de Economia Contemporânea*, vol. 22, n° 1, 2018, p. 7.

[89] AZEVEDO, José Sérgio Gabrielli. *Gás natural na China*: transição energética, estratégia de longo prazo e papel do Estado. Rio de Janeiro: INEEP, 2021.

[90] Existem mais de 150 mil empresa estatais na China, mas menos de uma centena são consideradas estratégicas, cf.: LIN, K. J.; LU, X.; ZHANG, J. et al. "State-owned enterprises in China: a review of 40 years of research and practice". *China Journal of Accounting Research*, vol. 13, 2020, p. 31.

[91] BURLAMAQUI, L. "Finance, development and the chinese entrepreneurial state: a Schumpeter- Keynes – Minsky approach". *Brazilian Journal of Political Economy*, vol. 35, n° 4, 2015, p. 730.

Uma das características do sistema bancário chinês é o tamanho dos bancos de desenvolvimento locais, que financiam grandes projetos de infraestrutura urbana e transformações da vida econômica, com fundos de títulos públicos, comprados pelos bancos comerciais e com garantias dos próprios projetos, numa espécie de *Project finance* e pela propriedade da terra, que tinha voltado para controle dos governos locais.

As inovações tecnológicas e os investimentos disruptivos eram o centro da estratégia da transformação econômica, inclusão social e afirmação da soberania nacional. Apesar da ideologia dominante, esse modelo exigia um Estado empreendedor, mais do que confiar na capacidade de inovação dos investimentos privados.

Como lembra Mazzucato, resgatando as visões de Schumpeter, Keynes e outros desenvolvimentistas, esse Estado não deve atuar apenas nas "falhas de mercado", nem apenas na provisão de certos bens públicos, mas também em um sistema de inovação que estimule, nas fases iniciais e mais arriscadas, a pesquisa e o desenvolvimento de novas tecnologias, como fez com os algoritmos do Google, do desenvolvimento de internet e da biotecnologia e nas tecnologias verdes no mundo ocidental.

Historicamente o chamado *venture capital* privado só aumenta investimentos depois das descobertas avançadas pelo *venture capital* estatal. Muito do receio de inovação não decorre da falta de financiamento, mas dos compromissos dos investidores privados com a situação atual, sem transformações, por medo dos riscos dessas mudanças. O Estado empreendedor assume assim parte do que Keynes chamava dos *animal spirits* dos empreendedores privados ou da destruição criadora de origem schumpeteriana.[92]

---

[92] MAZZUCATO, M. *The entrepreneurial State*: debunking public vs. private sector myths. London: Anthem Press, 2013.

Reformas institucionais

O Estado chinês vem fazendo reformas, aumentando a concentração e centralização de capital, ampliando a eficiência e orientando os investimentos nos setores críticos transformadores do futuro.

Para isso, o Estado chinês atua movido por um plano, em complementariedade com múltiplas formas de propriedade, em um sistema institucional sob controle estatal dos fluxos financeiros e empresas estatais em áreas estratégicas da economia.

A política industrial chinesa leva em conta que a disputa com os EUA, além das dimensões puramente comerciais de conquistas de mercado, e tem um componente estratégico fundamental na fronteira tecnológica que desenhará o futuro. Eles combinam o *catching up* dos setores tradicionais, com políticas que dão saltos de quebra de paradigmas dos setores disruptivos dos padrões atuais de produção. O deslocamento da fronteira tecnológica convive com a expansão de setores tradicionais. Para isso, o papel do Estado é indispensável e o mercado sozinho é incapaz da coordenação de projetos e investimentos.

Essas condições descrevem o crescimento desequilibrado, que caracteriza o desenvolvimento de uma economia que tenta escapar da armadilha da baixa renda, utilizando do Estado como elemento impulsionador. É o modelo chinês!

Mas há também um "problema de agência" entre o acionista controlador e os gestores das empresas, quando esses passam a operar com mais autonomia. Por fim, a assimetria de informações entre os vários níveis de gerência e gestão e o comportamento dos *rent seekers* permite a expansão de procedimentos irregulares, incluindo a corrupção, que reduz a eficiência do sistema.

As reformas do sistema das estatais chinesas buscaram enfrentar esse conjunto de problemas, sem perder a natureza pública e o controle do planejamento sobre sua ação, mesmo que submetidas a mais escrutínio, pressões competitivas e novas formas de *funding*.

O planejamento governamental é reforçado no 14º Plano Quinquenal na passagem e combinação das fases *Made in China*, *Owned by China* e *Developed by China*. Na primeira, a China quer ser a "fábrica do mundo", com seus "campeões nacionais" se internacionalizando, ao mesmo tempo em que "desenvolvem" avanços tecnológicos que moldarão a sociedade do futuro, especialmente nas tecnologias de informação, computação quântica, *big data*, bioengenharia e energia, incluindo os desafios da transição ecológica. Diferente da Coreia e Japão, que tiveram um processo de industrialização acelerado, a China não somente quer recuperar o tempo perdido, mas disputa a fronteira tecnológica com os EUA.

De forma semelhante às mudanças realizadas na União Soviética sob a direção de Lenin em 1921, na Nova Política Econômica (NEP), a China começou, a partir de 1978, uma trajetória na constituição de uma nova forma de organização da sociedade autodenominada de "socialismo de mercado" ou "socialismo com características chinesas". Um dos sucessos da China é que depois do colapso da URSS, o país não somente sobreviveu, como cresceu e hoje disputa a hegemonia mundial, com amplas perspectivas de se tornar uma grande referência para o mundo.

Desde 1978, a China vem adotando uma série de reformas institucionais[93] para ampliar a complementariedade das ações do Estado e do capital privado.

A mais dramática transformação no sistema chinês, a partir de 1978, foi a reintrodução da propriedade privada em um regime centralmente planejado, totalmente dominando por empresas estatais que pertenciam ao orçamento público, sem orçamentos próprios. As reformas iniciais se concentraram nas áreas rurais, mas posteriormente chegaram as áreas urbanas, incluindo a reestruturação do próprio setor estatal.[94]

As estatais que eram parte do orçamento público não tinham autonomia e sua reforma era um desafio político e ideológico, pois

---

[93] JESUS JUNIOR, L. B. D.; FERREIRA JUNIOR, H. M.; BORGES LEMOS, M. "Mercado e Estado na reforma da governança corporativa das empresas estatais chinesas". *Geosul*, vol. 35, n° 77, 2020, p. 350.

[94] SZAMOSSZEGI, Andrew; KYLE, Cole. "An analysis of State owned enterprises and State capitalism in China". *U.S.-China Economic and Security Review Commission*, 2011, p. 22.

isso implicava alterar elementos fundantes do socialismo da China: seu setor produtivo estatal. Nas reformas rurais a questão da propriedade privada não era tão aparente, uma vez que a posse da terra era mantida coletiva e os camponeses assinavam acordos de responsabilidade pelo seu uso, sem se tornarem donos das terras.[95]

A China não caminhou para um processo de plena privatização das suas estatais e elas, mantendo sua forma de propriedade, se consolidaram, cresceram e se tornaram "corporações" poderosas, ainda que controladas pelo Estado. Nos anos 2000, as maiores estatais reportaram crescimento na produção, lucros e impostos pagos ao Estado.[96]

O objetivo da transformação da reestruturação corporativa na China era diversificar a propriedade, não sua privatização[97] e aumentar a eficiência da gestão, com mecanismos de mercado. Várias instituições eram inexistentes na China, o que inviabilizaria uma acelerada privatização.

No início do processo, nos anos 1980, não havia mercado de capitais, sistema de previdência social, programas de relocação de trabalho. Essas instituições foram construídas pelo Estado, mesmo sendo instituições de mercado.[98]

O Estado mantém de 55-70% das ações das empresas estratégicas, com títulos não negociáveis mantidas por agências governamentais,

---

[95] OI, J. "Politics in China's corporate restructuring". In: _____ (Coord.). *Going private in China*: the politics of corporate restructuring and system reform. Kindle: Stanford University, 2011, p. 20.

[96] OI, J. "Politics in China's corporate restructuring". In: _____ (Coord.). *Going private in China*: the politics of corporate restructuring and system reform. Kindle: Stanford University, 2011, p. 22.

[97] As corporações são empresas em que o estado não era o único proprietário, com outros sócios (dirigentes, entidades locais e outros acionistas) também proprietários do capital da empresas, cf. OI, J.; CHAOHUA, H. "China's corporate restructuring: a multi-step process". In: OI, Jean (Coord.). *Going private in China*: the politics of corporate restructuring and system reform. Kindle: Stanford University, 2011.

[98] OI, J.; CHAOHUA, H. "China's corporate restructuring: a multi-step process". In: OI, Jean (Coord.). *Going private in China*: the politics of corporate restructuring and system reform. Kindle: Stanford University, 2011, p. 28.

empresas estatais *holdings,* ou outras entidades sob controle do governo. O papel de acionistas tipicamente privados é muito pequeno. Os dividendos e resultados de vendas de ativos são direcionados aos governos ou para fundos públicos de seguridade social ou para usos específicos, como a redução de dívidas.[99]

Não parece haver dúvida da drástica redução do número de empresas estatais na China desde o início dos processos de reforma de 1978,[100] mas isso não significa que o setor produtivo estatal deixou de ser o elemento estruturante fundamental do crescimento chinês. Ao lado de empresas 100% estatais há inúmeros tipos de empresas na China controladas pelas estatais.

Apesar da diminuição do setor produtivo estatal não parece haver um direcionamento a abandonar o papel estruturante do Estado no planejamento, apesar de aumentar os mecanismos de coordenação de mercado, no socialismo com características chinesas.

Há uma enorme literatura controversa sobre a natureza da economia chinesa, se um capitalismo coordenado pelo Estado ou um socialismo de mercado.[101] Os que acham que a China está em transição para o capitalismo lembram dos *keiretzu* japoneses, que articulam uma rede de interesses privados e públicos sob o comando dos interesses privados e os *chaebols* coreanos, nos quais o poder do setor privado é ainda mais forte. Em ambas as experiências históricas, o papel do Estado foi fundamental, mas o comando era o interesse privado. Na China, não. São os interesses do Estado e do planejamento que definem as articulações público-privado.

---

[99] MATTLIN, M. *The chinese government's new approach to ownership and financial control of strategic state-owned enterprises.* Helsinki: Bank of Finland 2007, p. 13 (Working paper).

[100] Política de '*zhua da, fang xiao*' ou manter as grandes, deixar ir as pequenas, cf. MATTLIN, M. *The chinese government's new approach to ownership and financial control of strategic state-owned enterprises.* Helsinki: Bank of Finland, 2007, p. 7 (Working Paper).

[101] ARRIGHI, G. *Adam Smith in Beijing*: lineages of the twenty-first century. Londres: Verso, 2007; KHOO, H. *Is China still socialist?* A marxist critique of János Kornai's analysis of China. 2018 (Phd); e JABBOUR, E. M. K.; DANTAS, A. T.; ESPÍNDOLA, C. J. et al. "A (nova) economia do projetamento: o conceito e suas novas determinações na China de hoje". *Geosul*, vol. 35, nº 77, 2020.

Não há dúvidas de que a desigualdade tem aumentado na China. O investimento em serviços é menor do que na indústria, há uma bolha imobiliária, exigindo algumas restrições de crédito, os lucros retidos das empresas são as principais fontes de financiamento dos investimentos, o sistema de previdência social é insuficiente.[102]

Na propriedade urbana, as mudanças institucionais do setor de empresas estatais eram elementos fundamentais das reformas. Essas reformas ocorreram em várias etapas.[103]

Na primeira (1978-1984), houve a descentralização dos processos de tomada de decisões de cada empresa estatal, seguida de uma etapa (1984-1992) em que se introduzem os sistemas de responsabilidade contratual, uma espécie de contrato de gestão dos dirigentes das empresas com o sistema central de planejamento e separação da propriedade das empresas estatais, que se tornam pessoas jurídicas.

A fase mais radical do processo de transformar as estatais em corporações ocorreu a partir de 1997, no 15º Congresso do PCCh, quando as empresas privadas foram oficialmente reconhecidas como importantes instituições da economia. O lento processo de transformação corporativa teve fases distintas, formas diferenciadas, maneiras diversas de tratar os trabalhadores demitidos e a distribuição da propriedade das estatais.

Depois de um predomínio de algumas décadas na transição entre os dois séculos XX e XXI, o conceito de governança corporativa e a principalidade da maximização do valor para o acionista[104] virou uma ideologia dominante entre as grandes empresas e chegou também à China, com características próprias.

---

[102] HERRERA, R.; ANDREANI, T. I. "Que modelo econômico para a China? Marx e o marxismo". *Revista do NIEP-Marx*, vol. 4, nº 6, 2016.

[103] JESUS JUNIOR, L. B. D.; FERREIRA JUNIOR, H. M.; BORGES LEMOS, M. "Mercado e Estado na reforma da governança corporativa das empresas estatais chinesas". *Geosul*, vol. 35, nº 77, 2020; LIN, K. J.; LU, X.; ZHANG, J. et al. "State-owned enterprises in China: a review of 40 years of research and practice". *China Journal of Accounting Research*, vol. 13, 2020, p. 37.

[104] JESUS JUNIOR, L. B. D.; FERREIRA JUNIOR, H. M.; BORGES LEMOS, M. "Mercado e Estado na reforma da governança corporativa das empresas estatais chinesas". *Geosul*, vol. 35, nº 77, 2020.

Até os anos 1980, a alocação dos excedentes das grandes empresas seguia o princípio de "reter e reinvestir". Os lucros retidos eram uma das principais fontes de recursos para a expansão produtiva das empresas que cresceram tanto que ficou difícil manter esse processo decisório nas mãos dos gestores. Os acionistas buscaram puxar para si parte significativa das decisões. Outro fator importante dessas mudanças foi a mudança do perfil do acionista, que passou da pessoa física ou da empresa individual para os fundos de investimento. A flexibilização regulatória dos mercados financeiros auxiliou e estimulou essa mudança, que também foi acompanhada de intenso processo de concentração da propriedade das empresas.[105]

Os processos de *downsizing* das grandes empresas e de acelerada distribuição de dividendos e recompra das ações por parte das empresas emissoras, para garantir preços altos para as ações foram três outras formas de redefinição do uso dos excedentes das empresas americanas e europeias, nas décadas de transição entre os dois séculos, que resultaram em pouca inovação tecnológica e perda de dinamismo produtivo nos diversos mercados.

Na China não. Os principais acionistas eram os governos e fundos, orientados por uma política estatal de expansão e consolidação dos setores estratégicos, buscando mais eficiência e capacidade de resiliência a crises.

A partir de 2002, a principal mudança no setor estatal chinês foi a constituição da *State-owned Assets Supervision and Administration Commission* (SASAC), para atuar como principal acionista e representante dos interesses do Estado nas diversas empresas estatais. A SASAC, formada em 1999, hoje controla 121 empresas estratégicas nos setores de defesa, geração e distribuição de eletricidade, petróleo e petroquímica, telecomunicações, carvão, aviação e navegação.[106]

Para fins de planejamento, o setor estatal é categorizado em empresas estruturais (*backbone*), pilares e de nível central.

---

[105] LAZONICK, W.; O'SULLIVAN, M. "Maximizing shareholder value: a new ideology for corporate governance". *Economy and Society*, vol. 29, n° 1, 2000, pp. 15/16.

[106] KHOO, H. *Is China still socialist?* A marxist critique of János Kornai's analysis of China. 2018, p. 83 (PhD).

Tabela 1 - Políticas para as várias empresas da China sob supervisão da SASAC 2006

Tipos	Setores incluídos	Objetivo de propriedade	Nº
Estratégicas e Centrais	Defesa, geração e distribuição de eletricidade, petróleo e petroquímica, telecomunicações, aviação civil, navegação e carvão.	Manter controle 100% estatal, aumentando o tamanho das empresas do setor.	40
Básicas e pilares	Máquinas, automobilística, tecnologia da informação, construção, siderurgia, metalurgia, química, terraplanagem e pesquisa e desenvolvimento	Ampliar a influência estatal, mesmo com a redução da propriedade.	70
Outras indústrias	Comércio, investimentos, medicina, material de construção, agricultura exploração geológica.	Manter capacidade de influenciar empresas chaves, reduzindo participação nas outras	50

Fonte: State Council

As reformas do setor estatal nunca tiveram como principal objetivo a privatização, apesar da grande redução do número de empresas estatais na China, que mudaram de tipo de detentores estatais das ações das empresas, ampliando a presença de governos locais e outros órgãos do governo, além dos organismos centrais da economia.

A atual etapa das reformas, que começou em 2012, pretende mudanças mais profundas nas formas de gestão e se iniciou com uma forte campanha contra a corrupção e a favor da eficiência de gestão das empresas estatais. Se pretende atrair mais capitais privados, especialmente para entrar nas subsidiárias das *holdings,* criando-se mecanismos de atração de "investidores estratégicos, com experiência de gerenciamento, conexões industriais e acesso ao mercado, fundos de capital de risco ou fundos industriais, muitos dos quais estabelecidos pelo Estado Chinês com a finalidade de atrair e direcionar capital privado para investir em setores estratégicos, e funcionários, importantes para alinhamento do interesses da gestão e dos acionistas.[107]

Essas reformas do sistema de empresas estatais da China de um lado aumentaram a eficiência e a gestão orientada a objetivos das empresas, mas de outro reforçaram e aperfeiçoaram os mecanismos de controle e planejamento do Estado sobre as mesmas, incluindo uma representação direta do Partido Comunista Chinês nos órgãos corporativos, em ação conjunta com os Conselhos de Administração das empresas do Estado.

Do ponto de vista do financiamento das atividades das empresas estatais, as reformas reduziram a dependência do orçamento público – somente 6% dos investimentos em ativos fixos foram financiados com recursos orçamentários em 2017 – e aumentaram o volume de suas ações nas Bolsas de Shangai e Xhenzhen com IPOs – elas representavam 52% do volume negociado em 2017 –, em geral com preços abaixo do valor justo das empresas. O mercado de *bonds* corporativos também cresceu na China alcançando mais de 11 trilhões de dólares em 2017, com as estatais obtendo uma avaliação de crédito melhor do que as privadas pelo suporte governamental implícito. O mercado de crédito bancário é totalmente controlado pelo governo.[108] Também nos fluxos financeiros, o papel do Estado é fundamental.

---

[107] JESUS JUNIOR, L. B. D.; FERREIRA JUNIOR, H. M.; BORGES LEMOS, M. "Mercado e Estado na reforma da governança corporativa das empresas estatais chinesas". *Geosul*, vol. 35, nº 77, 2020, p. 366; LIN, K. J.; LU, X.; ZHANG, J. *et al.* "State-owned enterprises in China: a review of 40 years of research and practice". *China Journal of Accounting Research*, vol. 13, 2020.

[108] LIN, K. J.; LU, X.; ZHANG, J. *et al.* "State-owned enterprises in China: a review of 40 years of research and practice". *China Journal of Accounting Research*, vol. 13,

A mudança do papel do Estado nos EUA[109]

Como diz o estudioso de reações internacionais Giorgio Romano, o que se está "assistindo neste início de governo Biden é a montagem de uma *grande estratégia*".

> Essa estratégia recoloca o Estado no centro da retomada econômica, como no âmbito internacional, prepara os EUA para o enfrentamento com a China, que não somente vem recuperando seu crescimento rapidamente como se sustenta em um novo ciclo de investimento com tecnologias transformadoras, não só nas comunicações como 5G e 6G, como na inteligência artificial, robótica avançada, processamento de imagens e big data, além da bioengenharia e farmacêutica moderna. Na China, o Estado está no centro do desenvolvimento.[110]

Da mesma forma que Franklin Delano Roosevelt defendia que seu New Deal era parte de uma luta político-ideológica contra os autoritarismos nazistas e comunistas, na década de 1930, Biden afirma agora, na segunda década do século XXI, que o grande objetivo geopolítico de seu plano é preparar os EUA para lutar contra a expansão da China e seu socialismo com características chinesas.

No Plano Biden, a transformação da base produtiva é um dos pilares do plano. Há um plano para as mudanças climáticas e transformação produtiva, há um plano para as políticas sociais voltadas para a família americana e há as mudanças das fontes de financiamento dos planos.

As propostas de Biden diferem das dos republicanos e mesmo das dos democratas tradicionais pela introdução das dimensões ambientais, da infraestrutura social e da tributação dos mais ricos.

2020, p. 41.

[109] Sessão fortemente baseada em: AZEVEDO, José Sérgio Gabrielli. "Biden: até onde vai o seu reformismo?". *Observa BR*, 2021.

[110] SCHUTTE, G. R. "EUA e a nova grande estratégia". *Observa BR*, 2021.

No plano das políticas para as mudanças climáticas, Biden retornou os EUA para o Acordo de Paris e apresentou um plano de profundas transformações da infraestrutura em direção a uma economia de baixo carbono.

O primeiro plano de Biden – *The American Rescue Plan Act* – era de US$ 1,9 trilhão, completando um ciclo expansionista fiscal iniciado ainda no governo Trump chegando a cerca de 24% do PIB de estímulos fiscais.

Outra iniciativa de Biden é o Plano Emergencial para o Covid,[111] com o estabelecimento de força de trabalho para coordenar as ações, rápida vacinação e adoção de várias políticas orientadas pelos assessores científicos mobilizados. Há também o Plano Americano de Empregos, também iniciado no governo Trump, buscando retornar investimentos de firmas americanas no exterior e amplia o *Made-in-America*, uma política de forte conteúdo nacional para as compras do setor público.

Ao lado dos gastos, há também um forte componente de "conteúdo nacional" nas propostas de Biden, através de ampla preferência para as empresas dos EUA nas compras governamentais e vários requisitos de *Made in America* para os incentivos, além de penalidades para a saída de capitais para investimentos no exterior, atraindo de volta para os EUA plantas localizadas em outros países.

Biden também lançou o American Families Plan de US$ 1,8 trilhão para fortalecer a rede de proteção social americana. Com ênfase na economia do cuidado, estabelece programa de licença remunerada para a maternidade, abrigos contra violência doméstica, apoio a creches, e licença médica para os trabalhadores. O plano também reduz impostos sobre as famílias mais pobres, aumenta subsídios para planos de saúde, introduz incentivos para filhos e amplia o crédito educativo.

---

[111] BIDEN HARRIS. "O plano Biden de combate ao Coronavírus (Covid-19) e preparação para futuras ameaças globais à saúde". Disponível em: https://joebiden.com/covid-plan/. Acessado em: 26.10.2021.

Com forte componente racial e de gênero, o plano visa os segmentos mais carentes da sociedade americana.

O programa doméstico para a transição energética aumenta a intervenção do Estado na regulação e na atividade produtiva, com novas fontes de financiamento e alvos na gestão dos sistemas energéticos e deverá sofrer grande resistência dos interesses consolidados no setor de energia do país, fortemente baseados no desenvolvimento de fontes fósseis, como o *shale gas* e a própria utilização do carvão, além da política internacional para o petróleo e gás. Um dos setores que já está se adaptando às novas diretrizes é a indústria automobilística, que define metas desafiadoras de produção de veículos elétricos e híbridos. O setor de material de construção ainda se move lentamente na produção de novos materiais.

Três grandes políticas podem ser destacadas desse plano: a transição para veículos elétricos, zero emissões líquidas na eletricidade em 2035 e redução das emissões de metano nas operações de petróleo e gás, visando zero emissões líquidas antes de 2050.

Para transformar a infraestrutura em direção a uma economia de baixo carbono serão US$ 2,3 trilhões para obras públicas, crédito e incentivos para projetos de transformação da infraestrutura do país.

Em um discurso bastante radicalizado, Biden afirmou que os investidores não construíram o país, fruto das mãos trabalhadoras, e que os mais ricos não foram afetados nos seus bolsos pela pandemia.

Na tributação, Biden propõe:

1. Voltar a alíquota do IRPJ de 21% para 28%, ainda menor do que os 35% de antes de 2017, quando foi baixada por Trump.

2. Imposto mínimo de 15% sobre ganhos no exterior para evitar a fuga de capitais e a proposta de uma tributação internacional para evitar esses movimentos de capitais.

3. Tributação dos mais ricos, com o avanço na forma de taxação, atingindo principalmente as pessoas que ganham mais de 400 mil dólares por ano nos EUA.

São U$ 1,8 trilhão para as políticas sociais, entre as quais cuidados com as crianças, apoio aos desempregados, crédito educativo e outros incentivos para as famílias das classes trabalhadoras dos EUA.

Do ponto de vista das relações com os trabalhadores, através de ordem executiva, Joe Biden elevou o salário-mínimo nas empresas fornecedoras do governo americano de US$ 10,95, desde 2014, para US$ 15 a hora, a partir de janeiro de 2022. Há estimativas de 5 milhões de trabalhadores nessas empresas. A Casa Branca também anunciou uma força tarefa para ajudar no aumento da taxa de sindicalização dos americanos.

Rompendo com os princípios que dominaram os últimos anos de austeridade fiscal, Biden busca aumentar os gastos públicos no presente, esperando o crescimento acelerar e expandir a arrecadação no futuro. Diferente dos planos para o enfrentamento da crise de 2008 quando os pacotes monetários salvaram os bancos e o sistema financeiro, aumentando a financeirização da economia, sem investimentos produtivos, agora o pacote de recuperação é basicamente fiscal, com ações diretas sobre os setores produtivos.

O crescimento do déficit de hoje aumenta o investimento e o crescimento, recompondo as finanças públicas no longo prazo, refinanciando a própria dívida pública, que já ultrapassa os 100% do PIB, voltando aos níveis de 1946, no início da Era Dourada do pós-guerra.

Se o Congresso aprovar esses planos, haverá um profundo rompimento com as concepções de Estado mínimo e a prioridade da discussão sobre o déficit público.

Nos últimos meses, o governo americano já aprovou gastos para a pandemia que injetaram mais de US$ 5 trilhões na economia americana, com a manutenção de baixas taxas de juros.

Os vários planos do Biden injetam um volume extraordinariamente grande de recursos na economia, chegando a US$ 7,3 trilhões, o que equivale mais ou menos a cinco PIBs do Brasil de 2020.[112]

---

[112] SCHUTTE, G. R. "EUA e a nova grande estratégia". *Observa* BR, 2021.

A disputa no Congresso promete ser dura, dada a pequena maioria dos Democratas, mas a simples enunciação do plano, com os discursos radicalizados de Biden e o fortalecimento das alas mais progressistas dos democratas são sinais de importantes mudanças nos EUA.

No plano externo, a disputa com a China permanece no centro e a posição imperialista em várias partes do mundo tem poucas alterações, apesar da saída das tropas do Afeganistão.

As políticas *Made in America* tendem a aumentar a desarticulação das atuais cadeias de fornecedores e a disputa tecnologia com o país asiático deve se acirrar. Mas segue a incógnita: até que ponto haverá uma reindustrialização nos EUA?

Conclusões

Fizemos aqui um pequeno apanhado esquemático de alguns conceitos e políticas sobre a intervenção do Estado nas economias, sejam aquelas claramente capitalistas sob o domínio das empresas e recentemente dos interesses financeiros, sejam aquelas que buscam construir alternativas de organização societária como é o caso da China e foi o exemplo da URSS.

Há, na aparência, traços comuns nessas trajetórias com o ressurgimento do papel do Estado como parte do sistema produtivo, inclusive na indução e promoção das inovações tecnológicas. Não há dúvidas de que o Plano Biden, da mesma forma que o New Deal, não é um plano revolucionário para transformar a estrutura social da economia americana. É uma tentativa de reposicionar a hegemonia estadunidense, sem possibilidades de avançar nos problemas estruturais da estagnação do capitalismo e sua desigualdade crescente.

Agora, o Plano não é inócuo nas transformações reformistas. Não somente ressalta o papel do Estado, como reconhece os impactos de longo prazo do trabalho escravizado,[113] procurando combater o racismo, o sexismo e a homofobia.

---

[113] Heranças da escravidão sobre o racismo contemporâneo.

Mantém a política imperialista de extraterritorialidade da Justiça dos EUA, da defesa de seus interesses no mundo e de subjugação dos povos. Por outro lado, o rompimento com a ortodoxia austericida é um forte reforço para as lutas de vários países contra os programas que insistem em reduzir o tamanho do Estado, cortar gastos sociais e viver na ilusão de um empreendedorismo privado dinamizador da economia, que nunca vem. Sem o Estado não há recuperação!

No conflito com a China, Biden espera que o Estado de seu país possa recuperar o tempo perdido na corrida das novas tecnologias, em que a dianteira está com o adversário. De uma "fábrica para o mundo", a China caminha para uma nova posição, depois do Covid 19, com um mercado doméstico crescente e atraente para capitais internacionais, sob a direção de um planejamento estatal que escolhe prioridades e define metas, considerando os elementos estratégicos do desenvolvimento tecnológico e da transição energética.

O modelo de crescimento chinês vinha sendo baseado nos investimentos pesados em infraestrutura física, focado na indústria com alta utilização de energias fósseis e desenvolvimento manufatureiro.[114] Os serviços passam a dominar e mudanças estruturais caminham para nova matriz energética. Descobertas e inovações expandem as fronteiras de possibilidade de produção, reduzindo custos no longo prazo. Com um crescente consumo de energia, os problemas ambientais e de segurança energética passaram a ser os grandes gargalos para a continuidade do crescimento, além das pressões das regulações internacionais contra as emissões de gases de efeito estufa. A China teve que mudar.

Não abre mão da forte presença do Estado diretamente no sistema de produção sob um planejamento centralizado e com a supervisão do Partido Comunista Chinês, com metas de transformação da sociedade. Além disso, se prepara para as disputas mundiais com nações capitalistas poderosas. Amplia os mecanismos de controle de mercado, sem abandonar o planejamento. Um Estado de tipo novo pode estar se montando naquele país.

---

[114] HEPBURN, C.; QI, Y.; STERN, N. *et al.* "Towards carbon neutrality and China's 14th five-year plan: green COVID-19 recovery, sustainable urban development and clean energy transition". *Policy Insight*, 2021.

Referências Bibliográficas

ALVES, Elite Gonçalves Rodrigues. "Uma leitura crítica sobre o desenvolvimento econômico: abordagens conceituais de Alexander Gerschenkron e a concepção centro periferia". *Eixo*, vol. 5, n° 2, 2016.

ARRIGHI, Giovanni. *Adam Smith in Beijing*: lineages of the twenty-first century. Londres: Verso, 2007.

ASCHER, Abraham. *The revolution of 1905*: a short history. Califórnia: Stanford University Press, 2004.

AZEVEDO, José Sérgio Gabrielli. "Olhar o passado para orientar o futuro: diálogo com duas propostas". *Teoria e Debate*, vol. 166, 2017.

AZEVEDO, José Sérgio Gabrielli. "Biden: até onde vai o seu reformismo?". *Observa BR*, 2021.

AZEVEDO, José Sérgio Gabrielli. *Disputas entre grandes empresas, impérios e regimes no confronto Europa, Ásia e Américas*: o petróleo antes de 1930. Rio de Janeiro: Ineep, 2018 (Textos para discussão).

AZEVEDO, José Sérgio Gabrielli. *Gás natural na China*: transição energética, estratégia de longo prazo e papel do Estado. Rio de Janeiro: Ineep, 2021.

BARBOSA, Flávia Félix. "As contradições do Estado e da dívida pública no capitalismo contemporâneo". *Revista Pesquisa & Debate*, vol. 27, n° 2, 2016.

BLYTH, Mark. *Austeridade*: a história de uma ideia perigosa. Lisboa: Quetzal, 2013.

BRESSER-PEREIRA, Luiz Carlos. *Teoria novo-desenvolvimentista*: uma síntese. Rio de Janeiro: Centro Internacional Celso Furtado, 2016.

BURLAMAQUI, Leonardo. "Finance, development and the chinese entrepreneurial state: a Schumpeter-Keynes - Minsky approach". *Brazilian Journal of Political Economy*, vol. 35, n° 4, 2015.

CAMBUHY, Melissas; SIQUEIRA NETO, José Francisco. "Planejamento, inovação e consumo: construindo a 'sociedade harmoniosa' chinesa". *Geosul*, vol. 35, n° 77, 2020.

COGGIOLA, Osvaldo. *História do capitalismo*: das origens até a primeira guerra mundial. Santiago do Chile: Ariadna Ediciones, 2017.

FONSECA, Pedro Cezar Dutra. "O projeto desenvolvimentista no Brasil: histórico e desafios da atualidade". *Cadernos do Desenvolvimento*, vol. 11, n° 19, 2016.

FONSECA, Pedro Cezar Dutra. *Desenvolvimentismo*: a construção do conceito. Brasília: Ipea, 2015.

GERSCHENKRON, Alexander. "Economic backwardness in historical perspective". *In*: ROBERTS, J. Timmons; HITE, Amy *et al.* (Coord.). *The globalization and development reader.* perspectives on development and global change. England: Wiley Blackwell, 2015.

HEPBURN, Cameron; QI, Ye; STERN, Nicholas (*et al.*). *Towards carbon neutrality and China's 14th five-year plan*: green COVID-19 recovery, sustainable urban development and clean energy transition. Londres: School of Economics and Political Science, 2021.

HERRERA, Rémy; ANDREANI, Tony I. "Que modelo econômico para a China? Marx e o marxismo". *Revista do NIEP-Marx*, vol. 4, n° 6, 2016.

JABBOUR, Elias Marco Khalil; DANTAS, Alexis Toribio; ESPÍNDOLA, Carlos José *et al.* "A (nova) economia do projetamento: o conceito e suas novas determinações na China de hoje". *Geosul*, vol. 35, n° 77, 2020.

JABBOUR, Elias Marco Khalil; PAULA, Luiz Fernando de. "A China e a 'socialização do investimento': uma abordagem Keynes-Gerschenkron-Rangel-Hirschman". *Revista de Economia Contemporânea*, vol. 22, n° 1, 2018.

JESUS JUNIOR, Leonardo Bispo de; FERREIRA JUNIOR, Hamilton de Moura; LEMOS, Mauro Borges. "Mercado e Estado na reforma da governança corporativa das empresas estatais chinesas". *Geosul*, vol. 35, n° 77, 2020.

KHOO, Heiko. *Is China still socialist?* A marxist critique of János Kornai's analysis of China. 2018. London: King's College (Tese PhD).

LAZONICK, William; O'SULLIVAN, Mary. "Maximizing shareholder value: a new ideology for corporate governance". *Economy and Society*, vol. 29, n° 1, 2000.

LIN, Karen Jingrong; LU, Xiaoyan; ZHANG, Junsheng *et al.* "State-owned enterprises in China: a review of 40 years of research and practice". *China Journal of Accounting Research*, vol. 13, 2020.

LOSURDO, Domenico. *O marxismo ocidental*: como nasceu, como morreu, como pode renascer. São Paulo: Boitempo, 2018.

MATTLIN, Mikael. *The chinese government's new approach to ownership and financial control of strategic state-owned enterprises*. Helsinki: Bank of Finland, 2007.

MAZZUCATO, Mariana. *The entrepreneurial state*: debunking public vs. private sector myths. Londres: Anthem Press, 2013.

MCKAY, John P. "Baku oil and transcaucasian pipelines, 1883-1891: a study in tzarist economic policy". *Slavic Review*, vol. 43, 1984.

MOLLO, Maria de Lourdes Rollemberg. "O debate desenvolvimentista: reflexões sobre alternativas desenvolvimentistas marxistas". *Revista de Economia Política*, vol. 35, n° 4, 2015.

OI, Jean. "Politics in China's corporate restructuring". *In*: _____ (Coord.). *Going private in China*: the politics of corporate restructuring and system reform. Kindle: Stanford University, 2011.

OI, Jean; CHAOHUA, H. "China's corporate restructuring: a multi-step process". *In*: OI, Jean (Coord.). *Going orivate in China*: the politics of corporate restructuring and system reform. Kindle: Stanford University, 2011.

PRATES, Daniela; PAULA, Luiz Fernando de. "Brazil at crossroads: a critical assessment of developmentalist policies". *In*: ARETIS, Philip; BALTAR, Carolina *et al.* (Coord.). *The brazilian economy since the great financial crisis of 2007-2008*. Londres: Palgrave Macmillan, 2017.

ROMANO, Giorgio. "EUA e a nova grande estratégia". *Observa BR*, 2021.

SZAMOSSZEGI, Andrew; KYLE, Cole. "An analysis of state owned enterprises and state capitalism in China". *U.S.-China Economic and Security Review Commission*, 2011.

CAPÍTULO IV
O ESTADO NA CHINA

ISABELA NOGUEIRA[115]

Ao longo dos últimos 40 anos, a China eliminou a pobreza extrema, rompeu com a heterogeneidade estrutural, baniu com qualquer possibilidade de se tornar uma economia dependente ou de enclave, e subiu efetivamente nas cadeias globais de valor, representando o principal desafio econômico e estratégico aos Estados Unidos. Por de trás disso, há um projeto autônomo de desenvolvimento nacional encabeçado pelo Partido Comunista Chinês e que levou ao surgimento de um Estado planejador, regulador, provedor, investidor, empreendedor e vigilante. Historicamente, o desenvolvimento sob o capitalismo jamais prescinde destas funções do Estado nas suas trajetórias de rápida ascensão e mudança estrutural continuada.

As condições para a emergência desta forma-Estado foram historicamente construídas através de lutas de classes e de lutas anti-imperialistas, ambas profundamente marcadas pelo nacionalismo.

---

[115] Professora do Instituto de Economia e Coordenadora do LabChina, ambos da UFRJ.

Nenhuma outra grande economia do mundo exerce controle de capitais tão intensos como a China o faz. Nenhum outro grande país além da China é sede de tantas empresas estatais. Nenhuma outra economia mantém o sistema financeiro majoritariamente estatal e com enorme centralidade para seus três bancos de desenvolvimento. Nenhum outro grande país dá tanta importância aos planos quinquenais e a diversos outros planos setoriais de desenvolvimento. Nenhuma outra economia do mundo cresceu tanto nos últimos 40 anos quanto a China.

O Estado na China planeja, regula, estabiliza, investe, empreende, provê e vigia. Ele exerce sua presença de maneira massiva, e mesmo a literatura econômica mais ortodoxa se vê obrigada a discutir seu insistente "retorno"[116] – ainda que ele nunca tenha nem sequer ensaiado se retirar. Essa forma-Estado poderosa emergiu na China nos anos 1980 encrustada em uma revolução socialista (1949) e amalgamada em um nacionalismo que fora fermentado por cem anos durante o período de humilhação e de esfacelamento do tecido social que caracterizou o choque com o imperialismo (da primeira Guerra do Ópio, em 1839, até a revolução). Isso significa que quando falamos em Estado na China, falamos na verdade do Partido Comunista Chinês. E que quando falamos em desenvolvimento, falamos de uma visão da modernização com um sentido ontológico de Estado-Nação frente a um sistema internacional percebido como uma ameaça permanente.

Esta forma-Estado que me dedico a olhar aqui emerge, nos anos 1980, em paralelo com a hegemonia do padrão monetário do dólar flexível, com a financeirização do restante do mundo, e com o surgimento das cadeias globais de valor, incialmente comandadas por empresas estadunidenses, europeias e japonesas. A China se inseriu nestas cadeias globais com um projeto de desenvolvimento autônomo e, ao mesmo tempo, com uma financeirização particular da sua economia. Emergiu daí um capitalismo de Estado com características chinesas que é hoje

---

[116] O título do último livro de Nicholas Lardy (2019) é caricatural: *The State strikes back* (O Estado Contra-Ataca).

o maior desafio estratégico à hegemonia dos Estados Unidos desde o final da Guerra Fria.

Como pôde a China se desenvolver tão rápido e escapar das armadilhas que caracterizam o subdesenvolvimento de outros grandes países, seja Brasil, Índia, África do Sul ou Rússia? Como o país erradicou a pobreza extrema em 2020 e, ao mesmo tempo, desafiou tecnologicamente os EUA, a Europa e o Japão em vários segmentos de fronteira, desde o 5G, inteligência artificial, passando pelas energias renováveis e pelos trens de alta velocidade? Vou explorar nas seções seguintes as várias funções que o Estado ocupou e continua ocupando na trajetória de desenvolvimento chinesa, desde o Estado planejador e regulador até o Estado investidor, empreendedor e vigilante. E termino me perguntando: quais os maiores desafios colocados a esta forma-Estado e a esta trajetória de desenvolvimento neste pós-pandemia?

Estado na China nos anos 1980: rompendo com a heterogeneidade estrutural

No princípio era o campo, e é por lá que as reformas começaram na China. A importância das reformas nas zonas rurais e o tratamento dado à questão agrária não podem ser subestimados na trajetória de desenvolvimento chinesa. Afinal, ao estabelecer um regime de uso da terra descentralizado, ao oferecer estímulos corretos de preços, ao fazer a produtividade agrícola explodir, e ao promover a industrialização rural, o Estado na China foi responsável pela mais rápida redução na pobreza na história da humanidade. Foram 400 milhões de pobres a menos no curtíssimo espaço de seis anos (1979-1985). Ao começar as transformações estruturais pela base da pirâmide social, o Estado criou um tecido socioeconômico que permitiu a penetração dos impulsos dinâmicos da industrialização pelo país inteiro.

A primeira reforma rural teve início em 1978 e implicou na criação de um regime de uso da terra descentralizado e baseado em pequenos lotes, no qual a propriedade é, até hoje, dos governos locais e o uso da terra é dado às famílias via contratos de cerca de 30 anos. Chamado de Sistema de Responsabilidade Familiar, este regime de uso da terra implicou uma estrutura descentralizada de pequenos lotes. Mesmo com o relativo aumento no tamanho dos lotes na última década em função da redução da população rural e da penetração do agronegócio no campo, o sistema continua vigorando e a terra continua sendo desconcentrada na China. O caso chinês, portanto, desafia o discurso de modernização conservadora de que somente a agricultura em larga escala é eficiente. Sob esse sistema, o país se tornou autossuficiente em arroz, milho e trigo, e a produtividade total dos fatores na agricultura cresceu a uma média de 2,86% ao ano, entre 1978 e 2013, o que representa mais de três vezes a média global de 0,95% e acima da média brasileira.[117]

A segunda reforma rural veio por meio da intervenção do Estado nos preços agrícolas. Os termos de troca favoráveis aos produtos agrícolas e os programas massivos de compras públicas, que asseguravam que todos os grãos produzidos seriam comprados pelo governo, deram forte impulso ao crescimento da renda dos camponeses, contribuindo para diminuir o *gap* urbano-rural.[118] Em conjunto com a reforma da terra, os estímulos de preço e as compras públicas promoveram uma explosão de produtividade agrícola nos anos 1980 em um país que estava muito próximo à insegurança alimentar. Conforme resume Oi,[119] não foram os livres mercados preconizados pelo Consenso de Washington que garantiram o impulso extraordinário na produção agrícola nos anos iniciais da reforma, mas a regulação estatal (compras públicas) que garantia a compra de todos os grãos produzidos a um preço alto.

---

[117] SHENG, Yu; SONG, Ligang; YI, Qing. "Mechanisation outsourcing and agricultural productivity for small farms: implications for rural land reform in China". In: SONG, Ligang et al. (Coord.). *China's new sources of economic growth*. vol. 2, Canberra: Australian National University Press, 2017.

[118] NOGUEIRA, Isabela; BACIL, Fabianna; GUIMARÃES, João. "A caminho de um estado de bem-estar social na China? Uma análise a partir dos sistemas de saúde e de educação". *Revista Economia e Sociedade*, vol. 29, n° 2, 2020, pp. 669-692.

[119] OI, Jean. *Development strategies, welfare regime and poverty reduction in China*. Genebra: UN Research Institute for Social Development, 2008.

O ESTADO NA CHINA

A terceira grande reforma no campo deu-se por meio da promoção da industrialização rural via empresas coletivas de vilas e municípios – *Town-Village Enterprises* (TVEs). A industrialização rural ganhou impulso com a oferta de crédito abundante oferecida pelos bancos comerciais públicos e cooperativas rurais de crédito e por conta de um mercado doméstico crescente e até então protegido da concorrência estrangeira. Durante a década de 1980, 40% do capital necessário para a abertura de uma nova TVE veio do setor financeiro público.[120] As TVEs especializaram-se na produção de bens de consumo que seriam consumidos pela classe camponesa em ascensão e rapidamente tornaram-se fornecedoras de insumos para a indústria exportadora e mais pujante da costa.

A grande inovação das TVEs do ponto de vista do desenvolvimento esteve na sua capacidade de industrializar as zonas rurais. Graças a isso, elas reduziram a heterogeneidade estrutural de saída ao transformar a industrialização num fenômeno massivo, descentralizado e efetivamente nacional. É claro que as taxas de industrialização serão muito mais rápidas nas cidades costeiras e nas zonas econômicas especiais tomadas de multinacionais a partir dos anos 1990 (a seguir). Mas as TVEs, em conjunto com a diminuição da pobreza no campo, fizeram com que os impulsos dinâmicos da industrialização da costa efetivamente se endogenizassem. Isso é um dos elementos explicativos de por que a China não se transformou numa economia de enclave ou dependente mesmo com a penetração massiva do investimento estrangeiro na costa nos anos 1990.

Em resumo, o sucesso da trajetória de desenvolvimento da China, em contraste com grandes países como a Índia, Brasil ou África do Sul do ponto de vista do tratamento da questão agrária, é marcante ao ter eliminado a possibilidade de uma massa de população rural sem-terra ou miserável no campo. A distribuição igualitária e universal da terra entre a população rural tornou-se a principal forma de proteção social e substituiu o antigo sistema de comunas agrícolas vigente durante o

---

[120] HUANG, Yahseng. *Capitalism with chinese characteristics*: entrepreneurship and the State. Cambridge: University Press, 2008.

maoísmo. Ao mesmo tempo, a industrialização rural criou uma malha de produção industrial intensiva em mão de obra em todos os cantos do país, absorvendo trabalhadores que saíam da agricultura e endogenizando os impulsos dinâmicos da industrialização. As reformas deram certo do ponto de vista da trajetória de desenvolvimento porque elas começaram por baixo na pirâmide social chinesa.

Estado na China nos anos 1990: disciplinando o IED e posicionando as estatais

Se os anos 1980 explicam de que maneira a China lança as bases para o rompimento com a heterogeneidade estrutural, a década seguinte é emblemática ao explicitar as estratégias do Partido Comunista Chinês para evitar que o país se transformasse em uma economia de enclave. Afinal, com a abertura inicial para a entrada de investimento estrangeiro direto (IED) em algumas poucas cidades costeiras, havia o enorme risco de criação de zonas de mera montagem de produtos feitos por multinacionais que se aproveitassem da mão de obra barata chinesa e extraíssem excedente de maneira totalmente descolada do restante da economia. No entanto, muito ao contrário, a China se transformou em um caso emblemático de uso do IED como ferramenta de *catch-up* e emparelhamento tecnológico com países centrais. Como isso foi possível?

Ao contrário do argumento da literatura ortodoxa, o Estado chinês não se *abriu* ao capital estrangeiro e não aceitou o receituário liberal de que a simples desregulamentação para atrair IED iria contribuir para o seu crescimento econômico. Ao contrário, o Estado chinês empenhou-se sistematicamente em *disciplinar* esse capital. Dentre as várias obrigações impostas ao IED nas décadas de 1990 e 2000 estiveram: obrigação para ter parceiro local (via formação de *joint-venture* com empresa estatal chinesa), acordos de transferência de tecnologia, regras de conteúdo local, definição geográfica da localização das fábricas e quotas para exportação e geração de empregos.[121]

---

[121] NOGUEIRA, Isabela. "Políticas de fomento à ascensão da China nas cadeias de valor globais". *In*: CINTRA, Marcos *et al.* (Coord.). *China em transformação*: dimensões econômicas e geopolíticas do desenvolvimento. Rio de Janeiro: Ipea,

A obrigatoriedade para ter parceiro local estava prevista em leis específicas sobre a necessidade de regulação do IED e se dava via um sistema de aprovação administrativa envolvendo diferentes esferas do governo. Quem definia qual seria a empresa estatal parceira era, invariavelmente, alguma instância (local ou central) do próprio governo chinês. A exigência para formação de *joint-venture* foi flexibilizada na virada do século na maioria dos setores, mas continua sendo comum a exigência de que a firma 100% estrangeira estabeleça um centro de treinamento, P&D ou laboratório em uma das universidades chinesas ou institutos de pesquisa. Além disso, o Catálogo para Guiar Investimentos Estrangeiros, um documento publicado periodicamente e que determina quais indústrias têm IED "estimulado", "restringido" ou "proibido", continua regulando o capital externo de perto. Os investidores que quiserem gozar dos diferentes benefícios oferecidos às indústrias "estimuladas" (atualmente apenas de alta tecnologia e consideradas estratégicas), como deduções tarifárias e vantagens fiscais, devem se enquadrar nas exigências.

Também a previsão de transferência tecnológica deveria constar formalmente nos contratos de entrada de IED. A absorção implicou não apenas a capacidade do país de adquirir tecnologia estrangeira, mas essencialmente de difundi-la internamente, utilizando-a como base para criação de novas tecnologias e processos. Por fim, a localização geográfica das novas fábricas foi um instrumento muito usado para promoção do desenvolvimento regional chinês. Há muitos casos estilizados de multinacionais que foram "convidadas" a se instalar em regiões remotas da China acompanhando o plano de desenvolvimento regional do momento.[122]

2015; SCHUTTE, Giorgio; REIS, Rogério. "Investimentos externos diretos e o processo de catch-up: a experiência chinesa e as lições para o Brasil". *Cadernos do Desenvolvimento*, vol. 15, n° 27, 2020, pp. 63-82.

[122] Este foi o caso da Embraer, que se instalou em Harbin, uma cidade fria no extremo nordeste da China, não muito distante da fronteira com a região russa da Sibéria, durante o auge do "Go Northeast", um programa de desenvolvimento desta região chinesa.

Mas o capital externo foi apenas uma das vertentes da dinâmica de acumulação acelerada da China na década de 1990. Uma segunda vertente continua até hoje centrada no papel das empresas estatais, as quais se mantiveram estrategicamente posicionadas nos nódulos da acumulação de capital. A partir de 1997, uma fatia importante das empresas estatais e coletivas foi privatizada, abrindo espaço para o surgimento de uma burguesia nacional encrustada nas estruturas do Partido.[123] Ao mesmo tempo em que foram reduzidas em número e em escopo de atuação, livrando-se das suas obrigações de seguridade social que vinham do maoísmo,[124] as empresas estatais se concentraram nos setores-chave que afetam tanto a taxa quanto a direção do investimento. Esses são os casos dos setores de siderurgia, petroquímica, energia, ferrovia, telecomunicações e sistema bancário.[125]

As empresas estatais de larga escala e os bancos estatais têm sido utilizados como principais agentes econômicos que moldam a forma e o ritmo da estratégia de acumulação e de inovação tecnológica na China. As mudanças estruturais são necessariamente processos complexos e com múltiplos determinantes, incluindo regimes de produtividade, demanda e um arcabouço institucional subjacente. As empresas estatais chinesas estão em uma posição-chave para direcionar as diretrizes do Estado sobre esses múltiplos determinantes, especialmente porque estão localizadas nos eixos críticos de acumulação de capital, como as indústrias de grande escala e de capital intensivo. Nesse sentido, a propriedade pública segue sendo o eixo essencial para a acumulação de capital na China.

---

[123] NOGUEIRA, Isabela. "Estado e capital em uma China com classes". *Revista de Economia Contemporânea*, vol. 22, n° 1, pp. 1-23, 2018; NOGUEIRA, Isabela; QI, Hao. "The state and domestic capitalists in China's economic transition: from great compromise to strained aliance". *Critical Asian Studies*, vol. 51, n° 4, 2019, pp. 1-21.

[124] NOGUEIRA, Isabela; BACIL, Fabianna; GUIMARÃES, João. "A caminho de um estado de bem-estar social na China? Uma análise a partir dos sistemas de saúde e de educação". *Revista Economia e Sociedade*, vol. 29, n° 2, 2020, pp. 669-692.

[125] LO, Dic; WU, Mei. "The state and industrial policy in Chinese economic development". *In*: SALAZAR-XIRINACHS, José (*et al.*). *Transforming economies*: making industrial policy work for growth, jobs and development. Geneva: ILO, 2014.

Estado na China nos anos 2000: endogenizando o crescimento via investimento

É nos anos 2000 que o "Estado investidor"[126] emerge na China em toda sua potência. Estamos aqui falando da materialização do crescimento puxado pelo investimento (*investment-led growth*), com a taxa média dos investimentos mantendo-se acima de 40% do PIB em toda a década.[127] O papel do Estado foi fundamental enquanto formador de capital e investidor em infraestrutura, garantindo a elevação da capacidade produtiva da economia e o desenvolvimento alargado nacionalmente via a construção de ferrovias, portos, oleodutos, linhas de telecomunicações, geração e transmissão de energia, escolas, hospitais e saneamento básico. É a fase da China canteiro de obras, que visualmente impactava qualquer visitante em função do expressivo número de empreendimentos. O Estado investidor se materializou tanto na sua forma schumpeteriana, preparando a próxima revolução tecnológica, quanto em termos keynesianos, dado o efeito multiplicador desse tipo de gasto público sobre a renda, o emprego e as vendas das empresas.[128]

O surgimento do "Estado investidor" só foi possível porque junto dele o "Estado regulador" manteve o sistema financeiro majoritariamente

---

[126] Ver o livro mais recente de Laura Carvalho para uma discussão sobre o Estado investidor: CARVALHO, Laura. *Curto-circuito*: o vírus e a volta do Estado. São Paulo: Todavia, 2020.

[127] Medeiros desconstrói o argumento de que a China seria um caso de crescimento puxado pelas exportações como outros países do leste asiático e demonstra o efeito central do investimento na macroeconomia chinesa determinando tanto o ciclo quanto a tendência de crescimento de longo prazo. Desde a crise de 2008, esse argumento tem se tornado ainda mais verdadeiro. Em 2006, as exportações de bens e serviços atingiram o pico de 36% do PIB chinês, caindo sistematicamente desde então para 18% do PIB em 2019 (The World Bank Data Online). MEDEIROS, Carlos. "Padrões de investimento, mudança institucional e transformação estrutural na economia chinesa". *In*: BIELSCHOWSKY, Ricardo (Coord.). *Padrões de desenvolvimento econômico (1950-2008)*. Brasília: Centro de Gestão e Estudos Estratégicos, 2013.

[128] CARVALHO, Laura. *Curto-circuito*: o vírus e a volta do Estado. São Paulo: Todavia, 2020.

estatal sob seu comando. Isso levou à mobilização e canalização de volumes massivos de recursos domésticos através do sistema financeiro para grandes projetos de infraestrutura e urbanização. Além dos bancos comerciais, as necessidades de financiamento de longo prazo também foram atendidas por três bancos de desenvolvimento, obviamente sob controle do Conselho de Estado. Por fim, os extensos controles de capitais colocam restrições principalmente para o investimento transfronteiriço em carteira, financiamento de dívidas e investimento externo direto. Por exemplo, as empresas não-financeiras nacionais estão proibidas de conceder empréstimos externos. Nos mercados de ações, investidores estrangeiros não podem comprar ações denominadas em renminbi, títulos ou outros instrumentos de mercado, a menos que tenham uma quota de Investidor Institucional Estrangeiro Qualificado (QFII). Também há controles pesados em certas fases das transações de câmbio, tais como restrições à remessa e repatriação de fundos transnacionais e troca de moeda estrangeira por moeda chinesa relacionada a transações da conta de capital. Além disso, o investimento externo direto por entidades nacionais precisa ser aprovado pela Administração Estatal de Divisas, pelo Ministério das Finanças e pela Comissão Nacional de Desenvolvimento e Reforma.

A despeito da flexibilização de parte das regulações, a China continua sendo o mercado financeiro mais regulado dentre todas as grandes economias do mundo. Da mesma forma, apesar da disseminação de práticas financeiras "na sombra" (*shadow banking*), por meio das quais muitos mecanismos de financiamento e especulação doméstica não-regulados foram criados, o governo tenta periodicamente assegurar seu controle e impedir um processo de desregulamentação financeira. De fato, uma característica essencial que distingue o regime chinês de acumulação de outras economias centrais ou periféricas hoje é sua relativa autonomia em relação ao processo de financeirização sob a hegemonia do dólar flexível em função da predominância estatal no sistema financeiro e dos controles de capitais.[129]

---

[129] Ver Nogueira, Guimarães e Braga para uma discussão sobre a financeirização com características chinesas: NOGUEIRA, Isabela; GUIMARÃES, João; BRAGA, João.

O ESTADO NA CHINA

A década de 2000 também ganha uma outra marca de uma gestão macroeconômica keynesiana quando observamos os esforços do governo chinês para elevar a massa de salários da economia. Entre 2004 e 2009, o salário médio real da economia chinesa cresceu 81%, e no acumulado de 2004 a 2018 esse crescimento chega a 277%.[130] A chamada "sociedade harmoniosa", marca da gestão do ex-presidente Hu Jintao (2003-2013), foi uma estratégia de desenvolvimento abrangente, que buscava fazer convergir a proteção social, a mediação de conflitos capital-trabalho, e a mudança para um padrão de acumulação centrado na demanda efetiva doméstica via políticas públicas. Essas políticas incluíam: (i) a criação de sistemas nacionais de seguridade social e serviços públicos essenciais gratuitos (no caso da educação básica) ou com contribuições compartilhadas (como no caso da saúde e previdência); (ii) os programas de desenvolvimento regional para as zonas mais pobres, notadamente oeste, nordeste e centro; e (iii) as intervenções no mercado de trabalho para garantir aumentos consistentes dos salários, sobretudo via política de salário mínimo e legislações.

Isso tudo veio acompanhado da criação de um Estado de Bem-Estar Social (EBS) de cunho produtivista,[131] por meio do qual é oferecido um colchão mínimo de proteção social essencialmente ancorado no lugar que cada um ocupa no mercado de trabalho. Em termos práticos, isso implicou, por exemplo, a criação de três seguros-saúde dependendo da posição do cidadão no mercado de trabalho – se trabalhador urbano formal ou informal ou se trabalhador rural. A desigualdade dos programas implica um universo de atendimento de saúde radicalmente distinto para populações com diferentes registros de moradia e distintas posições no mercado de trabalho. Os trabalhadores formais recebem

---

"Inequalities and capital accumulation in China". *Revista de Economia Política*, vol. 39, n°. 3, 2019, pp. 449-469.

130 BRAGA, João Pedro; NOGUEIRA, Isabela. "Mercado de trabalho e salário mínimo na China". *Geosul*, vol. 35, n° 77, pp. 49-72, 2020.

131 NOGUEIRA, Isabela; BACIL, Fabianna; GUIMARÃES, João. "A caminho de um estado de bem-estar social na China? Uma análise a partir dos sistemas de saúde e de educação". Revista *Economia e Sociedade*, vol. 29, n° 2, 2020, pp. 669-692.

os melhores benefícios e atendimentos, ao passo que os trabalhadores informais e rurais têm menores reembolsos e atendimentos mais difíceis e demorados. Em todos os casos, os atendimentos são pagos, e cresce rapidamente o número de hospitais privados no país. Também na educação, a desmercantilização é apenas parcial, e a pré-escola e a universidade se consolidaram como espaços pagos, além de o ensino médio assistir a uma disseminação de instrumentos paralelos privados ou de pagamento de taxas extras para facilitar o acesso às escolas de ponta.

Não há, portanto, no Estado de Bem-Estar Social chinês, um princípio normativo de universalidade ou gratuidade nos serviços oferecidos e que esteja ancorado em valores de solidariedade ou justiça social como os que deram origem aos EBS em países de tradição social-democrata (sob pressão de vizinhos comunistas). A origem normativa do contrato social chinês é confucionista: um mínimo de provimento e proteção social deve ser oferecido para eliminar o conflito social e garantir a harmonia. Mas a estratificação e a segmentação refletem a posição hierárquica de cada um na sociedade. É a este sistema de proteção social estratificado que damos o nome de Estado de Bem-Estar Social produtivista.[132]

Estado na China nos anos 2010: promovendo mudança estrutural via inovação

Fica cada vez mais claro que a China não é só um caso de desenvolvimentismo asiático como Japão ou Coreia do Sul no pós-II Guerra, conforme resumiu Barry Naughton[133] em seu texto mais recente. Primeiro porque o volume de investimento estatal é muito maior do que nos dois casos anteriores. E em segundo lugar, porque o objetivo atual

---

[132] NOGUEIRA, Isabela; BACIL, Fabianna; GUIMARÃES, João. "A caminho de um estado de bem-estar social na China?: uma análise a partir dos sistemas de saúde e de educação". *Revista Economia e Sociedade*, vol. 29, n° 2, 2020, pp. 669-692.

[133] NAUGHTON, Barry. *The rise of China's industrial policy, 1978 to 2020*. Cidade do México: Universidad Nacional Autónoma de México, 2021.

do Partido Comunista Chinês não é simplesmente fazer *catch-up* e equiparar o país à performance das indústrias chaves dos países centrais, mas assumir o primeiro lugar em setores nos quais a liderança tecnológica não é clara e que fazem parte da atual revolução tecnológica.

A China caminhou rápido para figurar entre os líderes em segmentos como trens de alta velocidade, 5G, energias renováveis, carros elétricos, geração e transmissão de energia elétrica de alta-ultra voltagem, inteligência artificial e tantos outros. Essa liderança (ou melhor dizendo, disputa pela liderança com outros países centrais) só foi possível graças ao surgimento de um "Estado empreendedor", nos termos da professora Mariana Mazzucato.[134] Isso significa dizer um investimento massivo do Estado para que inovações radicais aconteçam.

O sistema nacional de inovação (SNI) chinês se consolidou de maneira robusta e sistêmica, com enorme coordenação entre as políticas industriais, comerciais, de investimento, macroeconômicas (câmbio, juros e fiscal) e com os planos nacionais de desenvolvimento. Tal SNI abarca desde mecanismos de financiamento e presença de empresas estatais em setores de fronteira (nos quais o investimento privado é tímido em função dos riscos e da incerteza) até uso da demanda doméstica para gerar tecnologia endógena, mudança de padrões técnicos para favorecer empresas nacionais, parcerias universidades-empresas e articulação do complexo produtivo militar com o civil.

Desde 2016, quando a "Estratégia de Desenvolvimento Puxada pelas Inovações" (*Innovation-Driven Development Strategy*, IDDS) veio à tona, uma nova onda de políticas industriais e de ciência e tecnologia surgiu na China, agora focada nos setores de fronteira, notadamente vinculados à tríade telecomunicações, gerenciamento massivo de dados e inteligência artificial, bem como às suas aplicações na chamada Indústria 4.0, cidades inteligentes e veículos militares autoguiados. A IDDS representa uma estratégia guarda-chuva de longo prazo, com metas para até 2050, e abarcando uma dezena de planos setoriais ou mais

---

[134] MAZZUCATO, Mariana. *O Estado empreendedor*. São Paulo: Portfolio Pinguin, 2014.

específicos como o "Made in China 2025", "Military-Civilian Fusion Plan", "Artificial Intelligence Plan", dentre outros. Na sua essência, uma ampla gama de instrumentos de financiamento de longo prazo, incluindo fundos governamentais de orientação industrial, vantagens fiscais para P&D, mudanças regulatórias e proteção do mercado doméstico. A percepção das lideranças chinesas é de que uma nova rodada de revolução global tecnológica está em curso, com mudanças radicais nas esferas produtiva, de transportes e militar. "A mudança na força relativa das nações implica a oportunidade de ultrapassar, bem como no perigo de ficar para trás", resumiu Naughton.[135]

Como em ondas anteriores, esta fase atual do desenvolvimento tecnológico chinês está sendo também fortemente puxada pelas compras governamentais e pela demanda doméstica. O Estado vigilante depende de infraestruturas voltadas ao controle social de alta tecnologia, como é característica cada vez mais revelada em países desenvolvidos como Estados Unidos e Reino Unido – além do seu maciço uso privado, via vigilância do consumo nas redes sociais, nas operações de compra e crédito e nos próprios aparelhos celulares.[136]

Conforme detalha Majerowicz (no prelo),[137] no caso da China, os processos mais recentes de proletarização e privatização também engendraram mudanças rápidas nas necessidades de monitoramento e vigilância do Estado capitalista, levando ao desenvolvimento de infraestruturas *high-tech* de controle social nas quais a inteligência artificial desempenha papel central. Estamos falando desde um aparato de vigilância difuso de câmeras e sensores voltados ao monitoramento do espaço público (oferecendo uma massa expressiva de dados para rápido avanço da inteligência artificial) até sistemas integrados que monitoram e premiam o "bom" comportamento dos cidadãos, como no caso do

---

[135] NAUGHTON, Barry. *The rise of China's industrial policy, 1978 to 2020*. Cidade do México: Universidad Nacional Autónoma de México, 2021.

[136] ZUBOFF, Shoshana. *The age of surveillance capitalism*. New York: Public Affairs, 2019.

[137] MAJEROWICZ, Esther. "A economia política da 'digitalização, conectividade e inteligentização' na China contemporânea". In: MAJEROWICZ, Esther *et al.* (Coord.). *China no capitalismo contemporâneo*. São Paulo: Autonomia Literária, no prelo.

Social Credit Score.[138] Tudo isso, até aqui, feito em nome da harmonia social, do aumento da confiabilidade dos espaços públicos e com baixa oposição da sociedade civil.

Os desafios do pós-pandemia

Ao longo dos últimos 40 anos, China eliminou a pobreza extrema, rompeu com a heterogeneidade estrutural, baniu com qualquer possibilidade de se tornar uma economia dependente ou de enclave, e subiu efetivamente nas cadeias globais de valor, representando o principal desafio econômico e estratégico aos Estados Unidos. Por de trás disso, há um projeto autônomo de desenvolvimento nacional encabeçado pelo Partido Comunista Chinês e que levou no surgimento de um Estado planejador, regulador, provedor, investidor, empreendedor e vigilante. Historicamente, o desenvolvimento sob o capitalismo jamais prescinde destas funções do Estado nas suas trajetórias de rápida ascensão e mudança estrutural continuada.

As condições para a emergência desta forma-Estado foram historicamente construídas através de lutas de classes e de lutas anti-imperialistas, ambas profundamente marcadas pelo nacionalismo. O estágio atual desta trajetória histórica, continuamente marcada pelo mesmo nacionalismo, está vinculada à preparação para o embate tecnológico e estratégico com os Estados Unidos. Neste sentido, as pressões que esta forma-Estado enfrenta são grandes. Parte internas, por parte da burguesia nacional em busca de fronteiras mais rápidas (e financeirizadas) de acumulação, mas fundamentalmente externas.

Poucas semanas depois da sua posse, o presidente dos Estados Unidos, Joe Biden, promoveu expressivos exercícios militares com dois grupos de porta-aviões no mar do Sul da China, que Pequim considera

---

138 MAJEROWICZ, Esther. "A economia política da 'digitalização, conectividade e inteligentização' na China contemporânea". *In*: MAJEROWICZ, Esther *et al.* (Coord.). *China no capitalismo contemporâneo*. São Paulo: Autonomia Literária, no prelo.

sua região. E foi enfático falando para seu público interno: "eles [chineses] estão investindo bilhões de dólares para lidar com uma série de questões ligadas a transporte, ambiente e outras coisas [...]. Se não nos mexermos, eles vão nos jantar".[139]

Não há dúvidas: as funções que o Estado chinês irá assumir daqui em diante serão fundamentalmente preparatórias para este embate.

---

[139] "Em primeira conversa com Xi, Biden toca em pontos de divergência com a China". Folha de S.Paulo, 11.02.2021.

Referências Bibliográficas

BRAGA, João Pedro; NOGUEIRA, Isabela. "Mercado de trabalho e salário mínimo na China". *Geosul*, vol. 35, n° 77, 2020.

CARVALHO, Laura. *Curto-circuito*: o vírus e a volta do Estado. São Paulo: Todavia, 2020.

HUANG, Yahseng. *Capitalism with chinese characteristics*: entrepreneurship and the state. Cambridge: University Press, 2008.

LARDY, Nicholas. *The state strikes back*: the end of economic reform in China?. Washington: Peterson Institute Press, 2019.

LO, Dic; WU, Mei. "The state and industrial policy in chinese economic development". *In*: SALAZAR-XIRINACHS, José (*et al.*). *Transforming economies*: making industrial policy work for growth, jobs and development. Geneva: ILO, 2014.

MAJEROWICZ, Esther. "A economia política da 'digitalização, conectividade e inteligentização' na China contemporânea". *In*: _____ *et al.* (Coord.). *China no capitalismo contemporâneo*. São Paulo: Autonomia Literária, no prelo.

MAZZUCATO, Mariana. *O Estado empreendedor*. São Paulo: Pinguin, 2014.

MEDEIROS, Carlos. "Padrões de investimento, mudança institucional e transformação estrutural na economia chinesa". *In*: BIELSCHOWSKY, Ricardo (Coord.). *Padrões de desenvolvimento econômico, 1950-2008*. Brasília: CGEE, 2013.

NAUGHTON, Barry. *The rise of China's industrial policy, 1978 to 2020*. México: UNAM, 2021.

NOGUEIRA, Isabela. "Estado e capital em uma China com classes". *Revista de Economia Contemporânea*, vol. 22, n° 1, 2018.

NOGUEIRA, Isabela. "Políticas de fomento à ascensão da China nas cadeias de valor globais". *In*: CINTRA, Marcos *et al.* (Coord.). *China em transformação*: dimensões econômicas e geopolíticas do desenvolvimento. Rio de Janeiro: Ipea, 2015.

NOGUEIRA, Isabela; BACIL, Fabianna; GUIMARÃES, João. "A caminho de um estado de bem-estar social na China? Uma análise a partir dos sistemas de saúde e de educação". *Revista Economia e Sociedade*, vol. 29, n° 2, 2020.

NOGUEIRA, Isabela; GUIMARÃES, João; BRAGA, João. "Inequalities and capital accumulation in China". *Revista de Economia Política*, vol. 39, n° 3, 2019.

NOGUEIRA, Isabela; QI, Hao. "The state and domestic capitalists in China's economic transition: from great compromise to strained aliance". *Critical Asian Studies*, vol. 51, n° 4, 2019.

OI, Jean. *Development strategies, welfare regime and poverty reduction in China.* Genebra: UN Research Institute for Social Development, 2008.

SCHUTTE, Giorgio; REIS, Rogério. "Investimentos externos diretos e o processo de catch-up: a experiência chinesa e as lições para o Brasil". *Cadernos do Desenvolvimento*, vol. 15, n° 27, 2020.

SHENG, Yu; SONG, Ligang; YI, Qing. "Mechanisation outsourcing and agricultural productivity for small farms: implications for rural land reform in China". *In*: SONG, Ligang et al. (Coord.). *China's new sources of economic growth*. vol. 2, Canberra: Australian National University Press, 2017.

ZHANG, Qian; OYA, Carlos; YE, Jingzhong. "Bringing agriculture back in: the central place of agrarian change in rural China studies". *Journal of Agrarian Change*, vol. 15, n° 3, 2015.

ZUBOFF, Shoshana. *The age of surveillance capitalism.* New York: Public Affairs, 2019.

CAPÍTULO V
PROTEÇÃO SOCIAL E CAPITALISMO: SOCIALIZANDO O "DESENVOLVIMENTO"

ROSA MARIA MARQUES[140]

Os sistemas de proteção social atualmente vigentes são resultado de uma longa construção histórica, para a qual contribuíram fatores políticos, econômicos e sociais. Tais sistemas compreendem um conjunto de políticas de Estado no intuito de prover a cobertura dos riscos advindos da invalidez, da velhice, da doença, do acidente de trabalho e do desemprego. Seus fundamentos são os do bem comum e seu acesso é dado pela cidadania e não pela meritocracia e pelo trabalho. Esses princípios devem nortear a construção de uma nova proteção social, que deve ter como fundamento a cidadania e o Estado deve ser seu organizador e financiador.

A proteção social é filha do capitalismo, isto é, veio à luz no capitalismo. Antes desse modo de produção se impor como dominante, a cobertura do que hoje chamamos de riscos sociais, tais como doença,

---

[140] Professora titular do Departamento de Economia e do Programa de Estudos Pós-graduados em Economia Política da PUCSP; ex-presidente da Sociedade Brasileira de Economia Política e da Associação Brasileira de Economia da Saúde.

velhice, morte, acidente de trabalho e invalidez, era viabilizada, para a maioria das pessoas, pela rede de apoio formada pela família e pela comunidade nas quais viviam, em geral localizada no campo, e pelas corporações de ofício, quando habitavam nas cidades e delas participavam. A rede de apoio existente era dada, portanto, por seus iguais, em função do pertencimento do indivíduo a essas comunidades. Nessa época, os riscos eram associados a eventos a que todo ser humano está sujeito, sendo que a velhice e a morte é mais do que um risco, é uma certeza absoluta. O cuidado com o outro decorria de situação inerente a este último e não de algo imposto por uma realidade externa.

A construção da proteção social, tal como a entendemos atualmente, foi decorrente de um longo processo e sempre esteve associada ao assalariamento, à formação e ampliação da sociedade salarial.[141] Teve seu início no século XX e, durante sua trajetória, destaca-se a incorporação da cobertura de novos riscos, criados pelo próprio capitalismo e/ou decorrentes da ampliação do entendimento por parte da sociedade de alguns países do que deveria ser objeto de proteção. Além disso, no século XX, mais particularmente depois do Segunda Guerra Mundial, vimos crescer e se desenvolver a responsabilização do Estado pela organização e financiamento da proteção social. Isso ocorreu especialmente na Europa (do Oeste e do Leste), mas países periféricos, dependentes ou subdesenvolvidos, não importa a classificação que lhes atribuamos, não ficaram imunes a esse processo.

A partir dos anos 1980, com o esgotamento relativo da acumulação capitalista fundada no taylorismo e no fordismo, já sob o domínio crescente do neoliberalismo, assistimos à presença cada vez maior do setor privado no campo da proteção social. Isso aconteceu inclusive nos países em que os trabalhadores conseguiram manter a centralidade do Estado na cobertura dos riscos sociais, mas sem lograrem, contudo, impedir "reformas" de todo o tipo, tais como a ampliação da participação do usuário no financiamento da saúde; a diminuição os valores reais dos

---

[141] CASTEL, Robert. *Les metamorphoses de la question sociale*: une chronique du salariat. Paris: Fayard, 1995.

benefícios; o endurecimento dos critérios de acesso à aposentadoria, entre outros exemplos que aqui poderíamos citar.

Tanto em um caso como no outro, não há dúvida que houve um retrocesso, que se traduziu em diminuição da população com acesso à proteção social, posto que mediado pela renda, ou em uma proteção pública "rebaixada", incapaz de cumprir com seus objetivos iniciais, e que obriga aqueles que têm condições a buscar complementação dos benefícios e serviços públicos junto ao setor privado.

Já faz quarenta anos que esse retrocesso está em curso. O que nos cabe fazer? Devemos nos restringir a lutar contra a retirada de direitos no campo da proteção social ou seria prudente que, simultaneamente, começássemos a pensar sobre outra proteção social, dado que os fundamentos que permitiram sua expansão anterior não existem mais? Como isso se aplicaria para o Brasil?

Este pequeno ensaio tem como objetivo refletir sobre as questões que estão subjacentes a essas perguntas. Como se verá, não há mais lugar para uma proteção social erigida sobre o trabalho. As transformações resultantes do uso combinado das tecnologias em todas as atividades humanas exigem que se pense em outro princípio organizador da proteção social. A própria ideia da proteção, pelo menos no campo previdenciário, como a concessão de uma renda de substituição, perde totalmente sentido. No lugar, pura e simplesmente, emerge o direito aos frutos derivados da produtividade, entendida como conquista da humanidade.

Os sistemas de proteção social e seus fundamentos

Os sistemas de proteção social atualmente vigentes são resultado de uma longa construção histórica, para a qual contribuíram fatores políticos, econômicos e sociais. Não são produto de um ou de outro fator, dado que esses se imbricam e interagem entre si.[142] Tampouco perseguiram, durante sua existência, uma pretensa racionalidade econômica que, de acordo com os economistas neoliberais, deveria ter como princípio norteador a eficiência e, portanto, o menor uso possível de recursos.

A proteção social fornecida por esses sistemas compreende um conjunto de políticas sociais garantido pelo Estado no intuito de prover a cobertura dos riscos advindos da invalidez, da velhice, da doença, do acidente de trabalho e do desemprego. Há sistemas que cobrem, além desses riscos, a habitação e a educação, e concedem garantia de renda mínima.

A responsabilização do Estado pela organização da proteção social teve início no século XX, com exceção da Alemanha de Otto von Bismarck (1815-1898), que trataremos adiante. Antes disso, foram os trabalhadores ligados à indústria que tomaram a iniciativa de preencher o vazio ocasionado pela destruição das antigas formas de solidariedade, associadas às corporações de ofício e à vida no campo, provocado pelo rápido crescimento da indústria e das cidades. Eram as associações de ajuda mútua. Elas foram fundamentais para que os trabalhadores não ficassem completamente à mercê das condições de trabalho e salário oferecidas pelos capitalistas.

Não é por outra razão que, em muitos casos, essas associações deram origem a sindicatos, os quais seguiram a tradição de dar suporte a seus membros em caso de alguns eventos. A literatura é plena de relatos das primeiras experiências de solidariedade. Entre a mais conhecidas, está o livro de Émile Zola (1840-1902), *Germinal*.

Nesses momentos iniciais, a existência desse tipo de solidariedade e o grau de cobertura que fornecia a seus membros dependia da capacidade de organização dos próprios trabalhadores. Essas iniciativas constituíam formas rudimentares e corporativistas de proteção e buscavam dar apoio em caso de doença, morte, velhice e desemprego a trabalhadores de um mesmo ramo de produção.

---

[142] MARQUES, Rosa Maria. *A proteção social e o mundo do trabalho*. São Paulo: Bienal, 1997.

PROTEÇÃO SOCIAL E CAPITALISMO: SOCIALIZANDO...

Na ausência do Estado no campo social,[143] alguns capitalistas, preocupados com as péssimas condições de vida de seus trabalhadores, concediam moradia a suas famílias, educação para os filhos e apoio em caso de morte e doença. Como sabido, essa iniciativa deu origem às vilas operárias construídas no entorno das fábricas. No Brasil, essa experiência tem como exemplo o empresário italiano Ermelino Matarazzo, sendo que algumas casas operárias por ele construídas ainda podem ser vistas no bairro de Perdizes da cidade de São Paulo.

O caso da Alemanha, legislando sobre proteção social em pleno século XIX, mostra quão importante foi a presença da organização dos trabalhadores (em sindicato e partido que os representassem) para que ocorressem as primeiras iniciativas de parte do Estado na organização da proteção social. Lembremos que, nesse país, a legislação relativa à cobertura dos riscos doença e maternidade é de 1883, a do acidente de trabalho, 1884; e as da velhice, invalidez, morte, 1889. Na interpretação de Esping-Andersen, autor bastante conhecido na área social, a iniciativa de Bismarck tinha a clara intenção de desmobilizar e cooptar a forte organização dos trabalhadores alemães de então. Sobre essa organização, assim se manifesta Friedrich Engels no prefácio, escrito em 1895, de a *Luta de classes na França*:

> Como Marx predissera, a guerra de 1870-1871 e a derrota da Comuna de Paris transferiram o centro de gravidade do movimento dos trabalhadores europeus temporariamente da França para a Alemanha. A França naturalmente precisou de muitos anos para recuperar-se da sangria de maio de 1871. Na Alemanha, em contraposição, onde se desenvolvia cada vez mais rapidamente a indústria, cultivada em condições ideias de estufa e, como se não bastasse, abençoada com o aporte bilionário recebido da França, cresceu com rapidez e solidez ainda maiores a socialdemocracia.

---

143 A única iniciativa realizada pelo Estado, até então, não teve nenhuma relação com a proteção social. Ela deu origem às "casas de trabalho" que tinham como motivação promover o disciplinamento do trabalhador, isto é, transformar os homens e mulheres em trabalhadores que se sujeitassem às normas da produção capitalista daquela época.

Graças à sabedoria com que os trabalhadores alemães utilizaram o direito de voto universal introduzido em 1866, o crescimento espantoso do partido apresenta-se aos olhos do mundo em números incontestáveis. Em 1871: 102 mil; em 1874: 352 mil; em 1877: 493 mil votos socialdemocratas. Em seguida, veio o alto reconhecimento desses progressos por parte da autoridade na forma da Lei de Exceção contra os Socialistas; o partido se dispersou momentaneamente, o número de votos despencou para 312 mil em 1881. Porém, isso foi rapidamente superado, e agora, sob a pressão da lei de exceção, sem imprensa, sem organização exterior, sem direito de associação nem de reunião, foi que começou para valer a rápida expansão – em 1884: 550 mil; em 1887: 763 mil; em 1890: 1,427 milhão de votos. Diante disso, a mão do Estado ficou paralisada. A Lei contra os socialistas sumiu, o número de votos socialistas subiu para 1,787 milhão, mais de um quarto de todos os votos depositados.[144]

Não há dúvida, portanto, que há uma relação entre a crescente organização dos trabalhadores alemães e a legislação social de Bismark, seja como fruto da pressão por melhores condições de vida, seja porque esse chanceler tinha intenção de controlar o movimento. Mas talvez o mais importante seja lembrar que, no mundo, a introdução de legislação relativa a riscos sociais teve importante papel na própria formação do assalariamento. Como lembram Lenhardt e Offe:

> [...] do ponto de vista sociológico, nada indica que os indivíduos atingidos por essa 'desapropriação' das condições de utilização do seu trabalho ou de outras condições de subsistência transitem espontaneamente para o estado da proletarização 'ativa', isto é, passem a oferecer sua força de trabalho nos mercados de trabalho.[145]

---

[144] ENGELS, Friedrich. "Prefácio". *In*: MARX, Karl. *As lutas de classes na França, de 1848 a 1850*. São Paulo: Boitempo, 2012 [1885].

[145] LENHARDT, Gero; OFFE, Claus. "Teoria do Estado e política social: tentativas de explicação político-sociológica para as funções e os processos inovadores da política social". *In*: OFFE, Claus. *Problemas estruturais do Estado capitalista*. Rio de Janeiro, Tempo Brasileiro, 1984, pp. 21/22.

PROTEÇÃO SOCIAL E CAPITALISMO: SOCIALIZANDO...

Como sabemos, para os que tinham sido desapropriados dos meios de produção (terra e ferramental), na transição para o capitalismo, havia a alternativa da mendicância, do roubo e da emigração para outras terras. Assim, havendo possibilidade de escolha, o trabalho assalariado se tornaria atraente somente quando os riscos a ele associados passaram a ser cobertos.[146] Foi isso que possibilitou a transformação em massa dos despossuídos em assalariados.[147]

O desenvolvimento desigual da indústria e da organização dos trabalhadores determinaram, conjuntamente, que o início da participação do Estado no campo social ocorresse em momentos diferentes nos vários países. Já o processo de incorporação dos riscos foi mais ou menos semelhante, pois houve uma clara precedência do acidente de trabalho, da velhice e da invalidez sobre os demais. A adoção da cobertura do risco acidente de trabalho foi corolário de um amplo movimento social e político que lutava pela criação de legislações relativas à higiene e segurança no trabalho. Sua criação recebeu franca oposição da maioria dos capitalistas, em que pese o número extremamente elevado de acidentes, que resultavam em morte ou incapacidade do trabalhador, estar delapidando a força de trabalho na época.

A legislação relativa à cobertura do acidente de trabalho é do final dos anos 1880 no Reino Unido, Alemanha, França e Itália. No Brasil, é de 1919.

O segundo grande momento da presença do Estado na organização e financiamento da proteção social ocorreu após a Segunda Guerra Mundial (2GM), quando os princípios da organização do trabalho tayloristas e fordistas se tornaram norma no mundo. Foi o início da estruturação daquilo que ficou conhecido como o Estado do Bem-Estar. Seus dois principais traços foram: a introdução da universalização do

---

[146] No Brasil, a criação do salário mínimo e a introdução de outros benefícios, realizadas por Getúlio Vargas, foram fundamentais para a formação/fixação dos trabalhadores da indústria brasileira.

[147] LENHARDT, Gero; OFFE, Claus. "Teoria do Estado e política social: tentativas de explicação político-sociológica para as funções e os processos inovadores da política social". In: OFFE, Claus. *Problemas estruturais do Estado capitalista*. Rio de Janeiro, Tempo Brasileiro, 1984, p. 16.

acesso à proteção social e, ao longo do tempo, a ampliação do próprio conceito de proteção, incluindo, tal como mencionado anteriormente, o acesso à habitação às famílias de baixa renda, a educação, os cuidados com crianças pequenas, a reciclagem da mão de obra e a garantia de renda, por exemplo.

A estruturação do Estado do Bem-Estar que, no plano das políticas sociais, resultou nos sistemas de proteção social, foi fruto do ambiente político do imediato pós-guerra, para o qual contribuiu sobremaneira o papel decisivo da União das Repúblicas Socialistas Soviéticas (URSS) em seu desfecho e o reconhecimento da importância dos movimentos de resistência, a que haviam em vários países, na luta contra invasores do Eixo.

O grande ascenso do movimento dos trabalhadores e o crescimento político de seus partidos, que se seguiu ao final da 2GM, em um quadro de uma Europa totalmente destruída, sustentaram a grande concertação realizada entre governos, trabalhadores (via seus representantes) e capitalistas, que irá animar os trinta anos seguintes, chamados de dourados.[148] Esse acordo tinha como fundamento a aceitação, por parte dos trabalhadores, da organização do trabalho taylorista e fordista (a que, até então, haviam resistido), desde que parte do aumento da produtividade obtida por sua aplicação fosse revertida em aumento dos salários reais e garantia de proteção social.

É a partir desse ambiente muito especial, que dificilmente se repetirá, que os sistemas de proteção social vão assumir o desenho que associamos ao Estado do Bem-Estar. Na Europa Ocidental, território dessa experiência ímpar, a universalização e ampliação do conceito de proteção social se consubstancia em dois modelos. O caminho trilhado pelos Estados Unidos (EUA), por sua vez, foi outro, atribuindo ao mercado a tarefa de organizar a proteção aos riscos, tendo como foco não o coletivo e sim o indivíduo. Esping-Andersen (1991), a partir das

---

[148] Assim denominados por Eric Hobsbawm, historiador de renome internacional. Apenas para lembrar, esse período, entre outras características, foi o da generalização da produção em massa, da introdução do consumo de massa (absolutamente necessário para viabilizar a venda da produção), da industrialização de praticamente todos os países (com exceção do continente africano) e do aumento da participação dos salários na renda nacional.

diferentes configurações de proteção social que se estruturar no pós--guerra, sugere a tipologia que está expressa no Quadro 1.

Quadro 1 - Tipos de sistema de proteção social

Residual ou liberal	Políticas seletivas e focadas. O Estado intervém apenas quando os canais tradicionais (família, mercado, redes comunitárias) são insuficientes.	Baixo potencial de promoção de justiça social
Corporativista ou meritocrático	Políticas sociais amplas, mas com benefícios estratificados por grupos ou corporações. Contrapõe-se de maneira limitada ao efeito das forças de mercado na alocação de recursos.	Potencial intermediário de promoção de justiça social
Institucional--Redistributivo ou social democrata	O Estado provê o acesso universal a uma vasta gama de bens e serviços, "desmercantilizando" os cidadãos e igualando os desiguais. A premissa é de que o mercado produz riscos sociais que devem ser eliminados.	Elevado potencial de promoção de justiça social

Fonte: Esping-Anderson, 1991.[149] Elaboração própria.

O sistema Residual ou Liberal tem nos EUA seu exemplo maior. O mercado, mediante fundos de pensão e planos de saúde, organiza a cobertura dos riscos. A ação do Estado é de caráter assistencial, dirigida aos indivíduos e famílias de baixa renda. O baixo teto para inclusão

---

[149] ESPING-ANDERSEN, Gosta. "As três economias políticas do Welfare State". *Lua Nova*, nº 24, 1991.

nesta categoria introduz problemas para quem, frente às exigências dos planos de saúde, não pode dispor deles e, ao mesmo tempo, não consegue ser contemplado pelas políticas assistenciais.

O sistema corporativista ou meritocrático é representado pela França. A vinculação ao sistema é dada pelo fato de o indivíduo pertencer a uma determinada categoria de trabalhador. O financiamento é fundado em contribuições de empregados e empregadores, calculadas sobre o salário. Essas características conformam principalmente os riscos velhice (aposentadoria) e morte (pensão). No auge do crescimento econômico dos trinta anos dourados, como o assalariamento formal era uma realidade para quase todos os trabalhadores dos países europeus que seguiam esse tipo de organização da proteção social, pode-se dizer que o acesso à proteção social era universal, mas como decorrência da ampliação do mercado de trabalho e não pela superação da meritocracia. Já no caso da saúde, tal como em outros países (entre os quais inclui-se o Brasil), houve, ao longo do tempo, a universalização do acesso.

O sistema Institucional-Redistributivo ou social-democrata, cujo exemplo maior é a Inglaterra (seguido pelos países nórdicos da Europa), tem como fundamento, desde seu início, o princípio da cidadania para o acesso à saúde, isto é, é garantido a todo cidadão o acesso a seus benefícios e serviços. No caso das aposentadorias e pensões pagas pelo setor público, era (é) exigida prévia contribuição e são fortemente relacionadas ao mercado de trabalho, tanto pelo fato de o valor do benefício considerar em parte os níveis de contribuição pagos, como por definir o acesso à aposentadoria a partir de uma certa idade. Afinal, a aposentadoria é o nome que se dá ao risco velhice, onde se pressupõe que há perda de capacidade para o trabalho. Lembremos que, no período pós-guerra, a situação era de quase pleno emprego, o que tornava a cobertura do risco velhice praticamente universal, dado que todos tinham como comprovar os anos de contribuição exigidos.

No Brasil, a trajetória da construção da proteção social não foi muito diferente daqueles países que enveredaram para a construção de um sistema meritocrático. Com exceção da Saúde, cuja universalidade foi introduzida na Constituição de 1988, no bojo do processo de redemocratização do país, a aposentadoria e os outros benefícios previdenciários são fortemente vinculados ao mercado de trabalho formal e financiados mediante contribuições.[150]

Em linhas gerais, com exceção dos EUA, a proteção social construída nos países da Europa do Oeste tinha dois pontos de apoio: a expansão do mercado de trabalho e o reconhecimento, mesmo que tardio em alguns casos, do direito universal à saúde. A partir de meados dos anos 1970, no entanto, a realidade do mercado de trabalho alterou-se fundamentalmente, voltando o desemprego a fazer parte da vida do trabalhador. De lá para cá, ainda, vimos ocorrer a reestruturação produtiva associada à base técnica na microeletrônica (anos 1980 e 1990) e, atualmente, estamos vivenciando uma mudança radical no uso dessa tecnologia, englobando aquilo que é chamado de indústria 4.0, internet das coisas e inteligência artificial. Isso altera completamente os fundamentos sob os quais foram construídos os sistemas de proteção social aqui descritos. Essa alteração exige que não sejamos somente reativos às investidas do capital contra os direitos sociais e sim que pensemos em outra proteção social. O próximo item trata dessa problemática.

A proteção social para além do trabalho

Em meados dos anos 1970, tendo começado um pouco mais cedo nos Estados Unidos, a taxa de lucro[151] começou a ter um desempenho

---

[150] Essa exigência não se aplica aos trabalhadores rurais de economia familiar e aos pescadores artesanais.

[151] Vários economistas calcularam e acompanham as taxas de lucro das principais economias capitalistas desde os anos 1960. Embora não seja o tema deste ensaio, é interessante deixar registrado aos leitores que, apesar de todas as iniciativas realizadas pelo capital para reverter a situação expressa claramente nessa crise, entre elas o aumento da exploração da força de trabalho e/ou o deslocamento da produção para regiões onde o custo salarial é mais baixo, a taxa de lucro (derivada da produção de mercadorias) de países como os Estados Unidos, Alemanha, França, Inglaterra e Itália não logrou recuperar os níveis do final dos anos 1960. A partir de 1985, algumas informações mostram sua recuperação, mas estão "contaminadas" pela rentabilidade dos ativos das empresas. HUSSON, Michel. *Apresentação de Michel Husson no Third*

insatisfatório, expressando o esgotamento relativo das normas de produção e de gestão da força de trabalho que fundamentaram a acumulação capitalista nos trinta anos que se seguiram à 2GM. A crise se instalou, fechando fábricas, bancos e estabelecimentos de todo o tipo, de modo que o desemprego, que havia sido apagado da memória dos trabalhadores, reapareceu com toda a força. Uma das respostas dada pelo capital à essa crise foi a introdução acelerada da base técnica na microeletrônica nas atividades da produção e circulação. Isso ocorreu particularmente nas décadas de 1980 e 1990, a depender do país, e se manteve em progresso durante muito tempo.

Como sabido, a microeletrônica, além de eliminar os pontos de estrangulamentos que estavam impedindo, no período anterior, maior domínio do capital sobre a produção, viabilizou outra forma de organização do trabalho em alguns setores de atividade, o que foi chamado de "toyotismo" e que, de fato, viabilizou uma automação flexível, auxiliada pelo *just in time* e dando origem a um trabalhador multifuncional. A produtividade potencial dos equipamentos com base na microeletrônica sempre foi enorme, quando comparada à dos equipamentos do período taylorista e fordista.

Ocorre que sua incorporação visou, antes de tudo, reduzir os custos com a força de trabalho e, nesse afã, modernizou para além do necessário, quando se tem presente o cálculo capitalista. O resultado foi uma redução expressiva do uso da força de trabalho e, simultaneamente, a existência de uma capacidade ociosa em nada desprezível.

Exemplo disso é o que ocorreu com a indústria típica do período fordista, a automobilística. Essa, no plano mundial, passou a trabalhar com uma capacidade ociosa de 27%. No Brasil, a reestruturação produtiva, realizada nos anos 1990, modificou radicalmente as plantas das fábricas do ABC paulista, por exemplo, tanto na forma da organização do processo do trabalho quanto no número de trabalhadores envolvidos.

Economics Seminar of the IRRE. Amsterdam, 2014. Disponível em: <https://www.iire.org/node/640>. Acessado em: 26.10.2021.

Em função disso, a realidade que alimentou as greves lideradas por Luiz Inácio Lula da Silva há muito deixou de existir.

A adoção dessa tecnologia não ficou restrita à indústria automobilística, atingindo todas as atividades anteriormente existentes e criando outras. O resultado, do ponto de vista do trabalhador e no plano mundial, além do aumento da intensidade do trabalho daqueles que conseguiram se manter empregados, foi tornar permanente um nível elevado de desemprego.

Lembremos, para os leitores mais jovens mais uma vez, que o desemprego havia desaparecido da realidade do trabalhador durante os trinta anos dourados.[152] A situação de desemprego, que irá retornar à vida do trabalhador, apresenta diferenças entre os países, a depender de uma série de fatores, tanto econômicos, como institucionais e políticos. De qualquer forma, a partir da generalização do uso dessa tecnologia, o mundo deixou de estar dividido entre países que tinham mercado de trabalho "estruturado", isto é, no qual a grande maioria dos trabalhadores estava empregada e com direitos sociais garantidos, e países periféricos ou dependentes, com um contingente enorme de trabalhadores na informalidade, com relações salariais extremamente precárias, entre outras mazelas.

Atualmente, o trabalho precário e a ausência de direitos, antes tidos como próprios do subdesenvolvimento, faz parte da realidade de parcela cada vez maior dos trabalhadores dos países ditos desenvolvidos.

Essa situação se agrava com a indústria 4.0, a internet das coisas e a inteligência artificial. Não se trata de outra base tecnológica e sim de um salto qualitativo no uso de uma mesma base. A grande novidade decorre da integração das distintas tecnologias já existentes e de seu uso resultar em soluções diferentes das até então buscadas. Isso sem falar da concessão de autonomia no processo decisório que o equipamento

---

[152] CHESNAIS, François. "O capital portador de juros: acumulação, internacionalização, efeitos econômicos e políticos". In: _____. *A finança mundializada*. São Paulo: Boitempo, 2005.

passa a ter. A aceleração da adoção da indústria 4.0 e da internet das coisas que, registre-se, foi algo que ocorreu no mundo todo durante a pandemia da Covid-19, terá, conjuntamente com o desenvolvimento da inteligência artificial impactos que ainda não podemos dimensionar. Sabemos, no entanto, que esses impactos são de toda ordem e não somente socioeconômicos. A própria subjetividade humana será objeto de grandes mudanças, mais do que as que já ocorreram nesses últimos quase quarenta anos com o uso da internet e das formas de comunicação a ela associadas.

Essas questões estão absolutamente imbricadas com a discussão de proteção social. Estamos vivendo momentos nos quais as tecnologias disponíveis são mais do que capazes de produzir a quantidade de bens e serviços necessária para que toda a população mundial viva dignamente, com elevada qualidade de vida. Mas isso não ocorre. Não só parte do potencial produtivo é perdido, posto que passou a ser normal trabalhar com elevada taxa de ociosidade, como, mesmo que assim não acontecesse, o resultado da produtividade é apropriado de forma privada, posto que estamos sob o modo de produção capitalista. Somente uma parte ínfima da produtividade resulta em melhora da condição de vida da população.

Do ponto de vista do emprego, a produtividade potencial dessas tecnologias seria suficiente para permitir que a humanidade convivesse com jornadas de trabalho extremamente reduzidas ou combinasse situações de trabalho com não trabalho ao longo da vida ativa dos trabalhadores. No lugar disso, com exceção das vitórias pontuais dos trabalhadores de certas categorias e de alguns países,[153] o capitalismo tem somente a oferecer precarização do trabalho (deixando somente para alguns, os núcleos duros que se mantém nas empresas, bons salários e plano de carreira) e exclusão. Essa exclusão não pode ser confundida simplesmente com desemprego, que pode ser longa duração. É exclusão

---

[153] Enquanto a jornada legal no Brasil é de 44 horas semanais, na Alemanha e na França é de 35 horas já há algum tempo. Os metalúrgicos alemães estiveram na linha de frente da luta pela redução da jornada nas últimas décadas.

porque sequer os trabalhadores que estão nessa condição servem como exército industrial de reserva.

Em outras palavras, o drama a que estamos submetidos é que o avanço tecnológico, que nos permitiria se libertar do trabalho (ou de parte substantiva dele), ocorre sob o domínio do capital. Daí não haver, no horizonte, nem emprego e nem proteção social para uma maioria crescente da população.

Estamos vivendo um período de transição, no qual instituições, valores, formas de sociabilidade, entre outros aspectos, do passado e do futuro, estão presentes e convivendo entre si. Por isso, lutar para que o neoliberalismo não avance sobre os direitos construídos durante o período de acumulação fordista, mesmo que esses tenham sido implantados somente para parte da população e de forma insuficiente, como no Brasil e em outros países dependentes, faz todo sentido e não temos como deixar de cerrar fileiras com os trabalhadores que ainda dispõem de seus benefícios ou estão vinculados a seus sistemas de proteção porque ainda têm o "privilégio" de exercer uma atividade formal. Mas é hora de pensarmos em outra proteção social, que não tenha o trabalho como fundamento ou referência.

O caminho a ser seguido já nos foi apontado e está inserido no interior de sistemas de proteção em vigor no segmento saúde. Seu fundamento é o do bem comum e seu acesso é dado pela cidadania e não pela meritocracia e pelo trabalho. Reconhecer que os avanços dos cuidados com relação à saúde, o que envolve seus vários níveis de atenção, são produto do conhecimento adquirido pela humanidade no seu caminhar é o que configura a saúde um bem comum, que a todos pertence. No território de um país, esse direito é dado pela cidadania e a garantia das ações e serviços pelo Estado.

Esses mesmos princípios devem nortear a construção de uma nova proteção social. Definidos pela sociedade quais os riscos e/ou benefícios a serem por ela contemplados, dado que as necessidades são historicamente determinadas, o acesso à proteção deve ter como fundamento a cidadania e o Estado deve ser seu organizados e financiador. Mas como fica o risco velhice nisso tudo? Para responder essa questão, em primeiro lugar, é preciso retomar o conceito restrito do benefício pago como aposentadoria. Trata-se de uma renda de substituição quando cessa a renda advinda da venda da força de trabalho. Essa definição tem como referência, portanto, uma anterior relação assalariada entre um determinado trabalhador e seu empregador. No momento atual, quando os avanços tecnológicos estão alijando segmentos crescentes de pessoas dos ambientes de trabalho, há que fazer desse fato o seu contrário, isto é, reconhecer que a humanidade em parte se livrou da "maldição bíblica" com relação ao trabalho e socializar essa vitória na forma de garantia de renda para todos e a qualquer idade.

Explicando melhor, não se trata de garantir uma renda adequada[154] somente para pessoas a partir de uma certa idade, como "recompensa" por serem idosos (já desconsiderando o entendimento atual de que devem ter trabalhado e contribuído por um determinado número de anos). Trata-se, isso sim, de considerar que, numa sociedade em que o trabalho oferecido pelos capitalistas passa a ser escasso, qualquer um, a qualquer idade, está sujeito a não ter ocupação remunerada e, portanto, tem direito a receber uma renda adequada. Essa renda, paga a todos que assim desejarem, seria expressão monetária da socialização do avanço alcançado pela humanidade nas últimas décadas e que ainda está por vir.

Evidentemente que essa proposta implica reconhecer que os avanços em termos de produtividade devem ser socializados, tal como o foram no campo da saúde em vários países. Na proteção social, sua implementação exigiria uma mudança radical, mas ela somente estaria fazendo eco ao que já está acontecendo no mundo do trabalho. Em outras palavras, é preciso que reflitamos sobre os impactos e as possibilidades que estão sendo abertos pelos novos usos das tecnologias. Pensar na continuidade do que existe em termos de proteção social (fundamentos, organização e financiamento) é condenar segmentos crescentes da população a não ter acesso a seus benefícios.

---

[154] O que é adequado deve ser objeto de decisão de cada sociedade.

Referências Bibliográficas

CASTEL, Robert. *Les metamorphoses de la question sociale*: une chronique du salariat. Paris: Fayard, 1995.

CHESNAIS, François. "O capital portador de juros: acumulação, internacionalização, efeitos econômicos e políticos". *In*: _____ (Coord.). *A finança mundializada*. São Paulo: Boitempo, 2005.

CHESNAIS, François. *Financial capital today*. Boston: Brill, 2016.

ENGELS, Friedrich. "Prefácio". *In*: MARX, Karl. *As lutas de classes na França, de 1848 a 1850*. São Paulo: Boitempo, 2012 [1885].

ESPING-ANDERSEN, Gosta. "As três economias políticas do Welfare State". *Lua Nova*, n° 24, 1991.

LENHARDT, Gero; OFFE, Claus. "Teoria do Estado e política social: tentativas de explicação político-sociológica para as funções e os processos inovadores da política social". *In*: OFFE, Claus. *Problemas estruturais do Estado capitalista*. Rio de Janeiro: Tempo Brasileiro, 1984.

MARQUES, Rosa Maria. *A proteção social e o mundo do trabalho*. São Paulo: Bienal, 1997.

PARTE II

DINHEIRO, INVESTIMENTO E AUSTERIDADE

CAPÍTULO VI
MOEDA É DÍVIDA PÚBLICA

ANDRÉ LARA RESENDE[155]

Estamos diante de uma crise inusitada, que pode efetivamente se transformar numa catástrofe econômica e social. Para se ter chance de superá-la, é preciso compreender que o Estado pode e deve investir de forma produtiva. É preciso compreender que isso não é o mesmo que defender um Estado inchado e refém de interesses clientelistas.

Diante do drama da pandemia, nem os mais renitentes defensores do equilíbrio fiscal ainda sustentam que o Estado não pode aprovar despesas sem fontes tributárias. Qualquer pessoa de bom senso concorda que o Estado deve gastar o que for necessário na saúde e na ajuda assistencial aos que estão sem emprego, sem renda e sem alternativas. Com a arrecadação em queda, o momento não permite o aumento dos impostos, o que agravaria a dramática recessão que enfrentamos. As despesas emergenciais irão inevitavelmente aumentar o déficit das contas públicas. Só restam duas alternativas: a emissão de moeda ou o aumento da dívida. A decisão de como financiar o déficit, substantivo

---

[155] André Lara Resende é doutor em economia pelo Massachusetts Institute of Technology, ex-presidente do BNDES e ex-diretor do Banco Central.

e inevitável, tem provocado controvérsia. Pode-se emitir moeda? Existe um limite para o aumento da dívida?

Comecemos pela questão da emissão monetária. No mundo contemporâneo, moeda e dívida pública não são tão diferentes como se pretende. São ambas passivos do setor público. Tanto a moeda como um título do Tesouro são dívidas do Estado. No passado, a moeda metálica tinha um valor intrínseco. Depois, passou a ser um certificado de dívida pública, que poderia ser convertido numa mercadoria de valor intrínseco, o ouro. Hoje, é apenas mais um certificado de dívida do Estado que não tem lastro metálico, é puramente fiduciário. Quase toda a moeda contemporânea, como também a dívida pública, é apenas um registro contábil eletrônico.

Qual então a diferença entre moeda e dívida pública? A moeda não paga juros e é o ativo líquido por definição, isto é, sempre aceito pelo seu valor de face. No passado, a dívida não monetária era relativamente ilíquida. O preço de um título de dívida poderia sofrer grandes deságios, caso houvesse pressa para vendê-lo, pois o mercado era desorganizado e pouco líquido. A maioria dos compradores de dívida eram investidores que pretendiam levar os títulos até o resgate. Hoje, com os mercados financeiros hiperdesenvolvidos, a dívida pública tem praticamente a mesma liquidez da moeda.

Com as taxas de juros básicas, que balizam os juros da dívida, próximas de zero ou até mesmo negativas em grande parte do mundo, a distinção entre moeda e dívida torna-se praticamente irrelevante. São ambas dívidas públicas de alta liquidez.

Certificado de dívida

A moeda contemporânea, sem valor intrínseco, é apenas um certificado de dívida, sem prazo de vencimento, ou seja, uma perpetuidade, que não paga juros, mas essencialmente um certificado de dívida pública. A principal diferença é institucional: a moeda é um passivo do Banco Central, por isso não é computada como dívida pública. Esta

MOEDA É DÍVIDA PÚBLICA

é a razão da polêmica em torno da monetização dos déficits públicos. Quando o Estado gasta, necessária e inevitavelmente, aumenta o seu passivo consolidado, mas se opta por financiar seus gastos com emissão de moeda, ou seja, com aumento do passivo monetário do Banco Central, não há aumento da dívida pública. Substantivamente, não há qualquer diferença, o passivo consolidado do Estado irá aumentar, mas o aumento não será expresso na dívida pública.

Com tanta discussão e confusão em torno do assunto, não tenho a intenção de massacrar o leitor com mais uma exposição excessivamente técnica. Peço apenas mais um pouco de paciência, para expor um ponto de alta relevância e mal compreendido.

Tanto o Estado quanto o sistema bancário criam moeda. A moeda é um passivo do Estado, mas o sistema bancário tem permissão para criar um passivo que em última instância é do Estado.

Os bancos que têm conta no Banco Central podem criar moeda e obrigá-lo a sancionar essa expansão. Para evitar que a taxa de juros no mercado de reservas bancárias, o principal instrumento de política monetária, se desvie da taxa fixada, o Banco Central é obrigado a sancionar a expansão da moeda. Ao dar crédito, os bancos emitem moeda. Essa é a razão pela qual não são meros intermediários, que canalizam a poupança para o investimento, mas agentes que criam poder aquisitivo. Assim como o Banco Central, o sistema bancário cria poder aquisitivo.

Enquanto a moeda criada pelo sistema bancário financia primordialmente gastos privados, a moeda criada pelo Banco Central poderia financiar os gastos públicos, mas não é o que ocorre. A proibição de que o Banco Central financie o Tesouro obriga o Estado a emitir dívida sempre que gasta.

Trata-se de uma restrição legal, cuja justificativa é impedir a "monetização" do déficit público. Ocorre que a dívida subscrita pelo sistema financeiro obriga o Banco Central a emitir as mesmas reservas que teria emitido para financiar diretamente o Tesouro. O aumento de poder aquisitivo na economia é exatamente o mesmo. A diferença é que a "emissão" de moeda será feita pela expansão do crédito bancário, forçando os bancos a se refinanciar com o Banco Central. O Banco Central pode, alternativamente, como vem fazendo há anos no Brasil, manter os títulos do Tesouro na sua carteira e retirar o excesso de reservas bancárias através de operações compromissadas de recompras a curtíssimo prazo. As chamadas "compromissadas" podem ser de venda com recompra, ou de compra com revenda – *repo* ou *reverse repo*, como são chamadas no jargão do mercado em inglês. Hoje, aproximadamente 40% da dívida pública brasileira é carregada pelo Banco Central através dessas operações compromissadas.

Banco Central e Tesouro

No lugar do Tesouro ser forçado a emitir dívida, vendê-la para o sistema bancário, que por sua vez vai se financiar no Banco Central, o próprio Banco Central poderia financiar o Tesouro, com reservas remuneradas à taxa básica, sem necessidade de emissão de dívida. O sistema de reservas remuneradas já existe e é utilizado, entre outros bancos centrais, pelo Fed americano. Se as "compromissadas" fossem transformadas em depósitos remunerados no Banco Central, a dívida pública se reduziria a 60% do que é hoje, ou seja, cairia de 75% para 45% do PIB.

Aqui está a chave de toda a celeuma em torno da emissão de moeda para financiamento de gastos públicos, da chamada "monetização" do déficit. Durante décadas, sobretudo sob a batuta de Milton Friedman e seus discípulos da Universidade de Chicago, sustentou-se que os bancos centrais não poderiam emitir mais base monetária do que o crescimento nominal da renda, sob pena de provocar inflação. Com as suas bases conceituais questionadas desde Knut Wicksell, há mais de um século, a tese de que a emissão de moeda pelo Banco Central provoca necessariamente inflação foi completamente desmoralizada pelo experimento do Quantitative Easing. O QE, implementado pelos bancos centrais dos países atingidos pela crise financeira de 2008, nada mais é do que expansão de base monetária para que o banco central possa socorrer o sistema financeiro.

Os bancos centrais chegaram a multiplicar seus passivos por mais de 10 vezes, isto é, expandiram a base monetária em mais de 1000%, sem que houvesse qualquer sinal de inflação. Ao contrário, todos os países nos quais o QE foi implementado continuaram a beirar perigosamente a deflação.

Restringindo gastos do Estado

Recapitulemos. Moeda é emitida tanto pelo Banco Central, como pelo sistema bancário. A emissão de moeda pelo Banco Central, por determinação legal, não pode financiar o Tesouro, mas é permitida para expandir as reservas dos bancos, que então expandem a moeda e financiam o Tesouro. No final, a expansão da moeda é a mesma, mas há uma correspondente expansão da dívida e é o sistema bancário que decide a taxa exigida para financiar a dívida. Esqueçamos que o sistema bancário lucra, e muito, nessa desnecessária intermediação, e vejamos como este arranjo institucional serve ao propósito de restringir os gastos do Estado.

Como a expansão da dívida pública foi transformada no principal indicador de desequilíbrio fiscal, a proibição de que o Banco Central financie diretamente o Tesouro, ao obrigar a emissão de dívida, reforça o coro dos alarmistas: a relação dívida/PIB vai superar o limite mágico, a dívida será impagável e a economia caminha para o abismo. Falso, tanto do ponto de vista lógico como empírico, mas serve para elevar as taxas cobradas pelo sistema financeiro para financiar a dívida e pode vir efetivamente causar problemas, porque como veremos à frente, as expectativas, ainda que equivocadas, contam.

Ao impedir que o Banco Central financie o Tesouro, sem passar pela intermediação do sistema financeiro e sem emissão de dívida pública, o arranjo institucional vigente reproduz uma restrição histórica. Enquanto prevaleceu o padrão ouro, o Estado não podia emitir moeda sem lastro metálico, já a emissão de moeda pelo sistema bancário não tinha qualquer restrição. Com a moeda fiduciária, foi necessário criar restrições institucionais para forçar o Estado a emitir dívida. Faz sentido, poder-se-ia argumentar. É uma forma de pressão para que o Estado não gaste de maneira irresponsável e demagógica. O financiamento do gasto do Estado diretamente pelo Banco Central, embora mais prático e menos oneroso do que pela via indireta da emissão de dívida, é politicamente perigoso, pois pode dar a impressão de que o gasto público não tem custo, de que é possível fazer mágica.

Cautela inconstante

A cautela em relação à tentação populista de expandir gastos demagógicos é compreensível. Sobretudo, quando as elites abdicaram da vida pública, respaldadas num *laissez faire* primário, retiraram-se para tratar de seus interesses privados e a política ficou relegada ao baixo clero. Mas a cautela desaparece quando se trata de emitir moeda para que o Banco Central salve o sistema financeiro. A moeda, emitida de forma irrestrita pelo sistema bancário durante um período de euforia, contrai-se de forma brusca quando as expectativas se revertem e o otimismo desaparece. Foi o que ocorreu nos países avançados que estavam no epicentro da crise de 2008. Os bancos centrais foram então chamados a exercer o seu papel institucional de emprestador de última instância: emitir moeda. Emitir moeda, na expressão de Mario Draghi, então presidente do Banco Central Europeu, "whatever it takes", custe o que custar, para salvar o sistema financeiro.

Se o dinheiro usado para salvar o sistema financeiro tivesse que percorrer o mesmo caminho exigido para todo os demais gastos públicos, o Tesouro teria que aumentar impostos ou aumentar a dívida pública. Salta aos olhos que a resistência política seria enorme. Por isso, aceita-se que o banco central emita moeda, tomando-se o cuidado de dar a esta emissão extraordinária um nome absurdo para intimidar os leigos. O Quantitative Easing é emissão, pura e simples, de moeda para comprar os ativos que o sistema financeiro não tem mais como carregar, sem realizar prejuízos insuportáveis. Para se ter ideia da magnitude da emissão monetária do QE, basta lembrar que com a crise de 2008, o Fed aumentou a base monetária americana de 3% para 30% do PIB.

MOEDA É DÍVIDA PÚBLICA

Agora, com a crise do Covid, o Fed voltou a aumentar a base monetária para 50% do PIB. Desde 2008 até hoje, o Fed expandiu o seu passivo em mais de 45% do PIB. Como o aumento do passivo público foi feito pelo Fed, não aparece na estatística de dívida, não aumenta a relação dívida/PIB, mas é dívida pública, exatamente como seria se o Tesouro tivesse sido obrigado a emitir títulos para salvar o sistema financeiro.

Vamos ver se entendemos. Quando o gasto público é para salvar o sistema financeiro, o banco central é autorizado a emitir e creditar os recursos diretamente nos bancos, sem aumento da dívida pública, para que não haja questionamento da sociedade. Quando o gasto público tem qualquer outra finalidade, pouco importa se uma assistência emergencial diante de uma catástrofe como a atual, ou se em investimentos na saúde, no saneamento, na educação, na segurança e no meio ambiente, é imperativo que não se emita moeda, mas sim dívida. Assim, a pressão dos arautos da responsabilidade fiscal pode ser exercida em toda a sua plenitude.

Custos e riscos da dívida

Examinemos então os custos e riscos do aumento da dívida pública que tanto assustam os analistas. Quando a dívida é externa, denominada em moeda estrangeira, o país precisa transferir recursos reais para o exterior, equivalentes ao "serviço" da dívida, isto é, ao pagamento de juros e de amortizações. A transferência de recursos para o exterior diminui a renda disponível e exige que o país reduza o consumo e o investimento. O esforço de geração de um excedente a ser transferido para o exterior é penoso e pode ser econômica e politicamente inviável. O "problema da transferência" aparece na literatura econômica, a partir da crítica feita por John M. Keynes às reparações de guerra, exigidas da Alemanha pelo Acordo de Versalhes. Quando a dívida é interna e denominada em moeda nacional, como é o caso da dívida brasileira hoje, o problema não existe. O serviço da dívida interna denominada na moeda nacional não exige transferência de recursos para o exterior. O Estado deve para os seus próprios cidadãos.

É uma dívida de brasileiros com brasileiros, ou de "Zé com Zé", para usar um velho jargão do mercado financeiro. O Estado pode sempre refinanciar a dívida e emitir, se necessário, para cobrir o seu serviço.

Não existem então custos nem limites para a dívida interna? Sim, existem, mas os custos são de caráter distributivos e, embora não haja nenhum limite técnico, a relação entre a dívida e a renda nacional não pode seguir uma trajetória explosiva. Para entender o motivo, raciocinemos por absurdo. Imagine que o Estado seja de fato, como pretende o liberalismo primário dos fiscalistas, a encarnação do mal, que gaste exclusivamente com transferências para a sua clientela e que financie esta farra com a emissão de dívida. No limite, só os que recebem do Estado terão renda, logo só eles poderão ser os detentores da dívida. A partir de certo ponto, ficará claro que estão numa corrente da felicidade, recebendo de quem são credores, sem ter o que comprar com o que recebem, pois nada mais se produz na economia.

Para evitar o absurdo de uma relação dívida/PIB que tenda para o infinito, ou o que é o mesmo, de uma relação PIB/dívida que tenda para zero, basta garantir que o crescimento a longo-prazo da renda seja superior ao crescimento da dívida. Para isso, antes de mais nada, é preciso que a renda cresça. O crescimento exige investimento produtivo e o investimento produtivo é diferente do investimento financeiro. É a combinação da falta de investimentos públicos em saúde, saneamento, educação, segurança e infraestrutura, com o excesso de liquidez no mercado financeiro, que leva à estagnação com inflação dos preços de ativos.

Ao responder a esta crise da Covid-19 com mais QE, sem investimentos públicos e privados produtivos, arriscamos agravar a dissociação entre preços de ativos financeiros e a economia real.

Crise e pandemia

Essa crise não é apenas um problema clássico de insuficiência de demanda. O fechamento da economia, ainda que venha a ser abrandado, reduz tanto a demanda quanto a oferta. Se a pandemia não for rapidamente superada, a capacidade de produção poderá ser seriamente afetada.

Muitas empresas dos setores mais atingidos, como turismo, hotéis, restauração, aviação comercial, entre outros, não irão conseguir sobreviver. Grande parte da capacidade instalada irá se perder. A recuperação exigirá coordenação estatal e grandes investimentos para repor a capacidade de oferta. Com a oferta reduzida, o déficit provocado pelas transferências assistenciais e pelos investimentos, indispensáveis para viabilizar a volta do crescimento, poderá efetivamente vir a pressionar as contas externas. A desvalorização do real, que hoje é puramente especulativa, provocada pelo equivocado receio de que o aumento do déficit público provoque inflação, pode vir a efetivamente desancorar as expectativas.

Estamos diante de uma crise inusitada, que pode efetivamente se transformar numa catástrofe econômica e social. Para se ter chance de superá-la, é preciso compreender que o Estado pode e deve investir de forma produtiva. É preciso compreender que isso não é o mesmo que defender um Estado inchado e refém de interesses clientelistas. É preciso compreender que a moeda é endógena, acompanha o ritmo e os humores da economia, e é emitida tanto pelo Banco Central, como pelo sistema financeiro. É preciso compreender que o aumento do crédito, seja ele público ou privado, sem contrapartida de investimento real, produz bolhas especulativas, mas não leva ao crescimento. É preciso compreender que no mundo da moeda fiduciária e do QE, a política monetária e a política fiscal são indissociáveis. Devem ser coordenadas, idealmente por um único órgão técnico independente, que tenha superado um arcabouço macroeconômico anacrônico, mas ainda predominante. Infelizmente, velhas ideias e interesses constituídos podem resistir tanto à razão quanto à beira do precipício.

CAPÍTULO VII

SE O DINHEIRO NÃO ACABOU, POR QUE A AUSTERIDADE FISCAL?

DAVID DECCACHE[156]

As políticas de austeridade têm função definida nas economias de mercado. Além de aumentar o desemprego e provocar insegurança entre os trabalhadores, o que possibilita a redução da massa salarial, elas visam esmagar a capacidade de financiamento do Estado. Isso restringe seu funcionamento, o que acarreta redução dos serviços públicos. Assim, abre-se caminho para corporações privadas ampliarem sua participação em atividades antes ocupadas pelo setor público.

Introdução

O conjunto da sociedade vem sendo submetido, principalmente a partir de 2015, à narrativa de que o dinheiro do Estado acabou e que não há saída para a crise econômica sem passar por duras políticas de

---

[156] Assessor legislativo na Câmara dos Deputados (PSOL) e doutorando em Economia na UnB, onde também é professor voluntário do Departamento de Economia.

austeridade fiscal. Os advogados de tal sacrifício argumentam que as políticas fiscais contracionistas, principalmente as focadas em redução de gastos, elevam a confiança de agentes privados, abrindo caminho para a retomada do crescimento econômico. Trata-se, basicamente, do que o prêmio Nobel de economia Paul Krugman chamou de *hipótese da fada da confiança* e que os economistas ortodoxos costumavam denominar como contração fiscal expansionista.[157]

O aspecto teórico geralmente utilizado em defesa da austeridade fiscal, assentado na tese da "contração fiscal expansionista", foi desenvolvido por Alberto Alesina e outros economistas italianos em meados da década de 1990. De forma geral, alegam que a contração fiscal, ao elevar a confiança dos agentes na solvência do país, possibilita a redução das taxas de juros. Isso estimularia, portanto, o consumo e o investimento privado, fazendo com que políticas de redução dos gastos públicos sejam mais do que compensadas pelo impacto positivo na demanda privada, sendo então acompanhadas de crescimento econômico.[158]

Um detalhe importante é que os trabalhos dos defensores da tese da contração fiscal expansionista também sugerem que ajustes fiscais pelo lado da redução dos gastos teriam melhores resultados em termos de atividade econômica do que os protagonizados pelo aumento das receitas. Poucas teorias macroeconômicas poderiam ser mais interessantes para os super-ricos.[159]

Além dos trabalhos sobre contração fiscal expansionista, dentre as pesquisas mais relevantes para a sustentação da narrativa ideológica da austeridade fiscal na última década, destacou-se o artigo *Growth in*

---

[157] KRUGMAN, P. "Myths of austerity". *The New York Times*, 2010. Disponível em: https://www.economics.utoronto.ca/gindart/2010-07-02%20-%20Myths%20of%20austerity.pdf. Acessado em: 27.10.2021.

[158] ALESINA, A.; PEROTTI, R. *et al.* "Fiscal expansions and adjustments in OECD countries". *Economic Policy*, vol. 10, n° 21, Reino Unido: Oxford University Press, pp. 205-248, 1995.

[159] ALESINA, A.; FAVERO, C; GIAVAZZI, F. "The output effect of fiscal consolidations". *Working Paper Series*, 2012. Disponível em: http://www.nber.org/papers/w18336. Acessado em: 27.10.2021.

SE O DINHEIRO NÃO ACABOU, POR QUE A AUSTERIDADE FISCAL?

a Time of Debt, dos professores de Harvard Carmen Reinhart e Kenneth Rogoff. O trabalho publicado em 2010, na prestigiada *American Economic Review*, apresentou resultados que indicavam que altos níveis de dívida pública — especificamente a dívida pública bruta equivalente a 90% ou mais do PIB — estavam associados a taxas de crescimento notavelmente menores. O artigo foi amplamente utilizado pelos defensores da austeridade, influenciando a aplicação de políticas econômicas de arrocho fiscal em todo o mundo e servindo de referência para a agenda de instituições como o Fundo Monetário Internacional (FMI) e a Comissão Econômica Europeia.[160]

Acontece que em 2013, alguns anos após a publicação da dupla Reinhart e Rogoff e de todo o impacto concreto causado, descobriu-se que o estudo se tratava, na melhor das hipóteses, de um grande repertório de erros metodológicos e operacionais e, em uma hipótese mais realista, de equívocos deliberados. Um aluno de doutorado em economia do MIT, assistido por dois professores, descobriu que a pesquisa combinava omissões de dados, métodos questionáveis de ponderação e outros problemas elementares. Ao corrigirem os erros e omissões, comprovaram que ao invés de queda de 0,1%, o resultado correto seria de aumento médio de 2,2% no crescimento econômico para o patamar de dívida de 90% em relação ao PIB.[161]

Já aquelas pesquisas desenvolvidas durante a década de 1990 que buscavam comprovar empiricamente a tese da contração fiscal expansionista estão sendo duramente questionadas nos últimos anos. Não só pelas consequências concretas das políticas de austeridade, mas, também, por uma série de novos trabalhos empíricos e teóricos no âmbito do próprio *mainstream*. Estes demonstram, por um lado, grande convergência acerca dos impactos profundos da austeridade na elevação da desigualdade social e, de outro, as consequências negativas em termos

---

[160] Reinhart, C. M.; Rogoff, K. S. "Growth in a time of debt". *American Economic Review*, vol. 100, 2010, pp. 573-578.

[161] HERNDON, Thomas; ASH, Michael; POLLIN, Robert. "Does high public debt consistently stie economic growth? A critique of Reinhart and Rogoff". *Working Paper Series*, nº 322, Massachussets: Political Economy Research Institute, 2013.

de crescimento. Os economistas do FMI, Jonathan D. Ostry, Prakash Loungani e Davide Furceri são taxativos neste sentido: os benefícios da austeridade em termos de crescimento não são comprovados, ao passo que os custos do aumento da desigualdade são indiscutíveis, o que acaba por prejudicar, estruturalmente, a própria sustentabilidade do crescimento.[162]

Aumento da desigualdade

Além da falta de credibilidade empírica, os resultados práticos das políticas de austeridade fiscal saltam aos olhos em todo o mundo, principalmente no que se refere ao aumento da desigualdade social e do desemprego nos locais em que políticas contracionistas foram aplicadas. Ball et al.,[163] em artigo publicado pelo FMI, estimam, com base em uma análise de 17 países da OCDE entre 1978 e 2009, que a aplicação de políticas de austeridade fiscal no período gerou efeitos distributivos regressivos significativos, elevando a desigualdade e diminuindo a geração de empregos no longo prazo.

No caso específico do Brasil, que passou por sucessivas rodadas de aprofundamento das políticas de austeridade fiscal nos últimos seis anos, os resultados não poderiam ser mais reveladores. Além da austeridade não ter alcançado os resultados prometidos pelos seus defensores, em termos de controle do déficit público e do patamar da dívida pública, o país passou pela segunda maior recessão de sua história e, posteriormente, pela mais lenta recuperação já registrada. Os impactos sociais foram profundos: taxas recordes de desemprego; aumento da desigualdade social e empobrecimento de parcela significativa da população.

---

[162] OSTRY, Jonathan; LOUNGANI, Prakash; FURCERI, Davide. "Neoliberalism oversold?". *Finance & Development*, 2016.

[163] Ball, L. M. *et al.* "The distributional effects of fiscal consolidation". *Working Paper*, 2013. Disponível em: https://www.imf.org/en/Publications/WP/Issues/2016/12/31/The-Distributional-Effects-of-Fiscal-Consolidation-40699. Acessado em: 27.10.2021.

SE O DINHEIRO NÃO ACABOU, POR QUE A AUSTERIDADE FISCAL?

Foi justamente nesse cenário caótico de deterioração no mercado de trabalho e letargia econômica que a economia brasileira se defrontou com a pandemia, uma situação que implicou forte queda da arrecadação tributária[164] em paralelo à urgência de gastos fiscais extraordinários.[165] Diante de uma conjuntura crítica e na iminência de um verdadeiro colapso social e econômico, os mesmos economistas defensores do argumento de que o país não tinha espaço fiscal para ampliar gastos e combater mazelas sociais que cresceram enormemente nos anos anteriores à pandemia, tiveram que assumir a existência de plena capacidade fiscal para o Estado expandir fortemente gastos em socorro aos bancos, empresas e famílias.

Os mesmos economistas que em 2019 alegaram que o país precisaria reduzir em R$ 1 trilhão os gastos com previdência em dez anos ou então os idosos correriam o risco de não receberem as suas aposentadorias, observaram o déficit fiscal de R$ 1,1 trilhão no ano passado sem nenhum dos prometidos desastres se concretizarem. Não tivemos explosões nas taxas de juros, a inflação ficou dentro da meta e o governo não teve, em nenhum momento, dificuldade de honrar com os seus compromissos financeiros.

A situação do Estado

Assim, a crise suspendeu o debate sobre a austeridade e criou um "quase consenso" de que era preciso gastar com saúde, assistência social, apoio aos trabalhadores e trabalhadoras, às empresas e aos entes subnacionais. Na retórica precária de alguns, sem maiores explicações ou mea-culpa, o Estado, antes quebrado, voltou a ter condições financeiras plenas durante a pandemia. Com isso, mitos fiscais foram ridicularizados, as regras fiscais suspensas e os dogmas interesseiros deixados de lado.

---

[164] As receitas líquidas caíram 34,5% em relação a 2019, descontada a inflação oficial pelo Índice Nacional de Preços ao Consumidor Amplo (IPCA).

[165] As despesas do Governo Central somaram R$ 1,947 trilhão em 2020, com alta de 31,1% acima do IPCA.

Entretanto, passado o momento mais grave da pandemia para o grande capital, os economistas que haviam realizado um recuo tático estão, rapidamente, tentando retomar os pilares ideológicos da agenda de austeridade fiscal em curso no país desde 2015. Dentre os pontos principais desta agenda, destacam-se a busca pelo reestabelecimento das regras de austeridade fiscal; eliminação de pisos constitucionais para áreas prioritárias como saúde e educação e aprofundamento dos processos de privatizações.[166]

Dito isso, a questão que nos resta é: a austeridade se provou um fracasso histórico, teórico e empírico, além de ter sido ridicularizada pela emergência colocada pela pandemia. Então, por qual motivo o capital, através dos seus aparelhos ideológicos, insiste tanto nesta agenda? É exatamente neste aspecto que reside a contribuição central deste artigo, oferecer resposta à seguinte questão: se o dinheiro não acabou, por que a austeridade?

Para alcançar o objetivo, estruturaremos nossa argumentação, além desta introdução, em mais duas seções. A primeira buscará demonstrar, do ponto de vista da Teoria da Moeda Moderna (MMT),[167] porque o dinheiro não acabou e como a suposta crise fiscal, é, na realidade, uma autoimposição política e de classe. Na última seção, indo além da camada mais superficial do debate macroeconômico, argumentaremos que o fanatismo fiscal e a aparente irracionalidade da austeridade são funcionais para o grande capital apesar de todos os danos sociais amplamente reconhecidos pela literatura.

Por que o dinheiro não acabou? As lições fundamentais da Teoria Monetária Moderna

A resposta econômica à pandemia implicou a necessidade de gastos públicos extraordinários em um momento de forte queda da

---

[166] Aqui insere-se a proposta inserida e, posteriormente, retirada da PEC 186/2019 de eliminação dos pisos constitucionais com saúde e educação.

[167] Na segunda seção utilizamos como referência: WRAY, L. R. *Modern money Theory*: a primer on macroeconomics for sovereign monetary systems. Londres: Palgrave Macmillan, 2015.

SE O DINHEIRO NÃO ACABOU, POR QUE A AUSTERIDADE FISCAL?

arrecadação tributária. Diante desse cenário de descasamento abrupto entre despesas e receitas, algumas questões têm sido colocadas com frequência no debate econômico: se o dinheiro havia acabado nos anos anteriores à pandemia, como conseguimos financiar os gastos públicos extraordinários? Teria o setor privado recursos financeiros suficientes para emprestar ao governo de forma a cobrir o enorme diferencial entre despesas e receitas e ainda por cima cobrando as menores taxas de juros da nossa história? Se sim, por qual motivo o governo estava se endividando justamente para socorrer o setor privado, incluindo os bancos e as grandes empresas?

Esses questionamentos são derivados da visão convencional do funcionamento das finanças públicas, para a qual os gastos públicos são financiados e restritos por uma combinação de tributos, endividamento público e emissão de moeda, sendo esta última opção proibida constitucionalmente no Brasil.[168]

Nesse arcabouço, haveria duas formas de financiamento à nossa disposição: ou o governo tributa ou recorre a empréstimos junto ao setor privado. O raciocínio revela uma contradição óbvia, pois com a arrecadação tributária em forte queda e com o setor privado necessitando de significativos socorros governamentais, como foi possível a realização de uma política fiscal fortemente expansionista num momento em que a taxa básica de juros se encontra em baixos patamares?

Economia doméstica vs. Economia estatal

Todos sabem como funciona uma economia doméstica, mas poucos conhecem o real funcionamento de uma economia monetária moderna. Em uma economia doméstica, as famílias recebem uma renda, geralmente via salários, base da restrição no qual os gastos devem ser alocados. Uma família que regularmente gaste mais do que recebe precisará recorrer aos bancos (ou, em situações de muito desespero, a agiotas) para obter créditos destinados a cobrir os seus gastos deficitários. Quanto mais descontroladas forem as finanças da família, maior

---

[168] Trata-se do artigo 164 da Constituição Federal de 1988.

será a percepção de risco que os credores terão sobre a possibilidade de sua falência financeira, o que poderá acarretar exigências de taxas de juros maiores. Conforme o montante de dívida cresce, uma maior parcela da renda da família passa a ser destinada ao pagamento de juros, comprometendo outras despesas essenciais. No caso limite, os credores poderão, simplesmente, negar novos empréstimos, o que levará esta família à inadimplência e derrocada.

Nessa situação hipotética, é necessário que a família perdulária recorra a um duro planejamento de austeridade, cortando gastos para reequilibrar o seu orçamento visando a recuperação da credibilidade dos credores e da saúde de suas finanças. Um bom planejamento doméstico, portanto, consiste na busca pela manutenção dos gastos abaixo das rendas auferidas, de modo que a família, além de não se endividar, possa acumular poupança ao longo da vida para, eventualmente, conseguir comprar uma casa ou pagar pela educação dos filhos.

Na abordagem convencional sobre as finanças públicas, o raciocínio acima, verdadeiro para uma economia doméstica, é extrapolado para a compreensão da macroeconomia do ente monetariamente soberano, colocando a austeridade e o equilíbrio das contas públicas como a meta central a ser perseguida pelo Estado. Contudo, apesar de altamente aderente ao senso comum, trata-se de uma analogia totalmente equivocada e contraproducente do ponto de vista econômico e político. Há, pelo menos, duas diferenças fundamentais entre governos monetariamente soberanos e os usuários de moeda, como famílias e empresas:

(i) o governo federal emite dinheiro toda vez que realiza um gasto, não precisando obter este dinheiro antes de gastar.

(ii) o governo, através do Banco Central, tem o poder de determinar a taxa básica de juros da economia, incidente sobre pelo menos uma das suas dívidas remuneradas.

Sobre o primeiro fundamento, pode parecer estranho ler que os governos fazem pagamentos criando dinheiro, ainda mais considerando o imaginário popular de um grande cofre onde, supostamente, o governo guardaria as notas e moedas dos impostos. No entanto, o processo real e tecnicamente correto é esse mesmo: o governo gasta simplesmente criando dinheiro.

De forma mais específica, nas economias modernas, os bancos têm contas especiais no Banco Central, chamadas contas de Reservas Bancárias. Quando o governo paga a um beneficiário do Bolsa Família; compra uma ambulância ou remunera com juros algum detentor de um título público, simplesmente envia uma ordem de pagamento em nome do beneficiário do gasto e o Banco Central credita o saldo na conta de Reservas Bancárias do banco em que o destinatário possui conta corrente. As reservas bancárias criadas pelo governo aumentam o que chamamos de base monetária. O banco, por sua vez, marca o acréscimo de depósito na conta bancária do destinatário do pagamento pelo governo no mesmo valor correspondente ao crescimento das suas reservas bancárias.

Portanto, os governos fazem pagamentos simplesmente inserindo números às contas bancárias registradas eletronicamente em computadores. Não faz sentido imaginar que o governo precise "obter" dígitos para que seja capaz de adicioná-los: no processo de efetuar qualquer pagamento, o governo simplesmente cria saldos bancários. Este processo é fundamentalmente diferente de transações realizadas entre os usuários da moeda, quando há a transferência de moeda bancária da conta do pagador para a conta do recebedor.

Um questionamento que costuma surgir após a apresentação desta primeira esquematização é sobre a função da tributação: se o emissor soberano de moeda não necessita de arrecadação tributária prévia para realizar pagamentos, para que ela serve? Em primeiro lugar, a tributação federal[169] reverte os efeitos monetários dos pagamentos do governo. Quando um contribuinte faz uma ordem de pagamento ao Tesouro para pagar impostos devidos, o Banco Central, agindo na qualidade de banco do Tesouro, debitará a conta de reserva do banco pelo valor dos impostos pagos pelo contribuinte. O banco, é claro, debitará a conta

---

[169] Todos os governos estaduais e locais, sendo usuários de moeda, ainda precisam coletar impostos ou pedir empréstimos para poderem gastar. Eles também podem receber – e, de fato, recebem – fundos constitucionais e de várias agências do governo federal para financiar seus gastos. O governo federal é único emissor da moeda do país.

bancária do contribuinte no mesmo valor tributado. O efeito líquido do pagamento de impostos é a destruição da base monetária criada pelo pagamento estatal, na forma da redução no saldo das reservas do banco onde o contribuinte possui depósitos. Resumindo: i) os pagamentos do governo criam saldos bancários; impostos reduzem saldos bancários; ii) os pagamentos do governo fornecem renda aos destinatários; impostos reduzem o poder de compra dos contribuintes e iii) pagamentos do governo aumentam o estoque de moeda da economia; a tributação reduz o estoque de moeda da economia.

A função dos tributos

A função primordial dos tributos, e a mais oculta delas, é a imposição da demanda social pela moeda estatal. Estabelecido um imposto que deve ser pago usando a moeda do governo, empresas e famílias precisam obter essa moeda para ficarem em dia com suas obrigações tributárias. Para obter essa moeda, pelo menos alguns agentes privados necessitam vender bens e serviços para o governo. Este é um método simples,[170] porém comprovado historicamente, para qualquer governo estabelecer uma moeda nacional e garantir sua ampla aceitação, o que faculta ao governo a capacidade de realizar políticas econômicas, direcionando os recursos reais disponíveis para a provisão de necessidades sociais que considere relevantes.

Como vimos, os impostos criam e mantêm a demanda pela moeda do governo, mas também podem ser usados para outras finalidades públicas tão importantes quanto, dentre elas: (i) reduzir o poder de gastos do setor privado, de forma a adequar a capacidade de gastos da economia à oferta de bens e serviços disponível na moeda doméstica (ii) combater as desigualdades de renda e riqueza e (iii) estimular ou desestimular determinados tipos de atividades, consumos e práticas de acordo com os interesses coletivos.

---

[170] Os países podem, literalmente, criar moedas da noite para o dia – como foi o caso do Real em 1994, por exemplo –, e torná-las aceitas nacionalmente simplesmente exigindo que todos os passivos fiscais agora sejam pagos com essa moeda. Nesse sentido, dizemos que os impostos federais "impulsionam" a demanda pela moeda.

Feita esta descrição, a combinação macroeconômica socialmente adequada entre gastos (criação de renda para o setor privado) e tributação (redução de renda e riqueza do setor privado) deve ser aquela que mantenha o nível de demanda adequado à condução da economia ao pleno emprego com estabilidade de preços.

O orçamento (combinação entre gastos e tributação), portanto, deve flutuar para equilibrar a economia e não para alcançar algum resultado fiscal exotérico, como é o caso da macroeconomia convencional, na qual a economia flutua para buscar, geralmente sem sucesso, o equilíbrio orçamentário.[171]

A definição da taxa de juros

Agora trataremos do segundo aspecto: a determinação exógena da taxa básica de juros pelo governo, ou seja, o porquê é o governo que escolhe e determina a taxa básica de juros da economia e não o mercado, ao contrário do que o senso comum costuma indicar. Simplificadamente, quando os gastos do governo são maiores que a tributação, o saldo da Conta Única do Tesouro,[172] tudo o mais constante, é alterado e a base monetária ampliada. Este excesso de reservas no sistema bancário tende a pressionar para baixo a taxa de juros que vigora no mercado de reservas bancárias, ou seja, a taxa básica de juros da economia (no Brasil, a Selic).

O Banco Central, para manter a taxa de juros básica efetiva (Selic Over) próxima à meta estabelecida pelo Copom (Selic Meta),[173] vende, com compromisso de recompra, títulos públicos do Tesouro que possui em sua carteira (nas chamadas operações de mercado aberto), retirando o excesso de reservas até alcançar a meta de taxa de juros. Os bancos, aliás,

---

[171] LERNER, Abba. *The economics of employment*. New York: McGraw Hill, 1951.

[172] A Conta Única do Tesouro Nacional, mantida no Banco Central do Brasil como um passivo não monetário, é o instrumento de registros contábeis da União, inclusive fundos, de suas autarquias e fundações.

[173] Enquanto a Selic Meta é definida por membros do Copom, a Over é calculada com base nas operações interbancárias. Assim, a Selic Over é uma taxa encontrada através da média realizada entre os empréstimos bancários que são lastreados com títulos públicos.

sempre estarão dispostos a trocar o seu excesso de reservas por títulos que rendem juros ao invés de dormirem com reservas que não rendem.[174]

Além disso, é importante destacar que os bancos não são, como na perspectiva convencional, meros intermediários entre agentes superavitários e deficitários. Bancos podem criar moeda bancária (depósitos à vista) mesmo sem o acúmulo prévio de reservas ou do recebimento anterior de depósitos. Caso reservas sejam necessárias, por razões legais ou para o resgate de depósitos à vista que clientes queiram converter em papel-moeda ou reservas, os bancos podem recorrer a outros bancos ou a linhas de crédito que possuem diretamente com o Banco Central. Nestes casos, toda a demanda dos bancos por reservas precisa ser satisfeita pela oferta do Banco Central à taxa Selic. Caso os bancos não encontrassem reservas suficientes ofertadas à taxa básica de juros, o Banco Central perderia o controle da taxa de juros de curto prazo, que subiria acima da meta de política monetária. Por outro lado, se o Banco Central não absorvesse as reservas indesejadas pelos bancos através de transações com os títulos do Tesouro que possui em sua carteira (operações compromissadas), a taxa de juros de curto prazo cairia abaixo da meta estabelecida.[175]

Lições macroeconômicas da Teoria Monetária Moderna

Do que foi visto até aqui, pode-se concluir que o ente monetariamente soberano gasta criando dinheiro e determina a taxa básica de juros da economia no patamar que desejar,[176] mas isso não quer dizer,

---

[174] Este processo, de forma menos direta, também tem a participação do Tesouro, que ao vender títulos públicos de longo prazo no mercado primário, além de satisfazer necessidades institucionais, ajuda o Banco Central na administração da meta da taxa de juros.

[175] DALTO; GERIONI, E. M.; OMIZZOLO, J. A.; DECCACHE, D.; CONCEICAO, D. N. *Teoria monetária moderna*: a chave para uma economia a serviço das pessoas. vol. 1, Fortaleza: Nova Civilização. 2020

[176] Aqui não se pode confundir exogeneidade com ausência de interdependência. Dizer que o BC determina a taxa básica de juros não implica assumir que ele sempre escolha a taxa mais adequada e nem que a sua decisão seja neutra em termos de

SE O DINHEIRO NÃO ACABOU, POR QUE A AUSTERIDADE FISCAL?

de forma alguma, que não há limites para os gastos públicos em moeda nacional, apenas que tais limites nada têm a ver com possível escassez da moeda, que só o Estado pode emitir e que o faz toda vez que gasta.

Portanto, uma nação que não tem petróleo não pode emitir sua moeda e fazer o óleo brotar do chão *magicamente*. A moeda do governo não é um instrumento exotérico para corrigir todas as restrições do mundo real. Ela é uma ferramenta que nos permite mobilizar recursos produtivos disponíveis que, de outra forma, não seriam utilizados da melhor maneira possível para atender às necessidades sociais.

Quando questionamos sobre a possibilidade de garantir atendimento hospitalar para todos (as) os (as) brasileiros (as) infectados (as) pela Covid-19 e uma renda básica emergencial para as famílias vulneráveis durante o momento mais agudo da crise, o primeiro passo deve ser avaliar se há os recursos reais necessários para tal. Ou seja, é preciso determinar se temos pessoas, conhecimento e recursos materiais para atender a essas necessidades. Se os recursos estão disponíveis ou podem ser disponibilizados, a capacidade de creditar contas bancárias é resolvida com uma simples autorização de crédito orçamentário pelo Congresso (e da revisão de algumas regras fiscais atualmente).

Contudo, para satisfazer a necessidade de coisas que não temos condições de produzir no mercado interno, seja por escassez de recursos naturais, conhecimento técnico ou falta de domínio tecnológico, nos vemos obrigados a buscar um fornecedor externo. Podemos tentar negociar com esse fornecedor a compra dos produtos na nossa moeda (algo muito difícil para países como o Brasil e extremamente simples para os EUA) ou teremos que usar moedas estrangeiras provenientes das nossas exportações e/ou de empréstimos externos para fazermos frente às nossas necessidades de importação.[177] É importante destacarmos que os países que carecem de todos esses recursos terão que importar

---

consequências macroeconômicas. Uma taxa de juros escolhida em patamar muito elevado causa problemas distributivos e de desenvolvimento econômico, ao passo que uma taxa excessivamente baixa pode gerar pressões de desvalorização cambial com efeitos contraproducentes em termos de alteração de preços relativos.

[177] Por conta disso, é extremamente importante a manutenção de um nível seguro de reservas internacionais, além do controle da dívida externa. Hoje o Brasil detém

tudo, sendo urgente que comecem a trabalhar para que no futuro a dependência desses artigos importados seja superada. Inclusive, o bom uso da soberania monetária é fundamental para qualquer projeto que vise a sofisticação da estrutura produtiva.

A economia política da austeridade no Brasil

A partir de 2015, se impôs ao conjunto da sociedade um duro programa de austeridade fiscal a partir de cortes significativos nas despesas discricionárias[178] em paralelo a um choque de juros significativo.[179] Esta agenda, inicialmente conjuntural, foi transformada após o golpe de 2016 em política de Estado através da promulgação da Emenda Constitucional n. 95, conhecida como o teto de gastos.[180] Naquele momento, os economistas convencionais diziam que o choque fiscal contracionista era necessário para controlar os déficits primários e a trajetória da dívida pública de forma a reestabelecer a volta da confiança e o crescimento econômico. Na sequência, uma série de outras reformas estruturais no âmbito da agenda de austeridade fiscal foram aprovadas, com destaque para as reformas trabalhista e previdenciária.

Contudo, foi justamente a partir do programa de austeridade fiscal que a dívida pública líquida em proporção do PIB subiu rapidamente: se em 2003 a dívida líquida era de 55%, caiu para 33% em 2014 e, após cinco anos de austeridade, chegou ao patamar de 54,8% em 2019. Vale também destacar que nos anos de ajuste fiscal acumulamos os maiores

---

um nível confortável de reservas internacionais na ordem de US$ 355,075 bilhões, afastando qualquer risco de *default*.

[178] Houve contração de, aproximadamente, 23,7% nas despesas discricionárias de 2015 em relação a 2014, segundo dados do Observatório de Política Fiscal.

[179] A SELIC subiu de 11,75% em 2014 para 14,25 no fechamento de 2015. Sobre as despesas discricionárias, tratam-se da variável de ajuste fiscal possível, já que cortes em despesas obrigatórias exigem mudanças institucionais e legislativas mais profundas.

[180] O teto de gastos (Emenda Constitucional nº 95) estabelece que os gastos não financeiros do governo permaneçam congelados, em termos reais, pelos próximos 20 anos – até 2036.

déficits primários da nossa história recente. Sendo assim, a defesa da austeridade como mecanismo de controle da dívida é totalmente desmontada por uma breve análise dos dados.

Os resultados acima possuem uma explicação razoavelmente simples: em meio à uma crise crônica que conjuga desemprego elevadíssimo com queda brutal dos salários, há uma forte e óbvia queda da demanda das famílias por bens e serviços, logo as empresas acumulam estoques, reduzem investimentos e ampliam as demissões. Se o Estado também cortar os gastos que seriam, por definição, direcionados para as famílias e empresas, a economia entra em espiral recessiva. Com todos os agentes cortando gastos ao mesmo tempo, inclusive o Estado, não há caminho possível para o crescimento. Por fim, com a queda na renda das empresas e famílias, a arrecadação do Estado também despenca, deteriorando ainda mais o resultado fiscal.

A função das políticas de contração

A pergunta que resta é: se a política de austeridade fiscal deteriora as contas públicas e reduz o crescimento econômico, agravando os problemas que supostamente pretende resolver, qual seria a real razão para a insistência em algo tão contraproducente? Como veremos, a austeridade não é irracional como aparenta, sendo, fundamentalmente, a imposição dos interesses de classe dos capitalistas na condução de política econômica.

O primeiro efeito da austeridade é a desaceleração econômica e, consequentemente, o aumento do desemprego. Com isso, altera-se a correlação de forças entre trabalhadores e patrões: o medo do desemprego é disciplinador. Dada esta alteração, os trabalhadores passam a aceitar salários mais baixos e piores condições laborais. Por conta disso, os empresários, que só enxergam os salários como custo, consideram esse rebaixamento a solução para a retomada da lucratividade em um momento de crise.

Contudo, mesmo tal retomada não está garantida, já que se, por um lado, os salários, do ponto de vista do capitalista individual, são apenas um custo, no agregado se tornam um componente fundamental da demanda para garantir a própria realização da produção capitalista.[181]

Entretanto, de acordo com Michal Kalecki (1943), não apenas os lucros são apreciados pelos líderes empresarias, mas a "estabilidade política" gerada por taxas de desemprego disciplinadoras também o são. Logo, do ponto de vista do capitalista, o desemprego seria uma parte integrante do funcionamento "normal" do sistema.

Percebe-se que, neste ponto, a reforma trabalhista de 2017, aprovada após o *impeachment* e durante o processo de concretização da austeridade fiscal, potencializa os efeitos da austeridade e do desemprego em termos de "disciplina" e alteração na correlação de forças capital-trabalho.

A segunda função da austeridade é esmagar a capacidade do Estado de manter o seu funcionamento básico através da imposição de uma série de restrições orçamentárias, o que acarreta redução da quantidade e da qualidade dos serviços públicos. Com isso, abre-se o caminho para o setor privado ampliar a sua participação em diferentes esferas de acumulação antes ocupadas pelo setor público.

Por fim, a austeridade é funcional para a dinâmica de acumulação liderada pelas finanças, o motor da especificidade histórica do neoliberalismo. Isso porque a austeridade, por um lado, amplia o desemprego e reduz salários e, de outro, destrói os serviços públicos e obriga as famílias, cada vez mais pobres, a recorrerem a um processo de endividamento crescente junto ao sistema financeiro para satisfazerem às suas necessidades básicas como saúde, educação e moradia. Nesse processo, o setor financeiro se apropria de uma parcela cada vez maior da renda das famílias, logo do excedente socialmente produzido pela classe trabalhadora. Eis a intersecção fundamental entre austeridade e financeirização.

O diagnóstico acima é particularmente aderente ao caso do Brasil, que manteve baixos níveis de desemprego e elevação dos salários reais

---

[181] MARX, Karl. *O Capital*: crítica da economia política. Trad. Rubens Enderle. livro 1, São Paulo: Boitempo, 2013; KALECKI, Michal. "Aspectos políticos do pleno emprego". *In*: KALECKI, Michal. *Crescimento e ciclo das economias capitalistas*. São Paulo: Hucitec, pp.54-60, 1977; LERNER, Abba. *The economics of employment*. New York: McGraw Hill, 1951.

acima da produtividade por um longo período (2006-2014). Essa combinação, ao elevar a parcela dos salários na renda, reduziu as margens de lucros das empresas e acirrou o conflito distributivo, gerando uma forte reação dos capitalistas à política econômica vigente, principalmente a partir de 2014.

Em 2015, o governo Dilma cedeu às pressões do capital e alterou o regime da política econômica, visando à resolução do conflito distributivo a favor do capital: com a grande contração dos gastos públicos, o desemprego subiu fortemente e os salários despencaram. A alteração de rota em direção à austeridade fiscal plena foi conduzida pelo ministro da Fazenda Joaquim Levy, detentor de um título de PhD em Chicago, berço do neoliberalismo, e ex-economista-chefe da gestora de investimentos Bradesco Asset Management.

No dia 5 de julho de 2015, poucos meses após o início do programa de austeridade fiscal conduzido por Levy, Samuel Pessoa, um prestigiado economista nos círculos liberais, escreveu, em um surto de sinceridade, uma coluna na *Folha de S. Paulo*, intitulada "Luzes no fim do túnel". Ali, ele corrobora nossa descrição sobre a real função do programa de ajuste fiscal imposto naquele momento:

> Há duas semanas o IBGE divulgou a Pesquisa Mensal de Emprego (PME) referente a maio (...). A boa notícia foi a queda de 5% do rendimento médio real. Aqui aparece o lado negro da economia. Queda de salário real é boa notícia! O motivo é que a combinação entre queda de salário real e elevação da taxa de desemprego sugere que o mercado de trabalho está sendo mais flexível do que se imaginava há alguns meses.[182]

Na sequência do choque de desemprego, houve uma forte desorganização da classe trabalhadora, que não conseguiu reagir a tempo de evitar uma série de reformas neoliberais e ao golpe de Estado de 2016. Em curto espaço de tempo, tivemos a constitucionalização da austeridade

---

[182] PESSOA, Samuel. "Luzes no fim do túnel". *Folha*, 2015. Disponível em: https://m.folha.uol.com.br/colunas/samuelpessoa/2015/07/1651777-luzes-no-fim-do-tunel.shtml?mobile. Acessado em: 27.10.2021.

como política de Estado, por intermédio da Emenda Constitucional n. 95 (o teto dos gastos); a reforma trabalhista de 2017; a reforma da previdência de 2019. E, durante a fase mais crítica da pandemia,[183] há uma série de propostas como congelamento de salários de servidores públicos, fim dos mínimos constitucionais de recursos garantidos para a educação e saúde e volta da agenda de privatizações.[184]

Aproveitando-se do grande número de mortes e da necessidade do isolamento social, coisas que impedem uma organização mais ativa da classe trabalhadora, os economistas liberais; grande imprensa e políticos representantes do capital, estão defendendo e executando uma série de reformas estruturais, como o aprofundamento da autonomia do Banco Central e a liberalização cambial. O pior é que a cada rodada de destruição, o pensamento ideológico dominante sugere que a dose do veneno seja dobrada, perpetuando o choque até que não se tenha mais nada para destruir.

---

[183] Apesar de estarmos no pior momento para a classe trabalhadora em termos de contaminações e mortes.

[184] PEC 186 e as promessas de privatização das empresas públicas Eletrobras e Correios.

Referências Bibliográficas

ALESINA, Alberto; PEROTTI, Roberto. "Fiscal expansions and adjustments in OECD countries". *Economic policy*, vol. 10, n° 21, 1995.

DALTO, Fabiano Abranches Silva (*et al.*). *Teoria monetária moderna*: a chave para uma economia a serviço das pessoas. vol. 01, Fortaleza: Nova Civilização, 2020.

GIAVAZZI, Franceso; PAGANO, Marco. "Can severe fiscal contractions be expansionary? Tales of two small european countries". *NBER macroeconomics annual*, vol. 5, Cambridge: MIT Press, 1990.

HERNDON, Thomas; ASH, Michael; POLLIN, Robert. "Does high public debt consistently stie economic growth? A critique of Reinhart and Rogoff". *Working Paper Series*, n° 322, Massachussets: Political Economy Research Institute, 2013.

KALECKI, Michal. "Aspectos políticos do pleno emprego". *In*: _____. *Crescimento e ciclo das economias capitalistas*. São Paulo: Hucitec, 1977.

LERNER, Abba. *The economics of employment.* New York: McGraw Hill, 1951.

MARX, Karl. *O Capital*: crítica da economia política - o processo de produção do capital. livro 1, São Paulo: Boitempo, 2013.

OSTRY, Jonathan; LOUNGANI, Prakash; FURCERI, Davide. "Neoliberalism oversold?". *Finance & Development*, vol. 53, 2016.

REINHART, Carmen M.; ROGOFF, Kenneth S. "Growth in a time of debt". *American Economic Review*, vol. 100, 2010.

WRAY, Larry Randall. *Modern money theory*: a primer on macroeconomics for sovereign monetary systems. Londres: Palgrave Macmillan, 2015.

WRAY, Larry Randall. *Trabalho e moeda hoje*: a chave para o pleno emprego e a estabilidade dos preços. Rio de Janeiro: Contraponto, 2003.

CAPÍTULO VIII

O GASTO DO ESTADO E AS FINANÇAS FUNCIONAIS: A CONTRIBUIÇÃO DE ABBA LERNER

RENATA LINS[185]

A ideia de "Estado mínimo" é uma falácia. Não existe a alternativa de "mais ou menos Estado"; há formas de atuação que são diferentes e beneficiam mais ou menos os trabalhadores ou os donos do capital. Na medida em que o Estado reduz seu gasto e deixa de oferecer saúde, educação, infraestrutura, transporte público de qualidade, esses setores passam a ser tomados pela iniciativa privada, cuja lógica é sempre, em última instância, a do lucro. Isso não é uma inevitabilidade, mas uma escolha.

Uma das analogias mais difundidas, quando se fala da economia de um país, é aquela da comparação com a economia doméstica. "A dona

---

[185] Mestre em economia e doutoranda pelo IE/UFRJ, com foco em economia política e política fiscal. Membro do Grupo de Economia do Setor Público do IE/UFRJ.

de casa precisa economizar para depois gastar", dizem. Essa analogia, no entanto, é inconsistente, já que a economia de um país funciona de forma completamente diversa, como demonstrado por J.M.Keynes e Michal Kalecki, em 1936, de forma independente.

Segundo o princípio da demanda efetiva de Keynes e Kalecki, em uma economia capitalista, o gasto realizado precede a renda e a determina. Em outras palavras, a renda é gerada a partir do gasto: o gasto esperado (*ex ante*) é que define a produção do período e o gasto realizado (*ex post*) define a renda.

O princípio da demanda efetiva dá, portanto, uma determinação causal à identidade contábil entre poupança e investimento agregados: a decisão de gastar é sempre autônoma e, numa sociedade na qual exista crédito, não depende de nenhuma renda prévia. Assim, o gasto agregado determina a renda, invertendo a causalidade tradicionalmente aceita. Em particular, o gasto autônomo, a partir da ação do multiplicador, é que determina a renda e o nível de emprego da economia. Para Keynes e Kalecki, não há nenhum movimento automático que leve a economia ao pleno emprego: os capitalistas produzirão apenas o que creem poder vender com lucro, e empregarão, portanto, apenas as pessoas necessárias a essa produção, dada a tecnologia de cada época.

A poupança em seu sentido macroeconômico, diz Keynes, não é pré-existente, ao contrário do que se acreditava até então, e sim o resultado do gasto em investimento. Visto que não há movimento automático em direção ao pleno emprego, seria da competência do Estado prover a demanda necessária ao pleno emprego das forças produtivas, particularmente em períodos de crise: não por acaso, Keynes escrevia pouco tempo depois da crise de 1929 e sua preocupação maior era contribuir para evitar crises semelhantes. Já Kalecki, polonês e marxista, chega às mesmas conclusões sobre a preponderância do gasto sobre a renda a partir de uma adaptação das equações marxistas de reprodução e separando analiticamente a classe trabalhadora da dos capitalistas.

A especificidade do gasto público

Usando como referência o princípio da demanda efetiva, Abba Lerner, economista contemporâneo de Keynes, passou a discutir a especificidade do gasto público. Lerner identificou que o gasto público é o único verdadeiramente autônomo, e cujo fluxo pode ser planejado e direcionado para o crescimento, já que o investimento privado dito autônomo visa, em última instância, o lucro. Se não há expectativa de lucro, não há investimento privado, mesmo que haja incentivo para tanto (redução da taxa de juros, desonerações etc.).

Além disso, o gasto público pode definir o rumo de crescimento de uma economia nacional: de fato, dependendo de como seja alocado, define-se a cada período o volume e a composição do emprego associados a esse gasto (direta e indiretamente, pela via dos efeitos acelerador e multiplicador), a dinâmica específica dos setores e seus respectivos efeitos de encadeamento – que podem ser internos à economia ou externos.

Especificamente, quanto ao gasto público: na hora em que o governo decide gastar (ou não), tributar/subsidiar (ou não), e também qual será sua política de juros, indica, no mesmo momento, qual vai ser o nível de renda daquela economia, que grupos ou categorias vão ser – direta ou indiretamente – beneficiados ou prejudicados pelos gastos do governo, qual vai ser o nível de emprego.

Foi esse o caminho traçado por Lerner para levar até as últimas consequências o princípio da demanda efetiva de Keynes e Kalecki, a partir do conceito de *finanças funcionais*: se a demanda é que move a oferta, e não o contrário; se o melhor "demandador de última instância" é o governo (já que o investimento traz embutida uma expectativa de lucro futuro, não podendo, pois, ser considerado plenamente autônomo, mesmo que o seja com relação à renda); então, o governo é que tem que ser o "condutor" da economia, através do gasto que impulsiona o crescimento até o pleno emprego.

Segundo Lerner:

> A ideia central é que a política fiscal do governo, seus gastos e tributação, sua tomada e reembolso de empréstimos, sua emissão

de dinheiro novo e sua retirada de dinheiro da economia, devem ser todos realizados com foco apenas nos resultados dessas ações na economia e não em qualquer doutrina tradicional estabelecida sobre o que seria sensato ou não.[186]

Dada a existência de capacidade ociosa e desemprego, haveria, pois, a necessidade de um déficit para otimizar o crescimento, e a dimensão deste déficit seria função, por sua vez, da taxa de investimento do setor privado e da evolução do balanço de transações correntes. Isso é traduzido pelo conceito de "déficit de pleno emprego", no qual o déficit seria igual à diferença entre a demanda necessária ao emprego e a demanda existente por parte do setor privado.[187]

Diz o economista William Vickrey, na mesma linha:

> O "deficit" não é um pecado econômico e sim uma necessidade econômica. Sua função mais importante é ser o meio pelo qual o poder de compra não gasto em consumo, nem reciclado enquanto renda pela criação privada de capital líquido, é reinjetado como poder de compra pelos empréstimos e gastos do governo.[188]

Ou seja, o resultado fiscal (déficit ou superávit a cada ano) passa a ser consequência das metas de emprego e crescimento que o governo pretende atingir.

---

[186] *"The central idea is that government fiscal policy, its spending and taxing, its borrowing and repayment of loans, its issue of new money and its withdrawal of money, shall all be undertaken with an eye only to the results of these actions on the economy and not to any established traditional doctrine about what is sound or unsound"* (LERNER, Abba P. "Functional finance and the federal debt". *Social research*, pp. 38-51, 1943).

[187] Ou, no caso de uma economia aberta, à diferença entre a demanda de pleno emprego e a demanda do setor privado somada ao saldo do balanço de transações correntes.

[188] *"The 'deficit' is not an economic sin but an economic necessity. Its most important function is to be the means whereby purchasing power not spent on consumption, nor recycled into income by the private creation of net capital, is recycled into purchasing power by government borrowing and spending"* (VICKREY, William. "We need a bigger 'deficit'". In: WARNER, Aaron W. (*et al.*). *Commitment to full employment*: macroeconomics and social policy in memory of William S. Vickrey. Londres: Routledge, 2015).

Essa nova forma de olhar abre todo um leque de questões, como por exemplo:

1. Dado um nível de PIB e de emprego desejados, qual seria a taxa *desejada* de participação direta dos gastos do governo, quer sejam "cobertos por impostos" ou não?

2. Qual a composição necessária desse gasto? Que setores se pretende estimular, com que objetivos?

3. No caso de uma economia extremamente dependente dos gastos privados, não ficaria o desenvolvimento do país refém da boa vontade dos empresários, mesmo que por hipótese possa ser atingido o pleno emprego, de forma pontual, pela via do gasto privado? Quais são os impactos da política fiscal escolhida sobre a estabilidade sistêmica?

4. Em que medida o pleno emprego conflita com os interesses do setor privado?

Parece evidente que, nos termos aqui definidos, o puro estímulo ao gasto privado não é o instrumento adequado para atingir o resultado de pleno emprego com estabilidade. É importante, pois, esclarecer qual é a parte reservada ao gasto público na dinâmica da economia. Deve-se enfatizar que, do ponto de vista da economia como um todo, qualquer dispêndio público será uma receita privada, e vice-versa, em uma economia fechada.

Déficit público e renda privada

Assim, o déficit público representa uma adição à renda privada, na medida em que o governo está injetando na economia (na forma de gastos) mais do que dela enxuga (na forma de tributos). O contrário também é verdade: se o governo faz superávit, ou seja, retira mais da economia do que nela injeta num determinado período contábil, haverá por consequência uma redução da renda líquida privada na mesma medida do excedente do setor público.

Assim, para a economia como um todo, o gasto público sempre representa ganho para o setor privado: seja para empresas que transacionam com o governo, seja para as pessoas, que veem o gasto público se materializar em mais emprego, infraestrutura e serviços públicos.

No entanto, nas últimas décadas, o gasto público voltou a ser crescentemente visto como a origem de todos os males. A virtude de uma boa política fiscal estaria na contenção, no corte de gasto público e na transferência para a iniciativa privada de tudo aquilo que acarretasse dispêndio por parte do Estado, numa hábil e eficiente disputa ideológica de grande apelo popular. A conexão entre gastos públicos e esbanjamento traz a antiga imagem fácil – e falsa – que voltou a ser difundida nas últimas décadas, como se tivéssemos voltado a tempos pré-keynesianos. A isto é que as finanças funcionais se opõem.

É importante observar que a análise de Lerner implica a eliminação da pretensão de "economia positiva científica", e o consequente enfrentamento da necessidade de normatização (ou seja, da definição prévia de prioridades/objetivos).

Assim, o autor rejeita o tratamento padrão do Estado como um agente exterior ao sistema econômico – mesmo que seja só na etapa preliminar da análise, em que se trata da lógica do sistema. Na verdade, esta "etapa preliminar", na medida em que define as características gerais do sistema, é essencial e todos os resultados obtidos a partir de ulteriores especificações são decorrentes dela. Ora, o Estado é parte integrante da economia e, portanto, tem que ser considerado desde o início da análise. Assim, as finanças funcionais consideram que a administração da dívida pública e o orçamento do governo são apenas meios para atingir um fim: o pleno emprego e o crescimento econômico.

Nesse arcabouço, qual é o espaço da política monetária? Sua função aqui é a de regular a taxa de juros e não a quantidade de moeda. Esta última será definida endogenamente, dada a taxa de juros, pelos gastos efetivamente realizados em bens e pelas compras de títulos/ativos – aplicações financeiras de gastos anteriormente realizados.

O GASTO DO ESTADO E AS FINANÇAS FUNCIONAIS:...

Assim, as finanças funcionais consideram que a administração da dívida pública e o orçamento do governo são meios para atingir um fim: o pleno emprego e o crescimento econômico.

O resultado final de déficit ou superávit no ano deveria ser consequência de decisões de política econômica, e não uma meta pré--estabelecida.

Lerner aceita o efeito de redução da taxa de juros provocado pela emissão nova de moeda, e considera que o papel dos títulos emitidos pelo governo é justamente o de compensar a nova emissão, para que a taxa de juros se mantenha no patamar desejado pelo governo.

Dinheiro é uma criação do Estado

Ressalta que o fato do governo estabelecer determinado "bem" (papel impresso) como moeda, definindo também seu valor, não obriga à sua aceitação. No entanto, o fato de o mesmo governo obrigar que os impostos (e outros recebíveis estatais) sejam pagos com este bem – moeda – faz com que os agentes privados tenham que obtê-lo. Em suas palavras,"...*money is a creature of the state*". Ou seja, a moeda é uma afirmação de poder do Estado, e a necessidade de os cidadãos pagarem tributos com aquela moeda emitida pelo Estado é que garante sua aceitação. O governo, ao gastar, cria moeda. A emissão de títulos é realizada para que a taxa de juros se mantenha no nível desejado. A composição final do estoque entre moeda e títulos do governo é a resultante. A dívida interna é, portanto, a contraface do gasto do governo na administração da taxa de juros base da economia. Se o governo gasta, emite moeda; para que a taxa de juros permaneça no nível desejado, emite títulos para "enxugar" a emissão de moeda.

Na medida em que o governo é emissor da moeda de que os agentes privados necessitam para pagar seus tributos, não existe aqui a hipótese do governo "quebrar" em sua própria moeda: neste sentido, é fundamental fazer a diferença entre a dívida interna, em moeda nacional, resultante do déficit público e da política monetária, e a dívida externa, em moeda estrangeira. A dívida externa pode, efetivamente, constituir uma restrição relevante ao crescimento, já que é necessário obter divisas a partir das exportações. Ao contrário, a dívida interna não representa problema para um país emissor da própria moeda.[189]

É importante ter claro que é o governo que dirige a economia, mesmo num contexto liberal, já que ele é que estrutura o arcabouço institucional básico dentro do qual as empresas vão se mover – e tomar suas decisões de investimento e produção.

Suas decisões de política econômica podem favorecer ou não a entrada de empresas estrangeiras, estimular ou não a competição entre os setores e intrassetores – ou as sinergias entre esses mesmos setores. O governo pode aumentar o gasto em P&D (Pesquisa e Desenvolvimento) e direcioná-lo para áreas consideradas estratégicas, como o complexo industrial farmacêutico, por exemplo. Ou pode estimular a exportação de produtos primários, para que se importem os bens intensivos em tecnologia. Pode construir um Estado de bem-estar social, reforçando os gastos em saúde e educação públicas e estruturando um sistema de seguridade social sólido. Ou reduzir a participação do Estado e deixar a educação e a saúde a cargo do setor privado. A alternativa "intermediária" seria a concessão da prestação de serviços por empresas privadas, mantendo o governo o controle sobre a regulamentação e podendo cancelar a concessão caso o interesse público não esteja sendo atendido.

A retórica a favor do mercado, no entanto, não prescinde da regulamentação "pró-concorrência" (que supostamente aconteceria naturalmente): caso essa não existisse, o caminho natural de qualquer setor – e mais ainda quanto mais capital-intensivo for – é o domínio cada vez maior dos primeiros entrantes, que vão adquirindo vantagens e construindo barreiras à entrada espontâneas, por efeito da própria tecnologia – que, ao contrário do que prega a teoria tradicional, tem habitualmente retornos crescentes de escala.

---

[189] O caso dos Estados Unidos é particular, já que emite a moeda em que se dão a maioria das transações internacionais: não precisa, pois, exportar para obter divisas. Os países da União Europeia, em compensação, não são emissores da própria moeda, o que coloca para eles restrições adicionais.

Assim, o governo vê-se obrigado a legislar contra os "trustes" e "cartéis" para assegurar a entrada de novas empresas, mesmo quando o monopólio natural asseguraria vantagens tecnológicas que permitiriam a produção ser vendida a um preço bem mais baixo. Aqui também, portanto, a retórica pró-mercado age em detrimento do consumidor.

Mais ou menos Estado

O que se deve ressaltar é que a ideia de "Estado mínimo" é uma falácia. Não há a alternativa de "menos Estado": há formas de atuação do Estado que são diferentes e beneficiam mais ou menos os trabalhadores ou os donos do capital.

A opção do Estado pela redução dos gastos e pelo aumento dos tributos é uma forma específica de atuação do Estado – a busca do equilíbrio das ditas "finanças saudáveis". Na medida em que o Estado reduz seu gasto e deixa de oferecer saúde, educação, infraestrutura, transporte público de qualidade, esses setores passam a ser tomados pela iniciativa privada, cuja lógica é sempre, em última instância, a do lucro. Isso não é uma inevitabilidade, mas uma escolha.

Em resumo, ao rejeitar a ideia de "finanças saudáveis" e afirmar a necessidade de um Estado que busque ativamente o pleno emprego, Lerner traz de volta para o centro da ribalta a economia como economia política. Na medida em que se considera que não há necessidade nem motivo para igualar receitas e despesas no setor público, abre-se espaço para o planejamento econômico visando o crescimento, a elevação do emprego e a redução da desigualdade. Assim, é necessário desconstruir o senso comum das "finanças saudáveis" para que seja possível retomar a discussão do papel do Estado no crescimento, na distribuição de renda e no desenvolvimento econômico.

Pois, como advertia Kalecki:

> Sob um sistema de livre mercado, o nível de emprego depende, em grande medida, do chamado estado de confiança (...). Isto dá

aos capitalistas um poderoso controle indireto sobre a política governamental: tudo o que pode abalar o estado de confiança deve ser evitado porque isso causaria uma crise econômica. Mas uma vez que o governo descobre o truque de aumentar o emprego por suas próprias compras, este dispositivo de controle poderoso perde a sua eficácia. Daí déficits orçamentários necessários para realizar a intervenção do governo devem ser considerados perigosos. A função social da doutrina das "finanças saudáveis" é fazer com que o nível de emprego dependa do estado de confiança.[190]

Esse resgate das ideias de Lerner se faz particularmente necessário no atual momento de crise, em que, apesar da premente necessidade de que o governo seja o impulsionador da retomada econômica, como está acontecendo em tantos outros países, aqui, não apenas a retórica a favor do Estado mínimo vai de vento em popa, como se criam regras e mais regras que impedem o Estado de gastar, como a EC 95 ("Emenda do Teto de Gastos) e a EC 109, que restringe ainda mais a capacidade do governo fazer as despesas necessárias.

É fundamental que seja recuperada a capacidade de gastos do governo, através da eliminação dessas restrições autoimpostas. A possibilidade de aumentar o gasto do governo é essencial, para que se possa prover uma adequada proteção à população mais vulnerável como no reforço ao sistema de saúde, na contratação e pagamento de pessoal para o atendimento nos postos de saúde e hospitais, e também na aquisição de material hospitalar e no apoio à pesquisa científica.

---

[190] KALECKI, Michal *et al.* "Aspectos Políticos do Pleno Emprego". *In*: _____. *Crescimento e ciclo das economias capitalistas*. 2ª ed. São Paulo: Hucitec, 1987.

Referências Bibliográficas

KALECKI, Michal et al. "Aspectos políticos do pleno emprego". *Crescimento e Ciclo das Economias Capitalistas*. 2ª ed. São Paulo: Hucitec, 1987.

LERNER, Abba P. "The burden of debt". *The Review of Economics and Statistics*, vol. 43, 1961.

LERNER, Abba P. "Functional finance and the federal debt". *Social Research*, vol. 10, 1943.

VICKREY, William. "We need a bigger 'deficit'". *In*: WARNER, Aaron W. (*et al.*). *Commitment to full employment*: macroeconomics and social policy in memory of William S. Vickrey. Londres: Routledge, 2015.

PARTE III
A LONGA CONSTRUÇÃO

CAPÍTULO IX

DE VARGAS A SARNEY: APOGEU E CREPÚSCULO DO DESENVOLVIMENTISMO BRASILEIRO

PEDRO CEZAR DUTRA FONSECA[191]

IVAN COLANGELO SALOMÃO[192]

A utilização dos meios e recursos estatais para liderar a marcha do progresso consagrou-se como estratégia medular do projeto desenvolvimentista. A atuação estatal não pode ser considerada "mera opção" baseada em preceitos ideológicos. Trata-se de condição necessária para desencadear e viabilizar o processo. Essa atuação se deu em articulação com o mercado, a sociedade e suas relações internacionais.

---

[191] Professor Titular da Faculdade de Ciências Econômicas e do Programa de Pós-Graduação em Economia da Universidade Federal do Rio Grande do Sul (PPGE/UFRGS). Pesquisador do CNPq.

[192] Professor do Departamento de Economia e do Programa de Pós-Graduação em Desenvolvimento Econômico da Universidade Federal do Paraná (PPGDE/UFPR).

Introdução

A história econômica brasileira é tradicionalmente analisada por meio dos ciclos econômicos que se sucederam dos primórdios da colonização portuguesa ao início do século XX. A despeito das especificidades técnicas, financeiras e, sobretudo, sociais que os distinguiam, todos apresentavam, em comum, a dependência da demanda externa como condicionante do desempenho ou mesmo da viabilidade da economia local. Do extrativismo silvícola à produção de café, o centro dinâmico da economia brasileira sempre estivera no além-mar, elemento formatador das estruturas políticas e econômicas do Brasil contemporâneo.

A oportunidade ensejada pela crise dos anos 1930 permitiu ao grupo político que assumiu o poder central em novembro daquele ano alterar o modelo de desenvolvimento brasileiro. Posteriormente alcunhado como desenvolvimentismo, o projeto econômico levado a cabo a partir de então não irrompeu de forma espontânea e repentina, tampouco surgiu como mera resposta à crise decorrente da quebra da bolsa de valores de Nova York. Tratou-se, pelo contrário, de um típico processo de construção político-intelectual, fruto da realidade brasileira e da consciência gradual de determinados atores de sua elite em relação à situação de atraso em que vivia o país. Foi a partir das repercussões políticas, econômicas e sociais do fim da Monarquia e da escravidão que tais personagens começaram a problematizar os meios para se superar as vicissitudes por que passava uma nação que havia pouco se reconhecia como tal.

Como fenômeno histórico, o desenvolvimentismo associou-se aos acontecimentos políticos transcorridos em outros países da América Latina no decorrer do século XX.

Do ponto de vista estritamente econômico, tratou-se de projeto original no tempo e no espaço, motivo pelo qual se lhe garante a distinção, até hoje reconhecida pela academia internacional, de ter sido a mais criativa manifestação do pensamento econômico latino-americano.

Em suas origens, três foram as correntes as quais, posteriormente amalgamadas, embasaram a constituição do desenvolvimentismo: o nacionalismo, o industrialismo e o papelismo. Empunhadas desde pelo menos a sucumbência do Império, tais ideais restringiram-se, durante as décadas de formação, a manifestações independentes que não configuravam um projeto formalmente elaborado. Assim como a dialética hegeliana, a economia ricardiana e o socialismo utópico, isolados, não constituíam o marxismo, a defesa de um projeto nacional, da industrialização ou da intervenção pró-crescimento, apartados, tampouco abarcavam a envergadura do projeto desenvolvimentista em sua completude. De modo que, na ausência de uma política consciente e deliberada não há desenvolvimentismo, uma vez que não se pode reduzi-lo a simples medidas de expansão da demanda agregada, a manifestações nacionalistas ou a reivindicações corporativistas em defesa da indústria. O projeto nacional de desenvolvimento requer a associação concomitante daqueles em um *conjunto comum* de ideias concatenado e estruturado.[193]

Da união dessas correntes de pensamento surgiu um fenômeno inédito que não apenas extrapolou o sentido individual de cada uma delas, como também se sobrepôs ao alcance prático e ao significado teórico de seu simples somatório. Assim, o desenvolvimentismo só pôde ser categorizado como fenômeno inovador que o foi a partir do momento em que se materializou na *práxis* humana e se tornou um "guia de ação" de gestores públicos. Trata-se, portanto, de um evento do mundo material, ou seja, uma política econômica[194] "formulada e/ou executada, de forma deliberada, por governos (nacionais ou subnacionais) para, através

---

[193] FONSECA, Pedro Cezar D. "Gênese e precursores do desenvolvimentismo no Brasil". *Revista Pesquisa & Debate*, vol. 15, n° 2, 2004, pp. 225-256.

[194] A fim de se alargar o entendimento que aqui se pretende oferecer, faz-se conveniente classificar o conceito de política econômica em suas diferentes acepções: "(1) as políticas-meio, as quais constituem instrumentos manipulados pelos formuladores de políticas visando à estabilidade macroeconômica; (2) as políticas-fins, formuladas ou implementadas para atingir objetivos conscientemente visados em áreas específicas, como as políticas industrial, agrária, tecnológica e educacional (quando vinculadas a objetivos econômicos); e (3) as políticas institucionais, as quais compreendem mudanças legais, nos códigos e nas regulamentações, nas "regras do jogo", na delimitação dos direitos de propriedade, nos hábitos, preferências e convenções, bem como na criação de órgãos, agências e empresas públicas, ou mesmo privadas ou não governamentais, desde que dependam de decisões estatais"(FONSECA, Pedro Cezar D. "Desenvolvimentismo: a construção do conceito". *In*: CALIXTRE, André Bojikian;

do crescimento da produção e da produtividade, sob a liderança do setor industrial, transformar a sociedade com vistas a alcançar fins desejáveis, destacadamente a superação de seus problemas econômicos e sociais, dentro dos marcos institucionais do sistema capitalista".[195]

A legitimidade que os resultados alcançados pela nova política adotada a partir de 1930 – sobretudo em termos de crescimento do produto – viabilizou não apenas a sua predileção por distintos gabinetes, mas concorreu para o estabelecimento de um novo consenso entre as elites políticas e econômicas do país. Diferentemente do observado até então, a utilização dos meios e recursos estatais para liderar a marcha do progresso consagrou-se como estratégia medular do projeto desenvolvimentista. A despeito das nuances que o caracterizaram durante as cinco décadas de sua vigência (1930-1980), o período foi marcado, conforme a expressão consagrada por Antonio Barros de Castro, por uma "convenção do desenvolvimento", segundo a qual políticas e recursos públicos seriam alocados de modo a viabilizar as transformações estruturais requeridas para encaminhar a sociedade a um nível superior de bem-estar: o desenvolvimento.

O Estado e suas razões: industrialização e desenvolvimento

Se é verdade que, no campo ideológico, o final do "longo século XIX" vivia sob a hegemonia das ideias econômicas liberais – com destaque para a chamada revolução marginalista –, não se pode minimizar as repercussões da crescente contestação que determinados cientistas sociais passaram a oferecer às teorias convencionais. Dos integrantes

---

BIANCARELLI, André Martins; CINTRA, Marcos Antonio Macedo (Coord.). *Presente e futuro do desenvolvimento brasileiro.* Rio de Janeiro: Ipea, 2014, p. 6.

[195] FONSECA, Pedro Cezar D. "Desenvolvimentismo: a construção do conceito". *In*: CALIXTRE, André Bojikian; BIANCARELLI, André Martins; CINTRA, Marcos Antonio Macedo (Coord.). *Presente e futuro do desenvolvimento brasileiro.* Rio de Janeiro: Ipea, 2014, p. 28.

da assim reconhecida Escola Histórica Alemã aos institucionalistas originários norte-americanos, a primazia do livre-mercado foi paulatinamente objetada até a sua superação (temporária, como provou a história) nos anos 1930.

Do ponto de vista material, o distanciamento entre o crescimento acelerado das economias centrais e a estagnação secular dos países periféricos desnudava a centralidade da industrialização como motor do desenvolvimento. O cotejamento histórico das Nações que lograram industrializar-se em relação às que ratificavam as vantagens ricardianas de comércio depunha contra os esforços que visavam a descasar o fenômeno do desenvolvimento do da industrialização. Conquanto um grupo reduzido de países viesse posteriormente a se desenvolver sob estratégias (e condições específicas) de especialização na atividade primária-exportadora – como Austrália e Nova Zelândia –, modernidade tornou-se, na aurora do século XX, sinônimo de indústria.

Assim, a política econômica adotada para se operacionalizar a superação do subdesenvolvimento brasileiro se deu por meio da industrialização via substituições de importações (doravante, ISI). Processo descontínuo e não linear, cujas origens remontam pelo menos à década de 1890,[196] a ISI teve inegável avanço a partir dos anos 1930, quando a crise internacional ensejou a mudança estrutural no modelo econômico brasileiro. De modo que a resposta intervencionista à restrição externa não respondeu (apenas) à defesa dos interesses ligados ao setor exportador; antes, consubstanciou-se em mais uma das distintas facetas da estratégia de industrialização substitutiva de importações.

Variável-chave do modelo, o estrangulamento do balanço de pagamentos fazia-se óbice insuperável para o desenvolvimento das economias latino-americanas voltadas para fora. Ainda que as rubricas

---

[196] De acordo com o autor, o primeiro espasmo substitutivo de importações ocorreu, sem influência da proteção tarifária, nos anos pós-crise do Encilhamento. Já durante a Primeira Guerra Mundial, a impossibilidade de importar aumentou a produção, mas não a capacidade produtiva, distinção subjacente ao debate historiográfico posteriormente estabelecido. FISHLOW, Albert. "Origens e consequências da substituição de importações no Brasil". *Estudos Econômicos*, vol. 2, nº 6, USP, 1972.

financeiras de fato depusessem contra a estabilidade do setor externo, o foco dos autores cepalinos que teorizaram o esquema recaía sobre a balança comercial. Nos países periféricos, o setor exportador, baseado em uma ou duas *commodities*, imprimia pouco ou nenhum dinamismo à economia interna, impedindo que os demais setores se desenvolvessem; já nos centrais, conquanto importante, não respondia quase que exclusivamente pelo nível de renda e emprego.

A própria constituição da balança comercial dos dois polos evidenciaria o problema incontornável a economias periféricas. Importadores de bens industriais, intermediários e de capital, e fornecedores de bens primários, os países subdesenvolvidos arcariam com o aumento estrutural dos preços daqueles e com a queda dos desses, inexorabilidade formalmente definida como deterioração dos termos de troca. Trata-se da condição que explicaria o recorrente estrangulamento externo e a consequente capacidade declinante de importar das economias latino-americanas.

Diferentemente do que a nomenclatura poderia sugerir, a ISI não visava à autarquização das economias que a adotassem. Antes de reduzir o *quantum* das importações, almejava-se alterar a sua pauta, reformulando o perfil e os propósitos do comércio internacional. A superação desse quadro dar-se-ia somente pelo rompimento da subordinação com que essas se inseriam na divisão internacional do trabalho; em outros termos, quando lograssem a industrialização.

Assim, a industrialização substitutiva de importações teria início pelos bens de consumo popular – cujo processo produtivo não exigia elevado estoque de capital por trabalhador –, avançando, gradualmente, para bens mais sofisticados para substituir, por fim, a importação de bens de capital. A dinâmica do modelo mostrou-se, contudo, mais complexa do que pressupunha a intuição. De acordo com o modelo desenvolvido por Tavares,[197] o processo não se desenrola da base para o vértice de uma pirâmide; segundo a autora, os diversos setores são

---

[197] TAVARES, Maria da Conceição. *Da substituição de importações ao capitalismo financeiro*. Rio de Janeiro: Zahar, 1972.

substituídos de forma mais ou menos concomitante, alterando apenas o grau de concentração em cada um deles ao longo das distintas ondas de industrialização.

Para viabilizar-se, o projeto de industrialização proposto pelo desenvolvimentismo deveria satisfazer duas condições fundamentais: (1) a questão do financiamento e (2) a formação de uma coalizão política de suporte ao projeto, uma vez, por mais reticente que fosse em relação a questões como a distribuição de renda e da estrutura fundiária, o desenvolvimentismo implica, necessariamente, em transformações não exatamente neutras do ponto de vista social. Assim, far-se-ia fundamental uma articulação política suficientemente forte capaz de sustentar tais mudanças patrocinadas, inevitavelmente, por meio da política pública, e não do *laissez-faire*.

Por tais motivos é que se mostrava capital a atuação do Estado. Primeiro, como garantidor de recursos que financiassem as inversões, uma vez que o sistema privado de intermediação bancária de longo prazo era (é) praticamente inexistente no país. Tal incumbência se materializou tanto por meio da canalização interna quanto da captação externa. Trata-se, este, do elemento que discriminaria os dois subtipos de desenvolvimentismo: o nacional e o dependente-associado. Conquanto simpático à participação do capital estrangeiro – financeiro ou produtivo –, o primeiro priorizava a nacionalização dos investimentos e do controle acionário das empresas. Já o segundo contava diretamente com os recursos forâneos para viabilizar a transformação do tecido produtivo nacional, uma vez que a incapacidade da burguesia brasileira em liderar o processo de industrialização justificava o amparo da imobilização de ativos por parte das empresas multinacionais. Indo além, o Estado não raro ocupou um espaço teoricamente reservado ao empresariado industrial, grupo social de atuação incipiente não apenas no início do processo, mas no decorrer de quase todo o período.

Nesse sentido, entende-se que, no caso brasileiro, a atuação estatal não pode ser considerada "mera opção" baseada em preceitos ideológicos. Trata-se de condição necessária para desencadear e viabilizar o processo, articulando e oferecendo resposta às questões supracitadas.

Cumpre frisar que não se trata de estatismo apriorístico e simplório, uma vez que essa atuação se deu em articulação com o mercado, a sociedade e suas relações internacionais. Fenômeno que se enquadra nos moldes capitalistas de produção, o desenvolvimentismo não exclui o mercado, mas o subordina às balizas inerentes ao projeto de desenvolvimento nacional, ou seja, ao poder político.

As políticas econômicas e a economia política no Brasil desenvolvimentista

Ainda que consagrados como a "era desenvolvimentista", os cinquenta anos em que esse projeto norteou a condução da política econômica no Brasil conheceram nuances que caracterizaram seus dois subtipos. Inobstante as particularidades que os distinguiam, o *zeitgeist* da época ratificava o pacto não escrito quanto aos objetivos da política econômica: remodelar o papel do comércio internacional para, via atuação do ente público, transformar o tecido produtivo e superar a condição do subdesenvolvimento.

Como pano de fundo, o grau com que o Estado interviria no seio econômico e o papel do capital estrangeiro nesse projeto. Tais questões não respondiam apenas às convicções ideológicas dos distintos agentes responsáveis pela condução da política econômica. Tratava-se, antes, das possibilidades que cada uma delas oferecia como resposta aos desafios circunstanciais colocados em diferentes conjunturas.

Em comum, a primazia do Estado brasileiro em articular o apoio político, estipular objetivos, delinear projetos e viabilizar seu financiamento – em outros termos, liderar a política econômica – com vistas ao desenvolvimento econômico do país.

O nacional-desenvolvimentismo

O lançamento da candidatura oposicionista de Getúlio Vargas na disputa presidencial de 1930 já sinalizava algumas medidas que marcariam a ruptura na condução da política econômica tão logo assumisse o governo, em 3 de novembro daquele ano. Três semanas depois, foi criado o Ministério do Trabalho, Indústria e Comércio, antecipando que a produção e a distribuição material da vida teriam *status* prioritário na nova gestão. Mas 1930 não conheceria apenas a assunção de um novo presidente; assistiria à inauguração de uma nova era na história econômica brasileira.

Uma das primeiras e mais importantes medidas que anunciariam a nova política econômica se deu por meio da nacionalização da política de valorização do café – não exatamente por seu ineditismo, mas pelas consequências que a nova forma (e grau) de intervenção trouxe para a economia brasileira. A partir daquele momento, as medidas não mais se limitariam ao financiamento da estocagem do produto via endividamento externo; a novidade residia na destruição do produto por meio da queima de estoques acumulados. Entre 1931 e 1944, período em que vigorou tal política, Fausto[198] calcula terem sido eliminadas 78 milhões de sacas de café, quantidade equivalente ao consumo mundial de três anos.

Trata-se, essas, do cerne da política responsável pelo fenômeno consagrado por Furtado como "deslocamento do centro dinâmico" da economia para o mercado interno. Diante das crises da economia cafeeira e, consequentemente, do balanço de pagamentos, a depreciação cambial alterava preços relativos e, ao encarecer produtos importados, viabilizava a produção doméstica de manufaturados. Ademais, as dificuldades fiscais do governo – cuja arrecadação repousava majoritariamente sobre a tributação do comércio internacional – ensejava expansão monetária com vistas a custear os dispêndios públicos. A consequente queda na taxa de juros estimularia, por sua vez, tanto o consumo quanto a inversão na produção industrial.

Aliadas à intervenção no setor até então responsável pela determinação do nível de renda, políticas deliberadas em favor da industrialização envoltas em um projeto (e em discurso) nacionalista compunham a nova estratégia governamental de desenvolvimento. Mudança tão drástica não respondeu, naturalmente, apenas à vontade política de seus executores; o alinhamento de circunstâncias internas e externas que

---

[198] FAUSTO, Boris. *História do Brasil*. São Paulo: EDUSP, 1995, p. 334.

viabilizaram, a partir daquele momento, a adoção de um novo modelo de desenvolvimento.

Do ponto de vista da reorganização das forças políticas nacionais, o novo governo logrou angariar, inicialmente, o apoio de setores agrários não hegemônicos (voltados para o mercado interno) e de parte expressiva dos militares de patente intermediária (tenentismo). Em um segundo momento, a esses se juntaram trabalhadores urbanos, o empresariado industrial e segmentos de classe média não diretamente ligada aos interesses internacionais. Vargas consolidou, assim, uma ampla base de apoio social sem a qual dificilmente transformações de tal monta seriam levadas a cabo.

Trata-se de articulação não apenas engenhosa, mas de rara confluência de interesses político-sociais na história do Brasil, uma vez que a forte dependência da elite exportadora (fazendeiros e comerciantes) em relação à condução da política econômica – sobretudo, cambial e tributária – representava objeção quase intransponível para alterações na administração econômica do país. Ainda assim, o êxito dessa concertação pressupôs o não atendimento das antigas e históricas demandas por reformas que visassem à desconcentração da estrutura fundiária, bem como a negação dos novos direitos trabalhistas para os camponeses.

A estratégia de inserção internacional do novo governo pôs à prova a habilidade política de Vargas. A hostilidade da conjuntura externa durante parte significativa de seu primeiro mandato exigiu do presidente destreza não apenas para renegociar a dívida externa, mas, sobretudo, para se posicionar no xadrez geopolítico em tempos de polarização e conflagração militar. Independentemente do interlocutor com o qual se negociava, uma política externa altiva e independente marcou a diplomacia durante o primeiro governo Vargas.[199]

---

[199] Conforme destacado por Bastos, os governos Vargas se valeram da política externa como parte integrante da intencionalidade nacional-desenvolvimentista da ação econômica de Estado. Não era nem xenófoba ou entreguista, porém pragmática quanto aos objetivos. Na *Mensagem Apresentada ao Poder Legislativo* em 3 de maio de 1937, Getúlio Vargas destacava prognóstico econômico favorável, evidenciando dados de progresso na produção e expansão do mercado interno. Enfatizava, ainda,

Por um lado, o Brasil se aproximou dos EUA, por meio do embaixador Oswaldo Aranha; por outro, aumentou o fluxo comercial com os países do Eixo e com a Alemanha nazista, indício de que o governo buscou aproveitar as oportunidades que a conjuntura internacional bipolar se lhe apresentava. Em comum a ambas as empreitadas, o desvelo em relação à participação do capital estrangeiro.

Diversas foram as medidas a corroborar a diligência com que o governo nacionalista de Vargas se relacionava com o capital estrangeiro: a receptividade com as missões Niemeyer (1931), Cooke (1942) e Abbink (1948), o tratado comercial com os EUA (1935), a comissão mista Brasil-Estados Unidos (1951), a negociação para a construção da siderúrgica de Volta Redonda, dentre outras. Observa-se que o apelo ao capital nacional ou estrangeiro não respondia apenas a convicções ideológicas, mas, sobretudo, a sua viabilidade objetiva. Guiado pelo senso de oportunidade, portanto, o nacional-desenvolvimentismo não se opunha ao capital forâneo por princípio; antes, propunha formas de coexistência, ainda que, por pragmatismo e segurança, favorecesse o interno, a ele resguardando determinados setores considerados estratégicos – como observado no "modelo" da CSN (1941), que contou com tecnologia e financiamento norte-americanos, posteriormente reempregado na Vale do Rio Doce (1942), Petrobras (1953), Eletrobras (1962), dentre outras.

Imanente a um projeto de tal monta, a intencionalidade da política econômica desenvolvimentista se revelava pelo "guia de ação" que

---

que "países como o nosso, de industrialização incipiente, precisam incrementar suas importações, dando-lhes sentido construtor na economia nacional". Sua consciência desenvolvimentista se confirma logo na sequência da Mensagem quando fala sobre as importações que "em lugar de aumentá-las com as quotas de mercadorias de consumo imediato, devem, de preferência, adquirir equipamento que venha robustecer a organização industrial, e, sobretudo, aparelhagem capaz de produzir máquinas". BASTOS, Pedro Paulo Z. "Ascensão e crise do projeto nacional-desenvolvimentista de Getúlio Vargas". In: BASTOS, Pedro Paulo Z.; FONSECA, Pedro Cezar Dutra. (Coord.). *A Era Vargas*: desenvolvimentismo, economia e sociedade. São Paulo: Edunesp, 2012; e VARGAS, Getúlio D. *Mensagem apresentada ao Poder Legislativo em 03 de maio de 1937*. Rio de Janeiro: Imprensa Nacional, 1937, p. 13.

procurava dispor ao gestor público. Fruto inevitável de uma decisão política, tais medidas pressupunham uma ossatura burocrática tal que garantisse a efetividade dos resultados a que se propunham. Assim, tanto as políticas-meio (fiscal, monetária e cambial) quanto as políticas-fim (como as inovações legais e institucionais) atuaram no sentido de alicerçar o projeto de intervenção pró-crescimento.

Do ponto de vista fiscal, a expansão dos dispêndios subjacente à estabilização do ciclo decorrente da crise internacional de 1929. Do cambial, a centralização no Banco do Brasil com o objetivo de controlar e priorizar o acesso às divisas para os fins considerados mais relevantes pelo governo. E do creditício, a expansão do crédito ao longo dos anos 1930, em grande parte por meio da ampliação de empréstimos bancários via Banco do Brasil.[200]

Já em relação às políticas fins ou institucionais, Draibe[201] e, sobretudo, Fonseca[202] oferecem elementos que corroboram a hipótese de que, ao criar órgãos, leis, códigos etc., o governo incumbia-se de tarefa para a qual nunca havia sido acionado: liderar o país rumo ao desenvolvimento. As diversas instituições – no sentido *lato* do termo – criadas durante a era Vargas denotam a intencionalidade da política econômica levada a cabo no período. Independentemente dos objetivos para os quais foram criadas, elas tinham em comum a mão do "Estado provedor", termo assim cunhado por Bosi,[203] para organizar esse processo.

E do ponto de vista da sustentação política exigida pelo pacto desenvolvimentista, a criação de dois partidos que abrangiam interesses

---

200 BASTOS, Pedro Paulo Z. "Ortodoxia e heterodoxia antes e durante a Era Vargas". *Revista Economia*, vol. 9, n° 4, 2008.
201 DRAIBE, Sônia. *Rumos e metamorfoses*: um estudo sobre a constituição do Estado e as alternativas da industrialização no Brasil, 1930-1960. Rio de Janeiro: Paz e Terra, 1985.
202 FONSECA, Pedro Cezar D. "Sobre a intencionalidade da política industrializante do Brasil na década de 1930". *Revista de Economia Política*, vol. 23, n° 1, pp. 133-148, 2003.
203 BOSI, Alfredo. *Dialética da colonização*. São Paulo: Companhia das Letras, 2001.

divergentes, porém não conflitantes, mostrou-se capaz de acomodar o apoio necessário à sustentação da estratégia. O Partido Trabalhista Brasileiro (PTB), ligado aos interesses dos trabalhadores urbanos, e o Partido Social Democrático (PSD), representante dos latifundiários e do empresariado industrial, ampararam a política, a economia política e a política econômica do desenvolvimentismo, em suas diferentes facetas, até o golpe militar de 1964.

A queda de Vargas, em 1945, representou, entre outros fatos, a suspensão (e não exatamente o fim) da primeira experiência nacional de desenvolvimento. Apesar da vitória fugaz de setores liberais, haviam sido firmadas as bases do nacional-desenvolvimentismo nos quinze anos de sua primeira passagem pela Presidência da República. As profundas transformações por que passaram a economia e a sociedade brasileiras no período ocorreram à luz da restruturação do papel delegado à burocracia estatal nos rumos do desenvolvimento do país.

A eleição de Gaspar Dutra representou, de fato, uma mudança em relação à política econômica estadonovista. Com o fim da II Guerra, a aproximação do Brasil com o bloco capitalista e a nova arquitetura econômica concertada em Bretton Woods, a nova equipe econômica esperava por um aumento no fluxo de investimentos estrangeiros.

Assentar-se-ia, assim, uma gestão mais simpática à participação do capital internacional, esperança frustrada diante da clara prioridade oferecida por Washington à reconstrução da Europa e do Japão.

A tentativa de utilizar-se da poupança externa para viabilizar o desenvolvimento nacional concorreu, entre outros motivos, para que a literatura tradicional classificasse o quinquênio de seu mandato como um interregno liberal. Há elementos suficientes, contudo, a embasar a hipótese de que se tratou, com efeito, de um primeiro ensaio do que viria posteriormente a ser conhecido como desenvolvimento dependente-associado. Se é fato que se buscou atenuar o viés nacionalista de outrora, é igualmente verdadeiro que o projeto de Dutra (e dos militares que o cercavam) também enxergavam na busca pelo desenvolvimento o escopo maior da política econômica.

Até 1947, a gestão do ministro Guilherme Castro foi, do ponto de vista cambial, mais liberalizante. A partir do momento em que se notou que a disponibilidade de divisas não correspondia à demanda nacional por moedas conversíveis, porém, instituiu-se o sistema de licenças prévias para importação de acordo com as prioridades definidas pelo governo. Do ponto de vista fiscal, os superávits orçamentários alcançados em 1947 e 1948 revelam alguma coerência entre o discurso inicial e a prática de uma política econômica interna parcimoniosa em relação aos gastos públicos. Entretanto, à medida que a seletividade dos controles cambiais fomentava a expansão da produção industrial, a própria dinâmica da formação bruta de capital fixo ensejava a demanda por novos créditos para o sistema produtivo, o que pressionava o equilíbrio das contas públicas. Entende-se, assim, que a gestão Dutra apresentou resultados pouco condizentes com a suposta ortodoxia sugerida pela historiografia convencional.[204] [205]

Nesse sentido, argumenta-se que a hegemonia que o desenvolvimentismo havia granjeado na sociedade brasileira pode ser aferido pelo debate público que se estabeleceu naquele momento: desenvolvimento nacionalista ou associado ao capital estrangeiro? A industrialização substitutiva de importações havia se tornado quase um consenso a ponto de a União Democrática Nacional (UDN), maior partido de oposição a Vargas e cujo projeto econômico subentendia as vantagens comparativas da especialização agrária, gradualmente passa a aceitar a política em favor da industrialização – com parcimônia em relação à atuação do Estado e entusiasmo ao papel do capital estrangeiro.

Mesmo os militares, grupo de importância central no período, dividiram-se em pelo menos dois grandes grupos no que concernia ao modelo econômico. Os chamados "nacionalistas", mais alinhados ao projeto varguista, e os pejorativamente denominados de "entreguistas",

---

[204] D'ARAÚJO, Maria Celina. *O segundo governo Vargas, 1951-1954*. Rio de Janeiro: Zahar, 1982.
[205] VIANNA, Sérgio B. "Duas tentativas de estabilização: 1951-1954". In: ABREU, Marcelo de P. (Coord.). *A ordem do progresso*: dois séculos de política econômica no Brasil. Rio de Janeiro: Elsevier, 2014.

uma vez que aceitavam a participação do capital internacional no projeto industrializante do país.

Diante da clara priorização de setores comprometidos com a substituição de importações, Ayres e Fonseca (2017) argumentam que o quinquênio Dutra esteve muito mais próximo de um modelo de desenvolvimento dependente-associado à lá Juscelino Kubitschek, como se verá adiante, do que propriamente do liberal defendido por Eugênio Gudin. Pode-se apontar diversas nuances em relação à condução da política econômica instrumental até então; ainda assim, o fito maior do projeto econômico de Dutra está intimamente relacionado ao consenso estabelecido naquele momento histórico.

O retorno de Vargas à Presidência, em 1951, resgatou não apenas a base do desenvolvimentismo em sua faceta nacionalista, mas também a tensão em relação aos EUA, sobretudo no que tocava ao financiamento do projeto de industrialização. Assim como a conjuntura interna havia mudado, o contexto geopolítico definitivamente não era o mesmo da década de 1930. Ao se negar o envio de tropas para a Guerra da Coreia (1950-1953), o Brasil ficara ainda mais isolado dentro do bloco capitalista, agora sob a total hegemonia dos Estados Unidos.

Ciente das arestas diplomáticas que teriam de ser aparadas, Vargas nomeou um gabinete moderado, escolhendo para a Fazenda Horácio Lafer, industrial paulista com trânsito no *establishment* financeiro internacional. Mesmo com o acirramento da crise cambial e com o recrudescimento inflacionário a partir de 1953, Getúlio alocou Oswaldo Aranha na Fazenda, seu assessor mais próximo dos interesses norte-americanos. Novamente, buscava estabelecer pontes com o governo – e, sobretudo, com os investidores – da principal economia do mundo. A própria criação do Banco Nacional de Desenvolvimento Econômico (BNDE), em 1952, já ilustrava a noção da dificuldade que o governo encontraria para viabilizar a captação de recursos destinados ao financiamento da industrialização.

Ainda assim, Vargas não abandonou o espírito nacionalista que marcara a sua primeira gestão. Amparado nas recomendações dos economistas que compuseram a recém-criada Assessoria Econômica, o governo fez da conhecida campanha "O petróleo é nosso!" o maior exemplo dos meandros do nacional-desenvolvimentismo: a Petrobras nasceu brasileira e estatal, mas não exatamente monopolista, uma vez que se permitiu a operação de empresas multinacionais na comercialização de combustíveis, por exemplo.

Por fim, uma novidade observada em seu segundo mandato foi tentativa de incorporação definitiva dos trabalhadores urbanos ao desenvolvimento. Nascia o trabalhismo, projeto por meio do qual se buscava abarcar os interesses da classe trabalhadora. A conflagração gerada pela proposta de reajuste do salário-mínimo, em 1954, mostrou não apenas a profundidade com que o capital procurava defender sua posição relativa na renda social, mas, sobretudo, a indispensabilidade do Estado como de mediador e regulador das relações de trabalho. Ao final da crise, o liberalismo conservador teria, enfim, o cadáver por ele mesmo exortado havia mais de duas décadas.

O interregno Café Filho (1954-1956) é tradicionalmente considerado pela literatura como o período em que se tentou praticar uma política econômica de fato liberal. A passagem fugaz de sete meses de Eugenio Gudin pelo Ministério da Fazenda, entretanto, demonstra que mesmo a vontade política dos operadores da economia não se sobrepõe à estrutura político-ideológica do contexto em que se inserem. A união tática de setores ligados ao comércio exportador com defensores do desenvolvimento associado não resistiu a pressões que a onda industrializante, aprofundada na primeira metade da década, exerceu sobre os governantes e a burocracia estatal. O vice com qual Vargas pouco dialogava sucumbiu diante da realidade imposta pelo espírito de seu tempo.

O desenvolvimento dependente-associado

Ainda que envolto em crises político-institucionais desde antes da própria posse, o governo Juscelino Kubistchek (1956-1961) entrou para a historiografia (e o imaginário) nacional como a era de ouro tropical. A brasilidade daquele momento refletia-se em diversas dimensões: a arquitetura modernista, a construção da nova capital, o surgimento do Cinema Novo, a Bossa Nova, a vitória da seleção na Copa do Mundo (1958). Do ponto de vista econômico, o país também exibia avanços consideráveis ao consolidar a vertente não nacionalista do desenvolvimentismo.

JK soube aproveitar-se do momento para, baseado, sobretudo, nas inversões estrangeiras, alargar e aprofundar o processo de industrialização que já havia se iniciado nas décadas anteriores. Diante dos salários mais elevados requeridos pelos trabalhadores da Europa e do Japão já reconstruídos, a atração das multinacionais foi um trunfo de sua diplomacia econômica. O país passava a substituir importações em setores novos, como bens de consumo duráveis, intermediários e de capital. Baseado no capital estrangeiro, o Brasil vivia o auge do desenvolvimentismo internacionalizante, tendo na figura do Estado o ente responsável por guiar as inversões do setor industrial.[206]

Reconhecido como a primeira experiência brasileira efetivamente sistematizada de planejamento econômico, o Plano de Metas exibia clara influência sofrida pela CEPAL, órgão que delineou as linhas e a linguagem do projeto econômico de Kubitschek. Por meio da análise das tendências da demanda e da oferta de diversos setores econômicos, o plano determinou as áreas prioritárias em que deveriam ser alocados os investimentos: energia, transportes, indústria de base, alimentação e educação.

---

[206] Faz-se relevante ressaltar que, embora associado ao capital estrangeiro, tal estratégia também focava a industrialização para o mercado interno, e não se voltava para fora, como no modelo *"export-led"*. O debate com a utilização das tipologias *"profit-led"* (foco no lucro dos empresários) e *"wage-led"* (baseado no consumo dos trabalhadores) contribui para compreender as diferenças entre o nacional-desenvolvimentismo e o dependente-associado. O primeiro encampava políticas redistributivistas, como a legislação trabalhista de Vargas e as reformas de base de Goulart (embora, na prática, os resultados, como aumentos de salários acompanhando a produtividade, tenham ficado aquém das expectativas). Já o segundo subentendia que o estímulo aos lucros e ao consumo de mais altas rendas era o melhor caminho para estimular as inversões e acelerar o crescimento econômico e a geração de emprego – medidas por meio das quais se acreditava, no longo prazo, incorporar os trabalhadores nos frutos do desenvolvimento.

Do ponto de vista da economia política que viabilizou a sua execução, Lessa (1981) resume em três os principais pontos nos quais o plano se assentou: (1) atração de capital estrangeiro; (2) ampliação da participação do setor público; e (3) estímulo às inversões privadas. A política de captação de recursos no exterior mostrou-se fundamental para a continuidade do PSI dada a limitada estrutura brasileira de financiamento de longo prazo. De acordo com o autor, a entrada de capitais estrangeiros, via investimento ou financiamento, fazia-se necessária para a manutenção do nível de crescimento econômico almejado pelo plano, pois era a "única via aberta, dadas as regras de jogo das instituições brasileiras, à continuidade do processo de substituição de importações".[207]

No que tange à ampliação da participação do setor público, o ente estatal não se limitou apenas a gerenciar o plano. Além da administração fiscal e cambial condizente com os objetivos a que havia se proposto, o governo arcou diretamente com parte expressiva das inversões.

Se comparado ao triênio imediatamente anterior ao Plano de Metas, a Formação Bruta de Capital Fixo (FBKF) do setor público saltou de 25% para 37%; se incluídas as empresas estatais federais, a taxa atingiria 48%. A maior presença do setor público também pôde ser observada nas operações de crédito, que passaram de 5,3% entre 1954-1956 a 19,5% entre 1957-1960. Ademais, a participação do Banco do Brasil no mercado de crédito ao setor privado chegou a mais de 50% do total de empréstimos.[208]

Por fim, os estímulos aos investimentos privados em setores prioritários foram viabilizados pelo BNDE, o que evidencia a atuação holística do ente público mesmo durante a fase não nacionalista da industrialização.

A debilidade da estrutura de financiamento da industrialização mostrava-se, mais uma vez, óbice quase intransponível. Enquanto os

---

[207] LESSA, Carlos. *Quinze anos de política econômica*. São Paulo: Brasiliense, 1981, p. 57.
[208] LESSA, Carlos. *Quinze anos de política econômica*. São Paulo: Brasiliense, 1981.

fluxos de capitais – sobretudo em investimento direto – permitiram, o país apresentou as mais altas taxas de formação bruta de capital fixo já observadas até então. Tal constrangimento, havia muito conhecido, reforçou o debate sobre como financiar internamente as políticas de desenvolvimento. Se a tributação extra recaísse sobre setores agrários, muito provavelmente o pacto varguista sucumbiria; sobre lucros, deporia contra um governo desenvolvimentista e, portanto, pró-acumulação; e sobre salários, seria fragilizar a já frágil base de sustentação do trabalhismo. Escancarava-se, mais uma vez, a precariedade do sistema de financiamento de longo prazo no Brasil.

Conforme argumentou Tavares,[209] a fase "avançada" do PSI mostrava-se mais complexa, não apenas do ponto de vista tecnológico, mas também das bases de financiamento, do estrangulamento externo e do controle inflacionário. Após o auge vivenciado durante o governo JK, o PSI demonstrava sinais de esgotamento.

A eleição de Jânio Quadros (1961) sinalizava se não um rompimento com o desenvolvimentismo, ao menos o aprofundamento da sua versão internacionalizante. Ao unificar, e desvalorizar, a taxa de câmbio (Instrução 204 da SUMOC, Superintendência da Moeda e do Crédito), o governo pretendia indicar ao mercado internacional a sua parcimônia em relação à questão da (já elevada) dívida externa. Ao ver frustradas as suas intenções de financiamento junto aos EUA, Jânio adotou uma política externa dúbia – reestabelecendo relações diplomáticas com o União Soviética e homenagear Ernesto Guevara de La Serna, um dos líderes da Revolução Cubana (1959). Sua renúncia enigmática e inesperada contribuiu para lançar o país em uma crise institucional que já se avizinhava havia anos.

Assim, o governo Goulart (1961-1964) arcou com o ônus do acirramento político estabelecido havia mais de uma década. Do ponto de vista econômico, observou-se a tentativa de resgatar as bases do

---

[209] TAVARES, Maria da Conceição. *Da substituição de importações ao capitalismo financeiro*. Rio de Janeiro: Zahar, 1972.

projeto nacional-desenvolvimentista. O contexto político era ainda mais intrincado, porém.

Com o acirramento da Guerra Fria, os conflitos sociais que emergiam no campo ganhavam espaço, como, por exemplo, a atuação das Ligas Camponesas em defesa da reforma agrária. Assim, a tentativa de incluir trabalhadores rurais no pacto sem desagradar os latifundiários tornou-se um desafio insolúvel para um governo que, antes de desenvolvimentista, apresentava-se como trabalhista.

Apesar de também se utilizar de uma retórica nacionalista, o governo buscou aproximar-se dos Estados Unidos (e seus investidores). Goulart esteve em Washington, em 1962, onde foi recebido por John Kennedy e diversos empresários, como Nelson Rockefeller. Se exitosa do ponto de vista da simbologia diplomática, o presidente brasileiro não colheu o bônus econômico pretendido. Além do acirramento da luta política interna, contribuiu para o afastamento do capital estrangeiro a defesa incisiva das chamadas reformas de base, as quais buscavam mitigar não apenas problemas sociais, mas também os relacionados ao financiamento das inversões.

Do ponto de vista econômico, além da abrupta queda na taxa de formação de capital e da desaceleração da demanda agregada, a inflação, medida pelo IGP-DI, atingira 30% em 1960 e constituía-se novamente no principal problema a ser enfrentado. Diante da frágil estrutura das instituições econômicas do país, a tentativa de estabilização repousava em delicada arquitetura, começando pela indicação dos ministros. Assim que restabeleceu os plenos poderes presidenciais, Goulart procurou nomear um ministério de notáveis, no qual se destacava a moderação de seus principais integrantes. O Ministério da Fazenda ficou nas mãos de San Tiago Dantas, conhecido por defender ideias ortodoxas no que dizia respeito ao combate inflacionário.

As primeiras medidas da nova fase do governo Goulart estavam consignadas no Plano Trienal, pelo qual se previa a execução de típicas políticas restritivas de programas de estabilização convencionais, como redução do déficit público, controle das emissões e restrição do crédito ao setor privado. Além disso, propunha a uniformização das taxas cambiais e sua fixação em níveis realistas.

No final de 1963, Goulart alinhou-se à esquerda mais radical para tentar permanecer no poder, marcando uma mudança de ênfase na condução da política econômica. As dificuldades econômicas associadas aos custos do programa de estabilização juntavam-se ao quadro de deterioração política progressiva para acirrar a radicalização de posições. O desfecho da longa crise se deu por meio da ruptura institucional de 1964, quando se abriu caminho para a adoção de medidas que, embora também visassem ao desenvolvimento, fizeram-no mediante políticas de forte impacto social.

Se o golpe civil-militar de 1964 instaurou uma nova era da história política do país, no campo econômico as mudanças foram mais tênues e nuançadas. É verdade que a centralização do poder permitiu ao governo levar a cabo uma série de medidas impopulares durante os primeiros três anos do regime, as quais ensejaram o vigoroso aumento do PIB observado a partir do final dos anos 1960. Sem embargo, manteve-se a opção pelo crescimento acelerado, mesmo que às custas da distribuição de renda e das reformas de base. O desenvolvimento ainda era o norte, não obstante o caminho para atingi-lo tenha sido alterado. Inaugurava-se a chamada "modernização conservadora", estratégia (mais próxima da vertente associada de JK que da nacionalista de Vargas) que caracterizou o desenvolvimentismo durante quase todo o regime militar.

A equipe que assumiu o comando da economia – Octávio Gouveia de Bulhões, na Fazenda, e Roberto Campos no recém-criado Ministério Extraordinário para o Planejamento e Coordenação Econômica – optou por uma política econômica austera, instrumentalizada pelas medidas contidas no Plano de Ação Econômica do Governo (PAEG), além de duas reformas institucionais: a tributária e a financeira.

Medidas restritivas e impopulares – tais como uma abrupta redução do déficit público, uma reforma tributária regressiva e uma política de arrocho salarial – lograram assentar a inflação a patamares condizentes com as expectativas do empresariado e, principalmente, dos consumidores. A despeito de suas repercussões distributivas e sobre a demanda agregada no curto prazo, estipularam-se objetivos parcimoniosos, uma vez que se preterira o tratamento de choque em benefício de uma estabilização gradualista. Além disso, um contexto externo simpático ao financiamento das economias ditas do Terceiro Mundo moldou a conjuntura em que se assistiu às mais altas taxas de crescimento estatisticamente documentadas no país.

Concomitantemente, o governo promoveu duas importantes reformas estruturais que se provaram fundamentais para embasar o crescimento econômico observado a partir de 1968. A reforma financeira inaugurou uma nova estratégia de lidar com a inflação ao instituir a correção monetária.[210] Buscava-se uma convivência harmoniosa com a elevação generalizada dos preços, o que, por sua vez, acabava por penalizar os setores incapazes de reajustar seus preços com base na inflação passada, notadamente, os trabalhadores pouco organizados do ponto de vista político e sindical.

Além disso, procurou-se dotar o sistema financeiro brasileiro de mecanismos de financiamento de longo prazo que alicerçassem o processo de industrialização em curso. Para tanto, reestruturou-se seu arcabouço institucional, delegando as incumbências de autoridade monetária ao recém-criado Banco Central e ao Conselho Monetário Nacional. Tratou-se, ainda, de oferecer benefícios ao capital estrangeiro ao se facilitar a captação no mercado financeiro internacional, bem como o envio de lucros ao exterior.

Por fim, com intuito de atenuar um antigo entrave institucional sob a ótica do capital, o governo extinguiu a antiga estabilidade laboral a qual vigia no país havia anos. Como forma de recompensar os trabalhadores, criou-se o Fundo de Garantia do Tempo de Serviço (FGTS), uma poupança forçada destinada ao financiamento de obras sociais e de infraestrutura, e que poderia ser resgatada em determinadas situações de interesse do trabalhador.

---

210 Do ponto de vista do financiamento das atividades públicas, a reforma criou um mercado de dívida pública ao instituir as obrigações reajustáveis do Tesouro Nacional (ORTN).

Já a reforma tributária promoveu um típico ajuste fiscal recessionista, aumentando a arrecadação ao mesmo tempo em que a centralizava no governo federal – movimento de sístole (e diástole) consagrado na oportuna analogia de Sola e Kugelmas.[211] Dentre as suas principais medidas, destacam-se: (1) redefinição do espaço tributário entre as diversas esferas do governo; (2) instituição da arrecadação de impostos através da rede bancária; (3) transformação de impostos em cascata em impostos sobre valor adicionado, tais como ISS, ICM e IPI, além de fundos parafiscais, como o já citado FGTS e o PIS; e (4) ampliação da base de incidência do IRPF.

O gabinete do segundo governo militar (1967-1969) foi alterado assim que o general Artur da Costa e Silva assumiu a Presidência da República. Sob a gestão de Antonio Delfim Netto, promoveram-se mudanças expressivas na condução da política econômica. Em primeiro lugar, identificou-se na resiliente pressão inflacionária um caráter eminentemente de custo. Diante da capacidade ociosa herdada do período anterior, aquele diagnóstico permitiu ao ministro imprimir um caráter fortemente expansionista nas políticas fiscal e, principalmente, monetária, passando a estimular a demanda agregada através de todos os seus componentes: consumo privado, investimentos, dispêndios públicos e exportações.

Com este propósito, o governo lançou, em meados de 1968, o Plano Estratégico de Desenvolvimento (PED), cujas diretrizes vieram a emoldurar o chamado "milagre econômico brasileiro" – período de mais forte crescimento registrado na história estatisticamente registrada do país (média de aproximadamente 11% a.a.). Dentre as principais medidas do plano, destacam-se o fortalecimento da empresa privada, a consolidação da infraestrutura, o aumento das transações comerciais com o exterior e a ampliação do mercado interno, principalmente o voltado para bens de consumo durável.

---

[211] SOLA, Lourdes; KUGELMAS, Eduardo. "Política econômica, governabilidade e regime federalista". *XXII Encontro anual da Anpocs*, Caxambu, 1998.

Do ponto de vista do processo de industrialização, o governo intensificou a substituição de importações, com destaque para os setores de bens de consumo duráveis e de capital, fortemente apoiada no fluxo de investimento estrangeiro direto (IED). Com efeito, a conjuntura externa beneficiou o aprofundamento PSI, de modo que a maciça captação de recursos no sistema financeiro internacional concorreu sobremaneira para o sucesso dos desígnios do governo. Mas além de financiar o estabelecimento de novas plantas industriais – nacionais e estrangeiras –, o crescimento vultoso do comércio internacional que se fazia observar desde a década anterior contribuiu para um aumento de 330% nas exportações.

O fim do período posteriormente alcunhado como o "milagre econômico" não viria desacompanhado de consequências onerosas. O vigoroso crescimento econômico que justificou a designação alegórica implicou um expressivo aumento da concentração de renda e da dependência externa do país.

A ampliação da capacidade produtiva – com destaque para o setor de bens de consumo duráveis – resultou em demanda por petróleo e bens de capital que já não mais poderia ser atendida pelo parque industrial brasileiro, subordinando, pois, o crescimento da economia à sua capacidade de importação.

Na primeira metade dos anos 1970, a primeira crise do petróleo impôs condicionalidades severas ao desempenho futuro da economia brasileira. O salto no preço do combustível desencadeou aumento da taxa de juros nos países industrializados já em 1974, medida em parte responsável pela relativa queda da atividade econômica observada no biênio subsequente. A decorrente contração das exportações brasileiras impediu a geração suficiente de divisas para que se mantivessem os níveis de importação de insumos.

Tal cenário de restrição foi aliviado pela maciça entrada dos chamados "petrodólares" no mercado financeiro internacional e pela percepção de que o Brasil representava um devedor seguro e confiável por parte dos agentes intermediários. Conforme assinala Carneiro,[212] a abundância de liquidez permitiu que os déficits em conta-corrente fossem financiados sem que houvesse percepção real do quadro dramático que se avistava, elevando a já vultosa dívida externa brasileira e contribuindo para reforçar a vulnerabilidade da economia do país em relação aos credores externos.

Diante desse cenário de dependência, o governo empossado em março de 1974 deparava-se, a princípio, com duas alternativas para materializar o ajuste externo que se mostrava inevitável. A dicotomia parcialmente imposta pelo primeiro choque do petróleo pode ser resumida pelas seguintes opções necessariamente excludentes: ajustamento ou financiamento. A primeira atrelaria o crescimento do PIB às condições do mercado internacional, o que permitiria à economia um crescimento somente quando liderado pelas exportações. Já o financiamento buscaria a possível desvinculação do cenário externo ao se investir na ampliação da capacidade de produção doméstica de energia e de bens de capital.

O ajustamento caracterizar-se-ia por um modelo conjuntural e potencialmente recessivo, pressupondo, dessa forma, a provisoriedade da crise: tratar-se-ia de vicissitude temporal e não repetitiva. A segunda alternativa apostava em uma ousada estratégia de adaptação estrutural baseada na endogenização da oferta de insumos industriais e no aumento das exportações. Contudo, ambas estariam sujeitas, em algum grau, ao aval do mercado financeiro internacional.[213]

A opção patrocinada pelo governo, o ajuste estrutural, extrapolava a dicotomia acima resumida, uma vez que rejeitava tanto a recessão como o simples endividamento como estratégia para financiar o balanço de pagamentos. Agora, ao aprofundar a ISI tendo o Estado e as estatais como atores centrais, a "opção de 1974" aproximava-se mais do

---

[212] CARNEIRO, Dionísio D. "Crise e esperança". *In*: ABREU, Marcelo de P. (Coord.). *A ordem do progresso*: dois séculos de política econômica no Brasil. Rio de Janeiro: Elsevier, 2014.

[213] HERMANN, Jennifer. "Reformas, endividamento externo e o 'milagre' econômico (1964-1973)". *In*: GIAMBIAGI, Fábio *et al.* (Coord.). *Economia brasileira contemporânea*. Rio de Janeiro: Elsevier, 2011.

nacional-desenvolvimentismo varguista do que do internacionalizante de JK.

A despeito da reticência do então ministro da Fazenda, Mário Henrique Simonsen, havia fatores extraeconômicos que viriam a embasar a opção pelo ajuste estrutural. Além da forte demanda empresarial pela continuidade do crescimento econômico – uma vez que haviam sido concretizados investimentos robustos durante o período do "milagre", a maioria dos quais ainda em fase de maturação –, a credibilidade econômica requerida por um governo que se arvorara pelo delicado processo de abertura política muito contribuiu para esta decisão. Neste sentido é que não se pode negar uma manifesta vontade política ao se avaliar um plano de tamanha envergadura. Conforme destaca Sallum Junior (1996), uma resposta ortodoxa à crise conduziria a restrições econômicas imediatas, acirraria os conflitos distributivos e reduziria muito as possibilidades de o governo promover com sucesso a distensão política em que se empenhara.

Assim, a alternativa adotada foi concretizada pelo lançamento do II Plano Nacional de Desenvolvimento (II PND).

Tratava-se de um audacioso pacote de investimentos públicos e privados direcionados a setores identificados como "pontos de estrangulamento", tais como: exportação, infraestrutura, bens de capital e insumos básicos, com destaque para metalurgia e petroquímica. A ousadia do plano foi precisamente resumida por Tavares e Assis:

> Pretendia-se nada menos do que, de forma simultânea, concluir o ciclo de instalação da indústria pesada, acabar de internar a indústria de bens de capital e completar o parque industrial de insumos básicos e de bens intermediários; além de expandir os serviços de infraestrutura nos setores de energia, transportes e telecomunicações.[214]

---

[214] TAVARES, Maria da Conceição; ASSIS, José Carlos de. *O grande salto para o caos*: a economia política e a política econômica do regime autoritário. Rio de Janeiro: Zahar, 1985, p. 43.

O financiamento das obras, principal motivo pelo qual o plano se fazia proibitivo para o chamado grupo ortodoxo da equipe econômica, contou com a ampla disponibilidade de crédito no mercado financeiro internacional. Para Carneiro,[215] as autoridades brasileiras não demonstravam conhecimento das novas restrições impostas pelo primeiro choque do petróleo. Caso o tivessem feito, "certamente a imagem da ilha de prosperidade, que só cairia no ridículo com a brusca desaceleração das exportações em 1975, não constituiria [...] o deleite da oposição ao regime".

Para os entusiastas do modelo adotado, as implicações negativas do programa deveriam ser assaz mitigadas se comparadas a seus dividendos positivos. Sem negar a escalada da dívida externa desencadeada pelo plano, Castro[216] argumenta que, diante da crise que se avistava, de nada adiantaria contrair ou desaquecer a economia deixando a estrutura produtiva intactamente vulnerável. Para este autor, a "opção de 74" não consistia em adiar problemas e postergar soluções; sua negativa, sim, é que o faria. Em prosa alarmante, atestava que "travar a economia em 1974, depois de crescer 14% no ano anterior [...] equivaleria a promover o desmoronamento do presente e o comprometimento do futuro". Nas palavras de João Paulo dos Reis Velloso, então Secretário do Planejamento e responsável direto pela implantação do II PND, "a crise do petróleo apenas tornou o programa de 1974 imperioso e inadiável".[217]

Ainda assim, os resultados positivos do ajuste externo adotado pelo governo Geisel podem ser sumarizados em três diferentes aspectos: o avanço do processo de substituição de importações, a redução da

---

[215] CARNEIRO, Dionísio D. "Crise e esperança". *In*: ABREU, Marcelo de P. (Coord.). *A ordem do progresso*: dois séculos de política econômica no Brasil. Rio de Janeiro: Elsevier, 2014, p. 298.

[216] CASTRO, Antonio B. de. "Ajustamento vs. transformação: a economia brasileira de 1974 a 1984". *In*: CASTRO, Antonio B. de; SOUZA, Francisco P. *A economia brasileira em marcha forçada*. São Paulo: Paz e Terra, 1985.

[217] CASTRO, Antonio B. de. "Ajustamento vs transformação: a economia brasileira de 1974 a 1984". *In*: CASTRO, Antonio B. de; SOUZA, Francisco P. *A economia brasileira em marcha forçada*. São Paulo: Paz e Terra, 1985.

dependência externa em relação ao petróleo e o aumento na diversificação das exportações de bens manufaturados. No curto prazo, a elevada taxa média de crescimento atingida entre 1974 e 1979 (aproximadamente 7% a.a.), garantida em grande parte pelo plano estatal, corroborou as expectativas não-recessivas do governo.

Já os desdobramentos negativos do audaz plano de investimentos constituem um dos raros consensos entre os analistas. Com efeito, o II PND contribuiu em larga escala para o recrudescimento da situação das contas externas, situação que esteve na base do agravamento dos conflitos distributivos e da aceleração inflacionária dos anos 1980.[218]

Ademais, o mundo também passava por transformações econômicas que balizaram diretamente a realidade brasileira. O advento do neoliberalismo, bem como as crises do fordismo e do Estado de bem-estar social concorreram para o fim da chamada "era de ouro" do capitalismo, inclusive no Brasil. Tal confluência de fatores fez do final da década de 1970 o epílogo do desenvolvimentismo brasileiro.

No cotidiano da administração econômica, a gravidade da crise do balanço de pagamentos e a aceleração inflacionária relegaram, a partir de 1981, as metas de crescimento a segundo plano. De modo que, a partir daquele momento, o gargalo externo passou a ocupar todas as preocupações da equipe econômica do governo Figueiredo. Conforme destaca Carneiro,[219] o discurso oficial passou a ser marcado, então, por uma demonstração contínua de "fé ortodoxa" nos controles de demanda.

A recessão amargada pelo país em 1983 resultou em arrocho salarial incisivo para os trabalhadores brasileiros. No ano seguinte, o superávit comercial de US$ 12 bilhões foi alcançado por meio de condições ainda mais humilhantes, a ponto de o reconhecidamente contido

---

[218] Na opinião de um dos principais atores do regime militar, o ex-ministro Delfim Netto (2014), a opção pelo ajustamento pelo lado da oferta custou caro à economia brasileira: "Quem quebrou o Brasil foi o Geisel".

[219] CARNEIRO, Dionísio D. "Crise e esperança". In: ABREU, Marcelo de P. (Coord.). *A ordem do progresso*: dois séculos de política econômica no Brasil. Rio de Janeiro: Elsevier, 2014.

DE VARGAS A SARNEY: APOGEU E CREPÚSCULO...

presidente do Banco Central àquele momento, Carlos Langoni, assumir que "a política econômica que vem sendo adotada é socialmente injusta e economicamente ineficiente".[220]

A esperança subjacente à derrocada do governo autoritário fomentou, no imaginário social, a expectativa de que o retorno à democracia bastava por si só para extinguir todos os males que acometiam a sociedade brasileira, incluindo aí o inimigo público número um daquele momento: a inflação. O projeto de desenvolvimento nacional inaugurado na década de 1930 cedia terreno à prioridade de uma época em que a moeda brasileira esteve praticamente inutilizada. Diversas foram as tentativas malsucedidas de se debelar a inflação durante o governo Sarney (1985-1990).

Se o primeiro governo civil da Nova República falhou em controlar o aumento generalizado dos preços, deve-se a seus artífices a construção de uma das mais relevantes instituições brasileiras da atualidade. A Carta Cidadã de 1988 incorporou aspectos relevantes da era desenvolvimentista, como a diferenciação entre capital nacional e estrangeiro, a inclusão econômica de segmentos desde sempre subalternizados e, sobretudo, a defesa e a ampliação de direitos sociais.

Se a história se presta a ensinar, o Brasil do século XXI teria muito a aprender com esse capítulo do seu passado.

---

[220] TAVARES, Maria da Conceição; ASSIS, José Carlos de. *O grande salto para o caos*: a economia política e a política econômica do regime autoritário. Rio de Janeiro: Zahar, 1985.

Referências Bibliográficas

AYRES, Leonardo Staevie; FONSECA, Pedro Cezar Dutra. "Liberalismo ou desenvolvimentismo associado? Uma interpretação da política econômica do governo Dutra, 1946-1951". *Análise Econômica*, vol. 35, 2017.

BASTOS, Pedro Paulo Z. "Ascensão e crise do projeto nacional-desenvolvimentista de Getúlio Vargas". *In*: _____; FONSECA, Pedro Cezar D. (Coord.). *A Era Vargas*: desenvolvimentismo, economia e sociedade. São Paulo: Edunesp, 2012.

BASTOS, Pedro Paulo Z. "Ortodoxia e heterodoxia antes e durante a Era Vargas". *Economia*, vol. 9, n° 4, 2008.

BOSI, Alfredo. *Dialética da colonização*. São Paulo: Companhia das Letras, 2001.

CARNEIRO, Dionísio D. "Crise e esperança". *In*: ABREU, Marcelo de P. (Coord.). *A ordem do progresso*: dois séculos de política econômica no Brasil. Rio de Janeiro: Elsevier, 2014.

CASTRO, Antonio Barros de. "Ajustamento vs. transformação: a economia brasileira de 1974 a 1984". *In*: _____; SOUZA, Francisco Pires. *A economia brasileira em marcha forçada*. São Paulo: Paz e Terra, 1985.

D'ARAÚJO, Maria Celina. *O segundo Governo Vargas, 1951-1954*. Rio de Janeiro: Zahar, 1982.

DELFIM NETTO, Antonio. "Quem quebrou o Brasil foi o Geisel, afirma Delfim". Folha de São Paulo. Acessado em 17.12.2021. Disponível em: http://www1.folha.uol.com.br/poder/2014/04/1436007-quem-quebrou-o-brasil-foi-o-geisel-aforma-delfim.shtml.

DRAIBE, Sônia. *Rumos e metamorfoses*: um estudo sobre a constituição do Estado e as alternativas da industrialização no Brasil, 1930-1960. Rio de Janeiro: Paz e Terra, 1985.

FAUSTO, Boris. *História do Brasil*. São Paulo: Edusp, 1995.

FISHLOW, Albert. "Origens e consequências da substituição de importações no Brasil". *Estudos Econômicos*, São Paulo: USP, 1972.

FONSECA, Pedro Cezar Dutra. "Desenvolvimentismo: a construção do conceito". *In*: CALIXTRE, André Bojikian; BIANCARELLI, André Martins; CINTRA, Marcos Antonio Macedo (Coord.). *Presente e futuro do desenvolvimento brasileiro*. Brasil: Ipea, 2014.

FONSECA, Pedro Cezar Dutra. "Gênese e precursores do desenvolvimentismo no Brasil". *Revista Pesquisa & Debate*, vol. 15, n° 2, 2004.

FONSECA, Pedro Cezar Dutra. "Sobre a intencionalidade da política industrializante do Brasil na década de 1930". *Revista de Economia Política*, vol. 23, nº 1, 2003.

HERMANN, Jennifer. "Reformas, endividamento externo e o 'milagre' econômico (1964-1973)". *In*: GIAMBIAGI, Fabio *et al.* (Coord.). *Economia Brasileira Contemporânea*, Rio de Janeiro: Elsevier, 2011.

LESSA, Carlos. *Quinze anos de política econômica*. São Paulo: Brasiliense, 1981.

SALLUM JUNIOR, Brasílio. *Labirintos*: dos generais à Nova República. São Paulo: Hucitec, 1996.

SOLA, Lourdes; KUGELMAS, Eduardo. "Política econômica, governabilidade e regime federalista". *Encontro anual da Anpocs*, nº 22, Caxambu, 1998.

TAVARES, Maria da Conceição. *Da substituição de importações ao capitalismo financeiro*. Rio de Janeiro: Zahar, 1972.

TAVARES, Maria da Conceição; ASSIS, José Carlos de. *O grande salto para o caos*: a economia política e a política econômica do regime autoritário. Rio de Janeiro: Zahar, 1985.

VARGAS, Getúlio. *Mensagem apresentada ao Poder Legislativo em 03 de maio de 1937*. Rio de Janeiro: Imprensa Nacional, 1937.

VIANNA, Sérgio B. "Duas tentativas de estabilização: 1951-1954". *In*: ABREU, Marcelo de Paiva (Coord.). *A ordem do progresso*: dois séculos de política econômica no Brasil. Rio de Janeiro: Elsevier, 2014.

CAPÍTULO X
O RECUO DA INDÚSTRIA

MÁRIO BERNARDINI[221]

A sociedade brasileira precisa se unir em torno de um projeto nacional de desenvolvimento, no qual o setor produtivo de bens e serviços seja o instrumento básico indutor do crescimento. Esse projeto nacional, além de garantir a manutenção de um ambiente macroeconômico favorável à produção e ao trabalho, apoio à educação de qualidade, à P,D&I, deverá ter como foco o desenvolvimento econômico com justiça social, com respeito ao meio ambiente, com a redução das desigualdades, e com igualdade no acesso às oportunidades.

A indústria e, em especial, a indústria de transformação começou a ter um certo peso na economia brasileira somente a partir dos anos 1920. Antes disso, nossa economia era basicamente vinculada à produção do café e à atividade mercantil exportadora, que demandava

---

[221] Engenheiro, industrial e membro do Conselho Superior de Economia da FIESP, a Federação das Indústrias do Estado de São Paulo.

alguma atividade industrial, concentrada no setor têxtil, principalmente para a fabricação de sacaria para o café, e na fundição e produção de equipamentos quase artesanais.

A Primeira Guerra Mundial, ao dificultar nosso acesso a bens industriais e a máquinas e equipamentos, mostrou a enorme dependência do Brasil das importações de países industrializados e incentivou alguma produção substitutiva de importações, reforçando o papel da indústria. O crescimento de sua importância ensejou a saída dos industriais da Associação Comercial, e a criação, em 1928, do CIESP, Centro das Indústrias do Estado de São Paulo.

A crise de 29, junto com a *debacle* do café e, principalmente, a subida de Getúlio Vargas ao poder, em 1930, foram fundamentais para a vitória, ainda que com um atraso de 200 anos em relação aos países desenvolvidos, da "orientação industrial brasileira", defendida por Roberto Simonsen, em seu discurso de posse, na qualidade de vice-presidente do CIESP. Esta última, por sua vez, viraria a FIESP, Federação das Indústrias do Estado de São Paulo, em 1931, ainda que mantendo sua condição de sociedade civil.

Nem mesmo o fato de as indústrias paulistas terem apoiado a revolução de 1932 mudou a opção de Vargas pela industrialização, que experimentou um forte crescimento naquela década, graças à transferência de capitais do setor cafeeiro para a indústria e aos controles cambiais instituídos em 1931. Ao organizar a crônica escassez de divisas, priorizando as "importações essenciais" tais iniciativas criavam, na prática, a política de substituição das importações.

Desenvolvimento e Estado

A Segunda Guerra Mundial reduziu fortemente a oferta de produtos industrializados e limitou, ainda mais, a possibilidade de importá-los, o que acabou consolidando a política de substituição das importações como diretriz de Estado. Assim, na década seguinte nascem a Companhia Siderúrgica Nacional, a Companhia Vale do Rio Doce, a Companhia Hidroelétrica do São Francisco, ou seja, o núcleo inicial das indústrias de base, essenciais à industrialização brasileira.

O RECUO DA INDÚSTRIA

A década de 1950 viu o surgimento da Petrobras e do BNDES, ainda com Vargas. O banco de investimentos foi essencial para o crescimento industrial que ocorreu no governo Juscelino Kubitschek (1956-1961), que consolidou vários setores industriais, com destaque para a indústria automobilística. A indústria de transformação ainda cresceu de forma robusta na década de 1970, chegando a seu ápice, em termos de participação no PIB, no início dos anos 1980.

Isto pode ser visto claramente, no gráfico abaixo, que mostra o crescimento, praticamente contínuo, do peso da indústria no PIB, entre os anos 1950-1980.

Participação da indústria de transformação no PIB

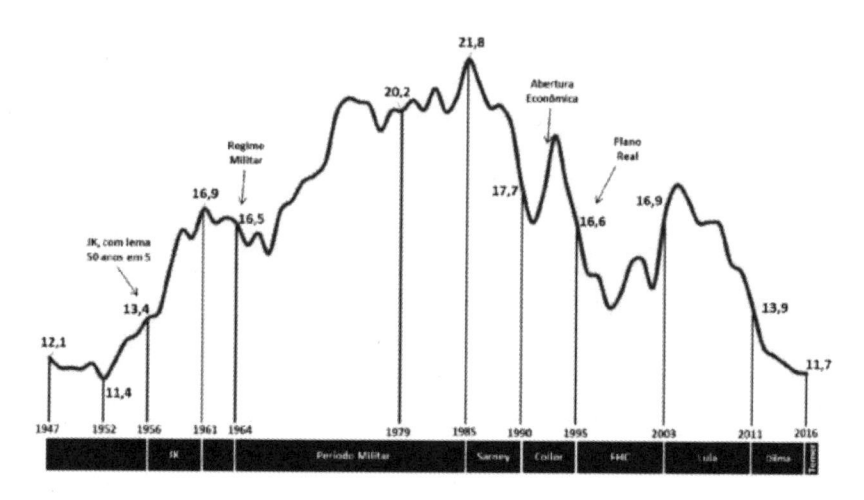

(Depecon-Fiesp. Dados do IBGE e metodologia Bonelli e Pessoa)

A partir daí, a indústria iniciou sua queda relativa, reduzindo fortemente seu peso no PIB, com exceção de dois breves períodos. Este rápido processo de desindustrialização é também confirmado, visualmente, pelo gráfico acima.

Como consequência, 80 anos depois de sua implantação, a indústria de transformação brasileira ficou reduzida a algo em torno de

11% do PIB, ou seja, a mesma ordem de grandeza de seu início. Mais grave ainda, é o fato de ela continuar encolhendo, como atestam tanto o grande número de indústrias que fecharam ao longo da última década, quanto a recente saída do país de empresas multinacionais, aqui estabelecidas há muito tempo.

Há quem veja como natural este processo de redução do peso da indústria no PIB pois, à medida que o país se desenvolve, o setor de serviços passa a crescer, relativamente ao Produto, mais do que o setor industrial. Foi o que ocorreu na maioria dos países desenvolvidos, ao mesmo tempo em que a renda per capita crescia. É razoavelmente intuitivo pensar que os consumidores, a partir de um determinado nível de renda, demandem menos bens, por já os terem, e passem a consumir mais e mais serviços.

Entretanto, a experiência mostra que isso é relativamente natural a partir de uma renda per capita mínima, de US$ 12 a 15 mil em poder de paridade de compra, quando, tanto o consumidor quanto a indústria, começam a solicitar serviços de qualidade cada vez mais complexos. A mudança permite que o setor de serviços sofisticados substitua a indústria no papel de criar empregos de qualidade, mantendo, assim, o aumento da renda per capita, mesmo com a indústria não acompanhando o crescimento do PIB.

Queda da indústria e da renda

Esse processo de crescimento dos serviços de qualidade e do relativo decréscimo do peso da indústria não é, porém, o que ocorreu no Brasil, a partir de meados dos anos 1980, quando começa seu declínio relativo. Na realidade, no caso brasileiro, há uma queda abrupta da indústria, sem que os serviços se sofisticassem, puxados por uma demanda mais qualificada, tanto de consumidores quanto da própria indústria, e sem que o patamar mínimo de renda per capita fosse superado.

O gráfico abaixo, ao mostrar a evolução ao longo do tempo da participação da indústria no PIB versus a evolução da renda per capita

O RECUO DA INDÚSTRIA

em diversos países, confirma de forma clara que a redução relativa do peso da indústria brasileira não segue o padrão normal. A brusca queda da indústria de transformação, a partir dos anos 1980, sem que o PIB/capita aumentasse significativamente, como ocorre nos demais países selecionados, caracteriza uma desindustrialização forte e precoce de nosso parque industrial.

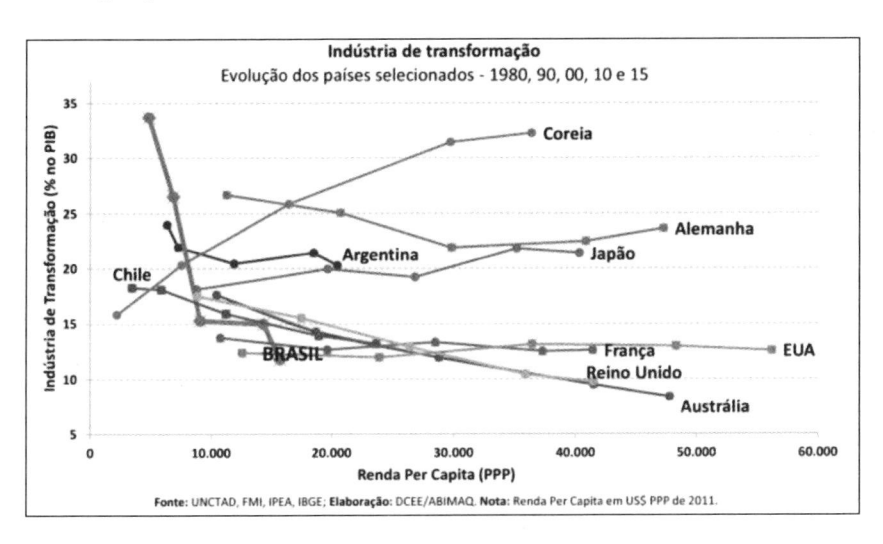

Indústria de transformação
Evolução dos países selecionados - 1980, 90, 00, 10 e 15

Fonte: UNCTAD, FMI, IPEA, IBGE; Elaboração: DCEE/ABIMAQ. Nota: Renda Per Capita em US$ PPP de 2011.

De fato, a partir de meados dos anos 1980, não por acaso conhecidos como a década perdida, a indústria de transformação inicia sua perda de participação no PIB, de forma praticamente contínua, salvo dois breves episódios de recuperação, entre 1990 e 1993, no governo Collor, e entre 1998 e 2004, no segundo governo FHC e início do governo Lula, para, em seguida, cair continuamente, até alcançar os míseros 11,2%, estimados para 2020.

Não é absolutamente coincidência que o Brasil tenha crescido a taxas chinesas, superiores a 7% ao ano entre 1950 e 1980, no mesmo período em que a industrialização do Brasil praticamente dobrou sua participação no PIB. Como não é coincidência que, junto com a queda do peso da indústria de transformação, o PIB brasileiro tenha caído, de um crescimento médio de 7% a.a., para o de apenas 2,2% a.a., nos 40 anos sucessivos, passando, ainda, por duas décadas "perdidas".

O recente fechamento de fábricas de duas montadoras reacendeu o debate sobre o processo de desindustrialização, que está ocorrendo há mais de três décadas, no Brasil. Em decorrência desse fato, mais de uma dezena de artigos têm sido publicados sobre o tema, realçando ora uma causa, ora outra, como responsáveis pelo que está ocorrendo com a indústria brasileira de transformação. As mais citadas tem sido a falta de competitividade e o custo Brasil.

Causas diversificadas

Na realidade as razões que atuaram, ao longo das últimas três décadas, para reduzir o peso da indústria no PIB, são muitas e diversificadas. Dentre elas, podemos começar listando, no fim dos anos 1980 e adentrando no início da década de 1990, a sucessão de planos econômicos destinados a combater a inflação, que dificultaram sobremaneira a condução dos negócios e, principalmente, o planejamento da atividade e dos investimentos.

A inflação elevada, que ameaçava escapar do controle, tornou, na ocasião, a gestão financeira a prioridade absoluta do setor produtivo, deixando em segundo plano as áreas de investimento e de produção. A estes planos devemos acrescentar a abertura econômica, ocorrida no início da década de 1990, num ambiente de negócios conturbado. Isso se deu em meio a instabilidades políticas, que, certamente, não ajudaram a manter o crescimento da indústria.

A constituição de 1988 escrita, em boa parte, como reação a uma ditadura militar que se preocupou muito mais em fazer crescer o bolo do que em reparti-lo, tentou recuperar o tempo perdido, aumentando consideravelmente os gastos com políticas sociais e, em consequência, a necessidade de subir a carga tributária. De um patamar de 24 a 25% do PIB, em 1988, esta carga passou a 28%, em 1991, com a criação da Cofins, e continuou crescendo até 2003, quando alcançou 33% do PIB.

A carga tributária, daí para frente, se estabilizou ao redor de 33% do PIB, com pequenas flutuações para cima e para baixo, até os dias de hoje. O aumento de tributos com a criação de novas contribuições sociais, a partir do fim dos anos 1980, somados a uma estrutura tributária cada vez mais complexa e confusa, além de retirar poder aquisitivo do consumidor, aumentaram os custos da gestão dos tributos, o risco de passivos tributários, os custos financeiros gerados pelo recolhimento antecipado dos impostos, além de impostos não recuperáveis embutidos em nossos preços.

Ambiente hostil à produção

Na sequência, o Plano Real, apesar do inegável mérito de ter controlado a inflação, criou, através da âncora cambial, um ambiente macroeconômico hostil ao investimento produtivo, com juros elevados e moeda apreciada. Essas duas variáveis macroeconômicas, quando mantidas por períodos longos de tempo, tendem a empobrecer a estrutura produtiva do país. E, lamentavelmente, tais condições, salvo breves intervalos, foram mantidas ao longo de mais de 20 anos.

Câmbio baixo e juros altos que perduraram até o início de 2020 respondem por boa parte do dano sofrido pela produção brasileira. Para termos uma ideia do estrago do câmbio, basta lembrar que em 2004-2005, num dos breves períodos de depreciação cambial, a balança comercial de manufaturas ficou praticamente paritária. No fim da mesma década as importações aumentaram em quase 100 US$ bilhões, enquanto nossas exportações de industrializados caíam algo da ordem de US$ 30 bilhões.

Ainda que o câmbio não seja o responsável único pela desindustrialização brasileira, seu efeito é inegável, pois entre 1995 e 2002, e a partir de 2006 até pelo menos o ano de 2014, a excessiva valorização do Real tirou da indústria brasileira um faturamento que chegou, em seu ápice, ao equivalente a US$ 130 bilhões/ano, ao reduzir nossas exportações e, simultaneamente, tirar competitividade da produção local e substituí-la por produtos importados.

O câmbio apreciado fez, na prática, uma abertura comercial ampla geral e irrestrita, ao anular completamente a proteção dada pelas tarifas alfandegárias, e ainda, em função da forte valorização do Real, cumprir o papel de subsidiar as importações em detrimento da produção nacional. E, ao forçar a redução do preço dos importados em nosso mercado, obrigou à redução das margens do fabricante nacional, nem sempre positivas, afetando a saúde financeira das indústrias.

Juros e câmbio

A apreciação do câmbio, desde o plano Real, foi sustentada em boa parte, pela manutenção de juros reais elevados, ao longo de mais de 20 anos, o que aumentou pesadamente os encargos financeiros das indústrias que, em sua grande maioria, conviveram, durante esse período, com taxas de retorno sobre o capital inferiores ao custo real médio dos empréstimos bancários. É óbvio, que tal situação desestimulou o investimento produtivo e, consequentemente, a modernização da indústria.

Os juros elevados, utilizados inicialmente para a atração de capitais externos, ainda que estes tenham sido basicamente especulativos, foram essenciais para o sucesso da âncora cambial do plano Real, mas tiveram efeitos colaterais prejudiciais. Sua manutenção ao longo de mais de duas décadas, além de apreciar o Real, ajudou a dobrar a dívida pública entre 1995 e 2003, e fazer com que, apesar dos elevados superávits primários, ela se mantivesse ao redor de 60% do PIB, até 2015, para depois subir continuamente, até os dias de hoje.

A manutenção dessa dívida pública ao longo de mais de duas décadas, além de reduzir a capacidade do Estado para investir, tirando demanda do setor industrial, ajudou a manter os juros elevados o que acarretou uma brutal transferência de renda, de quem produzia e quem trabalhava, para os "rentistas", enfraquecendo a indústria e reforçando o poder do setor financeiro. Portanto, as causas da forte perda de participação da indústria no PIB são muitas e diversificadas, e não se esgotam nas elencadas, ainda que estas sejam as principais.

O RECUO DA INDÚSTRIA

Os industriais, também têm sua parcela de culpa na queda do setor nas últimas décadas. Em função do enfraquecimento da indústria, houve uma perda de poder político de suas entidades e, principalmente, uma perda da capacidade do setor em formular modelos de desenvolvimento que pudessem suceder ao de substituição de importações, já praticamente esgotado. Assim os industriais passaram, algo constrangidos, a defender o discurso do setor financeiro, tornado hegemônico a partir do governo FHC e continuado no governo Lula.

Simultaneamente, a partir dos anos 1980, com o aumento do peso econômico e político do setor financeiro, este passou a ocupar, na disputa pela opinião pública, boa parte do espaço que a indústria ocupava até então. Os economistas, em geral, com um curso de mestrado ou doutorado nos Estados Unidos, como parte obrigatória do currículo, passaram a ter maior presença, tanto na mídia, como na administração pública, defendendo as teorias neoliberais nas quais foram formados e menosprezando o desenvolvimentismo.

Em resumo, além da perda de poder do setor, tanto econômico como político, fatores como o câmbio baixo, os juros altos, a carga tributária elevada complexa e disfuncional, a estagnação econômica e as instabilidades políticas se somaram, ao longo do tempo, aos problemas sistêmicos com os quais o Brasil convive há muito. Entre eles, estão insegurança jurídica, excesso de normas, de leis e de obrigações acessórias, infraestrutura deficiente e cara para formar o que se convencionou chamar de "custo Brasil".

Este "custo Brasil" encarece a produção nacional de bens e serviços. Ele adiciona cerca de 20 a 30 pontos percentuais a nosso preço, em relação a nossos principais concorrentes internacionais, para se produzir no Brasil o mesmo produto feito lá fora. Trata-se, basicamente, de uma desvantagem sistêmica que o Brasil impõe aos produtores nacionais. Sua remoção é condição absolutamente necessária para interromper o processo de desindustrialização brasileiro.

Componentes do custo Brasil

Os principais componentes do custo Brasil são, por ordem de importância, a taxa de câmbio, os juros de mercado, os impostos não recuperáveis, o diferencial no custo de matérias primas e a infraestrutura deficiente, e, como dissemos, sua redução é uma condição necessária para interromper o declínio relativo da indústria de transformação. Não é, entretanto, condição suficiente para reconstruir uma indústria moderna, competitiva, inserida no novo paradigma da quarta revolução industrial.

Para que o setor produtivo possa crescer e, assim, puxar o desenvolvimento do país, criando empregos de qualidade, aumentando a produtividade e transbordando seus efeitos aos demais setores da economia, além da forte redução do custo Brasil, é necessário, além de um ambiente macroeconômico favorável ao investimento produtivo, que a produção de bens e serviços modernos e sofisticados, seja entendida como um instrumento indispensável a nosso desenvolvimento.

De fato, além das evidências empíricas que a história nos oferece sobre o sucesso dos países que se tornaram desenvolvidos, podemos citar, para reforçar a importância da produção de bens e serviços de qualidade, o recente, e impressionante, crescimento industrial chinês que conseguiu, no arco de trinta anos, transformar a China na fábrica do mundo, tirar da pobreza mais de 500 milhões de pessoas e fazer do país asiático a segunda potência mundial.

A mesma China, ao explicitar sua intenção de assumir a liderança mundial em termos de tecnologia e qualidade industrial – definido em 2015 em seu programa *"Made in China 2025"* –, assustou os principais países industrializados. Pequim os obrigou a reavaliar suas diretrizes econômicas, recuperando a importância de políticas industriais, com a anuência de organizações internacionais como o Banco Mundial e o FMI, abandonadas nos anos 1980, quando Reagan e Tatcher aderiram ao neoliberalismo.

Nacionalismo conservador

Um efeito colateral da ascensão da China, acompanhada mais ou menos de perto por uma constelação de pequenos países do Sudeste asiático, acabou causando em muitos países a rejeição à globalização, entendida como uma ameaça aos empregos domésticos. Isso possibilitou, junto com a quase estagnação do crescimento dos países desenvolvidos, o surgimento de governos populistas, que aumentaram o protecionismo, fomentando o ódio aos imigrantes e realçando pautas conservadoras que ameaçam a própria democracia.

Foi isso que levou Donald Trump, em 2016, a basear sua campanha eleitoral no lema de "fazer a América grande novamente", com o apelo de trazer as indústrias estadunidenses de volta e, com elas, seus empregos. Os americanos que perderam seus postos de trabalho industriais – em particular os moradores do cinturão da ferrugem –, em função do processo de migração da produção para outros países, foram sensíveis ao discurso, e Trump ganhou a eleição para a presidência dos EUA.

Talvez o melhor exemplo recente de mudança tenha sido dado pela historicamente liberal Alemanha que, igualmente preocupada com a crescente concorrência chinesa em bens industriais, que começa a disputar o espaço dos equipamentos alemães mais sofisticados, resolveu defender suas indústrias.

No início de 2019, Peter Altmaier, seu ministro da Economia, submeteu ao governo um projeto intitulado "Estratégia Industrial Alemã 2030" como resposta aos movimentos das forças econômicas globais e em defesa explícita de sua indústria.

O ministro pergunta, na introdução de seu documento, a que deve ser atribuído o bem-estar e a qualidade de vida que a sociedade alemã experimenta, de forma contínua, há mais de 70 anos. Ele responde, afirmando que a Alemanha, basicamente, deve a situação à sua indústria de transformação que, graças à produção competitiva de produtos tecnologicamente complexos e sofisticados, garante empregos de qualidade e bem remunerados, o que a torna estratégica.

Face a todos esses exemplos que valorizam a política industrial como ferramenta essencial ao desenvolvimento econômico de países do centro e da periferia, causa espécie que, no Brasil, destacadas figuras da equipe econômica venham a público dizer que indústria para o Brasil é um luxo desnecessário e que nós deveríamos nos limitar a concentrar esforços nos setores onde temos vantagens comparativas, como agropecuária e indústria extrativa, com alguma indústria de transformação de produtos primários.

Ressuscitar a teoria de vantagens competitivas, velha de 200 anos, além de ser um argumento anacrônico, significa repetir nossa própria história. No começo do processo de industrialização brasileira nos anos 1930, Roberto Simonsen, ao defender "a orientação industrial brasileira", venceu a polêmica com Eugênio Gudin que era partidário da mesma tese, ressuscitada pelo presidente do Ipea, de que o Brasil não tem vocação para ser um país industrial.[222]

A estratégia adotada pela maioria dos países industrializados em resposta à perda de empregos qualificados e a uma certa estagnação econômica que ocorreu em função da migração da produção industrial para Sudeste asiático, desmente essa tese. Tais dinâmicas têm como característica comum a defesa da indústria, reconhecendo nela um elemento fundamental para seu desenvolvimento econômico, pela capacidade de gerar empregos de qualidade, investir em pesquisa,

---

[222] Em 19.01.2021, o presidente do Ipea, Carlos Von Doellinger, concedeu entrevista ao jornal *Valor Econômico*. Entre outras coisas, disse o seguinte: A gente tem que se conscientizar de que o Brasil precisa apostar em suas vantagens comparativas, suas vantagens competitivas. Não somos bons em produzir material de transporte, não somos bons. Cito sempre o exemplo da Austrália, que tem algumas semelhanças interessantes com o Brasil. Há mais ou menos 15 anos, a Austrália tomou uma decisão fundamental, eles tinham montadoras, várias indústrias voltadas para substituição de importação, como o Brasil, e resolveram assim: nós não somos bons nisso, vamos acabar com esse negócio. Fecharam tudo que é montadora, praticamente aniquilaram a indústria de transformação como a gente conhece aqui no Brasil e em vários países. E resolveram fazer aquilo em que tinham vantagens comparativas e competitivas (...). Acho que não vale a pena insistir em subsidiar atividades que não dão retorno.

desenvolvimento e inovação (P,D&I) e aumentar a produtividade da economia como um todo.

Ou seja, a sociedade brasileira precisa se unir em torno de um projeto nacional de desenvolvimento, no qual o setor produtivo de bens e serviços seja o instrumento básico indutor do crescimento. Esse projeto nacional, além de garantir a manutenção de um ambiente macroeconômico favorável à produção e ao trabalho, apoio à educação de qualidade, à P,D&I, deverá ter como foco o desenvolvimento econômico com justiça social, com respeito ao meio ambiente, com a redução das desigualdades, e com igualdade no acesso às oportunidades.

CAPÍTULO XI
ESTADO E PETRÓLEO NO BRASIL: ENTRE A SOBERANIA E O SUBDESENVOLVIMENTO

WILLIAM NOZAKI[223]

A Petrobras não foi criada como empresa estatal apenas por ousadia do poder público, mas também por timidez da iniciativa privada. Não se trata de uma especificidade brasileira: quase 90% das reservas mundiais de petróleo estão nas mãos de Estados nacionais. Sem a Petrobras não haveria campos do pré-sal, refinarias, infraestrutura e logística de gás dentre tantas outras frentes do setor energético. O esvaziamento da Petrobras e de abandono das políticas de conteúdo nacional, somente podem atender aos interesses um único ator: as operadoras estrangeiras. A reversão dessa situação passa pelo reposicionamento do Estado, de

---

[223] Professor de economia e ciência política da Fundação Escola de Sociologia e Política de São Paulo (FESPSP) e diretor-técnico do Instituto de Estudos Estratégicos de Petróleo, Gás Natural e Biocombustíveis (INEEP).

modo que ele atue como ente coordenador da política de óleo e gás, e pelo fortalecimento da dimensão pública da empresa. Só assim, a renda petroleira pode ser apropriada pelo Estado e pela sociedade brasileira em benefício de transformações produtivas e sociais para o presente e para o futuro.

Introdução

No capitalismo a energia é um insumo fundamental para a movimentação de pessoas e mercadorias. Em certo sentido, quem controla a energia controla o movimento, quem controla o movimento tem enorme influência sobre o que pode mudar e sobre o que deve permanecer. Ora, quem orienta mudanças e permanências incide sobre o poder.

Essa premissa se aplica ao conjunto das fontes que compõe a matriz energética, mas ela assume um sentido ainda mais contundente no caso do petróleo, esse recurso natural estratégico que mobiliza interesses nacionais e empresarias de expressão geopolítica, geoeconômica, tecnológica e financeira. Exatamente por isso, o desenvolvimento da indústria petrolífera é antes e sobretudo uma questão de Estado.

No início deste século, os Estados Unidos ascenderam à posição de poder global assentando sua hegemonia sobre o tripé armas, dólar e petróleo. Se o ouro negro é um produto estratégico para qualquer economia, imagine-se para a maior de todas. Prova disso é que o arranjo econômico-institucional norte-americano para a gestão petrolífera nunca foi matéria exclusiva das autoridades energéticas e regulatórias; sempre foi tema do aparato de defesa e política externa, conformando uma conurbação entre estratégias nacionais e interesses empresariais.

A ascensão do *shale gas* (gás de xisto) nas últimas décadas, por exemplo, teve uma profunda conexão com o governo americano que adotou uma série de medidas não só apoiando empresas privadas, mas formulando programas específicos para o desenvolvimento de novas formas de energia desde os anos 1970. Com a criação do Departamento de Energia dos Estados Unidos (Departament of Energy – DOE) no final daquela década, materializou-se o objetivo de centralizar o planejamento e promover a autossuficiência energética do país. Desde então houve um significativo crescimento das inovações e investimentos no setor de energia.

Junto à criação do DOE, o Ato de Segurança Energética (em 1980) lançou medidas e programas de incentivos à eficiência e conservação energética, além de combustíveis alternativos. Nesse período, foram desenvolvidas 139 novas fontes de energia alternativas ou não convencionais, dentre elas o *shale gas*, sempre contando com o apoio e a participação do Estado.

No Brasil, a construção da Petrobras foi resultado da convergência de interesses de forças sociais, políticas, econômicas, civis e militares que desaguaram na campanha "O petróleo é nosso" (em 1953). Quem conhece a história da indústria petrolífera no Brasil sabe que, em um primeiro momento, a assessoria econômica de Getúlio Vargas propôs a criação de uma empresa petrolífera formada por capital privado. No entanto, nessas plagas não tivemos nenhum J. D. Rockefeller verde-amarelo disposto a desbravar uma frente com riscos elevados e retornos incertos.

Sendo assim, se impôs a necessidade de formação de uma empresa estatal. Mais ainda, ao contrário do que ocorreu em outros países do Oriente Médio, onde a presença de petróleo se sabia certa, e, portanto, a consolidação da atividade de exploração e produção (E&P) era mais segura, no Brasil o desafio primeiro passou pela busca de autossuficiência em derivados e refinados, para só depois o país se lançar diante de atividades de E&P absolutamente incertas. Esse risco foi assumido pelo Estado e por uma empresa estatal.

A Petrobras não foi criada apenas por ousadia do poder público, mas também por timidez da iniciativa privada. Aqueles que hoje reivindicam a privatização da Petrobras demandam os retornos da concorrência depois que o mercado já foi constituído. Difícil mesmo é assumir os riscos empresariais quando o mercado ainda está em constituição. Se o empresariado brasileiro se constrangeu diante das atividades de prospecção de petróleo em terra, é impensável que tivesse o ímpeto de se lançar no desbravamento da descoberta de petróleo no mar, área em que a petrolífera brasileira encontrou sua vocação, desde o início da produção na Bacia de Campos (em 1977) até as descobertas em águas ultraprofundas do pré-sal (em 2007).

E isso não é uma especificidade do caso brasileiro: (i) porque quase 90% das reservas mundiais estão nas mãos de governos ou de estatais, que são também, responsáveis por grande parte da produção mundial e por suas descobertas; (ii) porque as áreas promissoras de exploração estão sob controle das estatais; (iii) porque as grandes reservas se localizam em países onde as estatais desempenham papel fundamental.

O desenvolvimento econômico, industrial, científico e tecnológico, tanto lá quanto cá, contou com o apoio e o investimento estatal, seja por meio, por exemplo, das compras públicas no caso do complexo militar-econômico dos EUA, seja por meio de políticas de conteúdo local na estrutura empresarial-industrial do Brasil.

Sem a Petrobras não haveria campos do pré-sal, refinarias, infraestrutura e logística de gás dentre tantas outras frentes do setor energético. Sem a petrolífera brasileira o que há é desindustrialização, apagões em regiões do país, preços proibitivos de combustíveis e gás. É isso que faz dela uma empresa estratégica. Nem a quebra do monopólio da petrolífera brasileira em 1997 serviu para que empresas privadas fizessem investimentos novos nos montantes exigidos por um país com as dimensões do Brasil.

O que os apologetas da privatização desejam não é a livre-competição, mas sim o desmonte da empresa brasileira para que possam construir seus oligopólios privados.

Se aos olhos dos neoliberais, a Petrobras parece sofrer de gigantismo, talvez isso diga menos sobre o tamanho da empresa e mais sobre o nanismo de setores que insistem em tratar o país não como Nação, mas como negócio.

Nas linhas abaixo trataremos da centralidade do papel do Estado e de uma empresa estatal na descoberta e na exploração do pré-sal, recurso que colocou o Brasil e a Petrobras no epicentro da geopolítica do petróleo.

No presente texto apresentam-se, além desta introdução e da conclusão, a saga de descoberta do pré-sal, seu significado e suas potencialidades, as pressões realizadas por operadoras estrangeiras interessadas em acessar as reservas de petróleo brasileiras, bem como os embates e consequências do desmonte do arranjo-econômico institucional de governança do óleo e gás extraído de águas profundas. Trata-se, em última instância, de problematizar como a recente fragilização institucional do Estado pode tornar o país mais exposto e suscetível à velha maldição da abundância dos recursos naturais, em detrimento do desenvolvimento produtivo, tecnológico, social e intergeracional.

O Estado e a descoberta do pré-sal

A descoberta do pré-sal configura um dos mais importantes acontecimentos da indústria mundial do petróleo neste início de século XXI. Com o novo ativo, o Brasil não pode desconsiderar sua vantagem comparativa em recursos naturais estratégicos, mas tampouco pode ignorar os riscos implícitos no desenvolvimento econômico pautado em recursos primário-exportadores. Daí vem a importância de uma governança que zele pela propriedade desses recursos, bem como pela apropriação e pela distribuição das rendas derivadas da exploração desses hidrocarbonetos.

Nas últimas décadas, uma certa interpretação na economia generalizou a percepção de que os países mais ricos em recursos naturais têm, em termos gerais, menores níveis de desenvolvimento econômico. A chamada hipótese da "maldição dos recursos naturais" traz consigo importante alerta para o risco de "doença holandesa"[224] dado que a

---

[224] Segundo a United Nations Conference on Trade and Development (Unctad), a doença holandesa "se refere a uma situação na qual a descoberta de novos recursos naturais de um país ou um *boom* nos preços de tais recursos conduz a uma apreciação real da moeda do país, o que, por sua vez, pode dificultar o crescimento do

intensificação da exportação de óleo e gás, por exemplo, pode provocar uma sobrevalorização cambial e uma subsequente diminuição dos preços relativos de bens importados, favorecendo o consumo em detrimento da produção nacional. Esse efeito negativo sobre a estrutura produtiva seria ainda acompanhado de redução da diversificação produtiva, perda de competitividade do parque empresarial do país, alta instabilidade na arrecadação fiscal e baixa capacidade de geração de empregos diretos, piorando a distribuição de renda e, portanto, intensificando a desigualdade.

As experiências internacionais mostram o risco efetivo de situações em que a exploração da renda petroleira é capturada por pequenos grupos econômicos e políticos que a utilizam para reforçar padrões predatórios de exploração e desigualdade, muitas vezes lançando mão de controles autoritários sobre a gestão da política energética. No entanto, há também casos em que a disputa pela renda petroleira é adequadamente regulada pelo Estado que a emprega de forma equilibrada como instrumento para minimizar restrições externas, diminuir fragilidades macroeconômicas e melhorar a quantidade e a qualidade de investimentos públicos, em políticas industriais, tecnológicas ou sociais.

Em outras palavras, a "maldição dos recursos naturais" não é um problema intrínseco às *commodities*, é sim decorrência de certo tipo de economia política que bloqueia o exercício de uma governança capaz de gerir da melhor forma os frutos da renda petrolífera. Assim, a relação entre abundância de recursos naturais e menor desenvolvimento econômico não pode ser tratada como uma lei econômica universal, pois inúmeros países desfrutam de recursos naturais abundantes e figuram entre os países desenvolvidos (como é o caso de Austrália, Canadá ou Noruega).

Há múltiplos fatores que possibilitam a mediação entre recursos naturais, crescimento econômico e distribuição de renda, não levando necessariamente a um resultado deletério para as economias detentoras desse tipo de recurso.

---

setor manufatureiro ou de outros bens comercializáveis" (PRIEWE. *In*: BLACK, C. "Uma avaliação da teoria da doença holandesa e da hipótese da maldição dos recursos naturais". *Análise Econômica*, ano 35, vol. especial, pp. 65-82, jul. 2017).

O mais importante deles é a existência de um Estado que atue como planejador, regulador e empresário no setor de hidrocarbonetos, fortalecendo aspectos institucionais. Segundo Melhum, Moene e Torvik (2006), o mais preciso seria afirmar que os recursos naturais estratégicos podem gerar melhores níveis de crescimento econômico em países com Estado e instituições fortes e piores níveis de concentração de renda em países com Estado e instituições frágeis. Além disso, as leituras dos desequilíbrios regionais, da legitimidade dos governos e da dimensão intergeracional também seriam fundamentais para a construção de uma governança adequada de recursos como o pré-sal.

A criatividade institucional, regulatória, jurídica e política é parte fundamental da constituição de instrumentos adequados para que se possa viabilizar a gestão dessas riquezas naturais e das rendas petrolíferas delas oriundas.

A estratégia de gestão do pré-sal implementada, sobretudo, entre 2003 e 2010, principalmente com a adoção de um novo marco geral das compras governamentais favorecendo a produção com conteúdo local (Lei 12.349/2010) e de mudanças nos regimes de exploração do petróleo caminharam no sentido de proteger o pré-sal como um patrimônio nacional, visando utilizá-lo como propulsor do desenvolvimento industrial nacional. Entre tais mudanças, cabem destacar, a criação do Regime de Partilha de Produção (Lei 5938/2009) e o regime de Cessão Onerosa (Lei 5941/2009).

Desde 2016, entretanto, todo esse arranjo econômico-institucional tem sido objeto de célere desregulamentação. Exemplos são a retirada da Petrobras como operadora única dos campos do pré-sal, os leilões acelerados das reservas em águas ultraprofundas e as mudanças nos marcos regulatórios de exploração e produção. Essas são algumas das manifestações mais visíveis e contundentes da nova etapa. Esse descaminho, ao contrário do que tem sido amplamente divulgado, não visa melhorar as condições econômicas ou de eficiência do setor, mas conecta-se a interesses de países e empresas em acessar as reservas do pré-sal reduzindo, naquilo que for possível, as incertezas associadas à exploração do petróleo. Não é por outra razão que os leilões realizados na camada do pré-sal mostram o apetite das empresas estrangeiras sem abrir mão, contudo, da presença da Petrobras que funciona para essas corporações como uma espécie de "mitigadora de riscos".

A trajetória do pré-sal: descoberta, ascensão e disputa

Dez anos após a descoberta de grandes reservas de petróleo no pré-sal, o Brasil iniciou uma nova fase de exploração e produção de petróleo e gás nessa área. Essa descoberta – uma grande jazida de petróleo localizada entre três e quatro quilômetros de rochas abaixo do fundo marinho, que se estende do litoral do Espírito Santo até o litoral de Santa Catarina, com aproximadamente 200 mil km² – colocou o país como um ator potencialmente relevante, tanto na posição de produtor, como exportador de petróleo no mundo. Nada disso seria possível sem um robusto pacote de investimentos públicos e um arcabouço regulatório favorável à apropriação nacional da renda petroleira. O pré-sal é obra do Estado brasileiro.

Esse potencial já tem se expressado na rápida expansão da produção de petróleo e gás.[225] Quase metade de todo o petróleo produzido no Brasil em agosto de 2017 foi oriundo de 84 poços em produção nos campos do pré-sal. Dez meses depois, em junho de 2018, o pré-sal já representava 54,4% de toda a produção nacional, procedente de 86 poços em operação.

A extração nessa região saltou de 45 mil barris/dia em 2010 para 1.423 mil barris/dia, em junho de 2018. Nas áreas do pós-sal (terra e mar), a produção caiu de 2.015 mil barris/dia em 2010 para 1.174 mil barris/dia (produção no pré-sal, 2018). Outro destaque positivo do pré-sal são os seus custos decrescentes de extração que já estão abaixo de US$ 7 por barril equivalente de petróleo (bep). Para se ter uma ideia, em 2012, os custos de extração da Petrobras eram cerca a US$ 13/bep.

Essa descoberta foi a maior dos últimos cinquenta anos da indústria de petróleo e gás natural mundial. A partir dos anúncios já divulgados, estima-se que há cerca de 100 bilhões de barris recuperáveis nos campos do pré-sal, o que colocaria o Brasil entre os maiores detentores

---

225 No dia 08 de novembro de 2007, a Petrobras anunciou que encontrou petróleo de elevada qualidade e em grandes volumes recuperáveis nessa área geológica e que o seu potencial petrolífero torna o Brasil um dos maiores detentores de reservas de petróleo e gás do mundo.

de reservas, tais como Venezuela e Arábia Saudita.[226] Outro dado que mostra a grandeza do pré-sal é a ascensão da América do Sul, nos últimos dez anos, entre as regiões com maior volume de reservas provadas de petróleo no mundo.

Gráfico 1: Distribuição das reservas provadas de petróleo (1997, 2007 e 2017)

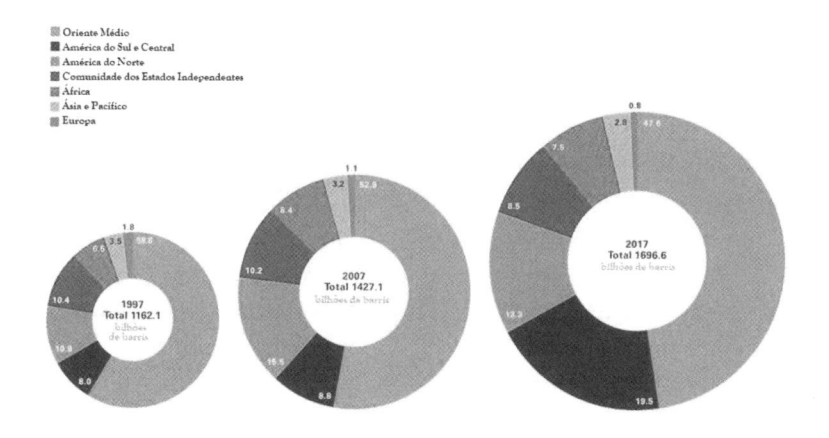

Fonte: BP.

Dados da British Petroleum (BP) mostram que, muito em função da Venezuela, a América do Sul e Central detinham 8% das reservas globais de petróleo em 1997. Esse número permaneceu praticamente inalterado até 2007. No entanto, dez anos depois, em razão do *boom* do pré-sal, a região se tornou a segunda do mundo com maior volume de reservas de petróleo (19,5%), atrás somente do Oriente Médio (47,6%).

Essa grande quantidade de petróleo recuperável descoberto no pré-sal somente foi possível em virtude (i) de um longo processo evolutivo

---

[226] SAUER, I. L.; RODRIGUES, L. A. "Pré-sal e Petrobras além dos discursos e mitos: disputas, riscos e desafios". *Estudos Avançados*, vol. 30, nº 88, pp. 185-229, set. 2016.

de desenvolvimento da capacidade tecnológica e geológica da Petrobras em atividade exploratória em águas profundas[227] e; (ii) de uma aposta política/estratégica que não se subordinou a uma lógica estritamente microeconômica, pois havia enormes obstáculos tecnológicos e financeiros até a empresa encontrar petróleo no segundo poço perfurado, no campo de Tupi (bloco exploratório BM-S-11).

No que tange à questão tecnológica e geológica, o desafio era perfurar poços com profundidade entre cinco e sete mil metros. Até então a Petrobras tinha alcançado 1.886 metros (que era o recorde mundial), e procurar petróleo em rochas desconhecidas geologicamente com mais de 120 milhões de anos. Como lembra Campos (2009), em meados dos anos 1990, a equipe técnica da Petrobras já vislumbrava o alto potencial exploratório na Bacia de Santos.

> Conhecedora do potencial dessa área, a Petrobras, em parceria com outras empresas, arrematou todos os blocos oferecidos na licitação de 2000 (...). No bloco BM-S-10 [onde foi realizada a primeira perfuração do pré-sal] se situava a locação que a empresa havia proposto quando requereu o antigo bloco BS-300 ainda em 1997 (...). A Petrobras levou cinco anos estudando a tecnologia necessária para essa descoberta ocorrida em 2006.[228]

Esse relato comprova um esforço tecnológico de, pelo menos, uma década para iniciar a exploração da região do pré-sal.[229] Uma matéria

---

[227] Essa capacidade desenvolvida pela Petrobras em exploração de óleo em águas profundas, segmento conhecido como Offshore, somente consegue ser explicada pelo aprendizado derivado da execução de projetos tecnológicos nacionais que articularam a Petrobras, empresas privadas e as Universidades (especialmente o Cenpes da UFRJ) e os centros de pesquisas sem fins lucrativos. Um dos mais importantes projetos (de investimento em P&D) foi o PROCAP – Programa de Capacitação Tecnológica em Águas Profundas –, promovido pela Petrobras, entre 1986 e 1992.

[228] CAMPOS, João Victor. "A verdadeira história do pré-sal". *Correio da Cidadania*, 2009. Disponível em: http://www.correiocidadania.com.br/politica/3435-24-06-2009-a--verdadeira-historia-do-pre-sal. Acessado em: 30.10.2021.

[229] Cabe ressaltar que somente no processo de perfuração do pré-sal precedeu um longo período de desenvolvimento tecnológico, mais de cinco anos, por conta

publicada pelo *O Estado de S. Paulo* reforça essa percepção ao detalhar os desafios de tecnologia associados estritamente à perfuração do pré-sal:

> Há anos a Petrobras sabia da possibilidade da existência de reservatórios do pré-sal e não tinha tecnologia disponível no mundo para extrair a riqueza do fundo do mar. O maior desafio era a própria camada de sal, que teimava em voltar para os poços recém-perfurados, conta o gerente-geral do centro de pesquisa da Petrobras para desenvolvimento em exploração e produção, Farid Salomão Shecaira. "Quando furaram os primeiros poços do pré-sal, a camada de sal, apesar de rígida, fluía como uma gelatina para dentro do poço. Isso era considerado um grande desafio. Hoje, a gente fura com tranquilidade, já se furou mais de 200 poços e nunca aconteceu uma catástrofe", disse o executivo. O problema foi resolvido após muito trabalho de geofísica e laboratório. Foi feita uma modelagem geomecânica (estudo do comportamento mecânico do solo e das rochas) para esse tipo de poço (...). Entre o primeiro teste em 2006 e o início da produção foram apenas 30 meses. O tempo para construção de poços caiu de 225 dias, do pioneiro Paraty, para 40 dias.[230]

O desafio também era enorme em termos financeiros em decorrência dos enormes custos de exploração. A Petrobras e seus parceiros no projeto chegaram a desembolsar mais de U$ 100 milhões no primeiro poço na área de Parati que ainda não havia alcançado o pré-sal. Esse alto custo sem êxito exploratório levou a Chevron a desistir do projeto e vender sua participação para a própria Petrobras e para a Partex (empresa portuguesa). Mesmo não encontrado petróleo nesse poço – que alcançou a profundidade de 7.600 metros, custou US$ 240 milhões e

---

dos elevados riscos e incertezas, como aponta Gueiros: "A Petrobras levou cinco anos para desenvolver a tecnologia (aquisição e principalmente interpretação de dados sísmicos das bacias marítimas, além da caracterização de modelos geológicos, dentre outros) e endereçar as questões críticas relativas à perfuração da camada de sal" (GUEIROS, Flávio André Monteiro. *Ação estratégica e mudança institucional*: o caso do pré-sal. Salvador: UFBA, 2011 (Dissertação de Mestrado).

[230] LUNA, D. "Salto tecnológico levou à marca de 1 milhão de barris/dia". *O Estado de S. Paulo*, out. 2017.

possuía um enorme reservatório de gás – a estatal brasileira apostou na continuidade do projeto e perfurou um segundo poço na área de Tupi, onde a operadora encontrou enormes reservas de petróleo (entre cinco e oito bilhões de barris). Depois disso, novos poços foram perfurados com êxito, novas reservas foram comprovadas e o pré-sal, de uma aposta, tornou-se uma realidade.²³¹

O diretor de Exploração e Produção da Petrobras à época, Guilherme Estrela,²³² afirmou que a estatal não poderia ser guiada apenas pela dinâmica microeconômica/financeira, pois "[...] uma empresa de petróleo tem que correr riscos, tem que ser agressiva na exploração, tem que investir muito e desenvolver tecnologia e conhecimento geológico [...]". Sem isso, as empresas desses segmentos não conseguiriam controlar o acesso aos recursos que poderiam se transformar em reservas.

A descoberta do pré-sal abriu uma oportunidade imensa de geração de uma renda petroleira excedente. Tal oportunidade inaugurou uma intensa disputa sobre a geração futura dessa renda que tem influenciado a construção e reconstrução dos marcos regulatórios, bem como a forma de apropriação dos recursos do petróleo por agentes públicos e privados.

Os principais protagonistas do setor, com forças assimétricas, lutam primordialmente pelo controle do acesso aos recursos do pré-sal e pela apropriação dessa renda petrolífera que está longe de ser pequena, mesmo com a redução dos preços internacionais de petróleo em relação ao ápice superior a US$ 100 o barril (alcançado na primeira metade dos anos 2010), uma vez que o *breakeven* (ponto de equilíbrio) do pré-sal hoje é de US$ 30 por barril. Ou seja, a produção nessa região é viável economicamente com o preço do petróleo acima desse valor.

Não por acaso, no momento da redefinição dos marcos regulatórios, no final da primeira década do século XXI, houve uma forte disputa entre os diferentes atores do setor, colocando frente a frente os interesses públicos e privados. A construção de uma nova regulação

---

²³¹ DIEGUEZ, C. "O desafio do pré-sal". *Revista Piauí*, jan. 2009.
²³² DIEGUEZ, C. "O desafio do pré-sal". *Revista Piauí*, jan. 2009.

que aumentava a apropriação dos recursos do pré-sal para o Estado Nacional recebeu forte apoio da Petrobras diferentemente da posição das grandes operadoras privadas do setor de petróleo e gás natural. Enquanto o governo federal defendia uma proposta de maior apropriação estatal dos recursos do pré-sal por meio da instauração de um Regime de Partilha de Produção e da participação obrigatória da Petrobras na exploração e produção dessa região, as operadoras privadas divergiam frontalmente dessa visão:

> A opinião das petroleiras privadas sobre as mudanças na legislação geralmente são negativas. O que pode ser sintetizado na declaração do Instituto Brasileiro de Petróleo, Gás e Bicombustíveis (IBP), que defende "a manutenção, com alguns ajustes, do modelo de concessão atual – competitivo, transparente e estável". A entidade representa as principais companhias do setor petrolífero brasileiro, incluindo Repsol e ExxonMobil. A negativa dessas petroleiras pode ser explicada pela perda de receita devido a maior participação do Estado, conjugado com a menor autonomia na administração do produto extraído.[233]

Apesar disso, os mesmos Dalla Costa e Souza-Santos (2009) afirmam que, a despeito da contrariedade com a legislação que foi proposta e efetivada posteriormente, esta não afastaria as petrolíferas estrangeiras de investirem nas regiões do pré-sal. Como observado, o potencial gigantesco daqueles campos, em termos geopolíticos e econômicos, se sobrepõe a possíveis obstáculos impostos pelo então novo marco regulatório. Exemplo disso é que algumas dessas operadoras ingressaram no leilão de Libra (primeira rodada do Regime de Partilha de Produção, realizada em 2013) em parceria com a Petrobras, bem como já adquiriram blocos localizados nessa região no âmbito do processo de venda de ativos promovido pela gestão do ex-presidente da empresa, Pedro Parente (2016-2018).

---

[233] DALLA COSTA, A. J.; SOUZA-SANTOS, E. R. "Exploração das reservas petrolíferas do pré-sal, papel da Petrobras e os novos marcos regulatórios". *Economia & Tecnologia*, ano 5, vol. 19, out. 2009, p. 137.

O volume significativo de petróleo de boa qualidade, a existência de uma razoável infraestrutura de logística e a inexistência de conflitos geopolíticos relevantes foram alguns dos aspectos que colocaram o pré-sal e a Petrobras na mira das operadoras privadas. Se, no momento inicial, a aprovação do Regime de Partilha da Produção significou uma primeira derrota dessas empresas quanto à sua forma de inserção no pré-sal brasileiro, isso não significou suas saídas da arena de disputa. Muito pelo contrário, a atuação dessas empresas se intensificou mediante a associação com partidos políticos de oposição, realização de *lobbies* e aproximação com o judiciário brasileiro.

A próxima seção visa detalhar esses mecanismos, ao longo do processo de consolidação do pré-sal, que forçou a abertura de novos espaços para elas em detrimento da Petrobras, embora a estatal brasileira continue desempenhando um papel estratégico relevante para o desenvolvimento do setor.

A disputa do pré-sal: a fragilização dos interesses nacionais em favor das operadoras estrangeiras

Passada uma década e meia da descoberta do pré-sal são muitas as evidências de que a instabilidade política provocada pelos governos Temer e Bolsonaro, bem como as mudanças nos marcos de produção e exploração do petróleo conformam uma trama complexa de inter-relações entre distintos grupos de pressão, liderados principalmente por atores internacionais, envolvendo tanto interesses estratégicos e empresariais de longo prazo, quanto oportunismos políticos e financeiros de curto prazo.

O primeiro capítulo dessa trama vinculou-se a um acontecimento pouco lembrado atualmente: em janeiro de 2008, um ano após o anúncio da descoberta do pré-sal, a Petrobras foi vítima do furto de um de seus contêineres, dentro do qual havia quatro *notebooks*, dois *hard disks* (HDs) e um conjunto de informações sigilosas sobre a exploração de petróleo na bacia de Santos. O contêiner deveria sair de Santos (SP) em direção à Macaé (RJ), sua origem e seu destino eram justamente cidades onde se encontram dois dos maiores campos do pré-sal.

Na ocasião a Polícia Federal definiu uma linha única de investigação: a hipótese de espionagem industrial, dado que não se furtou todo o conteúdo do contêiner, mas apenas aqueles itens em que havia informações sigilosas. Foram investigadas as duas empresas responsáveis pelo transporte: a norte-americana Halliburton e a brasileira Transmagno. Entretanto, subitamente a Polícia Federal mudou a linha de investigação e passou a tratar o caso como furto comum, prendendo apenas quatro vigilantes do terminal portuário.

O segundo capítulo dessa história nos leva ao ano seguinte. Em outubro de 2009 foi realizada uma grande conferência no Rio de Janeiro reunindo membros da Polícia Federal, do Ministério Público e do Judiciário com autoridades do governo norte-americano, a fim de debaterem procedimentos e métodos de combate à lavagem de dinheiro e ao terrorismo. Esse evento contou com a participação ativa do até então desconhecido juiz Sérgio Moro, no âmbito de uma articulação denominada *Bridge Project* (Projeto Pontes). Vale lembrar também que o evento foi aberto pela embaixadora norte-americana Shari Villarosa, especialista em gestão de crises políticas que envolvam a ação de movimentos sociais, tendo atuado na repressão de grupos organizados em Myanmar.

O caso veio à tona apenas com o vazamento feito pela Wikileaks, no qual também se pode verificar que Sérgio Moro foi o único juiz de primeira instância citado nominalmente na ata do encontro. Alguns anos depois, seu método de condução da Operação Lava Jato trataria de criar, de forma simplista e equivocada, uma associação direta entre os pacotes de investimentos da Petrobras no pré-sal e os desvios provocados pelos casos de corrupção.

O terceiro capítulo, por seu turno, tratou da disputa eleitoral ocorrida em 2010, tendo como principais candidatos José Serra (PSDB) e Dilma Rousseff (PT). Uma vez mais, um vazamento posterior da Wikileaks revelou que naquela ocasião o candidato tucano trocou um conjunto de telegramas com uma alta executiva da petrolífera norte-americana

Chevron – a mesma empresa que desistiu do projeto de exploração do pré-sal em virtude dos elevados custos de exploração no primeiro poço – tratando da importância de se fazerem mudanças mais drásticas nos marcos de exploração e produção do pré-sal.

Vale lembrar: o projeto que retirou a obrigatoriedade da participação da Petrobras na exploração do petróleo na camada do pré-sal foi originalmente concebido por José Serra, que antes mesmo de ganhar as eleições, provavelmente, já se comprometia com pressões e interesses não necessariamente nacionais como deixam claros os telegramas vazados. Além disso, sua nomeação para o Ministério das Relações Exteriores do governo Temer, dada a derrota eleitoral sofrida em 2010, abriu talvez o melhor espaço para que o atual senador pudesse cumprir as promessas que antes havia realizado para as petrolíferas de fora do país.

O quarto capítulo desse rascunho histórico-conjuntural se deu entre 2011 e 2012. Nesse momento a grande imprensa começou a noticiar de forma mais sistemática as "frustrações do mercado" com o desempenho da Petrobras. O argumento pró-mercado se concentrava na reclamação de que a estatal não estaria batendo suas metas de produção e lucro, a gestão da companhia já alertava para o fato de que o grande pacote de investimentos, da ordem de US$ 55 bilhões, feitos pela empresa exigia um tempo de maturação até que a produção aumentasse de forma crescente e exponencial, como veio a acontecer pouco tempo depois graças ao sucesso da produção do pré-sal e da redução de seus custos de extração.

Nesse mesmo ano ocorreu um redirecionamento estratégico da política de energia norte-americana, detalhada no documento governamental *Blue Print for a Secure Energy*. O Brasil apareceu em três das sete diretrizes estratégicas elencadas no documento, sendo tratado como um país cujas tecnologias nas áreas do pré-sal, biocombustíveis e hidrocarbonetos não convencionais precisavam ser observadas com cuidado.

Não por acaso, ainda em 2011, Barack Obama visitou as instalações da Petrobras, repetindo o gesto que havia sido realizado no ano da descoberta do pré-sal, em 2007, por George Bush. Mas, além dos

EUA, há ainda mais *players* interessados nessa nova fronteira; França,[234] Noruega e China[235] colocaram no centro de suas políticas energéticas a entrada no segmento do pré-sal brasileiro. Além disso, empresas como a europeia Shell e a asiática CNPC ampliaram seus investimentos em exploração e produção no Brasil.[236]

Não é exagero afirmar que nesse momento boa parte da grande imprensa nacional atuou como porta-voz das operadoras estrangeiras interessadas em ingressar no pré-sal brasileiro.

Já em 2013, tomou forma o quinto capítulo dessa história conturbada: o consultor de informática da Agência Nacional de Segurança (NSA, sigla em inglês), Edward Snowden, revelou documentos que mostravam como a presidenta Dilma, ministros e altos dirigentes do

---

[234] Em 2013, "a petroleira francesa Total traçou planos ambiciosos para expandir sua atuação no Brasil. O primeiro passo foi dado (...) com o consórcio formado para exploração de petróleo da área do pré-sal de Libra, na Bacia de Campos. Nesse caso, a Total se associou a Petrobras, Shell e às chinesas CNPC e CNOOC (...). "Libra foi um passo muito importante e reforçou a decisão estratégica da Total de crescer no País", disse Denis Palluat de Besset, presidente da petroleira no Brasil. A companhia deverá investir US$ 300 milhões em exploração. "Esse valor representa 10% do orçamento global do grupo para óleo e gás. E é, sem a menor sombra de dúvida, o maior investimento feito pela companhia no Brasil", afirmou o executivo, que também responde pela área de exploração e petróleo da companhia. Segundo Besset, os aportes da companhia em óleo e gás até 2020 estão estimados em, no mínimo, US$ 2 bilhões no País" (SCARAMUZZO, M. "Francesa Total vai investir US$ 2 bilhões no Brasil e quer entrar em novos negócios". *O Estado de S. Paulo*, jan. 2014).

[235] Em 2011, "o vice-presidente da China National Petroleum Company (CNPC) Manufacturing, Zhang Hanliang, afirmou (...) que a empresa chinesa busca parceiros nacionais e internacionais para investir na extração de petróleo na camada do pré-sal. O executivo reuniu-se (...) com o governador de São Paulo, Geraldo Alckmin (PSDB), no Palácio dos Bandeirantes. "A CNPC tem muito interesse em investir no Estado de São Paulo e, em especial, na camada do pré-sal", disse o empresário chinês" (URIBE, G. "Chinesa CNPC discute com Alckmin investir no pré-sal". *O Estado de S. Paulo*, out. 2011.

[236] NOZAKI, W. V. "Capitalismo e corrupção: o caso da Petrobras e a Operação Lava Jato". *INEEP*, 2020 (Textos para discussão). Disponível em: https://ineep.org.br/wp--content/uploads/2020/06/td_n-16_capitalismo-e-corrupcao_nozaki.pdf. Acessado em: 31.10.2021.

governo, assim como a rede privada de computadores da Petrobras estavam sendo alvo de alta espionagem, uma vez mais ficava claro o interesse norte-americano sobre a tecnologia envolvendo a exploração em águas profundas.[237]

Nesse mesmo ano, após os vazamentos, o governo norte-americano decidiu pela troca de sua embaixadora no Brasil, nomeando Liliana Ayalde, conhecida por ter atuado no Paraguai participando ativamente das movimentações que derrubaram o presidente Fernando Lugo, intensificando a reversão liberal-conservadora na América Latina. Além dessa troca, em outubro de 2013, foi realizado o primeiro leilão do pré-sal sob o Regime de Partilha de Produção.

Como forma de pressão contra o protagonismo da Petrobras, as petrolíferas norte-americanas (ExxonMobil e Chevron) e inglesas (BP e BG) boicotaram o leilão e decidiram pela não participação.

Logo depois, em março de 2014, coincidência ou não, foi deflagrada a primeira fase ofensiva da Operação Lava Jato, criminalizando desde o princípio o projeto de desenvolvimento baseado no ativismo estatal e na centralidade da Petrobras como polo para o avanço industrial e tecnológico do país. É incontestável o mérito da pauta de combate à corrupção, entretanto os métodos utilizados pela Operação Lava Jato são integralmente contestáveis, pois se valem de procedimentos seletivos, além da espetacularização de suas ações, tudo ancorado na problemática premissa de que o Estado seria o império do vício, enquanto o mercado caberia no reino da virtude.[238]

O resultado tem sido a destruição da economia nacional em favor da autopromoção de uma casta jurídica de atuação, no mínimo, duvidosa e, no caso do setor petróleo, na fragilização da Petrobras e,

---

[237] MANZANO, G. "Documentos indicam que Petrobrás é espionada por agência americana". *O Estado de S. Paulo*, set. 2013.
[238] É curioso notar: o empenho que a Operação Lava Jato desde seu início se dedicou à busca de conflitos de interesse e tráficos de influência envolvendo a Petrobras, o que nem de longe se compara à negligência com que ela tratou as empresas estrangeiras.

ao mesmo tempo, na aceleração da entrada de atores estrangeiros na exploração e produção do pré-sal, já com o projeto do senador José Serra em fase de conclusão. Para completar o (des)arranjo regulatório, em julho de 2018, um novo projeto de lei (PL 8939/2017) do deputado do Democratas da Bahia, José Carlos Aleluia, autorizou a Petrobras a vender até 70% dos campos que foram a ela concedidos pelo Regime de Cessão Onerosa.[239]

Esses movimentos, como todos sabem, geraram não o fim de um período de instabilidade, mas o início de uma crise ainda mais profunda que atravessou o ano de 2015 e culminou na conformação do governo Temer em 2016, trazendo ao desmonte da Petrobras[240] e à entrega do pré-sal nos leilões realizados em 2017 e 2018.[241]

No entanto, embora o desmonte da Petrobras seja uma porta de entrada para as operadoras estrangeiras, toda essa trama por elas organizada, ou pelo menos, protagonizada, envolvendo o judiciário, o legislativo e o executivo, teve como grande objetivo uma reconstrução, ou melhor, uma desconstrução do marco regulatório do pré-sal. Carneiro e Delgado (2017) lembram que, após o *impeachment* da presidenta Dilma Rousseff, ocorreu um conjunto de mudanças que evidenciou o interesse dos governos neoliberais subsequentes em abrir "diálogo com diferentes *players* da indústria" de óleo e gás para recuperar os investimentos. Entre as quatro mudanças destacadas pelos autores, duas delas estiveram relacionadas ao modelo de regulação do pré-sal: (i) fim do

---

[239] POLITO, R. "Cessão onerosa pode render US$ 28 bilhões à Petrobras, afirma Moreira". *Valor Econômico*, jun. 2018.

[240] É curioso notar: o empenho que a Operação Lava Jato desde seu início se dedicou à busca de conflitos de interesse e tráficos de influência envolvendo a Petrobras, o que nem de longe se compara à negligência com que ela tratou as empresas estrangeiras.

[241] É importante destacar: a confluência de interesses difusos do capital internacional, da elite político-partidária, da casta jurídico-policial, e da grande imprensa oligopólico-espetacularizada convergiram para o mesmo horizonte. Tais atores não assistiram a esse processo apenas como títeres coadjuvantes dos interesses internacionais, mas se valeram desse momento para impor, como protagonistas agindo ao arrepio das urnas, os seus interesses corporativos, nos conduzindo até o problemático estado de coisas em que o país se encontra.

operador único e (ii) aceleração do calendário de rodadas a partir do novo regime.[242]

No caso do fim do operador único, como já mencionado, observou-se a retirada da obrigatoriedade da Petrobras de participar de todos os leilões do pré-sal, facilitando o acesso da exploração e produção do pré-sal por empresas estrangeiras. Para impulsionar ainda mais esse movimento, a aceleração do calendário de rodadas de licitação inviabilizaria a participação da Petrobras dada a elevada exigência de capital para ingressar nos leilões e realizar os investimentos necessários.

Isso ficou muito claro nas segunda e terceira rodada das licitações do pré-sal realizadas em 2017. Segundo a ANP, houve um número considerável de empresas interessadas e habilitadas a participarem dessas rodadas, como ExxonMobil (EUA), Petrogal (Portugal), Petronas (Malásia), Repsol (Espanha), Shell e BP (Reino Unido), Statoil (Noruega), Total (França) e CNODC (China).

Tendo em vista, a importância central da modificação do marco regulatório para a estratégia de inserção das operadoras estrangeiras no pré-sal brasileiro, a seção seguinte descreve, em linhas gerais, essas modificações para posteriormente comprovar que elas foram o canal principal para impulsionar o acesso do capital internacional ao petróleo brasileiro.

Marco regulatório do pré-sal: do ativismo estatal à subordinação ao mercado

Assim que a Petrobras anunciou a descoberta do pré-sal em 2007, houve uma mudança no curso das rodadas de licitações que vinham sendo praticadas até então. Apesar de a ANP insistir na realização dos leilões programados, os gestores da estatal brasileira defenderam a interrupção dos mesmos em virtude das características distintas das áreas do pré-sal (com baixo risco exploratório) em relação ao pós-sal. Tal

---

242 CARNEIRO, J.; DELGADO, F. "A crise de atratividade do setor de óleo e gás no Brasil". *Boletim Energético*, 2017. Disponível em: http://bibliotecadigital.fgv.br/ojs/index.php/bc/article/viewFile/71051/68498. Acessado em: 31.10.2021.

impasse foi decidido pelo então presidente, Luís Inácio Lula da Silva, que, por sugestão de Haroldo Lima então diretor-geral da ANP, manteve a rodada, mas retirou do leilão os 41 blocos localizados no pré-sal.

O Regime de Concessão (único vigente no país naquela data) não se mostrava adequado para regular a exploração e produção do pré-sal em virtude da passiva atuação estatal. Tal regime – estabelecido em 1997 – garantia às empresas vencedoras o direito de propriedade do petróleo e do gás natural extraídos após o pagamento das taxações, como os tributos incidentes sobre a renda (imposto de renda, contribuições etc.), participações governamentais e a taxa de ocupação da área. Ou seja, após o pagamento dos tributos devidos, a empresa privada possuía direito sob todo o óleo produzido.

Tendo em vista o papel essencial da Petrobras para o sucesso exploratório do pré-sal e o volume de recursos envolvidos, num cenário de amplo apoio popular ao projeto político em curso, foi possível desenhar um novo aparato regulatório para exploração exclusiva do pré-sal em 2010. Machado (2013) lembra que, além dos aspectos técnicos relativos ao pré-sal e o pioneirismo tecnológico da Petrobras, havia uma coalizão política favorável à aprovação da nova legislação, denominada Regime de Partilha de Produção:

> (...) a votação tranquila da novidade deveu-se à construção, pelo governo, maioria dos partidos e elites econômicas e políticas regionais, de uma razoável maioria em torno de tratar de forma diferenciada a grande riqueza encontrada, numa expressão importante do que Medeiros (2010) chama de "coalizão keynesiana liderada por um grupo desenvolvimentista" – em grande medida graças aos interesses das oligarquias políticas regionais em uma parcela da futura renda petrolífera.[243]

Além do Regime de Partilha de Produção, foi também constituído um terceiro modelo de exploração, chamado de Cessão Onerosa.

---

[243] MACHADO, A. C. C. *O que o pré-sal traz de novo para o país no sistema internacional.* 2012, pp. 93/94 (Dissertação de Mestrado).

Esses dois novos regimes ensejaram uma maior participação estatal seja nas atividades exploratórias, seja na apropriação da renda gerada pelo petróleo e gás natural. No caso da partilha, permite-se um maior controle do Estado pois

> inverte a lógica do fluxo-moeda dos países que o adotam. Isso porque sua conformação jurídica permite aos estados produtores transferirem às empresas apenas o direito de conduzir as atividades de exploração e produção dos minerais do subsolo (...) os hidrocarbonetos produzidos permanecem na propriedade do Estado hospedeiro, que contrata a companhia petrolífera para efetuar a exploração econômica de hidrocarbonetos sob seu próprio risco.[244]

Segundo o Cambridge Research Energy Associates, sob a concessão, o Estado brasileiro arrecadou entre 50% e 60% da receita do petróleo, enquanto países que adotaram o sistema de partilha ficavam com até 90%.

Na Lei n. 12.276/10, que regulamentou o regime de Cessão Onerosa, a União foi autorizada a ceder diretamente à Petrobras, dispensada a licitação, o exercício das atividades de pesquisa e exploração de petróleo em áreas não concedidas localizadas no pré-sal, até o limite de 5 bilhões de barris de petróleo. Após pagamento dos royalties,[245] a Petrobras adquiriu o direto sob os hidrocarbonetos extraídos. Além disso, esse regime aumentou a participação do capital votante da União na Petrobras, de 40% para 49%, e capitalizou a petrolífera brasileira para a realização de novos investimentos. O valor inicial do contrato foi de R$ 74,8 bilhões com prazo de vigência de até 40 anos. Desse modo, o

---

[244] PRISCO, A. V. "Atuação da empresa brasileira de administração de petróleo e gás natural S.A.". *Revista de Direito Público da Economia*, vol. 9, n° 34, abr. 2011 (Dissertação de Mestrado).

[245] Por se tratar de uma petrolífera brasileira e de um recurso natural estratégico, na ocasião o governo concedeu algumas outras vantagens para a Petrobras, como os royalties pagos foram fixados em percentuais menores do que o padrão e o contrato não envolveu pagamento de bônus de assinatura.

modelo de Cessão Onerosa permitiu uma maior ação estatal mediante: (i) o aumento da participação da União no capital votante da Petrobras; (ii) a ampliação do volume de reservas de óleo e gás para Petrobras e (iii) a capitalização realizada pela Petrobras (DIEESE, 2013).

Na Lei n. 12.351/10, que estabeleceu o Regime de Partilha da Produção somente para as áreas do pré-sal e aquelas tidas como estratégicas, além de criar um Fundo Social e uma empresa pública (Pré-Sal Petróleo S.A. – PPSA) para gerir o excedente de óleo dos contratos de partilha da produção do petróleo, exigiu que a Petrobras fosse operadora do contrato e participasse de todos os contratos (com um mínimo de 30% sobre as áreas licitadas).

Nesse novo modelo regulatório, definiu-se como critério de decisão do leilão a parcela do petróleo excedente destinado à União, já descontado o percentual da Petrobras (no mínimo 30%) e as taxações incidentes sobre a produção (royalties e impostos). O restante do petróleo e do gás natural ficaria com as empresas participantes do consórcio. Em relação a tributação, ao invés das participações especiais e da taxa de ocupação, o consórcio vencedor da licitação na área do pré-sal teria de ceder à União uma fração excedente de óleo (petróleo bruto) estipulada em contrato. Portanto, nesse caso, o maior controle do Estado se observou na obrigatoriedade da participação da Petrobras e no controle estatal de uma parcela significativa dos recursos extraídos por intermédio da PPSA (DIEESE, 2013).

Quadro 1 – Principais diferenças entre os Regimes de Concessão e o de Partilha de Produção até 2015

	Regime de Concessão	Regime de Partilha
Operador obrigatório	Não	Sim
Participação mínima do operador	Não	Mínimo de 30%
Participação da PPSA	Não	Administração do excedente óleo e poder de veto
Participações Governamentais		
i) Royalties	Alíquota entre 5% e 10%	Alíquota de 15%
ii) Participação Especial	Alíquota entre 10% e 40%	Não
iii) Taxa de ocupação ou retenção	Pagamento anual por km2 da área	Não
iv) Bônus de assinatura	Sim	Sim
v) Excedente em óleo para a União	Não	Sim, definido dentro dos contratos de licitação
Critérios para escolha do vencedor	Bônus de assinatura, conteúdo local e programa exploratório mínimo	Maior excedente em óleo

Fonte: ANP. Elaboração própria.

Sob a égide do Regime da Partilha e da Cessão Onerosa, a perspectiva era de que uma parcela maior da riqueza do pré-sal tinha como destinação o financiamento de gastos sociais e o apoio ao desenvolvimento das atividades produtivas nacionais com a Petrobras assumindo a função de grande articuladora desse processo.

No entanto, como observado na seção anterior, após a aprovação desses novos regimes exploratórios, houve uma grande ofensiva das operadoras globais de petróleo para inviabilizar a efetivação dessas leis. Desde reuniões e acordos com políticos de partidos de oposição passando pela redefinição dos planos energéticos de vários *players* internacionais, constatou-se uma incessante atuação de empresas e nações interessadas no pré-sal para alteração dos marcos regulatórios visando facilitar sua entrada na exploração e produção dessas áreas.

Foi nesse contexto que, logo após a ascensão do governo de Michel Temer, o senador José Serra elaborou o projeto de lei que retirou a cláusula de obrigatoriedade de participação da Petrobras no Regime de Partilha:

> O projeto acaba com a obrigatoriedade da Petrobras de participar de todas as licitações referentes à exploração do pré-sal. A partir de agora, a petroleira poderá escolher os projetos nos quais quer participar (...). O Conselho Nacional de Política Energética (CNPE) oferecerá à estatal, considerando o interesse nacional, a preferência para ser a operadora dos campos a serem leiloados. Se a Petrobras se interessar, a petroleira continuará tendo uma participação mínima obrigatória de 30% no consórcio, um percentual considerado razoável no setor para garantir o envolvimento e a confiança de qualquer sócio. Se recusar, o bloco passaria às mãos de um operador estrangeiro.[246]

A justificativa para tal projeto seria a incapacidade da Petrobras de investir em todas as áreas do pré-sal, embora não houvesse (e não

---

[246] MARTÍN, M. "O pré-sal será aberto ao capital estrangeiro: entenda o que muda". *El País*, nov. 2016.

há) nenhum motivo, do ponto de vista da matriz energética brasileira, para se acelerar a exploração dos campos do pré-sal. Na realidade, essa mudança simplesmente quebrou um dos pilares de controle estatal sobre as reservas do pré-sal em favor das empresas estrangeiras.[247] Além disso, tal alteração deve impactar negativamente na própria indústria de fornecedores – uma vez que as petrolíferas estrangeiras tendem a contratar bens e serviços dos seus países de origem – e, principalmente, reduzir o controle do Estado Nacional das reservas nacionais de petróleo no longo prazo.

Enquanto a maior parte dos países produtores e/ou consumidores de petróleo têm estruturado estratégias bem definidas para o desenvolvimento do seu setor, incluindo ações de fortalecimento da indústria local em âmbito internacional e o acesso a reservas de petróleo, utilizados suas empresas nacionais, o Brasil tem seguido o caminho oposto. A mudança do Regime de Partilha de Produção, junto com a aceleração dos leilões, reduziu drasticamente a possibilidade de controle das reservas de petróleo descobertas pela Petrobras.[248]

Para piorar o cenário, em 2018, foi a vez da Cessão Onerosa ser desmontada, pelo projeto do deputado José Carlos Aleluia, que autorizou a Petrobras a vender até 70% dos seus direitos de exploração adquiridos quando da assinatura do contrato de cessão onerosa. Isso significou a possibilidade de a petrolífera brasileira repassar para empresas estrangeiras o direito de exploração de até 3,5 bilhões de barris do pré-sal.[249]

---

247 Um CEO de uma operadora estrangeira considerava essa medida, a primeira de uma série que fortalecerão a abertura para o capital internacional: "(...) é a ponta do iceberg. Será algo gradativo", avalia o CEO de uma petroleira estrangeira presente no Brasil. "Há muitas empresas estrangeiras que não têm interesse ou condições de assumir a exploração de um campo de pré-sal, mas com a mudança você elimina uma carga financeira da Petrobras que vai permitir que o Governo lance novos leilões e apareçam novos interessados". MARTÍN, M. "O pré-sal será aberto ao capital estrangeiro: entenda o que muda". *El País*, nov. 2016.
248 LEÃO, R. P. F. "A Petrobras na contramão das estratégias globais do setor". *Carta Capital*, abr. 2017.
249 VASCONCELOS, G. "Acordo da Cessão Onerosa vai liberar megaeleição de excedentes de petróleo". *Jornal do Brasil*, jun. 2018.

A Petrobras argumenta que tal mudança pode significar uma melhora nas contas financeiras da empresa no curto-prazo, mas omite que a realização dessa operação em um momento de possível alta no preço do barril pode representar uma perda de oportunidades de ganho no médio-prazo. Na realidade, a finalidade dessa mudança era permitir que o governo federal realizasse uma rodada de licitações das áreas conhecida como excedente da Cessão Onerosa:

> Como o negócio foi fechado em 2010, com o preço do barril de petróleo mais alto do que os atuais US$ 70, a estatal agora reclama compensação financeira que contemple as variações no preço da *commodity*. A oposição, porém, argumenta que a companhia ainda vai atuar na área pelas próximas décadas, o que pode modificar, novamente, os parâmetros. Na prática, a nova lei permite que a União pague a estatal com óleo e não só em dinheiro, conforme previa a lei anterior. O governo promete se esforçar para operar dentro do Orçamento, mas, em dificuldade fiscal, é provável que recorra à medida. Este era o aspecto do projeto que mais interessava ao governo e à base aliada, porque viabiliza o megaleilão do excedente das áreas [da Cessão Onerosa], estimado pelo Conselho Nacional de Política Energética em até 15 bilhões de barris. Para que a União pudesse negociar esse volume extra, o Tribunal de Contas da União exige a solução da chamada Cessão Onerosa.[250]

Junto às mudanças que permitem à Petrobras vender parte das reservas do regime da Cessão Onerosa e aumentam os pagamentos de *royalties*, o projeto também autoriza que sejam realizados leilões para exploração do volume excedente dessa área, ou seja, o volume superior aos 5 bilhões de barris concedidos à Petrobras. Essa medida também significa uma nova rodada de desnacionalização das reservas de petróleo, uma vez que empresas estrangeiras devem participar de forma intensa neste leilão.

---

[250] VASCONCELOS, G. "Acordo da Cessão Onerosa vai liberar megaeleição de excedentes de petróleo". *Jornal do Brasil*, jun. 2018.

A mudança brusca no Regime de Partilha de Produção e da Cessão Onerosa deve ser compreendida no interior de um quadro mais amplo, estrutural e nacional, de desmonte do Estado e do conjunto de medidas que buscava tratar o pré-sal como um recurso natural estratégico capaz de alavancar o desenvolvimento econômico, industrial e tecnológico do país por meio das capacidades estatais.

Afinal, essas foram apenas duas de uma série de mudanças que atendeu o setor externo em detrimento dos interesses nacionais. Outras que chamaram a atenção foram: (i) o abandono da busca pela autossuficiência energética na política de exploração e produção de petróleo e gás e; (ii), a redução do percentual mínimo de compras nacionais no fornecimento de bens e serviços à indústria de petróleo e gás.[251]

Essas modificações deslocaram o eixo estratégico que o pré-sal poderia ter para o planejamento energético de longo prazo e para a indução da cadeia do setor petróleo no Brasil. A retirada da obrigatoriedade da participação da Petrobras em todos os leilões do pré-sal e a permissão para a venda dos campos da Cessão Onerosa, sem dúvidas, foram de encontro aos interesses das grandes petrolíferas internacionais. No futuro, a maior parte da renda gerada na exploração e produção de petróleo no pré-sal deve, portanto, ser vazada para o exterior, gerando o desenvolvimento industrial em outros países. Mesmo no presente, essas medidas já ensejaram uma entrada agressiva daquelas petrolíferas nos leilões realizados pelo governo nos últimos dois anos. Esse é o tema de análise da próxima seção.

Das mudanças regulatórias aos leilões do pré-sal: o protagonismo das operadoras estrangeiras

A segunda, a terceira e a quarta rodada de licitações do pré-sal, realizadas entre o final de 2017 e meados de 2018, aconteceram num

---

[251] Sobre este ponto, ver o texto de Leão e Nozaki (2017) que mostra a atuação da Grã-Bretanha para desmontar essa política de conteúdo nacional realizada no Brasil.

contexto bem diferente da primeira rodada (realizada em outubro de 2013) em que o Estado brasileiro possuía maior capacidade de coordenação das atividades de petróleo e gás, em virtude do modelo anterior em que a Petrobras assumia o papel obrigatório de operadora e de participar do consórcio dos campos leiloados, naquele caso o de Libra.

Todavia, a partir as mudanças regulatórias apresentadas na seção anterior, as rodadas posteriores à de 2013 abriram uma janela de oportunidade para maior atuação das empresas estrangeiras, sem a exigência da Petrobras como operadora única.

Na segunda rodada foram ofertadas quatro áreas localizadas nas bacias de Santos e Campos, com jazidas unitizáveis, ou seja, adjacentes a campos cujos reservatórios se estendem para além da área concedida anteriormente; e, na terceira quatro áreas novas, ainda não exploradas, localizadas também nas bacias de Campos e Santos. Esses oito campos correspondem uma área de 7.977 km² e, naquele momento, foi estimado pela ANP um volume de reservas de petróleo de cerca de 12 bilhões de barris, sem levar em conta dois dos oito campos (Alto de Cabo Frio-Oeste e Alto de Cabo Frio-Central) que não tiveram suas estimativas divulgadas.

Já em 2018, a quarta rodada disponibilizou para o leilão quatro setores do pré-sal, também nas bacias de Campos e de Santos, totalizando uma área de 4.231 km². Estima-se, segundo ANP, um volume de reservas de petróleo de cerca de 14 bilhões de barris. A agência esperava arrecadar, como bônus mínimo de assinatura, o montante de R$ 3,2 bilhões.

Chamou a atenção nessas últimas três rodadas, a forte redução do percentual mínimo de excedente de óleo necessário para participar dos leilões. Nas segunda e terceira rodadas, a média aritmética simples de excedente mínimo exigido foi de 16,18% e na quarta de 29,40%, muito abaixo dos 41,65% do leilão de Libra. Mesmo a média ponderada, ou seja, considerando o mínimo de excedente exigido ponderado pelo volume de reservas estimado em cada área, a média cai ainda mais no caso da primeira rodada; 15,50%.

Lima e Da Costa Lima,[252] em estudo elaborado para a Câmara dos Deputados, mostraram que, sob o regime de concessão, o campo de Sapinhoá já recebe o equivalente a 28,67% da produção de petróleo, quase treze pontos percentuais acima do mínimo exigido, na média dos campos. Considerando-se apenas o campo Entorno de Sapinhoá, o mínimo exigido foi de somente 10,34%, quase dezoito pontos percentuais a menos que o valor obtido pelo Estado com a participação especial.

Para além da retirada da Petrobras como participante de todas as licitações, esse movimento de forte diminuição das exigências mínimas de óleo excedente destinado à União, na prática, seria um atrativo adicional às empresas estrangeiras participantes dos leilões, uma vez que uma maior parte do óleo produzido deveria ficar com as operadoras vencedoras do leilão. Esse foi mais um dos resultados das grandes pressões realizadas, ao longo dos últimos anos, pelas empresas estrangeiras para facilitar sua entrada no pré-sal.

Em relatório recente, o Atlantic Council recomendou que o Brasil

> (...) necessitava destravar o seu potencial e aumentar a produção de petróleo e gás. O pré-sal devia ser aberto a diferentes operadores (...). Investidores capazes de precificar corretamente oportunidades de investimento, ativos e empresas no Brasil têm diante de si a maior janela de oportunidade em décadas.[253]

Mesmo com todo o interesse das empresas estrangeiras no pré-sal, em função das excelentes perspectivas proporcionadas por essa região, o governo brasileiro optou por mudanças regulatórias que beneficiaram ainda mais a petrolíferas estrangeiras (de capital privado e estatal) em detrimento dos interesses nacionais. Os resultados das três últimas rodadas deixaram isso evidente.

---

[252] LIMA, P. C. R.; DA COSTA LIMA, P. G. "Análise das rodadas de licitação previstas para o pré-sal". *Consultoria Legislativa*, set. 2017.

[253] ODDONE, D. "Óleo e gás no Brasil: uma oportunidade histórica?". *Atlantic Council*, 2016. Disponível em: http://publications.atlanticcouncil.org/brasil-oleo-gas/brasil--oleo-gas.pdf. Acessado em: 31.10.2021.

Conclusão

Em momentos históricos decisivos para a estratégia de desenvolvimento nacional, a elite brasileira parece sempre ceder à sua cômoda posição de sócia-subalterna do capitalismo central e das grandes petrolíferas estrangeiras, uma posição favorável para sua acumulação privada, mas muitas vezes danosa para o projeto de desenvolvimento do país, que, a propósito, de tempos em tempos se vê sabotado diante de grupos de pressão cujos interesses pessoais, corporativos, paroquiais e muitas vezes provincianos acabam levando à instabilidade das nossas instituições políticas e à entrega do nosso patrimônio nacional.

As mudanças regulatórias do setor petróleo, bem como do próprio papel de coadjuvante que a Petrobras tem se sujeitado a assumir nos últimos anos é mais uma prova deste fenômeno. Nem mesmo as possibilidades de ganhos excepcionais futuras tanto para o governo, como para a indústria nacional foram capazes de atenuar esse processo.

A retirada da Petrobras como operadora única do Regime de Partilha de Produção e a descaracterização da Cessão Onerosa, num cenário de esvaziamento da Petrobras e de abandono das políticas de conteúdo nacional, somente podem atender aos interesses um único ator: as operadoras estrangeiras. Utilizando como alicerces a elite financeira e política nacional, essas empresas foram minando uma a uma a estrutura institucional criada para ampliar o controle e a apropriação nacional dos recursos do pré-sal.

A estratégia explícita de atração do capital estrangeiro, na verdade, é produto da própria pressão por elas realizada que se cristaliza nas mudanças regulatórias e no aumento da apropriação da renda petrolífera pelas empresas de fora. Essa estratégia, na contramão dos interesses nacionais, desfruta do forte apoio da gestão da Petrobras, a despeito da estatal brasileira ser uma concorrente das operadoras estrangeiras.

A partir disso, as empresas ingressaram com extrema volúpia para adquirir ativos da Petrobras na camada do pré-sal, bem como para participar dos leilões realizados a "toque de caixa". Com isso, em menos de dois anos, a perspectiva futura é de uma forte redução da participação da Petrobras na exploração do pré-sal, diminuição das oportunidades para a indústria nacional fornecedora de bens e serviços, assim como menor apropriação dos recursos provenientes do petróleo. Essa conta é inversamente proporcional para as operadoras estrangeiras: maior participação na produção brasileira de petróleo, mais demanda para suas fornecedoras e mais renda no futuro.

A reversão dessa situação passa pelo reposicionamento do Estado, de modo que ele atue como ente coordenador da política de óleo e gás, e pelo fortalecimento da dimensão pública da Petrobras, que deve atuar como uma empresa estatal pujante, com investimentos públicos para a realização de novas prospecções e descobertas como as do pré-sal, com fortalecimento das atividades de exploração e produção em novas fronteiras marítimas e tecnológicas, com operações integradas nos segmentos de refino e gás, exercendo sua propulsão sobre a cadeia de suprimentos e equipamentos por meio das políticas de conteúdo local, compras governamentais e ciência, tecnologia e inovação, desbravando novas energias renováveis, em consonância com uma política industrial competitiva e inovadora, que seja capaz de irradiar seus efeitos gerando uma renda petroleira que possa ser apropriada pelo Estado e pela sociedade brasileira em benefício de transformações produtivas e sociais que o Brasil precisa para o presente e para o futuro.

Referências Bibliográficas

AZEVEDO, José Sérgio Gabrielli. "Governo FHC preparou privatização da Petrobrás". *Folha de São Paulo*, out. 2010. Disponível em: https://www1.folha.uol.com.br/fsp/poder/po1810201031.htm. Acessado em: 17.12.2021.

AZEVEDO, José Sérgio Gabrielli. *Disputas entre grandes empresas, impérios e regimes no confronto Europa, Ásia e Américas*: o petróleo antes de 1930. Rio de Janeiro: Ineep, 2018 (Textos para discussão).

BLACK, Clarissa. "Uma avaliação da teoria da doença holandesa e da hipótese da maldição dos recursos naturais". *Análise Econômica*, vol. 35, 2017.

COSTA, Armando Dalla; SOUZA-SANTOS, Elson Rodrigo. "Exploração das reservas petrolíferas do pré-sal, papel da Petrobras e os novos marcos regulatórios". *Economia & Tecnologia*, vol. 5, n° 4, 2009.

CUNHA, André Moreira *et al*. "O Brasil no espelho da China: tendências para o período pós-crise financeira global". *Revista de Economia Contemporânea*, vol. 16, n° 2, mai. 2012.

DIEESE. "Os modelos de exploração de petróleo no Brasil e as questões relacionadas ao surgimento do pré-sal: o debate sobre o campo de Libra". *Nota Técnica*, n° 129. São Paulo: DIEESE, out. 2013.

DIEGUEZ, Consuelo. "O desafio do pré-sal". *Revista Piauí*, jan. 2009.

GUEIROS, Flávio André Monteiro. *Ação estratégica e mudança institucional*: o caso do pré-sal. Salvador: UFBA, 2011 (Dissertação de mestrado).

LEÃO, Rodrigo. "A Petrobras na contramão das estratégias globais do setor". *Carta Capital*, abr. 2017.

LEÃO, Rodrigo; NOZAKI, William. "O lobby petrolífero britânico: nova cena de uma velha história". *Carta Capital*, nov. 2017.

LIMA, Paulo César Ribeiro; LIMA, Pedro Garrido da Costa. "Análise das rodadas de licitação previstas para o pré-sal". *Estudo Técnico*, Câmara dos Deputados, set. 2017.

LUNA, Denise. "Salto tecnológico levou à marca de 1 milhão de barris/dia". *O Estado de S. Paulo*, out. 2017.

LUNA, Denise; NUNES, Fernanda. "Governo vende 3 de 4 blocos do leilão do pré-sal e arrecada R$ 3,15 bilhões". *O Estado de S. Paulo*, jun. 2018.

MACHADO, Ana Cristina Carvalhes. *O que o pré-sal traz de novo para o país no sistema internacional*. Rio de Janeiro: UFRJ, 2013 (Dissertação de Mestrado).

MANZANO, Gabriel. "Documentos indicam que Petrobrás é espionada por agência americana". *O Estado de S. Paulo*, set. 2013.

MARTÍN, María. "O pré-sal será aberto ao capital estrangeiro: entenda o que muda". *El País*, nov. 2016.

MEHLUM, Halvor; MOENE, Kalle; TORVIK, Ragnar. "Institutions and resource curse". *The Economic Journal*, n° 116, jan. 2006.

POLITO, Reinaldo. "Cessão onerosa pode render US$ 28 bilhões à Petrobras, afirma Moreira". *Valor Econômico*, jun. 2018.

PRISCO, Alex Vasconcellos. "Atuação da empresa brasileira de administração de petróleo e gás natural S.A.". *Revista de Direito Público da Economia*, vol. 9, n° 34, 2011 (Dissertação de Mestrado).

SAUER, Ildo; RODRIGUES, Larissa Araújo. "Pré-sal e Petrobras além dos discursos e mitos: disputas, riscos e desafios". *Estudos Avançados*, vol. 30, n° 88, 2016.

SCARAMUZZO, Mônica. "Francesa Total vai investir US$ 2 bilhões no Brasil e quer entrar em novos negócios". *O Estado de S. Paulo*, jan. 2014.

URIBE, Gustavo. "Chinesa CNPC discute com Alckmin investir no pré-sal". *O Estado de S. Paulo*, out. 2011.

VASCONCELOS, G. "Acordo da Cessão Onerosa vai liberar megaeleição de excedentes de petróleo". *Jornal do Brasil*, jun. 2018.

PARTE IV

TRABALHO, DIREITOS E CIDADANIA

CAPÍTULO XII

ESTADO E CLASSES TRABALHADORAS NO BRASIL

ADALBERTO CARDOSO[254]

Vargas consolidou um projeto político abrangente de construção da Nação e da ordem burguesa. Ele ofereceu aos trabalhadores sólida trincheira institucional na qual seus líderes puderam prosperar e construir seu caminho na arena política, enquanto lutavam por melhores condições de vida no presente. Esse mecanismo foi em grande parte desfeito a partir do golpe de 2016, que entronizou no poder agentes de um projeto neoliberal radical contrário à regulação pública das relações entre capital e trabalho.

A inclusão dos trabalhadores na dinâmica social e no regime político brasileiro deu-se, principalmente (embora não exclusivamente), pela regulação multidimensional das relações de classe e, muito particularmente, do mercado de trabalho pelo Estado.[255] Organização política,

---

[254] Doutor em Sociologia pela USP e Professor Associado do IESP-UERJ. Autor de *Classes médias e política no Brasil*: 1922-2016. FGV, 2020; e de *A construção da sociedade do trabalho no Brasil*: uma investigação sobre a persistência secular das desigualdades. 2ª ed. revista e ampliada, 2019; dentre outros 15 livros.

[255] As principais ideias apresentadas aqui apareceram pela primeira vez em Cardoso (2010 e 2015).

mobilização social, cooptação ou controle das classes trabalhadoras e seus representantes ao longo da história não podem ser adequadamente compreendidos fora do quadro da instituição de direitos e garantias legais ao trabalhador individual e seus representantes sindicais, o que lhes deu visibilidade perante o Estado, assegurou-lhes voz na arena pública, enquanto um nascente e precário sistema de seguridade social forneceu alguma rede de proteção social para eles e suas famílias. No Brasil, como em outros países da América Latina, a regulação do mercado de trabalho e das relações de classe foi o veículo de inclusão dos trabalhadores no modelo de industrialização por substituição de importações, e eles parecem ter alimentado a expectativa de se beneficiar da estrutura regulatória garantida pelo Estado.

É verdade que o mercado formal de trabalho e suas instituições nunca incluíram a todos. A informalidade foi e ainda é expressiva no país. Mas a *expectativa* de inclusão sempre desempenhou papel, justamente, inclusivo, especialmente entre aqueles que fugiram do mundo rural em busca de melhores condições de vida nas áreas urbanas a partir sobretudo da década de 1930. Essa expectativa foi ocasionalmente satisfeita, em razão das altas taxas de rotatividade que caracterizaram a dinâmica do mercado de trabalho no país, e isso ajudou a universalizar a experiência de um emprego formal, embora na maioria das vezes curta demais para garantir alguma segurança socioeconômica. Por essa razão, o mercado de trabalho formal e seus regulamentos (incluindo a estrutura sindical) tornaram-se cruciais mecanismos inclusivos no país. A Era Vargas denota esse processo duradouro de incorporação subordinada, mas ao mesmo tempo desejada, dos trabalhadores e seus representantes nas arenas social, econômica e política brasileiras.

Nosso sistema de regulação das relações de classe apresentou notável longevidade, e parte de sua persistência deve ser atribuída ao fato de que a legislação trabalhista era (e em parte ainda é) constitucionalizada, instituindo a autoridade pública (ou o Governo Federal) em ator central e poderoso daquelas relações. A constitucionalização ajudou a consolidar, ainda, uma série de atores organizados interessados na reprodução da ordem constitucional assim criada, alimentando retroativamente todo o sistema. Refiro-me ao judiciário trabalhista (com suas centenas de milhares de juízes, funcionários administrativos e advogados trabalhistas);[256] ao antigo Ministério do Trabalho (que contava com dezenas de milhares de servidores públicos)[257] e seu Ministério Público próprio; aos líderes sindicais e trabalhadores administrativos dos sindicatos e assim por diante.[258] A proteção constitucionalizada compreendeu: (i) padrões formais de negociação coletiva, incluindo representação de interesses e mediação de conflitos; (ii) direitos substantivos relacionados a condições de trabalho, padrões de saúde, salários, jornada de trabalho e muitos outros; e (iii) o papel tutelar do Estado, que reconheceu a posição mais fraca (hipossuficiente) dos trabalhadores no capitalismo e, ao mesmo tempo, controlou a estrutura, as ações e o alcance da representação sindical.

Estado-trabalho-capital

Por essas razões, a principal característica do sistema brasileiro de relações de trabalho, pelo menos até a reforma trabalhista de 2017, sempre foi o fato de que a lei, e não a negociação coletiva, desempenhou o papel principal na regulação das relações Estado/trabalho/capital. A negociação coletiva foi importante em alguns momentos cruciais (especialmente a negociação salarial), mas tendeu a desempenhar papel

---

256 Em 2019 a Justiça do Trabalho contava com quase 4 mil magistrados e quase 43 mil servidores ativos. Os aposentados das três categorias superavam os 10 mil. :Os advogados trabalhistas passam de 400 mil, segundo um membro da OAB entrevistado para este estudo (TST. "Relatório geral da Justiça do Trabalho", 2021. Disponível em: http://www.tst.jus.br/documents/18640430/26518944/Folder+2019.pdf/515f6e-c3-a61e-099f-ad2e-b67cf43b2a07?t=1597785149053. Acessado em: 03.10.2021).

257 Em 2010, período áureo do governo Lula, o Ministério do Trabalho estava classificado em quinto lugar no orçamento federal, acima de Defesa, Justiça, Administração e outros 20 ministérios.

258 Em 2017, ano da reforma trabalhista que afetou duramente os sindicatos, as 12.761 entidades então existentes (incluindo sindicatos de empregadores e empregados) que declararam a Relação Anual de Informações Sociais (RAIS), empregavam 106.000 funcionários formais. Isso não incluía os próprios líderes sindicais, cuja inclusão elevaria os números para mais de 500.000 pessoas diretamente envolvidas em atividades reais de representação de interesses de empregadores e trabalhadores.

subsidiário até muito recentemente. Como argumentou Noronha,[259] a legislação trabalhista é a característica mais duradoura do sistema brasileiro de relações de trabalho.

Essas disposições foram consequência direta dos compromissos decorrentes do golpe de Estado de 1930, que levou Getúlio Vargas ao poder. O programa da Aliança Liberal para a campanha presidencial daquele ano reconheceu a "questão social" (nas cidades e no campo) como central para a governabilidade,[260] e Getúlio Vargas abordou essa questão em seu primeiro discurso como presidente da Governo Provisório, em novembro de 1930.[261] Um dos primeiros atos de seu governo foi a criação do Ministério do Trabalho, Indústria e Comércio para "cuidar da questão social" e "proteger e abrigar" os trabalhadores urbanos e rurais.[262]

Para o que interessa ao argumento deste capítulo, importa salientar que as disposições legais e constitucionais instituídas nos inícios do primeiro governo Vargas não ganharam validade automática, pois o Estado raramente teve vontade política ou meios institucionais para garantir o cumprimento da lei pelos empregadores.[263] A legislação trabalhista foi, então, transformada em importante objeto das disputas hodiernas entre capital e trabalho para torná-la válida nas relações de trabalho. A lei moldou as expectativas e as práticas de capital e trabalho de forma intensa e profunda ao longo do século XX. Definiu os temas,

---

259 NORONHA, Eduardo. *Entre a Lei e a arbitrariedade*: mercados e relações de trabalho no Brasil. São Paulo: LTr, 2000.

260 VARGAS, Getúlio D. *A nova política do Brasil*. vols. 1-5, Rio de Janeiro: José Olympio, 1938, pp. 26-28.

261 VARGAS, Getúlio D. *A nova política do Brasil*. vols. 1-5, Rio de Janeiro: José Olympio, 1938, pp. 72/73.

262 VARGAS, Getúlio D. *A nova política do Brasil*. vols. 1-5, Rio de Janeiro: José Olympio, 1938.

263 FRENCH, John D. *Drowning in laws*: Labor Law and brazilian political culture. London: University of North Carolina Press, 2004; e FISCHER, Brodwyn. *A poverty of rights*: citizenship and inequality in twentieth-century Rio de Janeiro. Stanford: University Press, 2008.

o escopo e o horizonte de expectativas do trabalho organizado e dos trabalhadores individuais, de tal forma que boa parte das lutas sindicais orientou-se para a aplicação das leis existentes. Dessa forma, as identidades dos trabalhadores foram construídas, na maioria das vezes, pela mediação do direito do trabalho e dentro de seus limites,[264] novamente de diferentes maneiras dependendo das conjunturas históricas.

As instituições criadas durante a era Vargas deitaram profundas raízes na ordem capitalista brasileira, e aqui espero trazer novos elementos para validar a tese de que o direito social e do trabalho constituíram verdadeira utopia nos horizontes de expectativas dos trabalhadores, para cuja consolidação, que foi também a consolidação de dimensões cruciais do Estado brasileiro, o movimento sindical teve papel central.

A utopia brasileira

Getúlio Vargas foi personagem político virtuoso (em sentido *maquiaveliano*). A *virtù* do projeto político de Vargas foi ter logrado construir um duplo mecanismo de coordenação da sociabilidade capitalista que, de um lado, assegurou a acumulação de capital e ao mesmo tempo concedeu aos trabalhadores alguma participação na distribuição da riqueza assim produzida, via políticas sociais redistributivas patrocinadas pelo Estado. O mecanismo assegurou, de outro lado, voz aos trabalhadores na arena política, tanto através de um movimento sindical controlado, mas cada vez mais militante (como se verá), quanto através de suas conexões com partidos políticos em arranjos eleitorais cada vez mais competitivos, à medida que a democracia de 1946 avançava. A combinação desses elementos resultou numa dinâmica política socialmente arraigada que moldou as aspirações e identidades econômicas, sociais e políticas dos trabalhadores de maneira profunda e duradoura,

---

[264] PAOLI, Maria Celia. *Labour, Law and the State in Brazil*: 1930-1950. London: University of London, 1988 (Tese de Doutorado); e GOMES, Ângela de Castro. *A invenção do trabalhismo*. Rio de Janeiro: Vértice, 1988.

definindo o escopo e os limites da sociabilidade capitalista no Brasil até muito recentemente.[265]

Para compreender a operação desse duplo mecanismo de coordenação (suporte à acumulação capitalista com – ainda que muito restrita – redistribuição de renda e direitos sociais, de um lado, e abertura controlada de canais de participação sindical e política aos trabalhadores, de outro), é preciso repetir que a legislação trabalhista brasileira esteve por décadas consagrada nas Cartas Magnas do país. As constituições de 1937, 1946, 1967 e 1988 acolheram os termos da Constituição de 1934, a primeira a inscrever o código de trabalho em seu corpo. Mas a de 1946 inaugurou importante ambiguidade, que estabeleceu as bases e os limites das lutas sociais e políticas que se seguiram até pelo menos 1964. A referida ambiguidade, certamente não antecipada por seus artífices, esteve no âmago da consolidação do mecanismo varguista e, com ele, da forma e do conteúdo das relações entre trabalhadores e Estado no Brasil. É sobre isso que passo a discorrer.

A permanência da CLT

Vargas foi apeado do poder em 1945 por um golpe militar, perpetrado para dar lugar às eleições gerais que ele tentava controlar (Gomes;[266] Werneck Vianna;[267] Carone).[268] Com a queda do ditador, esperava-se que a Assembleia Constituinte reunida em 1946 pusesse abaixo os pilares do Estado Novo, o regime corporativista e autoritário instituído pela Constituição de 1937. Mas isso não ocorreu. Embora condenando o fascismo e o corporativismo, o código de 1946 não derrogou a CLT, seja em seus direitos individuais ou coletivos.

---

[265] Para o conceito de sociabilidade capitalista, ver: CARDOSO, Adalberto M. *A construção da sociedade do trabalho no Brasil*: uma investigação sobre a persistência secular das desigualdades. Rio de Janeiro: FGV, 2010.
[266] GOMES, Ângela de Castro. *A invenção do trabalhismo*. Rio de Janeiro: Vértice, 1988.
[267] WERNECK VIANNA, L. *Liberalismo e sindicato*. Belo Horizonte: UFMG, 1999.
[268] CARONE, Edgard. *O Estado Novo*: 1937-1945. 5ª ed. Rio de Janeiro: Bertrand, 1988.

A estrutura sindical autoritária criada por Vargas e a regulamentação detalhada do mercado de trabalho permaneceram intactas. A coabitação de uma série de normas autoritárias em um arranjo institucional formalmente democrático caracterizaria as relações de trabalho a partir de então e moldaria de múltiplas maneiras a ação estratégica dos trabalhadores e seus representantes, em sua relação com os patrões e o Estado.

Para começar, o Partido Comunista do Brasil (PCB) foi proscrito em 1947. O governo Dutra interveio em todos os principais sindicatos controlados pelos comunistas e por líderes sindicais de uma forma ou de outra ligados ao projeto político de Vargas,[269] e o controle autoritário do movimento sindical marcou a democracia emergente.

Importa marcar aqui que, se as intervenções de Dutra tinham respaldo na CLT, elas eram ambiguamente constitucionais, pois a Constituição de 1946 afirmava que os sindicatos eram livres, acrescentando que a lei regularia sua constituição e prática. A ambiguidade das disposições constitucionais inaugurou um processo de disputas judiciais e políticas em torno da definição dos direitos coletivos dos trabalhadores que perduraria até o golpe militar de 1964. Moraes Filho[270] analisa leis, decretos, debates parlamentares e jurisprudência que comprovam o argumento do ponto de vista da legislação. Mas esse é apenas um sintoma de dinâmica política bem mais geral, que moldou a identidade do sistema, abrindo as portas para a consolidação do duplo mecanismo de coordenação que estou propondo aqui.

---

[269] A literatura sobre o assunto já é alentada. Ver: MOTTA, Rodrigo Patto S. *Em guarda contra o perigo vermelho*: o anticomunismo no Brasil - 1917-1964. São Paulo: Perspectiva, 2002; FERREIRA, Jorge; Reis, Daniel A. (Coord.). *A esquerda no Brasil* - nacionalismo e reformismo radical: 1945-1964. Rio de Janeiro: Civilização Brasileira, 2007; RIDENTI, Marcelo; Reis, Daniel A. (Coord.). *História do marxismo no Brasil*: partidos e organizações dos anos 1920 aos 1960. vol. 5, Campinas: Unicamp, 2007; e SANTANA, Marco A. *Bravos companheiros* - comunistas e metalúrgicos no Rio de Janeiro: 1945-1964. Rio de Janeiro: 7Letras, 2012. Vale lembrar que o PCB esteve na vanguarda do "queremismo", movimento de apoio ao projeto de Vargas de se lançar candidato à presidência. Ver: D'ARAÚJO, Maria C. *O Estado Novo*. Rio de Janeiro: Zahar, 2000.

[270] MORAES Filho, Evaristo. *O problema do sindicato único no Brasil*. São Paulo: Alfa-Ômega, 1979.

Com o fim do governo antitrabalhista e antissindical de Dutra, governos pró-trabalho (Vargas de 1951 a 1954 e Jango de 1961 a 1964) ou relativamente neutros (Juscelino Kubitschek de 1955 a 1960 e Jânio Quadros em 1961) chegaram ao poder,[271] e neles a estrutura sindical corporativa provou-se poderosa ferramenta nas mãos da militância sindical.

De fato, e ao contrário da interpretação "clássica" sobre o período, que pôs acento no "cupulismo populista" do movimento sindical,[272] em muitos setores a participação de base era a norma, não a exceção (Nogueira;[273] Negro;[274] Fortes et al.;[275] Reis Filho).[276] Num processo que se tornaria clássico, comunistas e outros militantes de diferentes correntes ideológicas de esquerda condenavam programaticamente a estrutura sindical corporativa (em particular a unicidade sindical) mas, ao mesmo tempo, competiam por seu controle por meio das eleições sindicais. E uma vez vencidas as eleições nos sindicatos oficiais, a militância de esquerda procurava limitar ou impedir qualquer competição possível. Boa parte das energias das lideranças se dedicou a ganhar e manter o controle sobre os sindicatos oficiais. O Ministério do Trabalho era o único poder capaz de limitar esse processo, e era de fato importante,

---

[271] Para análises de ações contra ou pró sindicatos dos governos sucessivos, que toma como medida o número de intervenções sindicais, ver: ERICKSON, Kenneth P. *Sindicalismo no processo político no Brasil*. São Paulo: Brasiliense, 1979, pp. 67/68; MARTINS, Heloisa H. T. *O Estado e a burocratização do sindicato no Brasil*. 2ª ed. São Paulo: Hucitec, 1989, pp. 75-100; e FIGUEIREDO, Argelina. "Intervenções sindicais e o 'novo sindicalismo'". *Revista Dados*, nº 17, 1978, p. 137.

[272] Refiro-me muito particularmente a Ianni e Weffort. IANNI, Octávio. *O colapso do populismo no Brasil*. Rio de Janeiro: Civilização Brasileira, 1971; WEFFORT, Francisco C. *Sindicatos e política*. São Paulo: USP, 1972 (Tese de Livre-Docência).

[273] NOGUEIRA, Arnaldo M. *Modernização conservadora do sindicalismo brasileiro*: a experiência do Sindicato dos Metalúrgicos de São Paulo. São Paulo: Fapesp, 1997.

[274] NEGRO, Antonio L. "Nas origens do 'novo sindicalismo': o maio de 59, 68 e 78 na indústria automobilística". *In*: RODRIGUES, Iram J. (Coord.). *O novo sindicalismo*: vinte anos depois. Petrópolis: Vozes, 1999.

[275] FORTES, Alexandre (*et al*). *Na luta por direitos*: estudos recentes em história social do trabalho. Campinas: Unicamp, 1999.

[276] REIS FILHO, Daniel A. "O colapso do colapso do populismo ou a propósito de uma herança maldita". *In*: FERREIRA, Jorge (Coord.). *O populismo e sua história*: debate e crítica. Rio de Janeiro: Civilização Brasileira, 2010, pp. 319-377.

mas depois de 1951 os ministros do trabalho raramente foram explicitamente adversários do movimento sindical.

Além disso, na segunda metade do mesmo ano de 1951 o Congresso aprovou uma lei derrogando o "atestado ideológico",[277] que foi confirmada pelo Senado em agosto de 1952 e sancionada por Vargas, muito a contragosto, em setembro.[278] Decisão crucial. O presidente sabia que o fim desse mecanismo repressivo abriria o caminho para a renovação real da estrutura sindical oficial, que agora se abria à competição eleitoral. Isso logo mudaria o equilíbrio de poder dentro dela em favor dos comunistas e outros militantes não subordinados ao Ministério do Trabalho.

Fim do atestado ideológico

A literatura existente não deu devida importância ao fim do atestado ideológico como crucial ponto de inflexão no projeto político

---

[277] O atestado ideológico era um documento emitido pelo Departamento de Ordem Política e Social (DOPS), órgão criado em 1924, mas que teve ampla atuação sob Vargas, em particular durante Estado Novo. O atestado era exigido em várias frentes (meio estudantil, atividades representativas – incluindo os sindicatos e os partidos políticos –, serviço público e outros). Ver Gomes e, muito particularmente, Buonicore. GOMES, Ângela de Castro. *A invenção do trabalhismo*. Rio de Janeiro: Vértice, 1988; BUONICORE, Augusto C. "Sindicalismo vermelho: a política sindical do PCB entre 1948 e 1952". *Cadernos AEL*, vol. 7, n° 12/13, 2000.

[278] Jorge Ferreira, autor de importante biografia de João Goulart – ministro do Trabalho de Varga de junho de 1953 a fevereiro de 1954, vice-presidente da República de 1955 a 1960, e presidente de 1961 a 1964 – atribui a ele o fim do atestado ideológico (ver FERREIRA, Jorge. *João Goulart: uma biografia*. Rio de Janeiro: Civilizacao Brasileira, 2011, pp.85 e ss.). Mas a informação é imprecisa. Goulart era o presidente do Partido Trabalhista Brasileiro (PTB) e certamente estava ciente dos debates no Congresso. Mas ele não estava lá quando a Câmara dos Deputados aprovou a lei em 1951. Havia sido nomeado para um cargo executivo pelo governo de seu estado natal, o Rio Grande do Sul, e lá permaneceu até fevereiro de 1952. A decisão não foi "sua", embora ele a apresentasse como tal quando ministro do Trabalho em 1953, como nota Jorge Ferreira, beneficiando-se das consequências políticas do ato. Buonicore (2000) oferece evidências suficientes sobre o assunto.

de Vargas (uma exceção é Buonicore).[279] A sanção da lei pode ter desempenhado papel nada além de simbólico naquele momento específico, uma vez que Vargas buscava apoio de forças de esquerda que se opunham a ele num momento de crise política de seu governo.[280] Mas as consequências adicionais foram tais que o sistema político em geral e o Ministério do Trabalho em particular logo seriam incapazes de controlar o movimento sindical.

O PCB era ambiguamente crítico da estrutura sindical autoritária legada por Vargas, pois terminaria por dominá-la. Assumindo sindicatos importantes por todo país em eleições menos ou mais competitivas segundo o caso, as lideranças passaram a reunir recursos financeiros e institucionais que alimentaram tentativas recorrentes de construir uma estrutura sindical autônoma, especialmente uma central sindical que pudesse coordenar nacionalmente o movimento. As muitas tentativas desaguaram no Comando Geral dos Trabalhadores (CGT), criado em 1962 e controlado pelo PCB até sua destruição em 1964. Tratou-se de central sindical autônoma, criada independentemente das disposições explícitas da CLT que proibiam organizações horizontais.[281]

Os mesmos recursos legais e institucionais deram aos comunistas proscritos da política partidária um nicho em que pudessem prosperar e a partir do qual passariam a influenciar o processo político. Às portas do golpe militar de 1964, comunistas e seus aliados do PTB eram virtualmente hegemônicos no sindicalismo brasileiro, estando no controle

---

[279] BUONICORE, Augusto C. "Sindicalismo vermelho: a política sindical do PCB entre 1948 e 1952". *Cadernos AEL*, vol. 7, n° 12/13, 2000, pp. 13-46.

[280] DELGADO, Lucilia A. N. *PTB* - do getulismo ao reformismo: 1945-1964. Rio de Janeiro: Marco Zero, 1989.

[281] O melhor estudo sobre o CGT é ainda Delgado: DELGADO, Lucilia A. N. *O comando geral dos trabalhadores no Brasil*: 1961-1964. Petrópolis: Vozes, 1986. Também Grieco: GRIECO, Júlio C. *L'union fait la faiblesse*: le commandement général des travailleurs et la politique brésilienne: 1962-1964. Paris : Hautes Études, 1979 (Tese de Doutorado). Para o papel do PCB, ver Santana: SANTANA, Marco A. *Homens partidos*: comunistas e sindicatos no Brasil. São Paulo: Boitempo, 2001.

tanto do CGT autônomo quanto dos principais sindicatos oficiais, incluindo a maioria das federações e confederações mais importantes.²⁸²

Além disso, os comunistas constituíram poderosas organizações nos locais de trabalho. O sindicato dos metalúrgicos da cidade de São Paulo, por exemplo, dirigido por comunistas e o maior sindicato de metalúrgicos do país, tinha cerca de 1.800 delegados sindicais quando sua direção foi cassada pelos militares em 1964.²⁸³ Deu-se o mesmo no caso do sindicato dos trabalhadores nas Docas de Santos (Teixeira da Silva)²⁸⁴ e de uma infinidade de outras categorias, objeto de análise minuciosa por parte da história social do trabalho.²⁸⁵ Como a CLT não tinha provisões para delegados sindicais, sua presença nas bases resultou de negociações e acordos coletivos entre os sindicatos e as empresas, sendo clara indicação da estratégia militante de base dos comunistas anterior a 1964, bem como do caráter flexível da CLT quando o ambiente político se tornava não repressivo.²⁸⁶

---

282 WEFFORT, Francisco C. *Sindicatos e política*. São Paulo: USP, 1972 (Tese de Livre Docência); SANTANA, Marco A. *Bravos companheiros* - comunistas e metalúrgicos no Rio de Janeiro: 1945-1964. Rio de Janeiro: 7Letras, 2012; e MARTINS, Heloisa H. T. *O Estado e a burocratização do sindicato no Brasil*. 2ª ed. São Paulo: Hucitec, 1989.

283 NOGUEIRA, Arnaldo M. *Modernização conservadora do sindicalismo brasileiro*: a experiência do Sindicato dos Metalúrgicos de São Paulo. São Paulo: Fapesp, 1997.

284 TEIXEIRA DA SILVA, Fernando. *A carga e a culpa* - os operários das docas de Santos: direitos e cultura de solidariedade: 1937-1968. São Paulo: Hucitec, 1995.

285 Ver: RAMALHO, José Ricardo P. *Estado patrão e luta operária*: o caso FNM. Rio de Janeiro: Paz e Terra, 1989; FORTES, Alexandre (*et al.*). *Na luta por direitos*: estudos recentes em história social do trabalho. Campinas: Unicamp, 1999; NEGRO, Antonio L. "Nas origens do 'novo sindicalismo': o maio de 59, 68 e 78 na indústria automobilística". *In*: RODRIGUES, Iram J. (Coord.). *O novo sindicalismo vinte anos depois*. Petrópolis: Vozes, 1999; SANTANA, Marco A. *Bravos companheiros* - comunistas e metalúrgicos no Rio de Janeiro: 1945-1964. Rio de Janeiro: 7Letras, 2012; dentre muitos outros.

286 FRENCH, John D. "How the not-so-powerless prevail: industrial labour market demand and the contours of militancy in mid-twentieth-century São Paulo, Brazil". *Hispanic American Historical Review*, vol. 90, n° 1, 2010, pp. 109-142.

Essas breves observações devem ser suficientes para mostrar quão flexível era a estrutura sindical "corporativa" do ponto de vista do trabalho organizado. Por isso emprego corporativa entre aspas. O sistema legal geral era formalmente corporativista, mas se o governo não era explicitamente antissindical, o corporativismo foi sinônimo de militância para comunistas, membros esquerdistas do PTB, militantes católicos, marxistas não alinhados com os comunistas e líderes independentes não alinhados com o Ministério do Trabalho. A estrutura sindical corporativa vertebrava de fato o movimento operário, mas os "ministerialistas" (sindicalistas diretamente controlados pelo Ministério do Trabalho) eram uma entre uma miríade de outras afiliações políticas e sindicais. Na segunda metade da década de 1950, eles já eram evanescente minoria.

Fazendo valer a lei

Mas pelo que lutavam comunistas e militantes sindicais? John French resume o quadro:

> Condenados a agir dentro do universo de fraude que foi a CLT, que soterrava trabalhadores, sindicalistas e militantes da classe trabalhadora depois de 1943, na prática subverteriam a lei existente através da luta para tornar a lei, um ideal imaginário, real. Em um Brasil onde os trabalhadores se afogavam em leis, mas eram famintos por justiça, fazia todo sentido para um trabalhador da construção civil gaúcho confrontar os patrões com sua cópia desgastada da CLT: "Esta é minha bíblia".[287]

Os sindicalistas lutavam para fazer valer a legislação instituída durante o primeiro governo Vargas e reunida em 1943 na Consolidação das Leis do Trabalho.

---

[287] FRENCH, John D. *Drowning in laws*: Labor Law and brazilian political culture. London: University of North Carolina Press, 2004, p. 152.

É claro que a luta sindical não se restringiu à efetivação dos direitos do trabalho. A literatura tradicional sobre o "populismo", se não teve olhos para a atuação dos sindicatos junto às suas bases e para os processos reais de formação de classe que a história social do trabalho vem demonstrando à farta, processos nos quais a luta pelos direitos foi central, não estava equivocada ao ressaltar a politização crescente do movimento a partir do segundo governo Vargas, e particularmente sob o governo de João Goulart. Mais do que isso, os muitos congressos sindicais ocorridos ao longo das décadas de 1950 e 1960 abordaram de forma crescente os temas centrais da agenda do país, apontando soluções para os problemas do desenvolvimento econômico, da carestia, do desemprego, da exclusão social, da democracia e da participação social, dentre outros.[288] O que quero ressaltar aqui é a centralidade da luta pelos direitos e pela ampliação da "cidadania regulada" *como elemento crucial do processo de consolidação do Estado capitalista no país*, aspecto que andou *pari passu* com as lutas políticas mais gerais e a construção de solidariedades e identidades coletivas nos locais de trabalho.

Assim, o duplo mecanismo de coordenação de Vargas pode ser reformulado da seguinte maneira: os trabalhadores vieram das áreas rurais para as cidades em busca de melhores condições de vida e da utopia dos direitos sociais e do trabalho. Especialmente depois de 1950, aqui encontraram empregos protegidos pelo Estado e um movimento sindical militante exigindo a eficácia das provisões existentes para os trabalhadores efetivamente ocupados, e a extensão dessas provisões a porções cada vez maiores da classe trabalhadora, bem como um melhor lugar para ela na democracia emergente e a distribuição da riqueza social por ela produzida. O escopo restrito do mercado de trabalho formal e a resistência dos empregadores em cumprir a lei *fizeram de tudo isso uma promessa*, mas para a maioria dos trabalhadores uma promessa crível, capaz de alimentar seus desejos e aspirações. *A credibilidade de todo o*

---

[288] GARCIA, Tomás C. *Movimento sindical, industrialização e expansão de direitos*: 1945-1964. Rio de Janeiro: UERJ, 2016 (Tese de Doutorado); e ENGLANDER, Alexander C. *Democracia e conflito social no Brasil*: uma complexa relação entre ação coletiva e formação da cidadania. Rio de Janeiro: UERJ, 2018 (Tese de Doutorado).

sistema foi assegurada pela capacidade de o movimento sindical fazer do direito do trabalho a fronteira principal (embora não única) de sua identidade coletiva, o que significa que a própria identidade do sistema foi a produção e reprodução de um projeto de inclusão universal de todos os trabalhadores na dinâmica e nos benefícios do "capitalismo organizado". A luta pela efetividade e pela eficácia dos direitos sociais legais instituídos sob Vargas deu estabilidade ao projeto, já que os direitos estavam inscritos na Constituição, e por isso valia a pena lutar por eles. *Nesse sentido preciso, fez do movimento sindical elemento central da consolidação do (restrito) Estado de bem-estar brasileiro.* E essas eram as próprias fronteiras do projeto político de Vargas, de dar ao capitalismo uma estrutura institucional de desenvolvimento legítima, competitiva e controlada pelo Estado, cuja efetividade dependia da disposição de os trabalhadores se organizarem e lutarem para torná-la real.

Palavra final

O mecanismo consolidado por Vargas era um projeto político abrangente de construção da Nação e consolidação da ordem burguesa. Ele ofereceu aos trabalhadores sólida trincheira institucional na qual seus líderes puderam prosperar e construir seu caminho na arena política, enquanto lutavam por melhores condições de vida no presente. O mecanismo estava ainda vívido e ativo até muito recentemente, pois os trabalhadores ainda sonhavam com um emprego formal, e os dirigentes sindicais ainda consideravam a CLT parâmetro importante de sua ação coletiva.

Com a chegada de Lula e do PT ao poder em 2003, o horizonte do movimento dos trabalhadores deixou de estar limitado às fronteiras do código do trabalho. A liderança sindical precisou enfrentar o desafio de administrar o Estado capitalista, muito além das necessidades e limites do mundo do trabalho, algo que, é bom lembrar, foi preconizado por Vargas em 1954. Em discurso dirigido aos trabalhadores no primeiro de maio, semanas antes de seu suicídio, ele diria, talvez retoricamente, que "hoje vocês estão com o governo. Amanhã vocês serão o governo".[289]

Se, quando o PT chegou ao poder, Vargas e seu mundo já estavam no passado, seu espectro continuou assombrando o cérebro dos vivos. Para ser exorcizado foi preciso um golpe de Estado como o que vitimou Dilma Rousseff em 2016, que entronizou no poder usurpadores portadores de um projeto neoliberal radical infenso à regulação pública das relações entre capital e trabalho.

Dentre as muitas medidas de desconstrução do direito do trabalho advindas desde o golpe de Estado, cabe mencionar o fim de mecanismos automáticos de financiamento dos sindicatos (imposto sindical e outros); redução do papel dos sindicatos nas relações entre capital e trabalho (fim das homologações sindical das demissões, o que impede a vigilância sobre o pagamento de verbas rescisórias; possibilidade de negociações individuais entre trabalhador e empresa sobre jornada de trabalho; introdução do "acordo de demissão" sem intermediação sindical, pelo qual o trabalhador abdica de 50% das verbas rescisórias e do seguro desemprego, dentre outros); restrição do acesso à Justiça do Trabalho, que deixou de ser gratuita quando o trabalhador perde a causa etc. E o próprio Ministério do Trabalho, instituição crucial do arranjo normativo das relações de trabalho no Brasil, foi extinto no primeiro dia do governo Bolsonaro.

Como num réquiem, a reforma trabalhista de 2017 e as medidas que se lhe seguiram destruíram a longamente construída institucionalidade de regulação das relações entre o Estado e os trabalhadores no Brasil.

---

[289] VARGAS, Getúlio. *O governo trabalhista do Brasil*. vol. 4, Rio de Janeiro: José Olympio, p. 473, 1969.

Referências Bibliográficas

BUONICORE, Augusto César. "Sindicalismo vermelho: a política sindical do PCB entre 1948 e 1952". *Cadernos AEL*, vol. 7, nº 12/13, 2000.

CARDOSO, Adalberto Moreira. "'Your defensive fortress': workers and Vargas's legacies in Brazil". *In*: CARAWAY, Teri; COOK, Maria Lorena; CROWLEY, Stephen (Coord.). *Working through the past*: labor and authoritarian legacies in comparative perspective. Londres: Cornell University Press, 2015.

CARDOSO, Adalberto Moreira. *A construção da sociedade do trabalho no Brasil*: uma investigação sobre a persistência secular das desigualdades. Rio de Janeiro: FGV, 2010.

CARONE, Edgard. *O Estado novo (1937-1945)*. 5ª ed. Rio de Janeiro: Bertrand, 1988.

D'ARAÚJO, Maria Celina. *O Estado novo*. Rio de Janeiro: Zahar, 2000.

DELGADO, Lucilia A. N. *O comando geral dos trabalhadores no Brasil (1961-1964)*. Petrópolis: Vozes, 1986.

DELGADO, Lucilia A. N. *PTB*: do getulismo ao reformismo, 1945-1964. Rio de Janeiro: Marco Zero, 1989.

ENGLANDER, Alexander Couto. *Democracia e conflito social no Brasil*: uma complexa relação entre ação coletiva e formação da cidadania. Rio de Janeiro: UERJ, 2018 (Tese de Doutorado em Sociologia).

ERICKSON, Kenneth Paul. *Sindicalismo no processo político no Brasil*. São Paulo: Brasiliense, 1979.

FERREIRA, Jorge. *João Goulart*: uma biografia. Rio de Janeiro: Civilização Brasileira, 2011.

FERREIRA, Jorge; REIS, Daniel Aarão (Coord.). *Nacionalismo e reformismo radical (1945-1964)*. Rio de Janeiro: Civilização Brasileira, 2007.

FIGUEIREDO, Argelina. "Intervenções sindicais e o 'novo sindicalismo'". *Revista Dados*, nº 17, 1978.

FISCHER, Brodwyn. *A poverty of rights*: citizenship and inequality in twentieth-century Rio de Janeiro. Stanford: University Press, 2008.

FORTES, Alexandre (*et al.*). *Na luta por direitos*: estudos recentes em história social do trabalho. Campinas: Unicamp, 1999.

FRENCH, John D. "How the not-so-powerless prevail: industrial labour market demand and the contours of militancy in mid-twentieth-century São Paulo, Brazil". *Hispanic American Historical Review*, vol. 90, n° 1, 2010.

FRENCH, John D. *Drowning in laws*: labor law and Brazilian political culture. Londres: University of North Carolina Press, 2004.

GARCIA, Tomás Coelho. *Movimento sindical, industrialização e expansão de direitos (1945-1964)*. Rio de Janeiro: UERJ, 2016 (Tese de Doutorado em Sociologia).

GOMES, Ângela de Castro. *A invenção do trabalhismo*. Rio de Janeiro: IUPERJ, 1988.

GRIECO, Júlio César. *L'union fait la faiblesse*: le commandement général des travailleurs et la politique brésilienne, 1962-1964. Paris: EHESS, 1979.

IANNI, Octávio. *O colapso do populismo no Brasil*. Rio de Janeiro: Civilização Brasileira, 1971.

MARTINS, Heloisa Helena Teixeira de. *O Estado e a burocratização do sindicato no Brasil*. 2ª ed. São Paulo: Hucitec, 1989.

MORAES Filho, Evaristo. *O problema do sindicato único no Brasil*. São Paulo: Alfa-Ômega, 1979.

MOTTA, Rodrigo Patto S. *Em guarda contra o perigo vermelho*: o anticomunismo no Brasil, 1917-1964. São Paulo: Perspectiva, 2002.

NEGRO, Antonio Luigi. "Nas origens do 'novo sindicalismo': o maio de 59, 68 e 78 na indústria automobilística". *In*: RODRIGUES, Iram Jácome (Coord.). *O novo sindicalismo vinte anos depois*. Petrópolis: Vozes, 1999.

NEGRO, Antonio Luigi. *Linhas de montagem*: o industrialismo nacional-desenvolvimentista e a sindicalização dos trabalhadores. São Paulo: Boitempo, 2004.

NOGUEIRA, Arnaldo. *Modernização conservadora do sindicalismo brasileiro*: a experiência do Sindicato dos Metalúrgicos de São Paulo. São Paulo: Educ, 1997.

NORONHA, Eduardo. *Entre a lei e a arbitrariedade*: mercados e relações de trabalho no Brasil. São Paulo: LTr, 2000.

PAOLI, Maria Celia. *Labour, law and the state in Brazil*: 1930-1950. Londres: University of London, 1988.

RAMALHO, José Ricardo. *Estado patrão e luta operária*: o caso FNM. Rio de Janeiro: Paz e Terra, 1989.

REIS FILHO, Daniel Aarão. "O colapso do colapso do populismo ou a propósito de uma herança maldita". In: FERREIRA, Jorge (Coord.). *O populismo e sua história*: debate e crítica. Rio de Janeiro: Civilização Brasileira, 2010.

RIDENTI, Marcelo; REIS FILHO, Daniel Aarão (Coord.). *História do marxismo no Brasil*: partidos e organizações dos anos 1920 aos 1960. vol. 5, Campinas: Unicamp, 2007.

SANTANA, Marco Aurélio. *Bravos companheiros*: comunistas e metalúrgicos no Rio de Janeiro, 1945-1964. Rio de Janeiro: 7Letras, 2012.

SANTANA, Marco Aurélio. *Homens partidos*: comunistas e sindicatos no Brasil. São Paulo: Boitempo, 2001.

TEIXEIRA DA SILVA, Fernando. *A carga e a culpa*: os operários das docas de Santos - direitos e cultura de solidariedade, 1937-1968. São Paulo: Hucitec, 1995.

VARGAS, Getúlio. *A nova política do Brasil*. vols. 1-5, Rio de Janeiro: José Olympio, 1938.

VARGAS, Getúlio. *O governo trabalhista do Brasil*. vol. 4, Rio de Janeiro: José Olympio, 1969.

VIANNA, Luiz Weneck. *Liberalismo e sindicato*. Belo Horizonte: UFMG, 1999.

WEFFORT, Francisco. *Sindicatos e política*. São Paulo: USP, 1972.

CAPÍTULO XIII
A PANDEMIA E O AGRAVAMENTO DAS DESIGUALDADES DE GÊNERO NA SOCIEDADE BRASILEIRA

JULIANE FURNO[290]

As mulheres foram duplamente afetadas com o avanço da doença, tanto no espaço próprio das atividades econômicas, expresso nas oscilações do mercado laboral, quanto na sobrecarga de trabalho doméstico. A redução do gasto com saúde e educação afeta a capacidade do Estado em promover uma rede pública de cuidados que dê conta da demanda existente. Pela forma como se opera a divisão sexual do trabalho, o cuidado com enfermos e com as crianças que não puderem acessar a rede pública metamorfoseia-se em sobretrabalho para as mulheres.

Introdução

A pandemia do novo coronavírus, ao contrário no apregoado pela grande mídia e pela equipe econômica do governo Bolsonaro, não

---

[290] Doutora em Desenvolvimento Econômico pelo Instituto de Economia (IE) da Unicamp e Economista-Chefe do Instituto para a Reforma das Relações Estado e Empresa (IREE)

pode ser creditada como a interruptora de uma trajetória de retomada do crescimento econômico. É bom lembrar que a economia brasileira enfrentou mais de uma "onda" não apenas da crise sanitária, mas também da profunda crítica econômica que estamos submetidos desde a inflexão ao receituário liberal, centrado no mantra da austeridade fiscal.

Se, por um lado, crescimento econômico não é sinônimo de redução das desigualdades sociais – e a ditadura militar é um patente exemplo de crescimento do Produto com agravamento da concentração de renda e riqueza – crise e períodos de semiestagnação são, por outro lado, potencializadores das desigualdades. As crises econômicas, especialmente com dirimidas políticas estatais de condução anticíclica, afetam o nível de confiança pela exacerbação das incertezas, o que deprime o investimento, causando efeitos deletérios no emprego e na renda.

A persistência de períodos alternados de recessão com semiestagnação, que estamos submetidos desde 2015 é responsável, em conjunto com as políticas de austeridade fiscal, pelo baixo crescimento e pela elevação célere das desigualdades, impactando – sobretudo – as mulheres, os jovens e os negros. Esses não são apenas partícipes da classe trabalhadora, como ainda sofrem, demasiadamente os efeitos da crise por localizarem-se na base da pirâmide social e por serem parte significativa dos ofertantes de força de trabalho e demandantes de serviços públicos, sofrendo de forma mais acentuada com os cortes sistemáticos nos gastos sociais.

As crises econômicas e seu potencial de agravar as desigualdades sociais, demanda um ator central na cena política econômica: o Estado Nacional. Desde a grande crise de 2008, o papel do Estado tem sido rediscutido na ciência econômica. No entanto, em que pese o salvamento do setor financeiro, o Estado tem a tarefa de contribuir não só com um conjunto de políticas anticíclicas, capazes de manter estabilizado o nível de demanda agregada, senão que a edição de políticas públicas que atuem na contramão da exacerbação das desigualdades sociais.

Isso porque o Estado é a única entidade que consegue realizar o "gasto autônomo", ou seja, aquele que independe do nível de renda prévia. O Estado, ao gastar, cria moeda, cria meio de pagamento, ainda que não crie valor. Esse – por excelência – advém apenas do trabalho. Ou seja, pelo princípio das "partidas dobradas", o déficit do Estado é o superávit do setor privado. Em períodos de crise, quando não só as empresas, mas as famílias comprimem seu nível de gasto, apenas o Estado pode operar uma política anticíclica, que será revertida na retomada da normalidade do ciclo econômico.

No caso das mulheres, como será desenvolvido no correr do texto, o gasto social não só tem o papel central de estabilizar o ciclo recessivo, senão que o de reduzir desigualdades. No Brasil – particularmente, na comparação com os demais países latino-americanos –, o índice de redução das desigualdades após o efeito da política fiscal é deveras expressivo. Portanto, o gasto social – principalmente em períodos de crises – é essencial para a redução das desigualdades e, dentro dessas, a desigualdade de gênero, na medida em que as políticas públicas tendem a atingir mais as mulheres.

No entanto, a política fiscal no Brasil, além de amarrada por conta do teto de gastos, está deveras criminalizada, associada à falta de responsabilidade fiscal e com premissas que apregoam a ineficiência do gasto público.

No último trimestre de 2019, portanto, anteriormente ao período do alvorecer da crise do novo coronavírus, a sociedade brasileira já amargava em 17 trimestres consecutivos[291] de elevação da desigualdade de renda. A crise, na sua totalidade, e a crise deslanchada pela pandemia – em particular – impactou homens e mulheres de forma distinta, ainda que seus efeitos sejam deletérios para a classe trabalhadora no seu conjunto. As desigualdades estruturais, ligadas à divisão sexual do trabalho e a consequente segregação laboral, somam-se a resultados e impactos próprios da crise sanitária que, ao primar pelo distanciamento social, afeta, justamente, o conjunto do setor de serviços pessoais, no qual as mulheres têm participação majoritária, além do confinamento

---

[291] FGV. "A escalada da desigualdade: qual foi o impacto da crise sobre distribuição de renda e pobreza?". *FGV*, 2019. Disponível em: https://cps.fgv.br/desigualdade. Acessado em: 31.10.2021.

ser particularmente compreendido como uma maior sobrecarga de trabalho feminino.

Dessa feita, o presente artigo constitui uma análise panorâmica da forma desigual com que a crise econômica e as medidas de enfrentamento e manutenção do emprego e da renda, afetaram as mulheres. No entanto, seria parcelar e incompleta qualquer análise que parta de 2020 sem compreender outros dois elementos que precedem: a divisão sexual do trabalho e a forma pregressa com que a austeridade fiscal atingiu as mulheres, nos anos pré-crise do novo coronavírus, o que amplia o olhar das desigualdades de gênero e os situa dentro de campo de perspectiva estrutural.

O artigo é composto de mais quatro partes, além dessa breve introdução. A primeira conceitua a divisão sexual do trabalho como elemento estruturante da sociedade capitalista, concebendo a forma como esse modo específico de produção, na busca da sua reprodução ampliada, transforma a divisão sexual em um componente de desigualdades e elevação da exploração. A segunda parte analisa os antecedentes da crise da doença no que tange ao recurso da austeridade fiscal como mecanismo de retomada da atividade, pautando como, principalmente após 2016, o conjunto de medidas de política fiscal agravaram as desigualdades entre homens e mulheres. O terceiro tópico aborda a crise reacendida em 2020 em decorrência da pandemia. Diagnosticamos como a natureza da crise somada à resposta pífia do Executivo Federal aguçam as desigualdades de gênero e coroam as mulheres trabalhadoras como as principais afetadas pela crise. A quarta parte contempla as considerações finais.

A divisão sexual do trabalho à luz do debate marxista

A divisão sexual do trabalho é um conceito cunhado parar prover complexidade às "análises de gênero" que não se satisfazem em apenas "diagnosticar" diferenças e desigualdades no que tange as dimensões objetivas e subjetivas da relação entre homens e mulheres.

No entanto, para apreender a totalidade de produção e reprodução de tais desigualdades, é necessário avançar para uma análise estrutural. A Divisão Sexual do Trabalho trata da forma não só de como o trabalho é "separado" entre homens e mulheres, senão que a forma como esses distintos trabalhos são "hierarquizados", sendo o trabalho dos homens detentor de mais valor atribuídos social e monetariamente em relação ao das mulheres.[292] Em que pese a divisão sexual do trabalho ser uma prática constitutivas de sociedades pré-capitalistas, é no modo de produção capitalista que essa divisão torna-se central no processo de geração social da riqueza, "assim é que o sexo, fator há muito selecionado como fonte de inferiorização social das mulheres, passa a interferir de modo positivo na atualização da sociedade competitiva, na constituição das classes sociais".[293]

Nas sociedades onde reina o modo de produção capitalista, opera-se uma divisão estrita entre trabalho de produção e trabalho de reprodução social, no qual o segundo fica subsumido na aparência das relações sociais. Assim, o conjunto das análises, especialmente no campo das ciências econômicas, costumam apreciar as desigualdades de gênero negligenciando a relação umbilical existente entre o trabalho de produção e o trabalho de reprodução social. Para que haja produção de riqueza na sociedade capitalista – e para que o conjunto da classe trabalhadora possa lograr condições de geração de mais-valor – faz-se necessário um conjunto de trabalhos que estão fora da esfera produtiva, ainda que não apartados.

Segundo Antonella Picchio,[294] não é possível pensar o processo de produção social sem identificar o trabalho de reprodução social, no qual o primeiro não prescinde da existência do segundo. Para que

---

[292] KERGOAT, D.; HIRATA, H. "Novas configurações da divisão sexual do trabalho". *Cadernos de Pesquisa*, vol. 37. nº 132, pp. 595-609, set. 2007.

[293] SAFFIOTI, H. *A mulher na sociedade de classes*: mito e realidade. São Paulo: Expressão Popular, 2013, p. 66.

[294] PICCHIO, A. "Visibilidad analítica y política del trabajo de reproducción social". *In*: CARRASCO, Cristina (Coord.). *Mujeres y economía*: nuevas perspectivas para viejos y nuevos problemas. Barcelona: Icaria, 2003

se produza e reproduza a principal mercadoria do modo de produção capital – aquela mercadoria cujo valor de uso tem a particularidade de produzir mais valor do que ela se apropria – tem que ter havido um trabalho pregresso de reprodução da mercadoria força de trabalho. Ou seja, para que os trabalhadores sigam operando máquina e desenvolvendo o conjunto das atividades produtivas ou não na esfera da produção, é necessário que eles estejam vestidos, alimentados etc.

O trabalho de reprodução social, conhecido como trabalho doméstico não remunerado, é parte importante da geração de valor e riqueza, ainda que não passe pela esfera da circulação mercantil.

A existência invisibilizada – e teoricamente negligenciada pelas ciências econômicas na sua acepção tradicional – do trabalho doméstico reprodutivo contribuiu para uma maior exploração capitalista, medida pela taxa de mais valia geral. Partindo da concepção sintética de que o salário dos trabalhadores é o suficiente para que eles possam reproduzir a sua própria força de trabalho, mediante um conjunto de valores de uso, podemos inferir que dentro desses custos de reprodução estão subsumidos um conjunto expressivo de trabalhos não pago, e – na medida em que são desempenhados por mulheres, de forma privada e invisibilizada – desresponsabilizam tanto o Estado quanto as empresas de embutirem esse custo nos salários pagos. Ou seja, pode-se argumentar que o trabalho doméstico é uma forma de maximização da renda do capital via um mecanismo extraeconômico de rebaixamento dos salários.

O trabalho doméstico gratuito reproduz a principal mercadoria do capitalismo. Por isso, produção e reprodução social estão dialeticamente imbricadas e seus contornos precisam ser visibilizados. Ainda que Marx não tenha tratado especificamente do papel circunscrito ao trabalho doméstico gratuito, desde o capítulo 3 do Livro primeiro de *O Capital* ele apresenta a idéia de que a produção capitalista nunca esteve dissociada da reprodução social, o que ficará ainda mais explícito nos capítulos 21 e 22 do livro 1.

A existência de uma divisão sexual do trabalho, que opera tanto a nível produtivo quanto reprodutivo, impõe formas permanentes de manutenção das desigualdades sociais e econômicas entre homens e mulheres. Pela forma com que homens e mulheres dividem o trabalho social – pesando sobre elas a responsabilidade da esfera produtiva

– reproduzem-se as desigualdades ocupacionais e de renda. As mulheres costumam exercer ocupações historicamente ligadas aos supostos atributos "naturais" femininos, tais como ocupações ligadas aos cuidados, os serviços manuais e a esfera educacional primária. Não por um acaso, essas são as ocupacionais que auferem menores rendimentos monetários.

De acordo com Elisabeth Souza-Lobo,[295] o gênero de que exerce concorre mais na determinação do valor social do trabalho do que a ocupação propriamente dita. Além disso, a necessidade de conciliar o trabalho na esfera do mercado com as atribuições domésticas, não raras vezes, determina a opção das mulheres por trabalhos de tempo parcial, quando não a alternância entre períodos de atividade e inatividade.

Por fim, a historicidade das apregoadas opções entre homens e mulheres na estrutura ocupacional também precisam ser observadas. A teoria econômica tradicional – conhecido como *mainstream* – advoga a teoria das "escolhas raciais", partindo da acepção de que os agentes na sociedade são dotados de informações perfeitas e agem racionalmente na busca da maximização da sua utilidade marginal. O principal autor dessa corrente teórica foi Becker,[296] para quem as decisões sociais respondem aos mesmos imperativas da racionalidade microeconômica.

A explicação para a divisão sexual do trabalho, dessa forma, repousaria nas teorias do capital humano e das escolhas racionais. Assim, as famílias seriam unidades microeconômicas que baseiam suas escolhas na maximização da utilidade. Mulheres serem responsáveis pelo trabalho reprodutivo responderia a formas mais eficientes de alocação os recursos familiares, assim como suas opções individuais por ocupações produtivas de salários médios inferiores. Essa análise suprime a história e a análise secular das desigualdades de gênero, racionalizando comportamentos que tem componentes históricos e materiais.[297] Para Antonela Picchio

---

[295] SOUZA-LOBO, Elisabeth. *A classe operária tem dois sexos*: trabalho, dominação e resistência. São Paulo: Brasiliense, 1991.

[296] BECKER, G. "A Theory of the allocation of time". *Economic Journal*, nº 75, pp. 493-517, 1965.

[297] GRECCO, Fabiana Sanches, FURNO, Juliane da Costa; TEIXEIRA, Marilane Oliveira. "Por uma ciência econômica feminista". *Dossiê Economia Feminista*, vol. 26, nº 52, Campinas: Revista Temáticas, ago. 2018.

"a teoria econômica em sua versão dominante é uma idealização de uma realidade estatística e a-histórica".[298]

Compreender a historicidade e os mecanismos de produção e reprodução de desigualdades estruturais deve ser feito no bojo de um exercício dialético em que é necessário apreender o singular em suas mediações com o universal, obtendo uma síntese que parte de uma análise da totalidade de classe lançando mão de mecanismos que permitam apreendê-la na sua diversidade.

Antecedentes da tormenta

A crise econômica brasileira e a reversão das conquistas pontuais no que tange a maior igualdade entre homens e mulheres data de um período precedente a pandemia do novo coronavírus. Muito sinteticamente, a reversão de um ciclo internacional favorável e modificações na política macroeconômica após 2011, foram elementos que marcaram o início de um processo de desaceleração da economia brasileira.

No ano de 2014, o crescimento do PIB de 0,5% e a ocorrência de déficit fiscal, soma-se à crise política em curso, que inibe os investimentos em função da elevação das incertezas e pressiona o governo federal a ajustar o orçamento público pelo lado da despesa.

A economia brasileira foi submetida a uma série de "choques", tais como choque cambial, de juros e na política fiscal, comprimindo a despesa agregada e elevando, substancialmente, a taxa de desemprego. A Operação Lava Jato e seus impactos econômicos também são responsáveis pela criminalização do gasto estatal e levaram a Petrobrás e as demais empresas envolvidas na cadeia de Petróleo e Gás há um forte desinvestimento, contribuindo ainda mais para o ciclo recessivo.

A inflexão da política econômica a partir de 2015 é radicalizada com o golpe de 2016 e coroada com a aprovação da Emenda

---

[298] PICCHIO, A. "Visibilidad analítica y política del trabajo de reproducción social". *In*: CARRASCO, Cristina (Coord.). *Mujeres y economía*: nuevas perspectivas para viejos y nuevos problemas. Barcelona: Icaria, 2003.

Constituição 95, que criou uma nova regra fiscal congelando a despesa primária apenas à variação da inflação do ano anterior. De acordo com Karamessini e Rubery,[299] a partir de uma análise empírica, as crises econômicas relegam como heranças a intensificação do trabalho feminino, tanto no âmbito remunerado quanto no trabalho reprodutivo. Para as autoras, não apenas as crises mas, sobretudo, as políticas de austeridades intensificam os efeitos deletérios sobre o crescimento e aprofundam as desigualdades de gênero.

No caso brasileiro, o congelamento e posterior queda do gasto social per capita ensejado por essa lei, afeta as mulheres tanto do lado da oferta quanto do lado da demanda. Do ponto de vista da oferta, o gasto primário do Estado – especialmente em setores como saúde e educação – afetam a oferta de trabalho feminino, uma vez que esses setores são grandes absorsores de mulheres. Do ponto de vista da demanda por serviços e equipamentos públicos, a restrição do tamanho do Estado para o conjunto da despesa social, afeta, sobretudo as mulheres, principais demandantes de equipamentos públicos.[300]

A redução do gasto com saúde e educação afeta a capacidade do Estado em promover uma rede pública de cuidados que dê conta da demanda existente. Pela forma como se opera a divisão sexual do trabalho, o cuidado com enfermos e com as crianças que não puderem acessar a rede pública metamorfoseia-se em um sobretrabalho para as mulheres.

Outra medida no bojo da austeridade que impacta, sobretudo as mulheres, são os cortes em programas de transferência de renda, tais como o Bolsa Família que entre 2014 e 2018 sofreu uma variação de -16% no orçamento a ele destinado. De acordo com dados do Cadastro Único as mulheres chefiam 93% dos domicílios beneficiários da política.[301] Outra

---

[299] KARAMESSINI, M.; RUBERY, J. *Women and austerity*: the economic crisis and the future for gender and equality. Londres: Routledge, 2014.

[300] TEIXEIRA, M. O. "A crise econômica e as políticas de austeridade: efeitos sobre as mulheres". *In*: ROSSI, Pedro; DWECK, Esther; OLIVEIRA, Ana Luíza Matos de (Coord.). *Economia para poucos*: impactos sociais da austeridade e alternativas para o Brasil. São Paulo: Autonomia Literária, 2018.

[301] CADÓ, I. L.; FURNO, J. C. "Mulheres frente à recessão econômica e a austeridade: uma interpretação da economia feminista". *Textos de Economia*, vol. 23, nº 1, pp. 1-30, jan. 2020.

política que foi importante na redução do desnível médio agregado de rendimentos auferidos por homens e mulheres foi o abandono da política de valorização do salário mínimo. Entre 2004 e 2014, o rendimento médio nominal entre as mulheres menos escolarizadas cresceu 183%, atestando a importância do salário mínimo para as mulheres, que tem seus salários fortemente indexados no mínimo nacional.[302]

A redução substancial – como atestado no gráfico abaixo – do montante destinado para a educação infantil, imerso no bojo das políticas de austeridades, também afeta mais as mulheres, pelas características de responsabilização com a esfera do cuidado como já explicitado acima.

Gráfico 1: Educação infantil no orçamento efetivo da União (em reais)

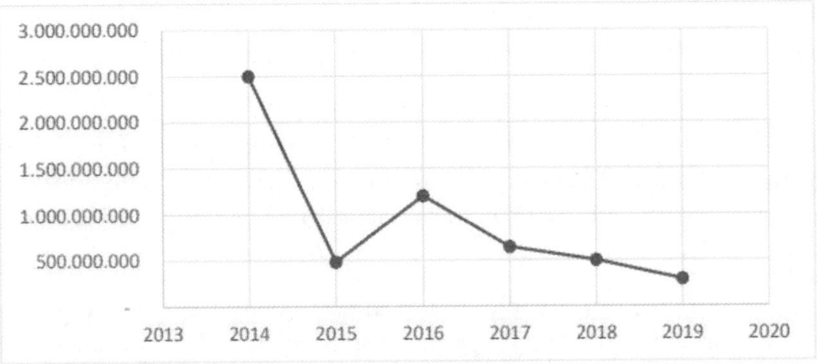

Fonte: SIGA Brasil. Elaboração: CADÓ E FURNO (2020)

Por fim, a austeridade também incidiu diretamente sobre políticas específicas. Esse foi o caso do esvaziamento do orçamento para o "Programa 2016", que envolvia diversas ações relativas a políticas para as mulheres. A dotação orçamentária teve seu maior valor empenhado

---

[302] CADÓ, I. L.; FURNO, J. C. "Mulheres frente à recessão econômica e a austeridade: uma interpretação da economia feminista". Textos de Economia, vol. 23, nº 1, pp. 1-30, jan. 2020.

no ano de 2013. No entanto, desde 2016 o programa foi radicalmente afetado pela política de austeridade e esvaziado.[303]

As mulheres na crise da pandemia

A pandemia do Novo Coronavírus – precedida das condições anteriores expressa pela política de austeridade fiscal e de uma situação de semiestagnação econômica – foi substancialmente mais deletéria para as mulheres. Pela natureza da crise sanitária e a necessidade de distanciamento social, o setor de serviços foi deveras afetado, onde encontram-se, majoritariamente, as mulheres. Soma-se a isso as condições de reprodução da divisão sexual do trabalho nos limites do confinamento e a precária atuação do Estado no que tange a dirimir os efeitos econômicos e sociais.

Portanto, do ponto de vista das desigualdades estruturais de gênero, no que concerne à dinâmica naturalizada do trabalho reproduzido, a pandemia agravou um conjunto de desigualdades, especialmente as ligadas à violência doméstica e ao sobretrabalho. Com o isolamento social, a linha divisória entre tempo de trabalho e não trabalho tornou-se ainda mais tênue. As mulheres, como responsáveis "naturais" pelos trabalhos reprodutivos, experimentam uma carga adicional de trabalho, na medida em que necessitam manter suas atividades laborais com o conjunto das tarefas domésticas. A permanência dos filhos e, eventualmente, idosos e enfermos nos lares cindiu a parca linha que distingue os dois tipos de trabalho.

Efeitos desse processo puderam ser averiguados pela queda do rendimento de mulheres na produção de artigos científicos na pandemia,[304] enquanto não somente o de homens permaneceu estável, mas se elevou nesse período. Estar confinado no lar desresponsabilizado das

---

[303] OLIVEIRA, A. L. M. de; ROSSI, P. L; DWECK, E. (Coord.). São Paulo: Autonomia Literária, 2020.

[304] USP. "Produção científica feminina cai devido à pandemia". *Aguia*. Disponível em: https://www.aguia.usp.br/noticias/49310/. Acessado em: 31.10.2021.

funções reprodutivas aumentou a produtividade de homens, enquanto para mulheres foi mais um agravante.

Segundo uma pesquisa qualitativa feito pelo Datafolha,[305] passou de 6% para 9% o percentual de mulheres que se identificaram como donas de casa durante a pandemia, o que tem relação com os efeitos sobre o emprego mas encontra repouso na divisão sexual do trabalho.

Segundo dados da PNAD Contínua do IBGE, mais de 8 milhões de mulheres deixaram a força de trabalho durante a pandemia. Isso quer dizer que não só essas mulheres saíram das atividades produtivas, mas também não constam mais nem como desempregadas/desalentadas. Quando perguntado o motivo da não procura de trabalho na semana de referência, 26% das mulheres responderam não estarem disponíveis para trabalhar em função de "Tinha que cuidar dos afazeres domésticos, do(s) filho(s) ou de outro(s) parente(s)". O dado é referente ao 3º trimestre de 2020. Por outro lado, menos de 2% dos homens alegam não procurar trabalho pelo mesmo motivo.

Tabela 1: Percentual das pessoas fora da força de trabalho

	4º Tri/19	1º Tri/20	2º Tri/20	3º Tri/20	Variação
Homens	0,716	0,716	0,655	0,657	–8%
Mulheres	0,531	0,531	0,463	0,458	–14%

Fonte: PNADC IBGE. Elaboração Própria

Como indicado na tabela 1, houve uma variação deveras superior entre o percentual de mulheres que deixaram a força de trabalho em relação aos homens. Enquanto a variação acumulada, para eles, perfaz 8%, para elas chega a 14%.

Gráfico 2: Nível de participação da população em idade ativa por sexo em (%) na variação trimestral

[305] CARRANÇA, Thaís. "Quase a metade dos brasileiros viu renda familiar diminuir na pandemia". *Folha de Pernambuco*, 2021. Disponível em: https://www.folhape.com.br/economia/quase-a-metade-dos-brasileiros-viu-renda-familiar-diminuir-na/151704/. Acessado em: 31.10.2021.

A PANDEMIA E O AGRAVAMENTO DAS DESIGUALDADES...

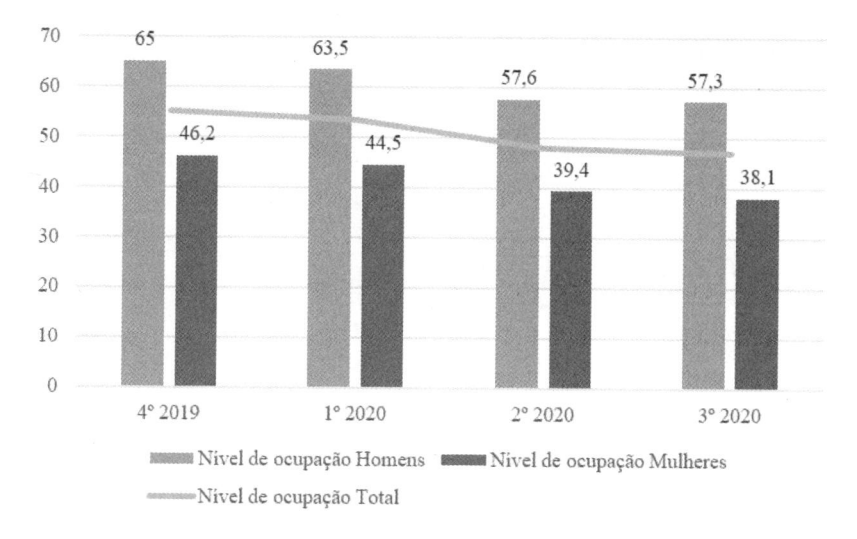

	4° 2019	1° 2020	2° 2020	3° 2020
Nível de ocupação Homens	65	63,5	57,6	57,3
Nível de ocupação Mulheres	46,2	44,5	39,4	38,1

Fonte: PNADC IBGE. Elaboração Própria.

A pandemia, seus efeitos econômicos e a ausência de políticas efetivas de manutenção do trabalho e da renda, nos deixam como herança a menor taxa de participação das mulheres no mercado de trabalho dos últimos 30 anos. Apenas 38% das mulheres em idade ativa estão, efetivamente, ocupadas. Parte substancial está fora da força de trabalho, como já avaliamos anteriormente e outra parte está compondo as fileiras do desemprego.

Gráfico 3: Taxa de desocupação das pessoas de 14 anos ou mais de idade (%) por sexo e por trimestres

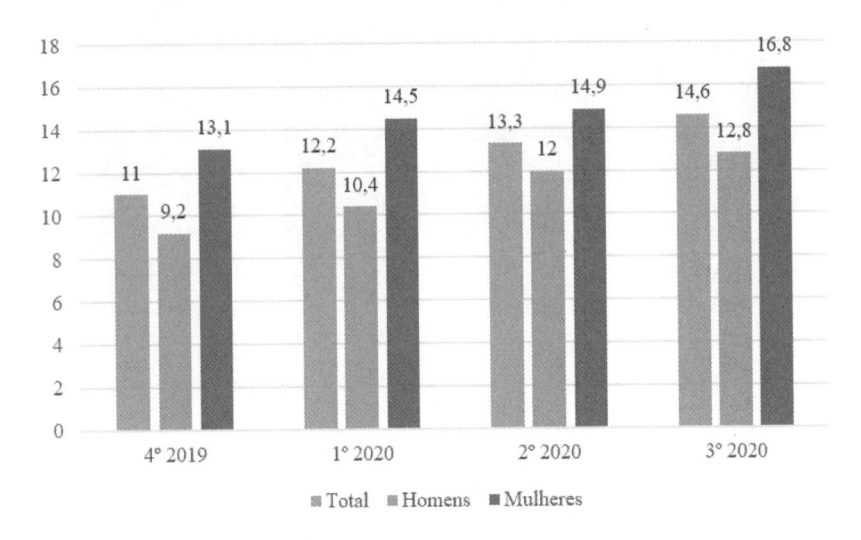

Trimestre	Total	Homens	Mulheres
4º 2019	11	9,2	13,1
1º 2020	12,2	10,4	14,5
2º 2020	13,3	12	14,9
3º 2020	14,6	12,8	16,8

Fonte: PNADC IBGE. Elaboração Própria.

A Taxa de Desocupação/Desemprego para as mulheres passou de 13% para quase 17% durante a pandemia. Ainda que parte das atividades econômicas tenham recuperado os níveis pré-pandemia no 3º trimestre de 2020, tais como o setor de comércio e a indústria, o fato do setor de serviços – fortemente dependente da interação social – ainda amargar sobre restrições oficiais e voluntárias a normalidade econômica, é responsável por manter uma taxa de desemprego não só mais elevada entre as mulheres, mas descolando-se, ainda mais, em relação a taxa auferida pelos homens.

Segundo o Boletim de Novembro[306] do Centro de Estudos Econômicos do IREE, com base nas informações do CAGED, as mulheres

---

[306] FURNO, Juliane. "Boletim mensal de Política Econômica IREE novembro de 2020". *Centro de estudos de economia*, 2020. Disponível em: https://iree.org.br/wp-content/uploads/2020/12/3-Boletim-IREE-de-Poli%CC%81tica-Econo%CC%82mica-Novembro-de-2020.pdf. Acessado em: 31.10.2021.

são o contingente populacional que mais concentrou perdas de empregos formais durante a pandemia.

Ainda que sejam minoria historicamente no mercado formal de trabalho, as mulheres concentraram quase dois terços, 65,6%, da destruição das vagas líquidas (descontadas as admissões) de empregos celetistas durante a pandemia. Entre março e setembro, o saldo negativo de admitidos e demitidos foi de 897,2 mil vagas, das quais, 688,5 mil eram de mulheres. Para piorar, as mulheres – além de estarem saindo mais do mercado formal – são o grupo que tem mais dificuldade também para retornar. A partir de julho, o mercado como um todo começou a reagir e, em três meses, foram criadas 697,3 mil vagas, mas 77% foram para homens.

No que tange a posição na ocupação, os postos de trabalhos que estão mais ligados às ocupações exercidas pelas mulheres foram os mais impactados na pandemia

Tabela 2: Posição na Ocupação por trimestres selecionados

Ocupação	Trimestre de coleta				
	4° tri 2019	1° tri 2020	2° tri 2020	3° tri 2020	variação (%)
Empregado no setor privado com carteira de trabalho assinada (milhares)	33668	33096	30154	29366	15%
Empregado no setor privado sem carteira de trabalho assinada (milhares)	11855	11023	8639	9013	32%
Trabalhador doméstico (milhares)	6356	5971	4714	4612	38%
Empregado no setor público (inclusive servidor estatutário e militar) (milhares)	11641	11652	12360	11829	-2%
Empregador (milhares)	4442	4385	3955	3859	15%
Conta-própria (milhares)	24557	24159	21664	21783	13%
Trabalhador familiar auxiliar (milhares)	2033	1938	1861	2002	2%
Agricultura, pecuária, produção florestal, pesca e aquicultura (milhares)	8333	8266	7976	8280	1%
Indústria geral (milhares)	12166	11844	10727	10582	15%
Construção (milhares)	6820	6380	5323	5722	19%
Comércio, reparação de veículos automotores e motocicletas (milhares)	18009	17381	15244	15246	18%
Transporte, armazenagem e correio (milhares)	4896	4870	4341	4114	19%
Alojamento e alimentação (milhares)	5663	5355	4006	3846	47%
Informação, comunicação e atividades financeiras, imobiliárias, profissionais e administrativas (milhares)	10570	10625	10064	9872	7%
Administração pública, defesa, seguridade social, educação, saúde humana e serviços sociais (milhares)	16529	16525	16789	16173	2%
Outros serviços (milhares)	5152	4940	4117	3963	30%

Fonte: PNADC IBGE. Elaboração Própria.

Pela tabela acima fica evidenciado que ocupações tais como "Outros Serviços" (que envolvem serviços pessoais, especialmente as famílias) tiveram uma redução de 30% no total de ocupados entre o último trimestre de 2019 e o 3º trimestre de 2020. Nesse setor estão fundamentalmente mulheres. Além disso, setores tipicamente femininos como trabalho doméstico e alojamento e alimentação também figuram entre as ocupações que mais perderam postos líquidos de trabalho, nos quais – mais uma vez – as mulheres têm predominância.

Um elemento importante ainda quanto ao setor de serviços, é que ele comumente atua como estabilizador do ciclo do econômico. Nas crises anteriores, o setor de serviços absorveu trabalhadores de outros ramos e mesmo absorveu trabalhadores formais que passaram a prestar serviços de forma informal. A indústria costumava ser o setor menos elástico, com maiores dificuldades no que tange tanto à destruição quanto à criação de emprego. Essa crise tem um componente muito distinto. O setor de serviços foi o único que não recuperou as perdas pós crise, aprofundado a desestabilização econômica e penalizando – sobretudo – as mulheres.

Em 2020, o recuo da indústria foi de -3,5% no agregado do ano, e a população ocupada nesse setor no quatro trimestre de 2020 era 10,3% inferior quando comparada ao mesmo trimestre de 2019. Em números absolutos isso significa que a produção industrial retomou seu volume de produção pregresso à crise poupando 1,2 milhões de trabalhadores. No comércio, a queda agregada foi de -3,1% e o emprego amargou redução de 10,9%, quase 2 milhões a menos de trabalhadores. No entanto, o setor de serviços encolheu -4,5%. Em que pese a ligeira recuperação no último trimestre de 2020, o resultado sobre o emprego, por seu turno, é ainda mais impactante: o quarto trimestre de 2020 se encerrou com menos 9,3% de trabalhadores alocados no setor, isso equivale a 4,5 milhões de pessoas a menos.

Gráfico 4: Variação da população ocupada por setor (saldo de ocupados com relação ao trimestre anterior)

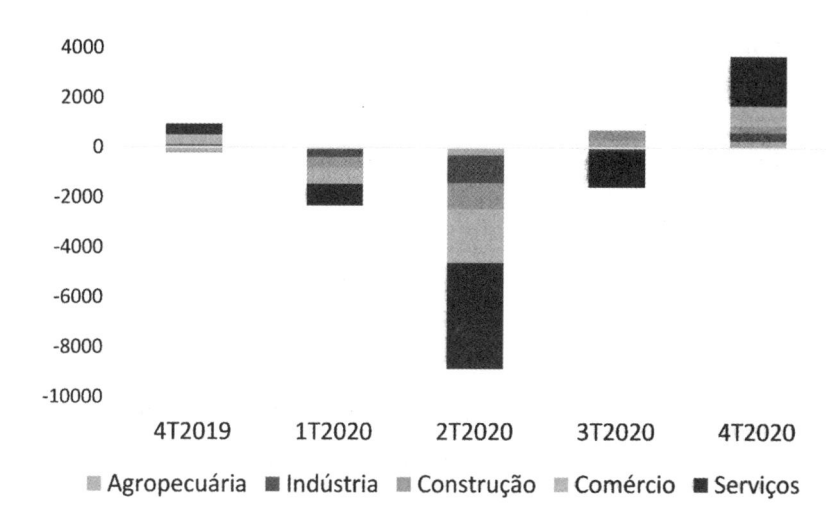

Fonte: IBGE. Elaboração: Centro de Estudos Econômicos (CEE) do IREE

Os dados acima indicam não somente uma relação deletéria sob o nível de emprego de forma geral, mas, particularmente, no nível de emprego alocado no setor de serviços, onde as mulheres têm predominância.

Do ponto de vista do rendimento, a categoria "outros serviços" desponta como a mais atingida. No segundo trimestre de 2020, segundo dados da PNAD, em maio de 2020 o setor acumulava perdas de 49,6% no seu rendimento, seguido de outro setor bastante feminino que é "alojamento e alimentação", com perdas de rendimento que chegaram a 33,4% em relação ao mês pré-crise.

A forma parca com que a liberação de maiores volumes de crédito pelo sistema bancário chegou às micro e pequenas empresas, e a ausência de medidas mais céleres e eficazes no que tange a redução de tarifas públicas e custos da folha salarial foram responsáveis por uma quebradeira significativa das empresas de pequeno porte. Mais de 750 mil pequenos empreendimentos fecharam as portas no Brasil durante a crise, segundo dados da Pesquisa "Pulso" do IBGE. Os efeitos desse processo são substanciais para a economia brasileira, na medida em que impactam no desemprego, concentração empresarial e possível maior desnacionalização da economia. Mas não só isso. Essas empresas são identificadas por deterem menores diferenças salariais entre homens e mulheres, além de concentrarem maior participação das mulheres na função de empregadoras.[307]

Tabela 3: Rendimento médio efetivo, habitual e proporção do rendimento efetivo sobre o habitual para o Brasil e setores selecionados para 3º Trimestre de 2020

	Rendimento médio habitualmente recebido em milhões de R$	Rendimento médio efetivo em Milhões de R$	Propoção da renda efetiva sobre a habitual em (%)
Cabeleireiros, tratamento de beleza e serviços pessoais	R$ 1.542,62	R$ 656,22	43%
Serviço doméstico remunerado	R$ 948,11	R$ 698,37	74%
Serviço de alimentação (bares, restaurantes, ambulantes de alimentação)	R$ 1.594,07	R$ 1.038,35	65%

Fonte: PNADC IBGE. Elaboração Própria.

Os setores que são identificados por maior presença feminina sobre o total de mulheres ocupadas, se destacam como aqueles em que é maior a diferença entre o rendimento habitualmente recebido e o efetivamente recebido na pandemia. Para o setor onde estão alocadas as atividades de serviços pessoais, como cabelereiros, estética e outros serviços pessoais, a diferença entre o efetivamente recebido é apenas 43% do rendimento habitual.

A queda da renda nos setores ligados aos serviços – e dentre esses os serviços pessoais às famílias e de alimentação – faz surgir uma situação

---

[307] SANTOS, Letícia. "Sebrae divulga anuário que traça perfil dos trabalhadores no país". *Folha dirigida*, 2020. Disponível em: https://folhadirigida.com.br/mais/noticias/mercado/sebrae-anuario-perfil-trabalhadores. Acessado em: 01.11.2021.

aparentemente paradoxal. Enquanto a massa total de rendimentos da população brasileira como um todo e, especialmente das mulheres, caiu nesse período de crise, o rendimento médio se elevou. Enquanto os homens tiveram uma variação negativa de 1% entre o rendimento médio recebido no último trimestre de 2019 e no terceiro trimestre de 2020, as mulheres experimentaram uma elevação na renda média de um pouco mais de 2%, segundo dados da PNADC.

A explicação para isso reside, justamente, no fato de que os trabalhos que mais abarcam mão de obra feminina foram os mais destruídos durante a crise atual. Assim, se são retiradas as rendas mais baixas do computo final, a média se eleva, embora a massa total salarial tenha recuo. A queda da massa salarial total das mulheres foi de 17% entre o primeiro trimestre de 2020 e o terceiro trimestre de 2020, atestando que a elevação da renda média, em uma situação de queda da renda total, é fenômeno de maior concentração de renda.

O nível de subocupação também foi maior para as mulheres. Por subocupação entende-se os trabalhadores que trabalham menos de 40h semanais e estão disponíveis para trabalhar mais. Essa categoria é uma das pertencentes ao guarda-chuva mais geral da subutilização da força de trabalho.

Quase 9% da força de trabalho feminina está nessa situação e esse fenômeno coaduna-se com a forma histórica com que homens e mulheres dividem-se entre trabalho produtivo e reprodutivo. A necessidade de conciliar o trabalho remunerado com as tarefas dos cuidados reprodutivos pode ter levado ainda mais mulheres a optarem por trabalhos em tempo parcial ou mesmo "bicos" que contribuem na renda familiar ao mesmo tempo em que se adaptam as necessidades de manter horas disponíveis para os afazeres reprodutivos.

Gráfico 5: Percentual das mulheres na Força de Trabalho que está subocupada

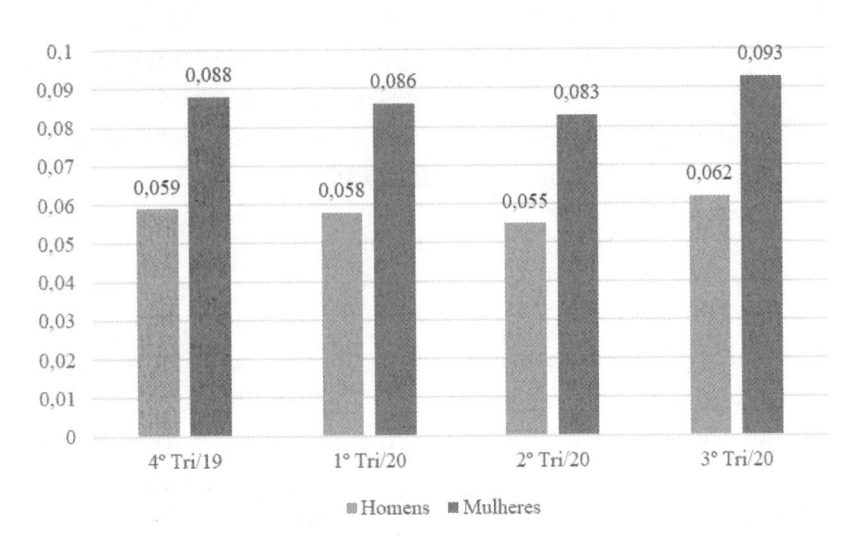

	4° Tri/19	1° Tri/20	2° Tri/20	3° Tri/20
Homens	0,059	0,058	0,055	0,062
Mulheres	0,088	0,086	0,083	0,093

Fonte: PNADC IBGE. Elaboração Própria.

Considerações finais

Constatamos no presente texto os impactos substanciais da pandemia e da forma ineficiente da atuação da política econômica na vida das mulheres. A pandemia somou-se a uma situação pregressa, e estrutural, de divisão sexual do trabalho, ensejando maiores desafios a igualdade de gênero, que foram elevadas ao paroxismo em uma conjunção de crise econômica, somada a maiores danos ao setor historicamente mais absorsor de mão de obra feminina e aos efeitos das desigualdades presentes na esfera da reprodução social.

As mulheres foram duplamente mais afetadas, tanto no espaço próprio das atividades econômicas, expresso na ocupação, desocupação e rendimento no mercado de trabalho, quanto no que tange a sobrecarga de trabalho doméstico, pela linha ainda mais tênue que se formou na pandemia entre trabalho remunerado e trabalho de reprodução social.

Os desafios da edificação de uma sociedade com redução das desigualdades de gênero passam por questões particulares e universais. Do ponto de vista do primeiro elemento, é necessário avançar em políticas que desafoguem as mulheres das responsabilidades de serem as naturais executoras do trabalho doméstico não remunerado, o que passa por medidas no âmbito cultural e da constituição de novos valores na sociedade brasileira, assim como um conjunto de medidas que insiram o Estado como agente prioritário no oferecimento de equipamentos públicos, tais como restaurantes e lavanderias públicas, além do oferecimento de creches e educação em tempo integral.

No entanto, as políticas universais também têm papel primordial. As mulheres são as principais beneficiárias do crescimento econômico, na medida em que com ele se expande o emprego e possibilita que mais mulheres conquistem autonomia e independência financeira. As políticas de austeridade fiscal – o mantra sagrado do neoliberalismo – impactam duplamente a vida das mulheres, tanto do ponto de vista da redução da oferta de serviços públicos e da demanda por mão de obra feminina, quanto pelo fato de que a austeridade, em períodos de crise e recessão, concorrer para aprofundar o ciclo recessivo, afastando, ainda mais, as possibilidades de retomada do crescimento.

Como desafio emergencial e de curto prazo, dada as limitações da política monetária em períodos de crise, apenas o Estado, através da atuação incisiva da política fiscal, é capaz de ensejar condições de manutenção da renda e do emprego e constituir condições para a ampliação da capacidade produtiva instalada, gerando ganhos de bem-estar social permanente, principalmente se o direcionamento do investimento for em setores com maior multiplicador fiscal e capaz de atuar sobre demandas sociais importantes, tais como saneamento, saúde e educação.

Referências Bibliográficas

BECKER, Gary. "A Theory of the allocation of time". *The Economic Journal*, vol. 75, n° 299, 1965.

CADÓ, Iriana Lima; FURNO, Juliane da Costa. "Mulheres frente à recessão econômica e a austeridade: uma interpretação da economia feminista". *Textos de Economia*, vol. 23, n° 1, 2020.

GRECCO, Fabiana Sanches; FURNO, Juliane da Costa; TEIXEIRA, Marilane Oliveira. "Por uma ciência econômica feminista". *Dossiê Economia Feminista*, vol. 26, n° 52, Campinas: Revista Temáticas, ago. 2018.

KARAMESSINI, Maria; RUBERY, Jill. *Women and austerity*: the economic crisis and the future for gender and equality. Londres: Routledge, 2014.

KERGOAT, Danièle; HIRATA, Helena. "Novas configurações da divisão sexual do trabalho". *Cadernos de Pesquisa*, vol. 37, n° 132, 2007.

OLIVEIRA, Ana Luíza Matos de.; PASSOS, Luana *et al*. "Austeridade, pandemia e gênero". *In*: _____ (Coord.). *Economia pós pandemia*: desmontando os mitos da austeridade fiscal e construindo um novo paradigma econômico no Brasil. São Paulo: Autonomia Literária, 2020.

PICCHIO, Antonella. "Visibilidad analítica y política del trabajo de reproducción social". *In*: CARRASCO, Cristina (Coord.). *Mujeres y economía*: nuevas perspectivas para viejos y nuevos problemas. Barcelona: Icaria Antrazyt, 2003.

SAFFIOTI, Heleieth. *A mulher na sociedade de classes*: mito e realidade. São Paulo: Expressão Popular, 2013.

SOUZA-LOBO, Elisabeth. *A classe operária tem dois sexos*: trabalho, dominação e resistência. São Paulo: Brasiliense, 1991.

TEIXEIRA, Marilene Oliveira. "A crise econômica e as políticas de austeridade: efeitos sobre as mulheres". *In*: ROSSI, Pedro; DWECK, Esther; OLIVEIRA, Ana Luíza Matos de (Coord.). *Economia para poucos*: impactos sociais da austeridade e alternativas para o Brasil. São Paulo: Autonomia Literária, 2018.

ZELIC, Helena *et al*. "Sem parar: o trabalho e a vida das mulheres na pandemia". 2020. Disponível em: http://mulheresnapandemia.sof.org.br/wp-content/uploads/2020/08/Relatorio_Pesquisa_SemParar.pdf. Acessado em: 01.11.2021.

CAPÍTULO XIV

RACISMO PARA ALÉM DAS IDENTIDADES: POR UMA PERSPECTIVA HISTÓRICO-CRÍTICA

DENNIS DE OLIVEIRA[308]

A pandemia do coronavírus em 2020 e 2021 evidenciou a necessidade do Estado como principal agente de enfrentamento da crise social, econômica e política, particularmente quando se fala do impacto junto à população mais pobre, na qual se situa a esmagadora maioria de negras e negros. Em um projeto político que tem como centro aprofundar a democracia e combater as desigualdades sociais, colocar a luta contra o racismo em segundo plano é desconsiderar que negras e negros sempre

---

[308] Professor da Universidade de São Paulo, pesquisador do IEA (Instituto de Estudos Avançados), coordenador do CELACC (Centro de Estudos Latino-Americanos sobre Cultura e Comunicação) e do GT Epistemologias decoloniais, cultura e territorialidades do CLACSO (Conselho Latino Americano de Ciências Sociais). Coordenador da Rede Quilombação. E-mail: dennisol@usp.br.

foram excluídos de qualquer possibilidade de pactuação democrática e que o racismo é uma ideologia que sustenta a concentração de renda.

A restauração conservadora do século XXI

A luta contra o racismo no Brasil está diretamente conectada aos movimentos de resistência às novas formas de exploração do capital global. Após o período denominado *Era dos extremos*, entre 1914 e 1991, pelo historiador egípcio Eric Hobsbawm, ou também chamado de *breve século XX*,[309] o terceiro milênio é marcado em seu início por uma restauração conservadora.

Esta restauração tem dois elementos. O primeiro é a vitória das forças lideradas pelos Estados Unidos na Guerra Fria, marcada simbolicamente pela queda do Muro de Berlim, em 1989, e pelo fim da antiga União Soviética, em 1991. Tal fato histórico possibilitou uma avalanche ideológica conservadora sem precedentes, que deu bases a um processo civilizatório baseado na imposição do paradigma da economia de mercado como discurso único. O segundo é a consolidação da reorganização do modelo de reprodução do capital – processo já iniciado nos anos 1970 como resposta à crise cíclica do capitalismo – com a transformação da produção das grandes plantas industriais em redes globais de nichos produtivos especializados, radicalizando a divisão internacional do trabalho.

Por uma coincidência trágica, tais processos ocorrem no mesmo momento da redemocratização do Brasil, nos anos 1980. Os novos sujeitos coletivos que protagonizaram a luta contra a ditadura militar de 1964-1985 ganham força na arena política e pressionam na repactuação sócio-política da Nova República, obtendo conquistas importantes na Constituinte de 1988, em especial no tocante aos direitos sociais.

---

[309] HOBSBAWN, E. *A era dos extremos*: o breve século XX (1914-1991). São Paulo: Companhia das Letras, 1995.

Importante destacar que o movimento negro foi um dos sujeitos coletivos deste processo. Entretanto, o racismo estrutural brasileiro impediu uma maior visibilidade das suas agendas. Em 1978, no ato de fundação do Movimento Negro Unificado Contra a Discriminação Racial, realizado nas escadarias do Theatro Municipal de São Paulo, lideranças de uma organização de encarcerados chamada Centro de Lutas Neto de Zumbi denunciou as condições bárbaras em que os detentos viviam. O ato de fundação do MNU também foi um protesto contra a tortura e assassinato, em uma delegacia policial, de Robson Silveira da Luz, jovem trabalhador da zona oeste de São Paulo. Esses fatos ocorreram três anos depois dos grandes atos que protestaram contra o assassinato de Vladimir Herzog no DOI-CODI, em outubro de 1975, que deram início a uma grande campanha contra as torturas e assassinatos de presos políticos. Neste contexto, o MNU defendia a tese de que "todo preso comum é também um preso político", infelizmente não abraçada pelo campo progressista.

Por que este fato é importante? No ano de 1988, mesmo ano de promulgação da Constituinte, a Escola Superior de Guerra (ESG) – a mesma instituição vinculada às Forças Armadas e que foi o *think-tank* responsável pela elaboração da Doutrina de Segurança Nacional que permeou toda a lógica político-ideológica da ditadura – lança o documento "Estrutura do Poder Nacional para o Século XXI – 1990/2000 – Década vital para um Brasil moderno e democrático". Em seu capítulo social, o texto aponta que os focos desestabilizadores da democracia neste período seriam os cinturões de miséria e os "menores abandonados". Por essa razão, a ESG defendia a manutenção dos aparatos repressivos constituídos na ditadura.

É interessante observar que a pactuação democrática dos anos 1980 não tocou a fundo a mudança deste item.[310] Mais que isto, a própria transição negociada pelo alto da ditadura para a democracia,

---

310 Sobre o documento da Escola Superior de Guerra, ver o artigo de minha autoria intitulado: ALMA PRETA. "Intervenção no Rio de Janeiro: o golpe se aprofunda contra as periferias". *Alma Preta*, 2021. Disponível em: https://www.almapreta.com/editorias/o-quilombo/intervencao-no-rio-de-janeiro-o-golpe-se-aprofunda-contra--as-periferias. Acessado em: 01.11.2021.

entre o final dos anos 1970 e 1980, impediu o pleno julgamento dos agentes da repressão. A Lei da Anistia foi o instrumento normativo que possibilitou isso.

Assim, o que a ESG na prática defendia é que o "inimigo interno" deixou de ser "os opositores do regime" em favor de "os moradores da periferia ou dos cinturões de miséria". Visionária ou não, a ESG já preparava o terreno para uma situação de intensificação da miserabilidade com a adoção do modelo neoliberal na economia brasileira, que começa com maior força a partir dos governos Collor e Fernando Henrique Cardoso.

As ações do movimento negro e o "neoliberalismo progressista"

Nesse período, o movimento negro brasileiro, com todas as dificuldades, teve importantes ações, como a organização de Encontros Nacionais de Mulheres Negras nos quais lideranças feministas negras apontavam os mecanismos estruturais de opressão sobre a mulher negra; Encontros Regionais e Nacionais de Entidades Negras – destacando o importante encontro de 1991 na cidade de São Paulo, em que cerca de 600 delegados representando 250 entidades denunciam o "extermínio programado da população negra e pobre", tendo como base justamente este documento da Escola Superior de Guerra e apontando a articulação entre racismo, capitalismo e neoliberalismo. Vale destacar aqui a Marcha da Consciência Negra de 20 de novembro de 1995, em celebração aos 300 anos de Zumbi dos Palmares e, na sequência a realização do Congresso Continental dos Povos Negros das Américas no Memorial da América Latina, em São Paulo.

O ano de 1995 foi ímpar por conta da confluência de dois processos políticos. O primeiro é o acúmulo político-ideológico do movimento negro que chega a apresentar um programa político de combate ao racismo ao então presidente da República, Fernando Henrique Cardoso. Ele se torna o primeiro chefe de Estado a reconhecer o racismo como problema nacional. O segundo, decorrente disso, é uma inflexão pontual do projeto neoliberal que, diante das demandas crescentes das populações empobrecidas com a intensificação da concentração de renda por conta do novo padrão de acumulação e reprodução do capital, passa a incorporar as demandas pontuais destes movimentos, buscando retirar suas perspectivas de ruptura. É a corrente que a pensadora Nancy Fraser chama de "neoliberalismo progressista" e que vai ter papel importante em vários encontros internacionais, entre eles a Conferência de Combate ao Racismo de Durban, em 2001.

Fraser afirma que:

> (...) foi uma aliança real e poderosa de dois companheiros improváveis; por um lado, as principais correntes liberais dos novos movimentos sociais (feminismo, antirracismo, multiculturalismo, ambientalismo e direitos LGBTQ); por outro lado, os setores mais dinâmicos, de alto nível "simbólico" e financeiro da economia dos EUA (Wall Street, Vale do Silício e Hollywood). O que manteve esse casal estranho junto foi uma combinação diferenciada de pontos de vista sobre distribuição e reconhecimento.[311]

Mais adiante, a pensadora estadunidense exibe o programa deste bloco:

> O bloco progressista-neoliberal combinava um programa econômico expropriativo e plutocrático com uma política liberal-meritocrática de reconhecimento. O componente distributivo deste amálgama era neoliberal. Determinado a soltar as forças do mercado da mão pesada do Estado e da mina de "impostos e gastos", as classes que controlavam este bloco queriam liberalizar e globalizar a economia capitalista (...). Calhou, desse modo, aos "novos democratas" contribuir com o ingrediente essencial: uma política progressista de reconhecimento. Recorrendo às forças progressistas da sociedade civil, eles difundiram um *ethos* de

---

[311] FRASER, N. "Do neoliberalismo progressista a Trump – e além". *Revista Política e Sociedade*, 2018. Disponível em: https://periodicos.ufsc.br/index.php/politica/article/view/2175-7984.2018v17n40p43/38983. Acessado em: 01.11.2021.

reconhecimento superficialmente igualitário e emancipatório. O núcleo desse *ethos* eram os ideais de "diversidade", "empoderamento" das mulheres e direitos LGBTQ; pós-racialismo, multiculturalismo e ambientalismo. Esses ideais foram interpretados de uma forma específica e limitada que era totalmente compatível com a *Goldman Sachsificação* da economia dos EUA. Proteger o meio ambiente significava comércio de carbono. Promover a posse da casa própria significava empréstimos *subprimes* agrupados e revendidos como títulos lastreados em hipotecas. Igualdade significava meritocracia.[312]

A Conferência de Durban foi um palco onde tais visões ideológicas se confrontaram. A radicalidade da luta antirracista no Brasil, que apontava para uma ruptura com a ordem capitalista neoliberal, enfrentava dois campos: um da extrema-direita expressa na proposta da Escola Superior de Guerra, de intensificação dos mecanismos de extermínio; e outro, de uma *comoditização* das agendas antirracistas dentro dessa proposta do "neoliberalismo progressista".[313] O Banco Mundial, neste período, atua como uma instituição de governança global que propõe e financia programas de enfrentamento da pobreza como "danos colaterais" das políticas de ajuste fiscal preconizadas pelo Fundo Monetário Internacional.

Uma pessoa importante que impactou as discussões nesse período foi James David Wolfensohn, empresário australiano radicado nos EUA e que atuou como presidente do Banco Mundial entre 1995 e 2005. Foi justamente neste período, que Wolfensohn colocou o tema do combate à pobreza como central na agenda do Banco Mundial. Porém, a ideia de combate à pobreza defendida por Wolfensohn ia no sentido de

---

[312] FRASER, N. "Do neoliberalismo progressista a Trump – e além". *Revista Política e Sociedade*, 2018. Disponível em: https://periodicos.ufsc.br/index.php/politica/article/view/2175-7984.2018v17n40p43/38983. Acessado em: 01.11.2021.

[313] Estas duas tendências abordo no meu livro intitulado *Globalização e racismo no Brasil* e chamo de "extermínio das populações marginalizadas" e "administração das tensões sociais". OLIVEIRA, Dennis. *Globalização e racismo no Brasil*. São Paulo: Legítima Defesa, 1994.

articulá-la dentro da perspectiva de constituição de uma governança global que garantisse o ajuste das economias dos países dependentes aos paradigmas da globalização neoliberal.

No relatório anual de 2000, o Banco Mundial afirma que a "pobreza mundial continua sendo um problema de grandes proporções". Na abertura do relatório, Wolfensohn defende a necessidade de se combinar esforços em nível nacional (estabelecendo compromissos do país, abordagem integrada de longo prazo, parcerias e focos nos resultados) e global (na qual o banco se coloca como uma plataforma-suporte para implantação de políticas de combate à pobreza).[314] A ação do Banco Mundial se articulou com o FMI (responsável pela imposição dos ajustes macroeconômicos) por meio dos chamados *Poverty Reduction Strategy Papers (PRSP)*, que consistem em trabalhos realizados por países membros do FMI que combinaram ajustes macroeconômicos com políticas de redução da pobreza monitoradas por técnicos do fundo e do Banco Mundial.[315]

Após este período, o cenário da luta contra o racismo teve mudanças significativas. Primeiro, a crise do modelo neoliberal no início do século XXI possibilitou o fortalecimento da corrente antineoliberal e, com isto, em vários países da América Latina, são eleitos governos com plataformas desenvolvimentistas ou anticapitalistas. No caso do Brasil, em 2003, com a vitória da frente liderada pelo PT em 2002, várias demandas do movimento social de negros são institucionalizadas, em especial as ações afirmativas (como a promulgação da Lei 10639/03, as cotas raciais nas universidades e serviço público, o Estatuto da Igualdade Racial, entre outros). Mais: o modelo de governança participativa proposto pelo PT possibilitou a integração de lideranças do movimento negro a diversos espaços institucionais sem, contudo, realizar uma

---

[314] WORLD BANK. "The World Bank annual report: 2000". Disponível em: http://documents1.worldbank.org/curated/en/931281468741326669/pdf/multi-page.pdf. Acessado em: 01.11.2021.

[315] FMI. "Documentos de estratégia de redução da pobreza". *International Monetary Fund*, 2016. Disponível em: https://www.imf.org/external/np/prsp/prsp.aspx#HeadingB. Acessado em: 01.11.2021.

reformulação nas estruturas racistas do Estado brasileiro. A resultante disto é que essa participação institucional ocorreu perifericamente, "nas franjas" dos espaços governamentais.[316] Apesar disso, houve uma incorporação institucional da energia do movimento negro para estes espaços, configurando um "antirracismo de resultados", isto é, a luta contra o racismo se deslocou meramente para a eficácia de políticas institucionais.[317]

Porém, o grande problema é de fundo ideológico. A luta contra o racismo centrada nas políticas públicas de promoção consolidou a ideia de que o racismo é um problema de ordem comportamental. Mesmo algumas enunciações de "racismo institucional" e "racismo estrutural" se centram em argumentos de comportamentos inadequados de agentes no poder.[318] A diferença é que há aqueles que consideram que é possível uma reforma por meio de mecanismos institucionais – ressaltando os aspectos teoricamente disfuncionais do racismo e que, portanto, por meio do convencimento ou por pressões dos movimentos sociais e outros que desconsideram esta possibilidade, reafirmando uma essencialidade racial que determina os comportamentos preconceituosos.

---

[316] Um exemplo disto é a precariedade das Secretarias de Políticas de Promoção da Igualdade Racial em âmbito federal, estadual e municipal. Os orçamentos são irrisórios, o Sistema Nacional de Promoção da Igualdade Racial (Sinapir) implantado no governo Dilma Roussef tinha um orçamento suficiente para atender menos de 1% dos municípios brasileiros (e era extremamente inferior a outros sistemas, como por exemplo, o Sistema Nacional de Cultura) e um importante programa como o Juventude Viva teve impactos insignificantes no enfrentamento da violência contra jovens negros nas periferias. Mesmo a Lei 10639/03, nunca chegou a ser plenamente implantada no sistema educacional brasileiro.

[317] Aponto este aspecto da cooptação institucional do movimento negro nos governos liderados pelo PT no artigo: "A luta contra o racismo é uma luta anticapitalista". *In*: OLIVEIRA, D. (Coord.). *A luta contra o racismo no Brasil*. São Paulo: Fórum, 2017.

[318] Estas apreensões dos conceitos de racismo institucional e racismo estrutural são totalmente opostas as conceituações elaboradas por intelectuais como Silvio Almeida. ALMEIDA, Silvio. *O que é racismo estrutural*. São Paulo: Pólen, 2018.

Das rebeldias contraculturais ao identitarismo pós-moderno

Um dos grandes problemas do debate antirracista é considerá-lo apenas na perspectiva identitária. De fato, pensar o racismo apenas na dimensão das identidades e do comportamento traz entraves objetivos para conectar esta luta com a dimensão mais geral da transformação revolucionária da sociedade.

Mas de onde surgiu esta perspectiva identitária? Para discutir este tema, gostaria de destacar especificamente o conjunto de movimentos sociais, culturais e teóricos ocorridos nos anos 1960, período que ficou conhecido como a era da contracultura.

Douglas Kellner afirma que este momento foi caracterizado pela ação de uma geração de jovens do pós-guerra insatisfeitos com a perspectiva unidimensional da sociedade capitalista justamente no período que ficou conhecido como os "anos de ouro" (devido ao crescimento econômico, avanços tecnológicos, entre outros). A insatisfação dava-se porque este período aurífero era sustentado com ações de intervenções violentas, sendo o símbolo a Guerra do Vietnã (e os horrores das bombas químicas, Napalm, "agente laranja" jogados pelos Estados Unidos sob a população vietnamita), violência racial como as ações dos grupos supremacistas brancos contra os movimentos de direitos civis dos afro-americanos nos anos 1960, entre outros.[319]

Segundo Kellner:

> Os anos 1960 foram uma época de prolongados tumultos sociais em que a todo momento surgiam novos movimentos sociais a desafiarem as formas estabelecidas de sociedade e cultura e a produzirem novas contraculturas e formas alternativa de vida Geraram uma era de intensas 'guerras culturais' entre liberais, conservadores e radicais no sentido de reconstrução da cultura

---

[319] KELLNER, D. "Guerra entre teorias". In: _____. *Cultura da mídia*. Bauru: Edusc, 2001.

e da sociedade segundo seus próprios programas, guerras que continuam sendo travadas na atualidade.[320]

O pensador estadunidense aponta que este processo dos anos 1960 foi interditado pela crise do capital dos anos 1970 e mais tarde, no final dos anos 1980, pela vitória das forças do capital na Guerra Fria.

> Durante os anos 1970, a recessão econômica mundial fez estourar a bolha de prosperidade do pós-guerra e o discurso sobre uma sociedade da pós escassez foi substituído por outros que falavam da diminuição das expectativas, redução do crescimento e necessidade de reorganização da economia e do Estado. Tal reorganização ocorreu na maior parte do mundo capitalista nos anos 1980, na vigência de governos conservadores que fizeram cortes nos programas de bem estar social ao mesmo tempo que expandiam o setor militar e aumentavam o déficit de contas públicas.[321]

E, na sequência, afirma ainda que:

> Nos últimos cinco anos também se assistiu ao colapso do comunismo soviético e ao fim da Guerra Fria. Depois da Segunda Guerra Mundial, os países capitalistas e comunistas começaram a competir pela hegemonia econômica, política e cultural. As forças de ambos os blocos promoveram guerras frias e quentes, com resultante militarização e guerras encobertas e abertas entre países satélites das superpotências.[322]

O que quero destacar aqui é um percurso que pode ser analisado dialeticamente no seguinte sentido:

---

[320] KELLNER, D. *Cultura da mídia*. Bauru: Edusc, 2001, p. 25.
[321] KELLNER, D. *Cultura da mídia*. Bauru: Edusc, 2001, p. 25.
[322] KELLNER, D. *Cultura da mídia*. Bauru: Edusc, 2001, p. 25.

1. Pós-guerras mundiais:

   a) disputa geopolítica dos blocos;

   b) que levou a intensa militarização;

   c) que alavancou o desenvolvimento tecnológico;[323]

   d) que constituiu uma sociabilidade da inserção na máquina produtiva desenvolvimentista associada ao belicismo;[324]

   e) cuja disputa ideológica e necessidade de geração de mercados consumidores massivos fortaleceu a ideia do Estado de Bem-Estar Social;

   f) que foi o cenário em que se desenvolveram os protestos e rebeldias dos anos 1960 marcados pela crítica as guerras imperialistas, a unidimensionalidade da perspectiva societária capitalista e as opressões dela decorrentes, como a de raça e gênero.

2. Pós-crise do capitalismo dos anos 1970:

   a) reação conservadora no sentido de conter os avanços dos direitos sociais e civis, centrando na necessidade de equilíbrios fiscais;

---

[323] A respeito do fato da indústria militar ser a principal alavanca do desenvolvimento tecnológico, ver a obra CHOMSKY, Noam; *Novas e velhas ordens mundiais*. São Paulo: Scritta, 1996. Chomsky afirma nesta obra que a alavanca da indústria armamentista inclusive era uma forma eficaz de transferência dos recursos públicos para a iniciativa privada. O pensador Armand Mattelart também defende na obra *Comunicação-mundo: história das ideias e estratégias* que as tecnologias de comunicação são desenvolvidas por demandas de conflito bélico. É dele a afirmação que "a comunicação serve, em primeiro lugar, para fazer a guerra".

[324] É neste contexto que o pensador Herbert Marcuse constrói o conceito de "homem unidimensional", isto é, o sujeito que se adequa a uma lógica produtiva e sua ritmicidade, possibilitando inclusive a transfiguração do princípio do prazer freudiano em "princípio do desempenho". Ver em: MARCUSE, Herbert. *A ideologia da sociedade industrial*: o homem unidimensional. Rio de Janeiro: Zahar, 1982; e MARCUSE, Herbert. *Eros e a civilização*. São Paulo: LTC, 1982.

b) substituição do discurso da prosperidade pela necessidade de reorganização da economia e dos Estados.

3. Pós fim da Guerra Fria no final dos anos 1980:

a) avalanche ideológica conservadora;

b) economia de mercado como paradigma absoluto.

Fiz este pequeno esquema para apresentar a seguinte ideia: as demandas sociais apresentadas no bojo das rebeldias dos anos 1960 foram colonizadas dentro da perspectiva do paradigma da sociedade de economia de mercado. E é esta a base da transfiguração de movimentos antiopressivos como a luta contra o racismo, o machismo, a LGBTfobia a partir do olhar de *políticas identitárias* ou dentro do conceito gelatinoso de *multiculturalismo*.[325]

Para Kellner, a base teórica desta transfiguração foi o pós-estruturalismo foucaultiano ressignificado pelas teorias pós-modernas.

Primeiramente, o pensador estadunidense comenta que depois do "tumulto dos anos 1960" deu-se um certo período de "tranquilidade dos anos 1970", mas "a explosão de teorias continuou, havendo uma intensificação das guerras entre teorias".[326]

---

[325] Nem todas as concepções de multiculturalismo necessariamente estão dentro desta perspectiva mercadológica. Peter McLaren, por exemplo, apresenta na obra *Multiculturalismo crítico* as diversas possibilidades de se conceituar o multiculturalismo (liberal, conservador, comercial) e inclui a possibilidade de um *multiculturalismo crítico* ou *revolucionário*. Ver: McLAREN, P. *Multiculturalismo crítico*. São Paulo: Cortez, 1998. Em um percurso teórico distinto, mas próximo da ideia de McLaren, o pensador jamaicano Stuart Hall também fala das diversas concepções de multiculturalismo, citando inclusive a proposta de *multiculturalismo crítico*, entretanto depois enviesa pelo pós-estruturalismo derridiano com a constatação da proliferação subalterna da diferença e a ideia de "tempo liminares das minorias", conceito proposto por Hohmi Bhabha sobre o qual falarei mais adiante. Ver: HALL, Stuart. "A questão multicultural". In: _____. *Da diáspora*. Belo Horizonte: UFMG, 2001.

[326] KELLNER, D. *Cultura da mídia*. Bauru: Edusc, 2001, p. 35.

Os discursos em torno de raça, classe, etnias, preferências sexuais e nacionalidades desafiavam os discursos teóricos a explicar fenômenos antes ignorados ou subestimados. Tiveram início (e ainda persistem) guerras entre os que privilegiam a classe e os que privilegiam coisas como raça e sexo. Finalmente, prevaleceu uma trégua com o consenso de que todos esses determinantes de identidade social e da estruturação das categorias sociais são de fundamental importância para a vida social, a análise cultural e a subjetividade individual.[327]

É neste contexto que o conceito de microfísica do poder de Michel Foucault ganha corpo. A sua ideia de pensar o poder como um processo de constituição do sujeito e que se estrutura de baixo para cima se encaixa perfeitamente nesta noção de busca de uma crítica que dê conta do conjunto de relações opressivas, inclusive as que tradicionalmente não são objeto de consideração da agenda política. E as relações raciais, particularmente no Brasil, são periferizadas na constituição da agenda da esfera pública por diversos motivos, como a perspectiva do "contrato racial" e do padrão colonial de poder que falarei mais adiante.

Mas voltando a Foucault. Em determinado momento, ele afirma que:

> O poder penetrou no corpo, encontra-se exposto no próprio corpo (...). Na realidade, a impressão que o poder vacila é falsa porque ele pode recuar, se deslocar, investir em outros lugares. E a batalha continua...[328]
>
> (...)
>
> O enraizamento do poder, as dificuldades que se enfrenta para se desprender dele vem de todos estes vínculos. É por isto que a repressão a qual geralmente se reduzem os mecanismos de poder me parece muito insuficiente e até perigosa.[329]
>
> (...)

---

[327] KELLNER, D. *Cultura da mídia*. Bauru: Edusc, 2001, pp. 35/36.
[328] FOUCAULT, Michel. *Microfísica do poder*. São Paulo: Graal, 1984, p. 148.
[329] FOUCAULT, Michel. *Microfísica do poder*. São Paulo: Graal, 1984, p. 146.

O poder não está localizado no aparelho de Estado e nada mudará na sociedade se os mecanismos de poder que funcionam for abaixo, ao lado dos aparelhos de Estado a um nível muito mais elementar, cotidiano.[330]

E, com base nisso, Foucault estabelece um plano metodológico de estudo do poder em cinco momentos:

a) captar o poder nas suas extremidades, no que é capilar, no seu sentido concreto, na sua materialidade;

b) estudar o poder na sua relação com o objeto, o seu alvo, saber como foram constituídos os súditos, a instância material, a sujeição;

c) o indivíduo é o objeto do poder, entender o poder não na relação linear de um sobre o outro;

d) fazer uma análise ascendente do poder e não do centro para onde se prolonga;

e) o poder para se exercer nestes mecanismos sutis é obrigado a formar, organizar e pôr em circulação um saber, ou melhor, aparelhos de saber que não são construções ideológicas.[331]

Esta base teórica dá sustentação à amplificação das pautas antiopressão para além das relações de classe (e reforçada pela categoria de

---

[330] FOUCAULT, Michel. *Microfísica do poder*. São Paulo: Graal, 1984, pp. 148/149.

[331] FOUCAULT, Michel. *Microfísica do poder*. São Paulo: Graal, 1984, p. 165. Na pág. 185, Foucault fala que "examinar historicamente, partindo de baixo, a maneira como os mecanismos de controle puderam funcionar, por exemplo, quanto a exclusão da loucura ou à repressão e proibição da sexualidade, ver como ao nível efetivo da família, da vizinhança, das células ou dos níveis mais elementares da sociedade, esses fenômenos de repressão ou exclusão se dotaram de instrumentos próprios, de uma lógica própria, responderam a determinadas necessidades; mostram quais foram os seus agentes sem procurá-los na burguesia em geral e sim nos agentes reais (famílias, médicos, pais, vizinhos) e como estes mecanismos de poder, em dado momento, em uma conjuntura precisa e por meio de determinado número de transformações começaram a se tornar *economicamente vantajosos e politicamente úteis*" (grifos do autor).

unidimensionalidade de Marcuse que, segundo ele, estaria impregnada também na classe proletária). Esta amplificação da perspectiva crítica ao sistema capitalista possibilitou compreender e combater de forma mais efetiva todos mecanismos de opressão da sociedade capitalista, desvelando de forma mais complexa os mecanismos de funcionamento da ideologia.[332]

Com a virada conservadora nos anos 1970 e, particularmente, com a contrarreforma neoliberal do final dos anos 1980, tais reflexões conceituais foram ressignificadas para serem adequadas. É exatamente isto que Kellner afirma nesta passagem:

> Ao longo dos anos 1980, várias cepas do pós-estruturalismo francês sofreram mutação, transformando-se em teoria pós-moderna. Em certo sentido, a teoria pós-moderna ostenta as paixões dos anos 1960 sublimadas em discurso teórico. A fratura ou ruptura desejada nos anos 1960, ruptura então descrita no discurso da revolução, é projetada para a própria história ou para domínios mais limitados da sociedade e da cultura. No entanto, as fraturas e rupturas apocalípticas postuladas nos anos 1960 como objeto de luta política passam a ser descritas em algumas teorias pós--modernas como rupturas resultantes de novas tecnologias, sem o esforço da luta revolucionária, repetindo os velhos discursos do determinismo tecnológico.[333]

É fato que boa parte destas teorias abrem certas brechas para esta ressignificação pós-moderna e antirrevolucionária. Jaime Osório, por exemplo, tece uma crítica pertinente a teoria foucaultiana de poder. Para ele, os conceitos foucaultianos possibilitam enxergar as relações de poder de forma complexa e em diversos domínios, possibilitando uma avaliação das inúmeras questões das sociedades capitalistas contemporâneas.

---

[332] Grande importância neste aspecto tem a proposta de ideologia de Louis Althusser, de interpelação e assujeitamento e que se expressa em práticas sociais segundo o intelectual argelino. Estas práticas sociais são a reprodução ideal das relações de produção. Ver: ALTHUSSER, Louis. *Sobre a reprodução*. Petrópolis: Vozes, 2000.
[333] KELLNER, D. *Cultura da mídia*. Bauru: Edusc, 2001, p. 36.

Entretanto, quando Foucault propõe discutir o poder na sua perspectiva "ascendente", Osório enxerga os seguintes problemas:

> A rede de relações de poder que se estende por todo o corpo de relações sociais apresenta *hierarquizações* quanto à sua condensação, *sendo o Estado o fundamental.* Ao não estabelecer esta precisão, *Foucault acaba perdendo de vista os núcleos que sustentam o conjunto do tecido de dominação na sociedade,* para onde – em última instância – terminarão convergindo as resistências gestadas nos diversos âmbitos societários. Desta forma, acaba privilegiando uma visão atomizada de poder, com a qual não é possível estabelecer nenhuma estratégia determinada de oposição.[334]

O deslocamento dos conflitos ocorre, portanto, do questionamento de uma determinada ordem social para os comportamentos e atitudes. É um deslocamento de conflitos que possibilita o acolhimento das demandas sociais dos segmentos oprimidos sem um questionamento dos fundamentos da estrutura da sociedade capitalista. É justamente aqui que se coloca a diferença entre uma concepção de *racismo estrutural* e a de "racismo estruturalista".

Este deslocamento opera, primeiramente, pela essencialização das categorias. Há aqui uma evidente subversão da perspectiva metodológica do marxismo de pensar a totalidade abstrata fora da sua componente histórica. As categorias abstratas da totalidade social (que dão base a concepção estrutural de Marx) são concretizadas dentro de dinâmicas histórico-sociais (a elevação do abstrato ao concreto). É exatamente este aspecto que diferencia a visão estrutural-histórica de Marx que enseja uma práxis revolucionária e transformadora, da proposta do binômio estruturalismo/pós-estruturalismo.

E é exatamente este cenário que possibilita a emergência da categoria *identidade* como chave para a reflexão do movimento antirracista (e

---

[334] OSORIO, J. *O Estado no centro da mundialização.* São Paulo: Expressão Popular, 2019, p. 35.

também outros movimentos, particularmente os que foram fortalecidos com as rebeldias dos anos 1960).

A chave identidade faz com que determinados pensamentos, pensadores e pensadoras, experiências organizativas, entre outros, sejam mitificados e retornem ao presente de forma ressignificada, muitas vezes retirando o seu caráter histórico.

Uma destas experiências é o movimento dos direitos civis dos Estados Unidos nos anos 1950 e 1960. Há uma visão corrente em vários militantes do movimento negro brasileiro de que a perspectiva de Martin Luther King era "conservadora" porque ele era "pacifista" e que Malcolm X era "revolucionário" porque pregava o "confronto". É fato que as táticas adotadas por King, em determinado momento, foram mais aderentes ao sistema estadunidense. E os limites da bandeira central do movimento dos direitos civis existiam, embora não possam ser colocados como não importantes: o direito ao voto possibilitava também que negros e negras pudessem ser membros dos tribunais do júri, criando condições mais favoráveis para que réus negros pudessem ser julgados por juris não compostos exclusivamente por brancos.

Mas é falso que Martin Luther King não tenha percebido os limites dessa bandeira. Justamente quando ele amplia o leque de reivindicações para além dos direitos civis – como a sua crítica as intervenções imperialistas dos Estados Unidos, a defesa que passou a fazer da equidade econômica entre brancos e negros, e outros – ele foi assassinado. Malcolm X também, em determinada fase da sua luta, também criticou as ações imperialistas dos Estados Unidos, transcendendo da sua narrativa da afirmação da identidade afro-americana e denúncia do racismo. E foi assassinado.

Haider afirma a respeito deste "congelamento" da figura de King:

> Martin Luther King se tornou um símbolo vazio, congelado em 1963. Hall observa que, a partir de citações seletivas, a retórica edificante do discurso de King foi despida de seu conteúdo: sua oposição à guerra do Vietnã, através de uma análise ligando a segregação ao imperialismo; seu comprometimento socialista

democrático com a sindicalização; seu papel na organização da Poor People's Campaign; e seu apoio à greve dos garis quando foi assassinado em Memphis.[335]

E o mesmo se aplica à experiência do *Black Panthers Party*. O partido dos Panteras Negras foi uma organização negra radical, revolucionária e marxista, que articulava raça e classe na sua proposta ideológica. Embora no decorrer da sua existência houve deslizamentos teóricos esquerdistas (como considerar todo pequeno burguês, mesmo negro, como adversário da luta) a um "direitismo" (rejeitando as alianças pontuais com a classe operária não negra e colocando o pequeno burguês negro como aliado preferencial), o objetivo do Black Panthers Party era muito nítido: a conquista do poder expresso no primeiro ponto do seu programa (*Queremos liberdade, queremos o poder para determinar o destino de nossa comunidade negra. Nós acreditamos que o povo negro não será livre até que nós sejamos capazes de determinar nosso destino*).[336]

Destaco isso por considerar que à medida que se estabelece um projeto político, ou pelo menos se tem noção dele, se constituem os campos nos quais se constroem as articulações. O Black Panthers Party, por exemplo, no ano de 1969, articulou a chamada *Coalizão Arco-íris*, em um encontro realizado no mês de julho na cidade de Oklahoma intitulado "Conferência por uma Frente Única contra o Fascismo". Participaram, além de membros do partido comunista e sindicatos, lideranças da organização *Jovens Patriotas,* formado por brancos pobres da zona norte da cidade de Chicago. E mais tarde se incorporou nesta articulação o *Young Lords Party* (YLP) ou "Partido dos Jovens Senhores" formados por trabalhadores porto-riquenhos. Assim, o recorte estabelecido para as alianças era a crítica radical ao sistema.

---

[335] HAIDER, A. *Armadilhas da identidade*: raça e classe nos dias de hoje. São Paulo: Veneta, 2019, p. 40.

[336] Ver MANOEL, Jones; LANDI, G. (Coord.). *Raça, classe e revolução*: a luta pelo poder popular nos Estados Unidos. São Paulo: Autonomia Literária, 2020 p. 83.

Os erros do reducionismo "progressista" da luta antirracista

Esta transfiguração das cepas do pós-estruturalismo e das bandeiras da contracultura dos anos 1960 para este período neoliberal é um dos elementos que explicam uma tendência no campo progressista de reduzir a luta antirracista à dimensão comportamental e enxergar o movimento meramente como "identitário". Quais são os erros desta visão?

Primeiro: a componente racial está diretamente articulada com as hierarquias da divisão internacional do trabalho radicalizada com os novos arranjos produtivos globais. Tais arranjos se organizam da seguinte forma: no topo, os centros produtores e disseminadores de tecnologias e processos, no intermédio, a aplicação das tecnologias e produção manufatureira, e na base, o fornecimento de insumos e matérias-primas. Esta foi uma zona de enfrentamento dos projetos progressistas na América Latina.

Países como Bolívia e Venezuela tiveram que tanto garantir uma situação de bem-estar para as suas populações, como também envidar esforços para retirar as economias dos seus países da situação de mero fornecedores de matérias-primas.

No caso do Brasil, país colocado na zona intermediária e que, por situações singulares, tem uma estrutura capacitada de produção tecnológica, a luta foi contra o desmonte das universidades públicas e empresas estatais capazes de induzir cadeias produtivas de maior valor agregado. Neste sentido, a democratização do acesso tanto a universidades públicas como nas empresas públicas por meio das cotas raciais possibilita a inserção da população negra nesta produção tecnológica, possibilitando a articulação do desenvolvimento cientifico-tecnológico às demandas sociais destas populações.

Não é à toa que as campanhas direitistas contra Evo Morales, na Bolívia, e Hugo Chaves, na Venezuela tiveram forte conotação racista. Ideologicamente tal discurso cristaliza os lugares subalternos destes povos e suas nações no cenário global do capitalismo. Assim como o próprio Banco Mundial que historicamente prega o desinvestimento no ensino superior com o argumento populista de que se deve priorizar a educação básica.

Também este elemento explica o porquê da USP – a universidade responsável pela esmagadora maioria da produção científica e tecnológica do país e colocada entre as cem maiores do mundo – foi a mais *resistente* em adotar as cotas raciais. Ciência e tecnologia é o poder dentro da cadeia global da produção capitalista.

Um exemplo que deixa isto nítido são as telas de cristal líquido que equipam celulares, produto que envolve uma sofisticação tecnológica desenvolvida nos centros de pesquisa e desenvolvimento sediados nos países centrais do capitalismo e que tem como matéria-prima o mineral coltan, extraído com mão de obra de crianças escravizadas na República do Congo. Basta ver a composição étnica dos países em que se situam estes centros de pesquisa sofisticados (bem como os seus integrantes) e do país que fornece a matéria-prima e o insumo (e das crianças escravizadas neste tipo de trabalho).[337]

Segundo: o capitalismo brasileiro foi construído a partir do sistema escravista e não significou uma ruptura com a ordem anterior e sim uma transição, como afirma o pensador brasileiro Clóvis Moura.[338] Entre 1850 e 1888, Moura defende a ideia de que se constituiu uma "modernização sem mudança", pois a constituição da infraestrutura necessária para o estabelecimento do capitalismo foi feita por meio de inversões de capital estrangeiro, principalmente britânico. Assim, constituiu-se uma aliança entre este capital e as classes dominantes brasileiras que se, ao mesmo tempo aceitaram serem sócias minoritárias nesse projeto, mantiveram seus privilégios interditando qualquer possibilidade de constituição de um projeto nacional que implicasse uma aliança com a classe trabalhadora nacional.

---

[337] Sobre a extração do mineral coltan, ver: YOUTUBE. "Coltan - no seu celular vai este minério, sabe como o obtém? com SANGUE!. *Youtube*. Disponível em: https://youtu.be/cfYvvLoAzNc. Acessado em: 01.11.2021.

[338] MOURA, C. *Dialética radical do Brasil negro*. São Paulo: Anita Garibaldi, 2018.

O racismo operou, assim, como uma ideologia que sustentou este projeto de submissão e, inclusive, de transformação da imensa massa de negros e negras ex-escravizados em excedente de mão de obra que possibilitava o rebaixamento geral do valor da força de trabalho. Isso criou as condições necessárias para a realização do fenômeno da superexploração da mão de obra[339] – ou seja, o pagamento da mão de obra em valores inferiores às necessidades de sua reprodução – elemento essencial do capitalismo dependente segundo Ruy Mauro Marini.[340]

Constituiu-se, assim, uma tipologia de Estado que tem como tripé de sustentação a concentração de renda e patrimônio, a concepção restrita de cidadania e a violência como prática política recorrente.[341] Daí as dificuldades de implantação no Brasil de pactuações democráticas efetivas, ainda que dentro dos marcos de uma democracia burguesa liberal clássica. Este é o sentido da palavra de ordem de uma organização do movimento negro, a Rede Quilombação, de que "a democracia não chegou na periferia".

Assim, ao contrário da apropriação das cepas do pós-estruturalismo foucaultiano pela pós-modernidade, o foco é a refundação do Estado. A pandemia do coronavírus em 2020 e 2021 evidenciou a necessidade do Estado como principal agente de enfrentamento da crise social, econômica e política, particularmente quando se fala do impacto junto à população mais pobre onde se situa a esmagadora maioria de negras e negros. O investimento público nas instituições de pesquisa para a produção de medicamentos e vacinas, os sistemas de saúde públicos, programas de assistência social para minimizar os impactos sociais, políticas de inspiração keynesiana para enfrentar a crise econômica passaram a fazer parte da agenda política do campo progressista e, para a população negra, era a única via possível de conter a tragédia social.

---

[339] Sobre a relação de racismo, capitalismo dependente e superexploração da mão de obra, ver a obra: SOUZA, C. L. S. *Racismo e luta de classes na América Latina*: as veias abertas do capitalismo dependente. São Paulo: Hucitec, 2020.

[340] Sobre o conceito de superexploração da mão de obra, ver: MARINI, R. *Dialética da dependência*. Cidade do México: Era, 1977.

[341] OLIVEIRA, D. (Coord.). *A luta contra o racismo no Brasil*. São Paulo: Fórum, 2017.

E é fato que uma das discussões derivadas disto é quem financia isto, quais são as prioridades orçamentárias – não se trata de pensar o poder de baixo para cima como na perspectiva foucaultiana mas de como os conflitos de classe impactam nas dinâmicas políticas do Estado. É neste aspecto que as heranças do pós-estruturalismo não apresentam perspectiva e mostram os seus limites.

O enfrentamento do racismo é o elemento central da construção de um projeto político transformador do país, de ruptura com a ordem capitalista global e transformação radical das estruturas sócio-políticas. Não se trata de política meramente identitária, nem tampouco de enfrentar comportamentos disfuncionais.

Lelia Gonzalez, em seu texto intitulado *Amefricanidade*, fala do "racismo como denegação", isto é, uma postura recorrente das classes dominantes de negar a condição amefricana do país, independente do pertencimento étnico pessoal.[342] Em um projeto político que tem como centro aprofundar a democracia e combater as desigualdades sociais, colocar a luta contra o racismo em segundo plano é desconsiderar que negras e negros sempre foram excluídos de qualquer possibilidade de pactuação democrática e que o racismo é uma ideologia que sustenta a concentração de renda, a ponto de naturalizar-se cenas de crianças negras vendendo doces nos cruzamentos, enquanto a Escócia, país majoritariamente branco, tem uma reitora negra na Universidade de St. Andrews, enquanto aqui...

Não se trata de mero identitarismo e sim de produto de uma arquitetura ideológica que define lugares sociais. Pois, desde as suas origens, no Brasil, as classes sociais são racializadas: negros e negras foram escravizados para o trabalho e brancos para colonizar e expropriar as riquezas.

---

[342] GONZALEZ, Lélia. "A categoria cultural de amefricanidade". In: _____. *Por um feminismo negro latino-americano*. Rio de Janeiro: Zahar, 2019.

Referências Bibliográficas

ALMEIDA, Silvio. *O que é racismo estrutural?*. São Paulo: Pólen, 2018.

ALTHUSSER, Louis. *Sobre a reprodução*. Petrópolis: Vozes, 2000.

CHOMSKY, Noam. *Novas e velhas ordens mundiais*. São Paulo: Scritta, 1996.

FOUCAULT, Michel. *Microfísica do poder*. São Paulo: Graal, 1984.

FRASER, Nancy. "Do neoliberalismo progressista a Trump – e além". *Revista Politica e Sociedade*, 2018. Disponível em https://periodicos.ufsc.br/index.php/politica/article/view/2175-7984.2018v17n40p43/38983. Acessado em: 01.11.2021.

GONZALEZ, Lélia. *Por um feminismo negro latino-americano*. Rio de Janeiro: Zahar, 2019.

HAIDER, Asad. *Armadilhas da identidade*: raça e classe nos dias de hoje. São Paulo: Veneta, 2019.

HALL, Stuart. *Da diáspora*: identidades e mediações culturais. Belo Horizonte: UFMG, 2001.

HOBSBAWN, Eric. *A era dos extremos*: o breve século XX (1914-1991). São Paulo: Companhia das Letras, 1995.

KELLNER, Douglas. *Cultura da mídia*. Bauru: Edusc, 2001.

MANOEL, Jones; LANDI, Gabriel (Coord.). *Raça, classe e revolução*: a luta pelo poder popular nos Estados Unidos. São Paulo: Autonomia Literária, 2020.

MARCUSE, Hebert. *A ideologia da sociedade industrial*: o homem unidimensional. Rio de Janeiro: Zahar, 1982.

MARCUSE, Hebert. *Eros e a civilização*. São Paulo: LTC, 1982.

MARINI, Rui Mauro. *Dialética da dependência*. Cidade do México: Era, 1977.

McLAREN, Peter. *Multiculturalismo crítico*. São Paulo: Cortez, 1998.

MOURA, Clóvis. *Dialética radical do Brasil Negro*. São Paulo: Anita Garibaldi, 2018.

OLIVEIRA, Dennis de (Coord.). *A luta contra o racismo no Brasil*. São Paulo: Fórum, 2017.

OLIVEIRA, Dennis de. *Globalização e racismo no Brasil*. São Paulo: Legitima Defesa, 1994.

OSÓRIO, Jaime. *O Estado no centro da mundialização*. São Paulo: Expressão Popular, 2019.

SOUZA, Cristiane Luiza Sabino de. *Racismo e luta de classes na América Latina*: as veias abertas do capitalismo dependente. São Paulo: Hucitec, 2020.

PARTE V

DESTRUIÇÃO E POSSIBILIDADES DE RECONSTRUÇÃO

CAPÍTULO XV

CHOQUE NEOLIBERAL, FASCISMO CULTURAL E PANDEMIA: A DESTRUIÇÃO DO ESTADO NO BRASIL

LEDA MARIA PAULANI [343]

O neoliberalismo se constitui em um projeto de destruição. O mundo dos sonhos de seus agentes é aquele no qual o mercado domina todo o espaço social e o Estado brasileiro – cujos pilares foram erguidos pela Constituição de 1988 – não passaria de avalista das regras do jogo econômico e financeiro. Louve-se pelo menos a coerência de seus pregadores: enquanto o desmonte não se completar e o mercado não tiver subsumido a sociedade, a tarefa não estará terminada. Há, contudo, um amplo problema a se resolver com a chegada da pandemia. O combate ao vírus só será efetivo se for coletivo, e se contar com

---

[343] Professora titular sênior do Departamento de Economia da FEA-USP e da Pós-graduação em Economia do IPE-USP. Pesquisadora do CNPq.

solidariedade, consciência gregária, ciência presente e atuante, sistema público de saúde e um Estado grande e forte.

Introdução

Em 2007, pouco antes da eclosão da crise financeira internacional, que se faria visível ao mundo em setembro de 2008 com a quebra do centenário banco americano Lehman Brothers, a documentarista, jornalista e escritora Naomi Klein, publicou *A Doutrina do Choque: a ascensão do capitalismo de desastre*.[344] Segundo informado pela própria autora na introdução, o objetivo do livro é contestar a suposição, amiúde presente nas narrativas oficiais (e, poderíamos acrescentar, também na grande mídia e em certos *approachs* do mundo acadêmico), de que o sistema democrático caminha *pari passu* com a liberdade plena dos mercados, tendo mesmo nascido dela.

Não é difícil verificar que a história está cheia de exemplos que vão no sentido inverso, mas a tese da autora é ainda mais ousada. Para ela, as tentativas de implantação de um "capitalismo puro", assentado em preceitos teóricos que supostamente demonstram as virtudes indisputáveis da economia de mercado, caminham sempre auxiliadas por expedientes violentos, revelando desapreço aos valores democráticos. Em suas palavras, "a história do livre mercado contemporâneo – mais bem compreendida como a ascensão das corporações – foi escrita com choques".[345]

Ela demonstra com fatura de evidências que, pelo menos desde o início dos anos 1970, explorar situações de crise – quando todas as certezas ficam em suspenso – foi o *modus operandi* mundo afora dos

---

[344] *The shock doctrine: the rise of disaster capitalism*. O livro foi publicado em português do Brasil no ano seguinte, pela Editora Nova Fronteira.

[345] KLEIN, Naomi. *A doutrina do choque*: a ascensão do capitalismo de desastre. Rio de Janeiro: Nova Fronteira, 2008, p. 28.

Chicago Boys liderados por Milton Friedman.[346] Num continuum vertiginoso, que vai da experiência seminal chilena até o 11 de setembro americano e a guerra do Iraque já no século XXI, Klein mostra os vários momentos dessa trama. Mostra ainda como, em suas últimas etapas, os desastres, sejam eles naturais, produzidos por crises socioeconômicas, ou ainda resultados de guerras planejadas, vão se transformando também em gordas oportunidades de lucro – dentre os vários exemplos que ela dá encontram-se o tsunami no Oceano Índico, em 2004, que atingiu, dentre outros, Indonésia, Tailândia e Índia, a passagem do furacão Katrina por Nova Orleans, em 2005, e a ânsia por investimentos em segurança pública que tomou de assalto os EUA depois que as torres gêmeas desabaram em 2001. Neste último caso, o governo Bush promoveu uma mudança substantiva na função do Estado, que não seria mais a de prover segurança, mas sim "comprá-la a preços de mercado", dando início com isso àquilo que a autora vai chamar de "um *new deal* corporatista".[347]

O período de tempo coberto por Klein conforma o último capítulo da história daquilo que chamamos de *neoliberalismo*. A literatura especializada convencionou que tal história começa nos anos 30 do século passado, tendo sua certidão de batismo na criação da Sociedade Mont Pèlerin em 1947, sob a liderança de Friedrich Hayek.[348] Do ponto de vista conceitual, porém, ela começa bem antes. Tem início, em 1836, com a criação involuntária, por John Stuart Mill, de um dos construtos mais famosos da ciência: o *homo economicus* ou homem

---

[346] A Universidade de Chicago era então, como continua a ser, a meca do monetarismo e do liberalismo *hard*, sendo Milton Friedman já então seu nome mais influente. Os muitos economistas que eles formaram, americanos e não americanos, ficaram assim conhecidos por sua influência inegável em vários planos econômicos em todas as partes do planeta.

[347] KLEIN, Naomi. *A doutrina do choque*: a ascensão do capitalismo de desastre. Rio de Janeiro: Nova Fronteira, 2008, p. 354.

[348] Sobre o tema, ver, entre outros, HARVEY, David. *O novo imperialismo*. São Paulo: Loyola, 2004.

econômico racional.[349] Não é este, contudo, o espaço para que discutamos essa trajetória. O que buscamos aqui é demonstrar a influência desse último capítulo nos processos violentos que vêm sendo experimentados pelo Brasil nos últimos anos, sobretudo desde que, a partir de 2012/13, os desdobramentos da crise internacional de 2008 finalmente atingem nossa economia.

No que se segue, mostraremos de que forma três processos de destruição de natureza distinta, mas comandados pelo choque neoliberal, se combinaram para produzir a situação calamitosa em que hoje vivemos e que têm como seu resultado as tentativas, já não mais envergonhadas, de destruir o Estado cujos pilares foram erguidos pela Constituição de 1988.[350] A aprovação, em março de 2021, da chamada *PEC Emergencial* (hoje Emenda Constitucional nº1 09) é analisada como exemplo paradigmático do que aqui estamos entendendo, na esteira das profícuas observações de Naomi Klein, por choque neoliberal. Vale observar que o exemplo vem a calhar, uma vez que a pandemia e as situações extremas que ela gera (é esse um dos três processos de destruição aqui em foco) enquadram-se com perfeição no tipo de desastre do qual sempre tira proveito a doutrina neoliberal.

---

349 Essa figura idealizada aparece, não com esse nome, no clássico artigo "Da definição de economia política e do método de investigação próprio a ela", o qual constitui a primeira reflexão sistematizada sobre os problemas metodológicos que emergem com a nova ciência, nascida com Adam Smith, em 1776. No referido artigo, Mill vai afirmar que, "a economia política diz respeito ao homem somente enquanto um ser que deseja possuir riqueza e que é capaz de julgar a eficácia comparativa dos meios para obter aquele fim (...) a ciência procede então investigando as leis que governam essas várias operações, sob a suposição de que o homem é um ser que é determinado, pela necessidade de sua natureza a preferir uma porção maior de riqueza, ao invés de uma menor em todos os casos". MILL, John Stuart. "Da definição de Economia Política e do método de investigação próprio a ela". *In*: _____; BENTHAM. *Os Pensadores*: Bentham & Mill. São Paulo: Nova Cultural, 1979, pp. 306-310.

350 A análise aqui apresentada sobre a nefasta combinação de três diferentes tipos de destruição reproduz de modo quase idêntico, mas com acréscimos, aquilo que foi publicado originalmente em Paulani: PAULANI, Leda Maria. *Brasil delivery*: servidão financeira e estado de emergência econômico. São Paulo: Boitempo, 2008.

O choque neoliberal: a destruição em processo

A eleição de Jair Bolsonaro, em 2018, para ocupar o cargo mais alto da República ainda será tema de debate, discussão e pesquisa por muito tempo. Teses e mais teses haverão de surgir, quiçá por décadas, na busca de se encontrar a explicação mais consistente para a tragédia nacional. É inegável a complexidade do fenômeno. São inúmeros e de variada ordem os elementos que devem ser considerados para compreendê-la: do golpe jurídico-midiático-parlamentar de 2016 à propagação indiscriminada de *fake news*; do desconforto dos estratos superiores com a circulação de pretos e pobres em espaços antes a eles interditados à armação jurídico-institucional impedindo Lula de concorrer às eleições; do generalizado sentimento antissistema que se difundiu a partir de 2013 à ininterrupta ascensão das igrejas neopentecostais, com seus valores fortemente conservadores; do ódio ao PT, cuidadosamente cultivado, a partir da Lava Jato, pela grande imprensa e redes sociais, à indiferença das massas frente ao *impeachment*, à prisão de Lula e mesmo à sistemática retirada dos direitos dos trabalhadores desde o golpe.

Contudo, esse variado conjunto de fatores talvez não tivesse sido suficiente para produzir o nefasto resultado se as forças que há muito tempo estão no comando do andamento material do país não tivessem visto, naquele indicado para chefiar a economia, a expressão maior de seus sonhos de ultraliberalismo (o neoliberalismo levado às últimas consequências). Já que o candidato preferido, tucano, fora barrado pelas urnas, a elite econômica (entenda-se o grande capital, os mercados financeiros e a riqueza financeira que eles operam) fechou com o capitão "antissistema". Agiu assim, mesmo sabendo que se tratava de fraude encarnada a bandeira da anticorrupção nas mãos de família farta e documentadamente corrupta há 30 anos, e que se corria o risco, dado o claro apoio militar à candidatura e o grosseiro perfil autoritário do personagem, de rifar de vez a já bastante fragilizada democracia brasileira. A presença de Paulo Guedes (um ex-*Chicago boy*) na equipe de Bolsonaro, ainda por cima anunciado como superministro, tornou perfeitamente palatável um candidato, sob qualquer outro aspecto, até para uma elite estreita como a nossa, abaixo de qualquer crítica.

É verdade que o ataque neoliberal à possibilidade de construir por aqui alguma coisa minimamente parecida com uma Nação — o que se vislumbrou com a promulgação da Constituição de 1988 — não começou com o atual desgoverno. Desde os primeiros dias de sua existência, a efetividade da nova Carta Magna foi questionada: não cabia no Estado, tornaria o país ingovernável etc.

O fato de o país ter estado à beira da hiperinflação em vários momentos dos anos 1980 – até que o Plano Real conseguisse debelar a inflação inercial e estabilizar monetariamente o país em 1994 – funcionou como pano de fundo para o permanente terrorismo econômico que passou então a operar, encarnado nas vozes que vinham principalmente do mercado financeiro, mas também da grande imprensa. Sob esse estado de choque, muitas medidas, que teriam sido discutidas à exaustão antes de virem a ser adotadas pela jovem república que nascia dos escombros da ditadura, passaram a ser incondicionalmente aceitas.

É só assim que se pode explicar, por exemplo, o ato que deu início à total abertura financeira do país (o Brasil constitui hoje uma das economias financeiramente mais abertas do mundo). Em 1992, uma carta circular do Banco Central mudou completamente a forma de operação das chamadas contas CC5, abrindo para quaisquer agentes (e não apenas para os não residentes), a possibilidade de envio de recursos ao exterior. A mudança foi tão brusca que mesmo o mercado financeiro permaneceu incrédulo, até porque, juridicamente, tal alteração deveria ter sido feita por meio de lei federal, ou seja, o Congresso deveria ter sido ouvido, e não fora. Em 1993, para dirimir quaisquer dúvidas, o Bacen publica uma cartilha explicando o novo modo de funcionamento das referidas contas. Não por acaso, tal documento ficou conhecido no mercado como "cartilha da sacanagem cambial".[351]

Vale lembrar que a exacerbação do processo inflacionário foi consequência de choques anteriores sofridos por nossa economia, a saber, os dois choques do petróleo, em 1973 e em 1979, e sobretudo a brutal elevação da taxa internacional de juros por Paul Volcker, presidente do Federal Reserve americano, ao final daquele último ano.

---

[351] PAULANI, Leda Maria. *Brasil delivery*: servidão financeira e estado de emergência econômico. São Paulo: Boitempo, 2008, pp. 41/42.

Para uma economia em desenvolvimento que crescia a taxas muito elevadas e que já havia se endividado para enfrentar o primeiro choque do petróleo, a elevação dos juros funcionou como um terremoto, com efeitos devastadores não só sobre a inflação, mas também sobre o crescimento e o equilíbrio das contas externas. Todavia, como é sabido, do ponto de vista do cotidiano da maior parte da população, o desequilíbrio que primeiro se sente e se vê é aquele que aparece no nível geral de preços.

Foi, portanto, nesse contexto, em meio ao trauma provocado por 15 anos de alta inflação (de 1980 a 1994), incluindo-se na conta meia dúzia de planos de estabilização, que o discurso econômico convencional, de matriz ortodoxa e liberal, foi dominando todos os espaços, dos negócios à política, da mídia à academia. Os resultados concretos desse levante não tardaram a aparecer.

Estabilizada monetariamente, a economia brasileira foi se ajustando *pari passu* ao traje novo requerido pelo ambiente financeirizado global, elevando as garantias dos credores e rentistas, isentando-os de tributos, dando-lhes toda a liberdade possível de movimentação, abrindo-lhes novos mercados, adequando a política macroeconômica aos seus interesses, assegurando-lhes, quase sempre, os maiores ganhos do mundo, inclusive em moeda forte etc. A defesa de todas essas mudanças utilizava quase sempre os mesmos argumentos: tratava-se de medidas necessárias para manter a estabilização ou... o dragão da inflação estaria de volta.

Com uma ou outra exceção, o movimento de adequação não cessou nem mesmo com a ascensão do Partido dos Trabalhadores ao governo federal. Uma boa medida das consequências desse rearranjo institucional da economia brasileira é a taxa macroeconômica de financeirização, entendida como a relação entre a oferta total de ativos financeiros não monetários e a oferta total de capital fixo.[352] Essa taxa passa de 0,16 em 1994 para 0,24 em 2002 e 0,55 em 2014, estando hoje (dado de 2019)

---

[352] Eu me beneficio aqui de artigo escrito com Miguel A. P. Bruno, ainda inédito: BRUNO, Miguel Antonio Pinho; PAULANI, Leda Maria. "Developmentalist policies in financialized economies: contradictions and impasses of the brazilian case". *Workshop of New Developmentalism*, nº 4, FGV, 2019. A metodologia de cálculo da taxa é de Miguel A. P. Bruno e Ricardo Caffé e os dados são de fontes oficiais: IBGE, Ipea.

em 0,65. Como subproduto do processo, tivemos a reprimarização da pauta de exportações, a desindustrialização do país (a participação da indústria de transformação no PIB, que tinha ultrapassado os 35% em meados dos anos 1980, caiu a 11% em 2018) e seu total desacoplamento do processo de evolução tecnológica, em pleno crescimento das exigências impostas pelo progressivo desequilíbrio ambiental e em plena maré montante da *indústria 4.0*.

O ultraliberalismo, porém, vai bem além disso. Trata-se, sem meias palavras, de um projeto de destruição. O mundo dos sonhos dos ultraliberais é um mundo onde o mercado domina todo o espaço social e o Estado não passa de avalista das regras do jogo econômico e financeiro. A essência do projeto neoliberal de Friedrich Hayek não é outra: devolver ao mercado aquilo que por direito lhe pertence e está sendo indevidamente surrupiado. Para isso é preciso recriar a sociedade a partir do zero, destruindo tudo que fora até então erigido.

No imediato pós-guerra, quando as ideias neoliberais são alinhavadas pela Sociedade Mont Pèlerin, a necessidade desse resgate decorria das medidas implementadas ao longo dos anos 1930 para enfrentar a crise econômica e a própria situação bélica (*New Deal* como paradigma). Três décadas depois, do ponto de vista dessa ideologia, realizar a tarefa vai se mostrar ainda mais imperativo, em razão da hegemonia das práticas keynesianas de gestão econômica, da construção do Estado do bem-estar social (*Welfare State*) nos países avançados e do fortalecimento do Estado empresarial no nacional-desenvolvimentismo do Terceiro Mundo. A necessidade de demolir tudo isso para restabelecer o protagonismo do mercado era evidente. O forte descenso cíclico que resultou dos "anos de ouro" (do pós-guerra a meados dos anos 1970), a sobreacumulação de capital que despontava e o crescimento da riqueza financeira, começando a acelerar nos anos 1970, iriam fornecer o substrato material-estrutural para que a pregação, entoada solitariamente pelos membros da seita ultraliberal por quase 30 anos, ganhasse o proscênio e passasse, desde o início da década de 1980, a conquistar corações e mentes e governos em todo o planeta.

O que se convencionou chamar de neoliberalismo é tal projeto de destruição do Estado social. Por isso, quando se criticam as medidas de política econômica associadas ao neoliberalismo por seus pífios resultados, recorrentes são as queixas de que as receitas não foram aplicadas corretamente, ou na sua totalidade, ou na intensidade necessária. Louve-se pelo menos a coerência do queixume: para esses pregadores, enquanto a destruição não se completar e o mercado não tiver subsumido a sociedade, a tarefa não estará terminada.

Para além das querelas político-partidárias, o golpe de 2016 tinha objetivo claro: completar o trabalho que começara no Brasil no início dos anos 1990 e que teria ficado a meio caminho. A *Ponte para o Futuro*, do conspirador e traidor Michel Temer, é um programa neoliberal puro-sangue (nos dois sentidos, com e sem hífen),[353] ou seja, sem os atenuantes sociais dos governos do PT. A inquietação que cozinhava em fogo brando desde as manifestações de 2013 escancarou o espaço político, no início de 2016, para pôr ponto final a esta sorte de "neoliberalismo progressista de Estado" (com perdão da heterodoxia),[354] que estava no poder desde 2003.[355]

A marcha acelerada da destruição constava ponto por ponto do programa de Temer: o teto de gastos, o fim das vinculações constitucionais de educação e saúde, a livre negociação trabalhista, a terceirização total, o endurecimento de regras e capitalização da previdência, a privatização sem peias, a liberdade comercial plena (fazendo tábula rasa de Mercosul, BRICS etc.). Aplicadas todas simultaneamente, a implementação dessas políticas estaria obedecendo uma das regras mais difundidas pelos *Chicago boys* desde o início dos anos 1970. Chamado

---

[353] Devo a sagaz observação a meu marido, o escritor Airton Paschoa.

[354] Eu me aproprio aqui, livremente, de termo difundido por Nancy Fraser e que alude à captura pelo capitalismo financeiro e cognitivo (conglomerados de tecnologia de informação e comunicação) das lutas progressistas de movimentos sociais como o feminismo, o antirracismo e os direitos LGBTQ+. Vide, por exemplo: FRASER, Nancy. "O fim do neoliberalismo 'progressista'". *Brasil de Fato*, 2017. Disponível em: https://www.brasildefato.com.br/2017/01/27/o-fim-do-neoliberalismo-progressista. Acessado em: 01.11.2021.

[355] Em reunião no *Council of the Americas* em Nova York no final de setembro de 2016, um Temer já presidente admitiu, com todas as letras, que Dilma sofreu impeachment por não ter concordado com a aplicação do citado programa: FERNANDES, Marcella. "Dilma caiu por não apoiar 'Ponte para o Futuro', diz Temer". *Exame*, 2016. Disponível em: https://exame.com/brasil/dilma-caiu-por-nao-apoiar-ponte-para-o-futuro-diz-temer/. Acessado em: 01.11.2021.

para ajudar Pinochet em meados de 1974, que, mesmo depois de um ano de aplicação dos preceitos neoliberais, enfrentava resultados econômicos muito ruins, sobretudo no front inflacionário, Milton Friedman não titubeou: disse que nenhum gradualismo era possível; que a única coisa que resolveria seria um "tratamento de choque", ou seja, abraçar o livre mercado com toda a força.[356]

Fascismo cultural: a segunda destruição

Em jantar com lideranças conservadoras em Washington (EUA) em março de 2019, Bolsonaro assumiu: "O Brasil não é um terreno aberto onde nós pretendemos construir coisas para o povo. Nós temos é que desconstruir muita coisa". O enunciado da frase poderia levar a pensar que Paulo Guedes e seu ultraliberalismo serviram como luva ao capitão, já que os dois falavam a mesma língua. A interpretação, porém, não se sustenta. De origem militar, Bolsonaro, ao contrário, fora sempre um defensor do nacionalismo estatista da época dos generais. Deputado federal nos anos 1990, votou, por exemplo, contra a privatização das telecomunicações e da gigante Vale do Rio Doce. A "desconstrução" que o motiva provém de outra esfera da vida social, é moral e ideológica. Anticomunista doente, racista, machista, homofóbico, misógino e tirano, ou seja, um digno representante do "fascismo cultural", viu como consumação de seus piores pesadelos as últimas décadas no país, com a liberação de costumes, a desvalorização da heteronormatividade e o avanço de direitos e oportunidades de não brancos. Era essa sociedade que ele tinha que destruir, já que tudo isso seria produto do domínio do marxismo cultural. Na mesma reunião, afirmou que sempre sonhara "em libertar o Brasil da ideologia nefasta da esquerda", que nosso país "caminhava para o comunismo" e que ele ficaria feliz de "ser um ponto de inflexão" no processo (afirmações, nem é preciso falar, completamente

---

[356] KLEIN, Naomi. *A doutrina do choque*: a ascensão do capitalismo de desastre. Rio de Janeiro: Nova Fronteira, 2008, p. 101.

sem sentido, dado o caráter permanentemente conciliador dos governos do PT e o timbre conservador de sua política econômica).

Bolsonaro alardeava alto e bom som que não entendia nada de economia. Como não tinha projeto na área, entrou no bonde que estava passando, o da demolição (paradoxo à parte) da *Ponte para o Futuro*, que corria em marcha acelerada desde o golpe. Paulo Guedes foi quem se apresentou para conduzir o bonde e os assessores de Bolsonaro certamente sopraram-lhe ao ouvido que o nome contava com o apoio da elite financista do país, ou seja, "o mercado". Estavam certos: nossa elite rentista, globalista e vulgarmente refinada, embora torcendo um pouco o nariz aos modos grosseiros do capitão, ficou maravilhada com a possibilidade Guedes. Foi assim que a candidatura Bolsonaro ganhou um "programa econômico" e os dois projetos de destruição se encontraram.

É desse ângulo, portanto, que qualquer balanço do governo Bolsonaro deve ser feito. No início de 2021, passados dois anos de sua ascensão ao poder federal (metade do mandato), a grande mídia corporativa começou a produzir tais análises. É evidente que não perguntaram se a destruição estava sendo bem ou malsucedida, mas os órgãos dos grandes conglomerados ficaram então atolados de matérias recriminando Guedes por não ter entregue o que prometera: a reforma administrativa estava empacada, as privatizações não tinham saído do papel, os trâmites para a efetivação da carteira verde e amarela não andavam e a capitalização da Previdência também não saíra, apesar de aprovada a reforma. Não faz sentido avaliar o "programa econômico" de Bolsonaro em matéria de crescimento, de emprego, de redução da miséria, porque não são esses seus objetivos. Neste particular, só para registrar, o resultado do PIB havia sido desprezível em 2019 (crescimento de 1,1%) e já estava negativo (-0,3%) no primeiro trimestre de 2020, ainda antes de a pandemia poder ser apontada como variável determinante do fracasso. Outro dado no mesmo sentido é que o número de pessoas desocupadas, estimado pela *PNAD Contínua* do IBGE, já era de 12,3 milhões em fevereiro de 2020, antes de qualquer efeito da crise sanitária sobre a variável (em outubro/2020 o número era de 14,1 milhões).

Pandemia sem controle: a terceira destruição

É o caso de perguntar então que efeitos teve o advento do novo coronavírus sobre o funesto encontro dos dois projetos de destruição que as eleições de 2018 ensejaram. O primeiro ponto a destacar é que a pandemia, a terceira destruição, se sobrepôs a uma economia já combalida por seis anos de recessão e baixo crescimento (o valor real do PIB no acumulado em 12 meses do primeiro trimestre de 2020 era ainda 3,7% menor do que o do segundo trimestre de 2014, ponto a partir do qual começou efetivamente a queda do produto). As medidas imprescindíveis para minorar os efeitos da difusão do vírus afetam necessariamente o ritmo do desempenho econômico (em especial no setor de serviços, hoje responsável por cerca de 60% do produto), pois inviabilizam uma série de atividades, reduzem drasticamente o consumo, desestimulam completamente o investimento e, a depender de quão prolongada seja a crise sanitária, começam a afetar as cadeias produtivas, constituindo um elemento adicional no movimento de descenso.

Num governo responsável, sem ultraliberalismo e sem terrorismo fiscal, era evidente que o único meio de fazer frente à catástrofe sanitária seria aumentando os gastos do governo, principalmente por meio de transferências diretas de renda monetária àqueles diretamente afetados (como feito, aliás, em praticamente todo o mundo).

No Brasil isso parecia impossível, porque Guedes ainda não entregara o prometido zeramento do déficit primário e a vigência do teto de gastos implicava redução dos gastos públicos, não sua elevação. Ademais, as medidas exigidas pelas autoridades e órgãos internacionais de saúde batiam no muro do negacionismo presidencial, postura não surpreendente para um terraplanista que busca destruir um mundo onde a ciência tem valor central.

A despeito de todos os entraves, o ano de 2020 acabou sendo, do ponto de vista econômico, muito menos drástico do que se imaginava. Respondendo à enorme pressão social, o Congresso votou, ao final de março, o estado de calamidade e a PEC do orçamento de guerra, fazendo milagrosamente aparecer o dinheiro que não existia (quem naturaliza teoricamente a forma social dinheiro é que tem que explicar esse milagre).

Assim, a pressão da sociedade civil ressoando no poder legislativo levou o governo de Bolsonaro, antes absolutamente arisco a qualquer medida dessa ordem, a implementar um dos mais robustos programas de auxílio emergencial do planeta. Para se ter uma ideia, desde quando foi criado, em 2004, o Programa Bolsa Família (BF) desembolsou, em valores de 2021, cerca de R$ 450 bilhões, enquanto o Auxílio Emergencial (AE) vai somar R$ 300 bilhões.[357] Assim, por conta do AE, em apenas nove meses de um único ano se gastou com programas de renda compensatória dois terços de tudo que foi gasto em mais de 15 anos de Bolsa Família. Estudo do Ipea divulgado em agosto[358] mostra, ainda, que, para os domicílios de mais baixa renda, o AE elevou em 24% os rendimentos que eles teriam com as fontes habituais.

Os efeitos de tal massa monetária sobre uma população com múltiplas carências e enorme demanda reprimida não demoraram a se fazer sentir. Para algumas regiões do país em particular, foi possível com essa renda, como demonstram algumas pesquisas qualitativas, pensar até em "comprar um barraco". Graças ao Auxílio Emergencial, a queda prevista para o PIB em 2020 não foi tão aguda quanto inicialmente se previa. No início do ano, as expectativas haviam chegado a 8% e, para alguns, a 10% negativos, sendo que o resultado efetivo divulgado pelo IBGE em março de 2021 foi uma queda de 4,1%. Ainda será necessária muita pesquisa para afirmar que foi esse o fator determinante do aumento de popularidade de Bolsonaro nas pesquisas de opinião em meados de 2020. É difícil, contudo, não levá-lo em consideração.

---

[357] O valor total com o AE, incluindo-se a prorrogação de R$ 300,00 pagos de setembro a dezembro, chegou a R$ 322 bilhões, sendo que, desses, R$ 300 bilhões foram pagos em 2020, ficando restos a pagar de R$ 22 bilhões para 2021. Outro montante de valor semelhante ao do AE foi gasto pelo governo também em 2020 com outros programas de auxílio, como a ajuda a estados e municípios e o benefício para a manutenção do emprego.

[358] Disponível em: https://www.ipea.gov.br/portal/images/stories/PDFs/conjuntura/200826_cc48_resultados_pnda_julho.pdf. Acessado: 16.01.2021.

A partir daí, o presidente passou a buscar, do jeito que fosse possível, uma forma de continuar a se beneficiar da popularidade conquistada via auxílio. Mas até o início de 2021, o *imbroglio* não foi resolvido, a não ser pelo pouco que passou a permitir a Emenda Constitucional 109. Para uma solução mais permanente, as alternativas até o momento sugeridas, não por acaso, saqueiam direitos e garantias que ainda restam: mexer nos recursos do Fundeb (Fundo de Manutenção e Desenvolvimento da Educação Básica), congelar o valor do salário mínimo, não reajustar aposentadorias etc.

Tudo indica, portanto, que o advento da terceira destruição provocou uma desordem no bom andamento da combinação das duas outras destruições.

Contudo, o desejo de Bolsonaro de ampliar os gastos do governo para dar continuidade ao robusto programa de transferência de renda monetária aos de baixo é só um dos aspectos dessa desordem. Na realidade, o surgimento da pandemia carrega potencial para provocar vários estragos nessa parceria, até então mais ou menos "feliz".

O combate ao vírus só é efetivo, como se sabe, se for coletivo, o que acaba por colocar em cena modos de agir, princípios e necessidades que se opõem aos valores entranhados tanto no conservadorismo cultural de traço fascista professado pelo presidente quanto no ultraliberalismo de seu ministro da Economia. Não se ganha tamanha batalha sem solidariedade, consciência coletiva, ciência presente e atuante, sistema público de saúde, Estado grande e forte.

Auxílio à parte, por obra maior da sociedade civil, cujos reclamos foram ouvidos pelo Congresso, o governo de Bolsonaro, exceção feita ao eleitoreiro interesse na prorrogação da medida emergencial, mobilizou o diabo para transformar a pandemia numa máquina de destruição muito mais letal do que normalmente já seria, pois tudo mais que deveria funcionar para minorar os terríveis impactos humanos não funcionou.

O deboche renitente e criminoso do presidente, suas persistentes chacotas com relação às vacinas — elaboradas em tempo recorde, diga-se —, as campanhas oficiais em favor de tratamento precoce sem eficácia, a displicência e incompetência do ex-ministro Pazuello na viabilização e logística da vacinação (o general não era especialista em logística?), o permanente descaso com as vítimas fatais, a mortandade obscena no Amazonas, por asfixia e sufocação, em janeiro de 2021, mais de 3 mil mortes diárias em vários dias de março de 2021, tudo isso fala por si, e dispensa qualquer comentário.

Choque liberal e o Estado brasileiro em avançado processo de destruição

Cabe, porém, dizer ainda alguma coisa sobre o encontro das três destruições, suas presumidas contradições e suas afinidades eletivas. A análise pode nos mostrar com mais clareza o que está por trás dos resultados funestos que observamos no Brasil. Vejamos inicialmente a relação entre as duas primeiras destruições.

A violência fundadora do sistema capitalista, consistindo na expropriação de trabalho não pago, precisa ser posta como lei para conseguir operar. O Estado como portador das garantias jurídicas é, portanto, fundamental. Ele põe na aparência a igualdade dos contratantes, para que a desigualdade essencial funcione. O mundo ideal do neoliberalismo colocaria aí o ponto final da atuação do Estado. A impossibilidade de que esse ideal se concretize radica no fato de que o Estado, ao atuar dessa forma, encarna a comunidade ilusória pressuposta aos agentes que trocam. Assim, para que desempenhe bem o seu papel, o Estado precisa ser capaz de conferir a essa coletividade imaginária o seu momento de verdade, ou a ilusão se desnudará.

Essa "verdade", fundamental à ilusão de comunidade, implica que o Estado possa, por um lado, corrigir minimamente as diferenças sociais, e, por outro, atuar como força de equilíbrio do sistema.[359] Os ultraliberais podem até concordar com a primeira dessas tarefas (a ideia

---

[359] Nestas reflexões sobre o papel do Estado, baseio-me, até aqui, em FAUSTO, Ruy. *Marx*: lógica e política. vol. 2, São Paulo: Brasiliense, 1987, pp. 287 e 329.

de uma renda mínima aos mais pobres, só para lembrar, é de Milton Friedman), mas desde que sirva para eximir o Estado de quaisquer outras ações e instituições, deixando à provisão do mercado todos os elementos fundamentais à vida humana: saúde, educação, habitação, cultura, lazer, transporte, alimentação etc. Acresça-se ainda que, em tempos de sobreacumulação de capital como os que vivemos, "enxugar" o Estado (como candidamente se afirma) é absolutamente funcional pois ajuda a encontrar novos ativos a partir dos quais o capital possa se valorizar.[360]

Mas, para cumprir a segunda tarefa, ou seja, atuar como força de equilíbrio do sistema, o Estado não pode se restringir a transferir tostões às massas miseráveis perpetuamente produzidas. Ele tem que dispor de uma caixa de instrumentos muito mais apetrechada. Precisa de sistemas públicos de saúde e seguridade social, educação e cultura, pesquisa e tecnologia, ou seja, precisa de muitos respiros de não mercadoria (ou de antivalor, nas palavras do mestre Chico de Oliveira).[361] Precisa também fazer investimentos públicos, controlar a demanda efetiva e planejar a participação do país na divisão internacional do trabalho. Esse mundo de direitos e garantias, incluindo a segurança de que não haverá ondas devastadoras de desemprego, implica um sistema tributário robusto e saudável (leia-se, progressivo) e um enorme poder de intervenção do Estado no sentido de corrigir aquilo que seria o comportamento normal do mercado, o que é absolutamente incompatível, desnecessário dizer, com o ideal de mundo do neoliberalismo. É a partir daqui que vamos poder perceber que os dois primeiros projetos de destruição podem ser distintos em seu escopo, mas não estranhos um ao outro.

Ao longo das quatro últimas décadas, difundiu-se em todo o planeta, quase em ritmo de *fake news*, a narrativa danosa que motivou Klein a escrever o livro sobre a doutrina do choque: a de que a liberdade plena dos mercados e seu crescente domínio das atividades

---

[360] A tese é de Harvey: HARVEY, David. *O novo imperialismo*. São Paulo: Loyola, 2004, pp. 115-148.
[361] Para a análise completa desta proposição, veja-se: OLIVEIRA, Francisco de. *Os direitos do anti-valor*. Petrópolis: Vozes, 1998.

humanas constituiriam uma sorte de condição *sine qua non* do sistema democrático. E o colapso do mundo soviético no final da década de 1980, passando por triunfo do mundo capitalista, tornou ainda mais verossímil o engodo, favorecendo o ambiente ideológico para sua difusão. Assim, dado o fundo autoritário do pensamento conservador, poderíamos ser levados a pensar que existiria certa incompatibilidade de berço entre o ultraliberalismo de Guedes e o despotismo (longe de esclarecido) de Bolsonaro.

Mas as afinidades entre os dois conjuntos de crenças são maiores do que as incongruências propagandeadas pelo citado embuste neoliberal, e essa simpatia vem de longe. Assim, se olharmos para trás, poderemos lembrar a exaltação que faz Ludwig von Mises, no final dos anos 1920, às virtudes de Mussolini, pelo resgate que providenciara o fascista italiano do princípio da propriedade privada;[362] ou a defesa levada a cabo por Hayek de um regime autoritário que suprimisse o sufrágio popular, se necessário para preservar a "liberdade",[363] ou, ainda, sua aprovação do governo sanguinário de Pinochet, a primeira experiência de destruição neoliberal da América Latina.[364] Olhando para frente, porém, veremos que a referida conformidade não vai se restringir a elementos episódicos. Vai ganhar um caráter sistemático.

---

[362] A informação está em Anderson: ANDERSON, Perry. *Afinidades seletivas*. São Paulo: Boitempo, 2002, p. 329.

[363] Segundo Perry Anderson (ANDERSON, Perry. *Afinidades seletivas*. São Paulo: Boitempo, 2002, p. 332), essa afirmação encontra-se no livro *The Constitution of Liberty*, publicado por Hayek em 1960.

[364] Hayek visitou duas vezes o Chile governado por Pinochet (em 1977 e em 1981). Nas duas vezes concedeu entrevistas e publicou cartas em que simultaneamente defendeu o governo autoritário e violento do general chileno e afirmou que pessoalmente preferia uma ditadura liberal a um regime democrático que não garantisse as liberdades individuais. Afirmou ainda que uma ditadura poderia ser necessária para fazer a transição e guiar o país para o liberalismo, coisa que uma "democracia ilimitada" poderia não conseguir fazer. Ver a respeito em: NEMETH JÚNIOR, Henrique; ANGELI, Eduardo. "Hayek, Campos e a defesa do autoritarismo". *Análise Econômica*, vol. 38, nº 76, 2020, pp. 31-54.

Não são poucos os autores que vêm chamando a atenção para o sucesso da estratégia de longo prazo do neoliberalismo no plano ideológico. Lembro aqui de Dardot e Laval,[365] Brown[366] e Fraser,[367] entre tantos outros. O denominador comum é que a vitória dos princípios liberais e a criação do sujeito liberal, acima e aquém das classes, foram expulsando de cena os valores da cooperação, do comum, do coletivo, do solidário, do público. Os valores antípodas sempre estiveram no comando da sociedade capitalista, é verdade, mas depois de quatro décadas de avalanche da razão neoliberal, a hegemonia sem concorrência beira o totalitarismo. O Estado talvez nem precise mais encarnar uma comunidade ilusória. Prevalece o entendimento liberal-individualista de progresso, que, década a década, veio descendo às camadas mais baixas, carreado pelo trabalho infatigável da grande mídia, sustentado pela precarização e informalidade crescentes, e, ultimamente, também pela chamada uberização da força de trabalho.

Não custa lembrar que também ajudou aqui a difusão do evangelho divino do neopentecostalismo, valorizando a manifestação da graça via prosperidade individual, perfeitamente congruente, pois, com o fundamentalismo secular e midiático do neoliberalismo. Tudo somado, temos que o pleno domínio do mercado se transformou no coveiro da democracia, ao invés de em seu avalista.

Quais as consequências disso para um território periférico como o nosso?

No Brasil, o assalto continuado da razão liberal levou de embrulho o apreço pela construção da Nação, da "comunidade imaginada" que sonhávamos (no dizer de Benedict Anderson)[368] e, pior ainda, também

---

[365] DARDOT, Pierre; LAVAL, Christian. *A nova razão do mundo*. São Paulo: Boitempo, 2016.

[366] BROWN, Wendy. *Nas ruínas do neoliberalismo*. São Paulo: Politeia, 2019.

[367] FRASER, Nancy. *O velho está morrendo e o novo não pode nascer*. São Paulo: Autonomia Literária, 2019.

[368] Refiro-me ao conhecido livro *Imagined Communities*, publicado pela primeira vez em 1983 (publicado em português de Portugal, em 2005, pela Edições 70).

as condições objetivas de fazê-lo. As três décadas consecutivas de persistentes aplicações das prescrições neoliberais, radicalizadas pelo golpe de 2016 e perpetuadas por Temer e Bolsonaro, resultaram não só no desmonte do Estado brasileiro, hoje em situação quase terminal, mas também na enorme redução da possibilidade de, mesmo sem dispormos de uma moeda forte, sermos menos dependentes, termos mais autonomia, participarmos do progresso tecnológico. Para isso é preciso, de um lado, investimento público continuado em educação, ciência básica e pesquisa e, de outro, indústria, dois elementos em adiantado processo de decomposição.

O conservadorismo e o autoritarismo do presidente e da trupe que comanda o país, com destaque para os militares, não fizeram mais do que intensificar e tornar mais letal a imanente vocação de destruir o Estado que o neoliberalismo carrega consigo. O nacionalismo bolsonarista é, por isso, tacanho e caricato. A infame divisa "o Brasil acima de tudo!" significa na realidade "abaixo dos Estados Unidos (trumpistas!)", melhor dizendo, "debaixo...".

Mas vamos encontrar aqui, no elemento Nação, um segundo fator a considerar nesta análise dos entrecruzamentos das três destruições, envolvendo agora a terceira delas, a pandemia.

Como dito, o potencial para provocar estragos na parceria das duas primeiras destruições tomou forma objetiva no auxílio emergencial, que o governo de Bolsonaro foi obrigado a implementar. Ressalvada a exceção, a gestão da pandemia pelo atual desgoverno exponencia o caráter naturalmente destrutivo de uma crise sanitária desse porte, mal se distinguindo de fato de gestão da morte.

O negacionismo do capitão, além do desprezo pelos fracos, característico das posições fascistas, explica a catástrofe (média diária de cerca de 3 mil mortes[369] e em ascensão, frente a um movimento de declínio em praticamente todo o mundo). Não explica, contudo, a

---

[369] Dados referentes à semana encerrada em 2 de abril de 2021.

passividade da sociedade, indicando que sua atitude genocida prosperou em terreno fértil.

De um lado, a experiência da morte violenta é contingência desde sempre presente no cotidiano dos segmentos populares no Brasil, repleto de brutalidade policial e violência criminal, por parte de traficantes e/ou milicianos. Quando Bolsonaro reage à pandemia com o discurso do "e daí?", do "todo mundo morre um dia", está ressoando a dura experiência presente no dia a dia de parte significativa da população, em regra pobre e negra.[370] De outro, tamanha aberração sofre permanente processo de normalização, o qual, além de atualmente estimulado pelo sucesso da pregação neoliberal, tem raízes profundas nas peculiaridades de nosso processo de formação.[371] Os fundamentos constitutivos do país como Nação, como se sabe, nunca foram muito firmes por aqui, a começar da longa escravidão que nos marca até hoje histórica e politicamente.

A normalização das mortes é consequência da normalização da desigualdade social abissal e da normalização do racismo estrutural[372] — tudo isso se combinando em favor da política genocida de Bolsonaro, ele mesmo racista etc.

É nesse contexto, que cabe analisar a apresentação e a tramitação no Congresso da chamada PEC Emergencial. A referida PEC, que ganhou o número 186, foi apresentada ao Senado Federal em novembro de 2019, ou seja, ainda antes da pandemia. Seu objetivo era colocar o arrocho fiscal como cláusula da Constituição. Assim, tal como num

---

370 Até aqui, neste parágrafo, reproduzi considerações de artigo coletivamente construído com base em: SINGER, André; DUNKER, Christian; ARAÚJO, Cícero; LOUREIRO, Felipe; CARVALHO, Laura; BRAGA, Ruy; ALMEIDA, Silvio Almeida; SAFATLE, Vladimir. "Força da narrativa de Bolsonaro sobre Covid-19 indica que tormento não vai passar tão cedo". *Folha de São Paulo*, 2020. Disponível em: https://www1.folha.uol.com.br/ilustrissima/2020/10/forca-da-narrativa-de-bolsonaro-sobre-covid-19-indica-que-tormento-nao-vai-passar-tao-cedo.shtml?utm_source=whatsapp&utm_medium=social&utm_campaign=compwa. Acessado em: 01.11.2021.

371 Como sempre lembra Airton Paschoa, com carradas de razão, penso eu, a pandemia veio se juntar a nosso famigerado fatalismo…

372 Utilizo aqui o termo com o sentido e os desdobramentos a ele atribuídos por ALMEIDA, Silvio. *Racismo estrutural*. São Paulo: Jandaíra, 2020.

estado de exceção, dentre os direitos constitucionais, passaria a estar consignado também o desrespeito a esses mesmos direitos.

Em sua versão original, elaborada pelo Ministério da Economia de Bolsonaro, a PEC 186 previa que, toda vez que a chamada *regra de ouro*[373] fosse descumprida, um *gatilho* seria acionado permitindo ao governo fazer aquilo que normalmente ele não pode fazer, por exemplo: reduzir a carga horária de funcionários públicos em até 25%, com consequente redução de salário, impedir a concessão de reajustes ao funcionalismo, barrar a realização de concursos etc.

Considerando que parte significativa dos servidores estão alocados nas funções de educação, saúde e assistência social, a proposta previa, no fundo, a possibilidade de um corte abrupto na prestação desses serviços, prejudicando fundamentalmente os direitos da população de baixa renda. Essa retração no direito das populações mais vulneráveis era tanto mais verdadeira, porque a proposta previa que também estados e municípios poderiam acionar gatilhos fiscais toda vez que a relação entre despesas correntes e receitas correntes superasse 95%. Assim, governos estaduais e prefeituras, hoje responsáveis por parte substantiva dos serviços públicos prestados aos cidadãos, também poderiam cortá-los inopinadamente.

A proposta ficou parada no Congresso, atropelada, em 2020, pelo surgimento da pandemia. Mas foi a própria pandemia que gerou a possibilidade de aprová-la. Aproveitando-se do desastre que a crise sanitária vai causando, em muito magnificado pela omissão e negacionismo do próprio governo federal, as vozes da doutrina do choque dentro do Congresso, ecoando a estratégia do Ministério da Economia, vincularam a permissão para a concessão de novo auxílio emergencial (ainda mais necessário do que em 2020), à aprovação das medidas ali elencadas. E foi assim que, em 12 de março de 2021, foi aprovada a PEC 186, hoje transformada em emenda constitucional (EC 109).

---

[373] A Regra de Ouro diz que o governo não pode se endividar além do valor gasto com despesas de capital, ou em outras palavras, não pode se endividar para financiar despesas correntes, como gastos com pessoal e previdência, por exemplo.

É verdade que a disputa no Congresso trouxe mudanças à proposta original que mitigaram a violência das alterações previstas, mas não é menos verdade que outras reformas com o mesmo teor continuam na mesa, a começar da reforma administrativa, que propõe extinguir nada mais nada menos que a estabilidade do funcionalismo público. Isso para não falar da assim chamada *nova lei cambial* que, uma vez aprovada, terá aberta a via para a dolarização da economia, medida totalmente desnecessária e que rifará preciosos graus de liberdade do Estado brasileiro na condução da política econômica.[374]

Em suma, o governo Bolsonaro põe o pé no acelerador do processo de destruição do Estado social que a Constituição de 1988 se propôs a erigir. Num período "normal" todas essas mudanças estonteantes não teriam chance de ser implementadas em tão pouco espaço de tempo. Uma crise do tamanho da que vive o país, com o número diário de mortos batendo recordes atrás de recordes, causa um desacerto geral, tornando aceitável tudo aquilo que estaria longe de sê-lo.

Há muito tempo que a crise se transformou numa forma de gestão do sistema capitalista e num país periférico como o Brasil, que não dispõe, por suposto, de moeda forte, esse mecanismo opera de modo ainda mais eficiente. Nos períodos de crise, o terrorismo econômico funciona muito melhor. As coisas sempre vão melhorar se alguma coisa em relação à qual há forte oposição social e/ou política for feita: se a presidenta Dilma for impedida, se a reforma trabalhista for aprovada, se a reforma da previdência passar no Congresso, se o teto de gastos for aceito, se a terceirização puder ser estendida às atividades-fim etc. e etc. E como as coisas nunca melhoram, o processo segue em frente. O surgimento da pandemia aprofundou ainda mais a crise e facilitou as coisas: o desastre sanitário foi utilizado como arma. A explícita estratégia de choque, que está em andamento desde o golpe de 2016

---

[374] PRATES, Daniela *et al.* "Nova Lei Cambial: um projeto de alto risco". *Valor Econômico*, 2019. Disponível em: https://valor.globo.com/opiniao/coluna/nova--lei-cambial-um-projeto-de-alto-risco.ghtml. Acessado em: 01.11.2021.

e a *Ponte para o Futuro* de Temer, encontrou na pandemia uma aliada, inesperada, sem dúvida, mas certamente bem-vinda.

★★★

Para concluir vale lembrar Theodor Adorno. Em palestra de 1967, o filósofo alemão ponderou que a democracia, enquanto continuasse a trair suas promessas, permaneceria gerando ressentimentos e despertando anseios por soluções extrassistêmicas. O autoritarismo fascista não seria, pois, mal exógeno e sim mal latente da própria modernidade burguesa.

Para o filósofo, o principal responsável por tal atributo era o irrefreável processo de concentração de capital, aumentando permanentemente a desigualdade e degradando camadas sociais antes mais ou menos bem postadas na hierarquia social capitalista.[375] Pensando na Alemanha do pós-guerra, sentenciou em palestra de 1959: "Considero a sobrevivência do nacional-socialismo *dentro* da democracia (grifo do autor) potencialmente mais ameaçadora do que a sobrevivência das tendências fascistas contra a democracia".[376]

Adorno não podia prever o levante neoliberal iniciado nos anos 1980, tampouco quão gritantemente verdadeiras se tornariam suas palavras. Ao potencial demolidor dos anseios democráticos inerentes à acumulação de capital enfatizado pelo pensador alemão, o levante das elites, com o totalitarismo da razão e dos princípios liberais que daí resultou, agregou-lhe elemento ainda mais pernicioso, pois normalizou a iniquidade social, destronando os valores que sustentam a luta pela democracia.

---

[375] A transcrição na íntegra da palestra de Adorno de 1967 foi publicada em português do Brasil pela Editora Unesp em dezembro de 2020 sob o título "Aspectos do novo radicalismo de direita".

[376] A palestra de Adorno de 1959 é mencionada em artigo de Peter E. Gordon: GORDON, Peter E. *Adorno e o neofascismo*. 2021. Disponível em: https://aterraeredonda.com.br/adorno-e-o-neofascismo/. Acessado em: 01.11.2021.

Resultado do processo de destruição inerente ao neoliberalismo, não é de causar espanto que, num país como o Brasil, com a Nação inacabada e à deriva depois do golpe de 2016, isso se combinasse com o desgoverno conservador de um presidente de vocação fascista, e com a normalização da morte de pobres e pretos, há muito tempo construída, para produzir o cenário desolador que ora nos rodeia.

O que parece pior é que, enquanto permanecer o cenário pandêmico, o ambiente fica ainda mais propício para a continuidade da destruição do Estado, o único elemento de fato capaz de mitigar os efeitos socialmente devastadores da combinação de uma prolongada letargia econômica com uma crise sanitária sem precedentes.

Referências Bibliográficas

ADORNO, Theodor. *Aspectos do novo radicalismo de direita*. São Paulo: Unesp, 2020.

ALMEIDA, Silvio. *Racismo estrutural*. São Paulo: Editora Jandaíra, 2020.

ANDERSON, Benedict. *Comunidades imaginadas*. Lisboa: Edições 70, 2005.

ANDERSON, Perry. *Afinidades seletivas*. São Paulo: Boitempo, 2002.

BROWN, Wendy. *Nas ruínas do neoliberalismo*. São Paulo: Politeia, 2019.

BRUNO, Miguel Antonio Pinho; PAULANI, Leda Maria. "Developmentalist policies in financialized economies: contradictions and impasses of the Brazilian case". *Workshop of New Developmentalism*, nº 4, FGV, 2019.

DARDOT, Pierre; LAVAL, Christian. *A nova razão do mundo*. São Paulo: Boitempo, 2016.

FAUSTO, Ruy. *Marx*: lógica e política. vol. 2, São Paulo: Brasiliense, 1987.

FRASER, Nancy. *O velho está morrendo e o novo não pode nascer*. São Paulo: Autonomia Literária, 2019.

HARVEY, David. *A brief history of neoliberalism*. Oxford: University Press, 2005.

HARVEY, David. *O novo imperialismo*. São Paulo: Loyola, 2004.

JÚNIOR, Henrique Nemeth; ANGELI, Eduardo. "Hayek, Campos e a defesa do autoritarismo". *Análise Econômica*, vol. 38, nº 76, 2020.

KLEIN, Naomi. *A doutrina do choque*: a ascensão do capitalismo de desastre. Rio de Janeiro: Nova Fronteira, 2008.

MILL, John Suart. "Da definição de economia política e do método de investigação próprio a ela". In: _____; BENTHAM. *Os pensadores*: Bentham & Mill. São Paulo: Nova Cultural, 1979.

OLIVEIRA, Francisco de. *Os direitos do anti-valor*. Petrópolis: Vozes, 1998.

PAULANI, Leda Maria. "Dois anos de desgoverno: três vezes destruição". *A Terra é Redonda*, 2021. Disponível em: https://aterraeredonda.com.br/dois-anos-de-desgoverno-tres-vezes-destruicao/. Acessado em: 01.11.2021.

PAULANI, Leda Maria. *Brasil delivery*: servidão financeira e estado de emergência econômico. São Paulo: Boitempo, 2008.

SINGER, André *et al.* "Força da narrativa de Bolsonaro sobre Covid 19 indica que tormento não vai passar tão cedo". *Folha de São Paulo*, 2020. Disponível em https://www1.folha.uol.com.br/ilustrissima/2020/10/forca-da-narrativa-de-bolsonaro-sobre-covid-19-indica-que-tormento-nao-vai-passar-tao-cedo.shtml?utm_source=whatsapp&utm_medium=social&utm_campaign=compwa. Acessado em: 01.11.2021.

CAPÍTULO XVI

DESMANCHE, A ETAPA SUPERIOR DA PRIVATIZAÇÃO

PAULO KLIASS[377]

O processo de destruição do Estado e de desmonte das políticas públicas ganhou um importante impulso a partir da eleição de Jair Bolsonaro. Se nos anos 1990, as privatizações se fizeram sob o argumento de busca da eficiência e barateamento dos serviços, numa competente campanha de convencimento da opinião pública, três décadas depois, a venda de estatais se tornou um valor em si. Privatiza-se porque sim, porque se quer e não se discute, tornou-se voz corrente.

Introdução

O resultado do processo eleitoral de 2018 levou ao palácio do Planalto um candidato que reconhecia explicitamente não entender nada de matéria econômica. Jair Bolsonaro indicava ao longo da campanha

---

[377] Doutor em economia pela Université de Paris 10 (Nanterre/França) e Especialista em Políticas Públicas e Gestão Governamental, carreira do governo federal.

que todas as questões relativas a esse tema deveriam ser esclarecidas com seu principal assessor no assunto: o experiente operador no mercado financeiro Paulo Guedes. Com a vitória obtida no segundo turno do pleito, este último foi guindado à condição de um superministro da Economia, uma vez que houve a fusão de quatro antigas pastas, todas elas agora sob seu comando: Ministério da Fazenda; Ministério do Planejamento, Orçamento e Gestão; Ministério do Desenvolvimento, Indústria e Comércio Exterior; e, Ministério do Trabalho.

O diagnóstico apresentado por Guedes ao país sugeria a prioridade da ação do governo em dois campos. De um lado, sobre a questão fiscal, com reforço da política de austeridade rigorosa e com o lançamento de um conjunto de reformas envolvendo a redução da presença do Estado de forma geral e o desmonte das políticas públicas. De outro lado, Guedes prometia impulsionar o processo de privatização a todo o custo. A recuperação de aspectos de uma narrativa liberal simplificada propunha concentrar os esforços na retirada de toda e qualquer vestígio da presença do setor público na economia.

A opção pelo caminho privatizante oferecia os instrumentos extremados para viabilizar a implementação da estratégia de desmonte. A intenção relevante era ampliar de forma significativa os espaços para a acumulação privada de capital em setores que ainda eram, segundo o ministro, marcados pela presença expressiva do Estado. Na verdade, tratava-se de uma nova tentativa de levar a cabo a agenda neoliberal, tal como havia ocorrido em períodos anteriores da história brasileira.

O processo de transição do regime autoritário (1964-1985) deu-se por meio de uma Assembleia Nacional Constituinte, cujos integrantes acabaram oferecendo ao país um modelo de sociedade e de economia que se apresentava em rota de colisão com o paradigma que o Consenso de Washington viria a recomendar nos países do chamado Terceiro Mundo, um ano depois. A Constituição de 1988 propunha uma tentativa de consolidação de um Estado de Bem-Estar Social, no qual o protagonismo do aparelho estatal era elemento fundamental no estabelecimento de políticas públicas asseguradoras de direitos gratuitos e universais. Por outro lado, a carta constitucional da transição democrática definia espaços estratégicos para a atividade empresarial do Estado, por meio de empresas públicas e de economia mista. É significativo o fato de a Carta e o Consenso virem à luz exatamente no mesmo período histórico, expressando não apenas uma tensão política, mas a disputa aberta entre duas concepções de Estado surgidas após os chamados "trinta anos gloriosos" do capitalismo.

Tendo em vista a hegemonia política e ideológica do paradigma neoliberal pelo mundo afora, as elites empresariais brasileiras mantiveram sua oposição sistemática a esse modelo de 1988 e buscaram inúmeras estratégias para reverter o seu conteúdo e seus dispositivos, considerados por elas atrasados e populistas. Em resumo, para as classes dominantes a questão da privatização do parque empresarial estatal converteu-se quase que em uma questão de honra a ser resolvida a qualquer o custo. Na verdade, essa espécie de aversão a tudo aquilo que pudesse lembrar a presença do Estado estava na base de movimentos para redução da carga tributária, para diminuição de serviços prestados diretamente pelo setor público e pela incorporação da bandeira genérica de lua pelo Estado mínimo.

Privatização: um nome, múltiplas formas

Os processos de privatização geralmente tendem a ser compreendidos em sua forma mais restrita, naqueles casos em que se verifica tão somente a venda de uma empresa estatal para o capital privado. A imagem de um martelo de leilão definindo o comprador e o valor da transação termina por colocar uma nuvem de fumaça sobre uma vasta multiplicidade de operações que cabem no conceito mais amplo de privatização.

Existe uma gama enorme de tangências entre o setor público e o setor privado na dinâmica operacional da acumulação de capital. O primeiro aspecto a ser considerado refere-se à própria noção de empresa estatal. Aqui cabem duas formas de apresentação jurídica do objeto, de acordo com ordem jurídica reinante em nosso país. As definições estão presentes no art. 5º do Decreto Lei 200/67.[378] De um lado, temos a categoria da empresa pública, na qual a propriedade das ações pertence em sua totalidade ao Estado, seja na figura da União, dos estados ou dos municípios. De outro lado, temos a categoria da empresa de economia mista, em que a participação do Estado é majoritária, mas sempre inferior a cem por cento, categoria válida para os três níveis da administração pública.

No caso das sociedades de economia mista, cabe ainda necessidade da observação do respeito às regras e determinações jurídicas do mercado de capitais. Assim, o governo deve estar atento às diferentes modalidades de abertura de capital acionário, com a preservação dos direitos aos acionistas minoritários, entre outros aspectos. Além disso, algumas empresas estatais promoverem lançamento de ações e títulos similares em bolsas no exterior, a exemplo do ocorrido com a Petrobrás e o Banco do Brasil. Esse movimento implica na redução do grau de autonomia na condução da estratégia e ação de tais empresas, sob pena de sofrer processos judiciais no exterior.

Por outro lado, existe todo um conjunto de medidas e políticas envolvendo a transferência de contratos e atividades historicamente desenvolvidas pelo setor público em direção do capital privado. Esse processo tem apresentado diversas modalidades, que vão desde a redução da presença deliberada do Estado em determinadas áreas até a concessão de novas oportunidades a serem exploradas de forma inédita pelo setor empresarial. Esse é o caso do processo de avanço da privatização em áreas como saúde, educação e previdência, por exemplo. A limitação à expansão ou mesmo recuo da presença pública em tais atividades oferece espaço para o crescimento da presença do capital privado. As evidências surgem na proliferação de conglomerados empresariais no ensino básico, médio ou superior, bem como na expansão das empresas oferecendo sob a forma de mercadoria os serviços de saúde e de previdência.

---

[378] O Decreto Lei n. 200/67 representou uma tentativa de promover uma modernização conservadora na estrutura da administração pública brasileira.

Outra forma de confirmar o avanço da privatização pode ser observada no crescimento de inciativas de concessão de atividades setor privado. Assim, o Estado abre mão de realizar de forma direta a exploração e repassa esse direito ao capital. Existem inúmeras modalidades e áreas em que esse tipo de relação se estabelece de forma significativa. Uma delas refere-se aos contratos com organizações sociais ou similares para os serviços de saúde, educação ou assistência social. Outro campo é o da concessão em infraestrutura, por meio de concessão ao setor privado de ferrovias, rodovias, portos e aeroportos, entre tantos exemplos. Por outro lado, no ramo energético também se percebe uma evolução desse tipo de alternativa, como é o caso dos contratos de outorga e concessão para exploração das reservas petrolíferas, bem como os de geração e transmissão de energia elétrica sob as diferentes modalidades. Finalmente, passou a entrar também na mira de concessão ao capital privado a exploração de parques nacionais e áreas de reserva ambiental.

Brasil e as etapas de privatização

A existência de um conjunto sólido de empresas estatais na estrutura econômica brasileira – constituídas no período do nacional-desenvolvimentismo – passou a ser objeto de pressões por sua privatização a partir da década de 1990, com a eleição de Fernando Collor para Presidência da República. Seu programa de governo buscava alinhar o Brasil ao movimento de natureza neoliberal que se consolidava no restante do mundo ocidental.

A sua equipe de governo estava bastante alinhada com as práticas recomendadas pelo chamado Consenso de Washington, dentre as quais despontava a transferência de empresas estatais ao capital privado. A eleição de Collor acabou por colocar a administração pública, na prática, em oposição ao ideário básico da Carta de 1988, resolvendo uma disputa política que tomou os setores organizados da sociedade.

Apesar da instabilidade política que caracterizou o período e o processo de impedimento do Chefe do Executivo, alguns aspectos do processo avançaram. Foi apresentado ao país o Plano Nacional de

Desestatização e várias empresas de diferentes ramos foram vendidas ao setor privado. Assim foram alienadas as principais estatais do setor siderúrgico, da área de petroquímica e de fertilizantes, mesmo após a substituição do presidente por seu vice, Itamar Franco. Uma empresa em especial chamou a atenção por sua história de vinculação às Forças Armadas, a Embraer.

Dentre as inúmeras críticas a essa etapa do processo de privatização, ganhava destaque a possibilidade de utilização das chamadas "moedas podres" para a aquisição, de maneira que as empresas eram compradas por um custo financeiro real muito mais baixo do que o valor contábil nominal e as finanças públicas não eram fortalecidas no montante em que se imaginava.

O governo Collor terminou de forma dramática, com a renúncia do presidente para impedir a consecução de um processo de impeachment. O mandato foi completado pelo vice Itamar Franco, que apresentava uma conduta ambígua em relação tanto às privatizações, quanto ao modelo neoliberal. No entanto, diante da exacerbação do surto hiperinflacionário do período, Franco acabou por colocar no ministério da Fazenda uma equipe chefiada por Fernando Henrique Cardoso, que não escondia seu aberto flerte com as ideias do Consenso de Washington.

Após um bem-sucedido programa de combate à inflação – o Plano Real –, Cardoso se candidata à presidência e vence com relativa facilidade. As classes dominantes brasileiras superaram a divisão de objetivos observada na década anterior e se unificaram em torno da ortodoxia econômica.

O novo governo tem início em 1995, já com a consolidação da estabilização monetária, alcançada pelo Plano Real no ano anterior. Assim, se acelera o processo de privatização, marcado pela venda de grandes empresas em operações bilionárias. O setor de telecomunicações foi transferido ao capital privado por meio de um sofisticado processo de modelagem, com a divisão territorial das subsidiárias de atuação estadual da "holding" Telebrás e da própria Embratel.

Outra operação de venda ao capital privado que ganhou bastante destaque foi a Companhia Vale do Rio Doce, que detinha o monopólio de exploração de reservas de minérios pertencentes à União. Em 1997 foi realizado o leilão em que a empresa foi vendida por R$ 3,3 bilhões. O consórcio vencedor era liderado pelo grupo que havia comprado a CSN anos antes e tinha participação de uma grande quantidade de fundos de investimento estrangeiros e de fundos de pensão. O baixo valor de aquisição foi bastante contestado à época e apenas nos três anos subsequentes, os lucros auferidos superaram o valor despendido para a compra do patrimônio estatal.

O conglomerado público da siderurgia sofreu o impacto mais decisivo para sua privatização ao longo de período 1991 a 1994. A estrutura era composta pela "holding" Siderbras e comportava uma série de empresas em seu interior distribuídas regionalmente pelo país. As mais expressivas eram a Companhia Siderúrgica Nacional (CSN) no Rio de Janeiro; a Usiminas, a Açominas e a Acesita em Minas Gerais; a CST no Espírito Santo; a Cosinor, em Pernambuco; e, a Companhia Siderúrgica Tubarão (CST) no Espírito Santo.

Guedes e o "privatiza tudo"

Se nos dois mandatos de Cardoso as privatizações se fizeram sob o argumento de busca da eficiência e barateamento dos serviços, numa competente campanha publicitária de convencimento da opinião pública, no governo Bolsonaro a venda de estatais se tornou um valor em si. Privatiza-se porque sim, pode-se dizer.

A Secretaria de Coordenação e Governança das Empresas Estatais (Sest) é o órgão atualmente encarregado pelo registro e controle das empresas sob reponsabilidade do governo federal. De acordo com o levantamento efetuado pela unidade em abril de 2021, existiriam 188 unidades empresariais sob sua jurisdição.

O conjunto é amplo e variado. Um primeiro agrupamento refere-se às instituições financeiras vinculadas à administração pública federal.

Trata-se de bancos de grande porte que cumprem papel fundamental na oferta de crédito de forma geral e na concessão de empréstimos para empresas de ramos e setores selecionados. A lista é composta por: i) Banco do Brasil (BB); ii) Caixa Econômica Federal (CEF); iii) Banco da Amazônia (BASA); iv) Banco do Nordeste (BNB); e, v) Banco Nacional de Desenvolvimento Econômico e Social (BNDES). Os quatro primeiros são instituições comerciais, com pulverização de rede de agências e serviços prestados diretamente a pessoas físicas e jurídicas. Apesar disso, todos mantêm uma tradição de operar com fundos públicos para políticas específicas, como o crédito rural pelo BB, o crédito habitacional pela CEF e os fundos de desenvolvimento regional pelo BASA e BNB. Já o BNDES é um banco que opera essencialmente com fundos públicos de médio e longo prazos para empresas e não se constitui em instituição que tenha contato com correntistas no modelo bancário tradicional.

Tendo em vista as dificuldades enfrentadas pelo governo para promover a privatização completa desse grupo de empresas, a estratégia de Guedes foi a de fatiar os conglomerados e, assim, conseguir maior flexibilidade para promover a venda ao capital privado das subsidiárias dos mesmos. Para tanto, o governo conseguiu a seu favor uma decisão do Supremo Tribunal Federal (STF), em 2019, que estabeleceu a necessidade de lei específica autorizando a privatização apenas para os casos envolvendo as empresas "holding" dos conglomerados das estatais. Assim, de acordo com essa interpretação da Corte, as demais empresas poderiam ser colocadas à venda apenas por ato do Executivo. Para se ter uma ideia da dimensão dos negócios envolvidos, o BB possui 25 subsidiárias, a CEF mantém 18 e o BNDES apresenta duas empresas sob seu controle. Assim, se o governo conseguir criar um espaço político de consenso interno para implementar o desejo de Paulo Guedes, o risco de ampla desestatização é bastante elevado.

Caso seja levada em frente, essa etapa seria uma forma de complementação do Programa de Incentivo à Redução do Setor Público Estadual na Atividade Bancária (Proes), que foi lançado pelo governo federal em 1997. Por meio desse programa, foram privatizadas ou extintas a grande maioria das instituições financeiras sob responsabilidade dos estados membros da federação. Nesse conjunto havia bancos comerciais, caixas econômicas, bancos de desenvolvimento e agências de fomento. O processo resultou em um maior nível de concentração no setor, uma vez que as aquisições ocorreram por conglomerados bancários nacionais e estrangeiros de grande porte. Com o argumento relativo à necessidade de sanear as finanças estaduais, o que se promoveu foi a retirada de um importante instrumento para aqueles entes subnacionais de realizar algum tipo de política de crédito direcionado para setores que fossem considerados estratégicos para os mesmos.

Um segundo agrupamento de empresas federais refere-se à área de energia. Os polos mais expressivos do mesmo concentram-se em torno da Petrobras e da Eletrobras. Esses dois conglomerados desempenham papel fundamental no processo econômico no Brasil, sendo responsáveis por parcela essencial de nossa capacidade de geração e distribuição energéticas. A natureza estratégica de ambos também pode ser compreendida pela extensão territorial, uma vez que as empresas dos grupos operam em todas as regiões do país.

A Petrobras conta com 49 empresas subsidiárias e elas cobrem praticamente todas as etapas da cadeia petrolífera. Além disso, 30 delas são empresas atuantes no exterior, como resultado da expansão alcançada pelo grupo em razão de sua capacidade e competência reconhecidas no plano internacional. As subsidiárias operam em países da América Latina, África, Ásia e Europa. O governo iniciou o processo de desmonte do grupo ao realizar a venda da BR Distribuidora e da TAG (transporte de gás), ambas entre junho e julho de 2019. A intenção era promover a alienação também de 8 refinarias do grupo, mas houve dificuldades econômicas, jurídicas e políticas para levar à frente tal estratégia. Apenas a unidade de refino da Bahia teve sua privatização parcialmente concluída.

A Eletrobras conserva ainda uma estrutura bastante similar às "holdings" existentes no desenho das empresas estatais brasileiras, modelo vigente até antes do início da liberalização da década de 1990. Assim como ocorria até então, por exemplo, com grupos como a Portobras, a Siderbras e a Telebras, a área da eletricidade também se organiza em torno de uma empresa mãe e um conjunto grande de subsidiárias com áreas e focos de ação bastante diversificados. De um lado estão ali grandes empresas de geração de eletricidade e outras que se encarregam da transmissão e da distribuição da mesma. Por outro lado, percebe-se também o recorte regional, com a existência de empresas voltadas à ação nas diferentes regiões do país, como a Eletronorte, Eletrosul, Chesf e Furnas.

Além disso, a estrutura da Eletrobras incorporou também a diversidade nas alternativas de geração de eletricidade. Em seu interior estão presentes a Eletronuclear (que incorporou as usinas de Angra dos Reis, criadas ainda na década de 1980) e as empresas constituídas para se ocuparem das usinas de geração térmica e eólica mais recentes. Em razão da diversidade regional e de formas de obtenção da energia, a Eletrobras conta com 48 subsidiárias, além da participação na composição da Itaipu Binacional, uma parceria do Brasil com o Paraguai.

Outra empresa com forte conteúdo simbólico da presença do Estado na economia é a Empresa Brasileira de Correios e Telégrafos (ECT). Sua história remonta o Correio-Mór da Colônia, fundado em 1663. Posteriormente foi transformado em serviço vinculado à estrutura do governo federal por Getúlio Vargas, em 1931. Apenas em 1969 os Correios ganham a configuração jurídica de uma empresa pública. Apesar de formalmente ainda serem detentores do "monopólio postal", na prática a concorrência se estabeleceu pela liberalização do ingresso de empresas transnacionais de logística operando no país. Mais recentemente, as transformações tecnológicas e os meios de comunicação digital recolocaram em outros termos a função mais tradicional da ECT. O processo de privatização no setor avançou por meio dos mecanismos de concessão e terceirização, com a criação de postos de "agente postal" como delegação de competência da própria União, por meio da ECT. Em janeiro de 2021, o governo encaminhou ao Congresso Nacional estabelecendo as regras e condições do processo privatizante da empresa.

O processo de privatização das telecomunicações levado a efeito ao longo da década de 1990 terminou por deixar de fora a empresa "holding" do sistema, a Telebras. Apesar de permanecer como estatal, ela ficou com um raio de atuação bastante limitado no novo desenho do setor. Na verdade, desde então, a empresa estava praticamente inativa. Em 2010 foi recuperada operacionalmente, com as funções de ser a detentora da rede de fibras óticas e também a responsável pelo Plano Nacional de Banda Larga em todo o território brasileiro.

A lista de empresas privatizadas apresenta ainda a Ceitec. Trata-se de uma iniciativa criada em 2008, por inciativa do governo federal. A intenção era constituir uma instituição líder para o polo estratégico de produção de chips e condutores na área de microeletrônica. No entanto, houve uma oposição a tal projeto por parte dos concorrentes do setor privado, com pressão dentro e fora dos sucessivos governos.

A planta industrial permaneceu como o projeto original e não foi ampliada no Rio Grande do Sul. Assim, a Ceitec perdeu a oportunidade de crescer como ator importante no setor em franca expansão no Brasil e no mundo. Em termos de inovação tecnológica, acabou optando por se especializar em uma área de chips de localização e não contou com o apoio para realizar o investimento necessário para um salto tecnológico que o setor exige para quem estiver interessado em obter algum grau de autonomia tecnológica.

A função de produzir moeda sempre coube ao Estado. Mesmo antes da independência, já existia uma instituição precursora da Casa da Moeda no Brasil desde o século XVII. A constituição de uma empresa pública para se ocupar de tal função ocorre apenas em 1973, com sede no Rio de Janeiro. Ali foi desenvolvida tecnologia de ponta para produção de cédulas, moedas, selos postais, passaportes, selos de identificação e outros produtos. Pois a partir de 2019 a instituição passou a fazer parte da lista das empresas que o governo pretende privatizar.

Outro bloco de empresas compõe o setor portuário. O processo de desmonte e privatização na área teve início em 1990, quando foi extinta a empresa pública federal que articulava as inúmeras companhias de docas e portos espalhados pelo território nacional. Com a liquidação da "holding" do sistema, a Portobras, criou-se uma lacuna jurídica e institucional. Houve uma série de tentativas de privatização e a própria legislação do setor foi modificada por duas vezes – a Lei n. 8.630/1993 e a Lei n. 12.815/2013. A estratégia foi de promover uma flexibilização das regras e condições operacionais, coma instituição de um Conselho de Autoridade Portuária (CAP) e um Órgão de Gestor de Mão de Obra (OGMO) no nível de cada porto. As principais alternativas são as seguintes: i) processo de venda direta das empresas Companhia de Docas; ou, ii) definição de contratos de concessão de uso das atividades portuários para o setor privado.

A tradição acumulada pelo Brasil na área da agropecuária ao longo das últimas décadas guarda uma relação direta com o fortalecimento de uma empresa pública criada em 1972, durante a ditadura militar. Sob o governo do General Médici (1969-1973) foi constituída a Empresa Brasileira de Pesquisa Agropecuária (Embrapa). Ao longo de seu quase meio século de existência, a empresa ofereceu uma contribuição inequívoca para o processo de expansão da fronteira de conhecimento científico na área da agricultura e da pecuária, além de fornecer um suporte de excelência para o desenvolvimento tecnológico no setor. Apesar de apresentar uma natureza essencialmente estatal em seus objetivos, a Embrapa está sempre na linha de tiro dos interesses privatizantes. O argumento de que ela é uma empresa "dependente" de recursos do Tesouro Nacional, reforça a abordagem conservadora de que ela seria uma empresa "gastadora" e, portanto, contribuiria parta aumentar o déficit público. Ocorre que a natureza de apoio à pesquisa científica e tecnológica é intrinsecamente voltada à realização de despesas, sem que a Embrapa apresente nenhuma pretensão de obter lucros em suas operações.

A existência de empresas públicas na área de comunicação é uma marca de boa parte dos países. A tradição de constituição de organismos estatais para setores como rádio, televisão e agência de notícias está presente na Itália (RAI), no Reino Unido (BBC), na França (várias empresas), na Alemanha (Deutsche Welle), na Espanha (EFE), em Portugal (LUSA), para citar apenas alguns casos do espaço europeu. No Brasil, o governo federal sempre possuiu rádios e uma rede de TV, além do monopólio para uso e concessão dos diferentes meios de comunicação.

Em 2007, foi constituída uma empresa pública da União para coordenar essas atividades, a Empresa Brasileira Comunicação (EBC). Em seu corpo, a empresa mantém uma agência de notícias, uma emissora de televisão e duas redes de rádio. No entanto, sempre existiu uma pressão enorme exercida pelos grandes meios de comunicação privados sobre o Estado para que fosse reduzida a presença pública no setor. Uma das estratégias para tanto inclui a tentativa de privatizar a EBC, entregando seu patrimônio ao capital privado.

A organização do setor de resseguros data também da época das grandes transformações promovidas por Getúlio Vargas na estrutura econômica brasileira. Em 1939, o então presidente estabeleceu o monopólio estatal para tal atividade e foi constituída uma empresa pública para dar conta da missão: o Instituto de Resseguros do Brasil (IRB). Tendo em vista determinadas particulares de natureza geográfica e climática, o recurso às indenizações normalmente cobertas pela figura do ressegurador não é muito corrente no país. A baixa incidência comparada de desastres naturais ou catástrofes associadas a eventos climáticos transforma o resseguro uma atividade bastante rentável no Brasil. Apesar das inúmeras pressões e tentativas para promover a liberalização mais completa da área e da transferência do IRB ao capital privado, o fato é que a empresa resistiu às ondas privatizantes até a segunda década do século XXI.

Apenas em 2013, o IRB foi privatizado e também foi aprovada uma legislação eliminando a figura do monopólio estatal no setor. Seis anos depois, em 2019, o Estado concluiu a sua retirada completa, uma vez que o governo Bolsonaro decidiu vender ao setor privado a participação acionária indireta da União e do Banco do Brasil na empresa já majoritariamente propriedade de grupos privados.

Considerações finais

O processo de destruição do Estado e de desmonte das políticas públicas ganhou um importante impulso a partir da eleição de Jair Bolsonaro à presidência da República, em 2018. A transformação de seu assessor à época da campanha no principal ocupante de cargos ministeriais revelou a intenção do novo presidente em atender às demandas e expectativas do mercado financeiro quanto às promessas de um liberalismo extremado apresentado por Paulo Guedes.

Uma das principais intenções do superministro da Economia sempre foi a privatização de todas as empresas estatais federais. Na verdade, tratava-se de recuperar politicamente o fio perdido dos processos de desestatização que haviam sido levados a cabo antes de sua chegada à Esplanada, no início de 2019. Desde a promulgação da Constituição de 1988, um conjunto importante de empresas estatais federais e dos entes subnacionais já haviam sido transferidas ao capital privado.

A verdade é que quando Paulo Guedes assume seu posto os conglomerados de telecomunicações, a rede dos bancos estaduais, o complexo de petroquímica e fertilizantes, o conjunto de empresas da siderurgia, a Vale do Rio Doce, a Embraer e algumas empresas do setor de eletricidade já não mais pertenciam ao Estado.

A estratégia passa a ser o cumprimento do lema do "privatiza tudo", na tentativa de eliminar qualquer vestígio de propriedade empresarial do governo federal. Os grupos mais importantes eram os atuantes no setor de energia e na área financeira. A Petrobras se destaca pelo seu simbolismo e por sua importância no processo econômico, político e social. Além da empresa mãe, o grupo conta com 49 empresas e forte atuação também no exterior. A Eletrobras conservou as empresas do setor que não foram vendidas ao capital privado. O conglomerado possui forte presença em todo o território nacional e se compõe de 48 subsidiárias, além da própria "holding".

Os bancos oficiais federais representam uma importante presença do setor público federal no mercado de crédito e oferecem um potencial de ferramentas significativas de política econômica. São eles: Banco do Brasil, Caixa Econômica Federal, Banco da Amazônia, Banco do Nordeste e Banco Nacional de Desenvolvimento Econômico e Social. Cumprem papel importante na concessão de crédito em áreas estratégicas, como agrícola, imobiliário, política regional, política industrial e infraestrutura. Por outro lado, são os operadores de diversos fundos públicos, com capacidade de oferecer empréstimos a juros mais baixos do que os do mercado.

Para além destes núcleos, existe também um conjunto de empresas de menor porte, mas nem por isso menos significativas em termos de sua contribuição ao processo econômico. Exemplos são a Embrapa, Correios, Ceitec, EBC, Casa da Moeda e IRB, entre outras, que também estão na mira de Paulo Guedes.

Em razão de dificuldades de ordem política e judicial, Paulo Guedes não tem conseguido promover a venda de estatais, tal como pretendido inicialmente. As empresas ainda remanescentes sob o controle da União carregam forte simbolismo junto à opinião pública, por sua história e presença no cotidiano da população. Por outro lado, a legislação exige que a venda seja precedida por autorização do poder legislativo. As dificuldades políticas e o isolamento do governo têm dificultado tal movimento. Porém, o governo obteve uma decisão do STF que permite a venda das subsidiárias sem tal ato do Congresso Nacional. Assim, foi redefinida a estratégia privatizante, com a tentativa de venda "fatiada" das empresas de cada conglomerado.

Tendo em vista que os processos de privatização são mais amplos do que a simples venda de uma empresa estatal ao capital privado, percebe-se que a desestatização avança também por meio do crescimento das concessões de setores e empreendimentos públicos ao capital privado. Esse é caso dos projetos na área da infraestrutura, tais como portos, aeroportos, ferrovias, rodovias e similares. Por outro lado, avançam também as concessões destinadas à exploração pelo setor privado de parques nacionais e áreas de reserva ambiental.

Referências Bibliográficas

BIONDI, Aloysio. *O Brasil privatizado*: um balanço do desmonte do Estado. São Paulo: Fundação Perseu Abramo, 1999.

BRASIL, Ministério da Economia. *Panorama das Estatais*. Brasília, 2021.

KLIASS, Paulo. "A configuração das empresas estatais federais: evolução de 2003 a 2017". *Boletim de Análise Político-Institucional*, n° 15, Brasília: Ipea, 2018.

KLIASS, Paulo. "O debate sobre a atuação empresarial estatal no País: principais argumentos". *Boletim de Análise Político-Institucional*, n° 15, Brasília: Ipea, 2018.

SILVA, Mauro Santos; SCHMIDT, Flávia; KLIASS, Paulo. "Introdução". In: _____ (Coord.). *Empresas estatais*: políticas públicas, governança e desempenho. Brasília: Ipea, 2019.

CAPÍTULO XVII
É POSSÍVEL REINDUSTRIALIZAR O BRASIL?

ANTONIO CORRÊA DE LACERDA[379]

Seria equivocado apostar que apenas as "forças do mercado" e a "fé" na abertura comercial poderiam por si sós nos recolocar no caminho do desenvolvimento. Não foi assim nas melhores experiências internacionais conhecidas. Os novos desafios estão a nos exigir estratégias ousadas, mas, igualmente, seria um equívoco desconsiderar a experiência da indústria tradicional e resiliente no Brasil. Diante desse quadro, a adoção de um conjunto de políticas e medidas anticíclicas por parte do Estado se mostram imprescindíveis.

Sim, é possível reverter a desindustrialização em curso no Brasil e promover uma reindustrialização. No entanto, isso não será fácil, tampouco será algo automático, ou natural. Terá que ser um processo induzido, mediante a criação de um ambiente macroeconômico mais favorável à produção, a adoção de políticas de competitividade (ou seja,

---

[379] Economista, mestre e doutor em economia, professor-doutor do Programa de Estudos Pós-graduados em Economia Política da PUCSP, é presidente do Conselho Federal de Economia (Cofecon). Consultor, foi economista-chefe e estrategista de grandes empresas e diretor de economia de entidades ligadas à indústria.

políticas industrial, comercial e de inovação), além do fomento à inovação e cultura empresarial (com o intercâmbio universidade-institutos de pesquisa-empresas).

Vale destacar que as três esferas citadas: macro, meso e micro são complementares e interdependentes entre si. A falsa ideia da "compensação" não funciona, até mesmo porque, é impossível balancear a competitividade, ainda mais em uma economia global, com base apenas em uma das vertentes.

É importante ainda ressaltar que reindustrialização não é para quem quer, mas para quem pode. E o Brasil pode! Primeiro, porque detém economias de escala e de escopo. Explique-se tem um mercado consumidor dos maiores do mundo, o que viabiliza muitas atividades por aqui. Isso é para poucos países!

Mas, se nosso país é detentor de tamanha potencialidade, por outro lado há aspectos contrários; a política econômica de cunho liberal; a ausência de um pensamento econômico da produção por parte das entidades representativas da indústria; e o "pensamento único" vigente no (falso) debate econômico que chega ao grande público basicamente via os grandes meios de comunicação.

Limitada, ultrapassada e restrita

A política econômica em vigor no Brasil, além de limitada, ultrapassada e restrita causa estragos. Um deles, nessa visão simplificadora e sob o argumento da racionalização, foi a junção de vários antigos ministérios em um único, o da Economia. Na verdade, seria muito mais o das Finanças. Os ex-ministérios da Fazenda, do Planejamento, da Industria e Comércio Exterior, do Emprego e Trabalho (que já havia incorporado o da Previdência) estão agora sob um mesmo chapéu. Mas, muito ao contrário do prometido, a junção tirou da agenda todos os aspectos envolvidos na questão da indústria. Não há interlocutores qualificados e empoderados para dialogar com o setor produtivo. Este, envolvido pelo pensamento dominante, também, com raras exceções, não consegue apresentar e defender uma agenda alternativa. Prevalece o desgastado discurso inócuo das tais "reformas" nem sempre explicitadas e a visão equivocada do "ajuste fiscal", do Estado mínimo e outras.

O quadro econômico recente

A pandemia coronavírus (Covid-19), além de imenso flagelo humano e social para o mundo todo, também traz consequências gravíssimas para a economia mundial, provocando uma recessão, O impacto para a atividade econômica no Brasil implicou uma contração superior a 4% do Produto Interno Bruto (PIB) em 2020. O desempenho de 2021 depende, além da extensão da pandemia, principalmente da ousadia, agilidade e eficácia na adoção de políticas e medidas de contraponto à crise.

Nesse sentido, alguns aspectos devem ser considerados: o primeiro é que bem antes da situação recente a economia brasileira já vinha apresentando um quadro continuado de estagnação. No acumulado 2017-2019, o PIB per capita não cresceu mais do que apenas 0,3% ao ano, depois da queda de 6% acumulada em 2015-2016! Os investimentos, medidos pela formação bruta de capital fixo (FBCF) estavam em 2020 em um nível cerca de 25% inferior a 2014.[380]

O aumento da nossa dependência de produção e exportação de *commodities*, ou de produtos de baixa complexidade e valor agregado, nos pega em cheio na atual crise. Além disso, também nos tornamos dependentes de partes e componentes produzidos em regiões da China que têm sido fortemente afetadas, prejudicando a produção brasileira.

O aumento da incerteza exacerba a volatilidade dos mercados, com impactos nos juros, câmbio e bolsas. Ao longo de 2020 esses efeitos combinados provocam uma postergação, ou mesmo cancelamento de

---

[380] A FBCF indica o quanto as empresas ampliaram seus bens de capital – máquinas, equipamentos e outros materiais fixos – em determinado período de tempo.

novos projetos, investimentos e contratações, aprofundando a contração da atividade.

Diante desse quadro a adoção de um conjunto de políticas e medidas anticíclicas por parte do Estado se mostram imprescindíveis. Para o Brasil, especialmente, dada a nossa extrema desigualdade regional e de renda, além da elevada vulnerabilidade de milhões de cidadãos, essas medidas se tornaram ainda mais cruciais.

- O primeiro aspecto é que é foi e é preciso garantir recursos para ampliar capacidade de atendimento da Saúde. O avanço da pandemia nos exige um esforço extraordinário para ampliar a imunização da população via vacinação em massa, buscando reduzir a propagação da doença e a mortalidade;
- Também é fundamental que o programa complementar de renda básica propicie condições mínimas para parcela da nossa população mais exposta, como os em situação de rua, os trabalhadores informais e os desempregados em um sentido amplo;
- Para a retomada, torna-se ainda fundamental ampliar o crédito e financiamento para as empresas e famílias, mas em condições bem mais favoráveis do que se dispõe atualmente.

Todas as políticas e medidas adotadas em contraponto à crise implicam um custo expressivo. É um montante significativo de gastos, mas não fazê-lo significaria um custo econômico e social muito mais elevado, dado o aprofundamento da depressão e seus efeitos como a quebra de empresas, aumento do desemprego e colapso da renda e também da arrecadação tributária, provocando forte impacto fiscal negativo!

Enfrentar a crise exige romper paradigmas, o que juntamente com uma boa gestão, se faz determinante para amenizar os seus efeitos. A oportunidade que se apresenta é aproveitar a desvalorização do real para criar programas de estímulo à reindustrialização/reconversão produtiva para suprir nossas necessidades e também criar novas oportunidades de emprego e renda.

Mercado de trabalho

O desempenho pífio da economia nos últimos anos tem impactado diretamente o mercado de trabalho. A taxa de desocupação é de 14,1%, em relação à População Economicamente Ativa (PEA), no trimestre de setembro a novembro de 2020. Com esse resultado, o IBGE estima que existiam 14 milhões de pessoas desocupadas no Brasil. Mais grave ainda é o resultado da taxa de subutilização da força de trabalho (pessoas desocupadas e subocupadas por insuficiência de horas trabalhadas), que reflete uma visão mais ampla e realista da situação do mercado de trabalho. Essa taxa total atinge 29%, equivalente a 32,2 milhões de pessoas.

Como cada desempregado a mais é um consumidor a menos, a retração do consumo dos que se encontram sem ocupação e o maior receio dos que permanecem empregados faz com que a demanda desabe. Além disso, o crédito continua muito caro, a despeito do fato de que a taxa de juros básica (Selic) se encontra em patamar historicamente baixo para padrões brasileiros.

Também chama a atenção a ausência de políticas e medidas que impulsionem a produção, os investimentos e o consumo. Na já mencionada problemática do crédito, por exemplo, há muito a ser feito. No entanto, as poucas medidas em curso têm sido no sentido de contraí-lo ainda mais, exceto para alguns segmentos específicos, como o imobiliário.

O governo e a equipe econômica têm enfatizado seu discurso no papel das reformas como fator de confiança, reversão das expectativas e retomada das atividades. Trata-se, no entanto, de superestimar o seu efeito sobre as expectativas, assim como na ação do mercado para isso.

É preciso ir muito além do que medidas paliativas e pontuais como a liberação ocorrida de contas do Fundo de Garantia por Tempo de Serviço (FGTS), ou a antecipação do pagamento do 13º salário a aposentados. Embora possa ter algum efeito positivo sobre a demanda, as medidas citadas representam um impacto limitado e localizado, sem poder para representar uma reversão do quadro de apatia vigente.

Para se criar um ambiente mais favorável ao crescimento, a equipe econômica precisa diversificar suas estratégias e medidas, uma vez que muitas delas têm um tempo de maturação considerável. Há especulações no mercado sobre uma possível elevação da taxa Selic, atualmente em nível recorde mínimo de 2% ao ano. Tendo em vista a anemia da demanda, a existência de capacidade ociosa na economia e apesar dos choques localizados de oferta, o risco de descontrole inflacionário é limitado. Portanto, manter juros básicos baixos e ampliar o seu efeito às taxas de consumidores finais seria uma medida positiva e de baixo risco dadas as condições atuais.

Mas, para além disso, o Governo carece de melhorar a articulação, tanto internamente, quanto na sua relação com os demais poderes e os agentes econômicos. Da mesma forma, precisa ir além do "samba de uma nota só" do discurso da necessidade das reformas e seu papel na chamada "confiança". É preciso elaborar, apresentar e implementar um conjunto mais abrangente de medidas para acelerar a recuperação da economia.

A política fiscal

A questão fiscal é relevante, mas é preciso lembrar que sem crescimento econômico qualquer tentativa de ajuste esbarra no impacto restrito da arrecadação em função da fraca atividade econômica. Portanto, fomentar a atividade econômica, dado o seu efeito multiplicador, produz impactos positivos sobre a arrecadação tributária e, consequentemente, sobre o quadro fiscal.

Na contramão, insistir no discurso autofágico dos cortes de gastos, inclusive investimentos públicos, que já se encontram no menor nível histórico, não contribui para reverter o quadro adverso que persiste há anos.

No âmbito da macroeconomia, especialmente os aspectos fiscal, monetário e cambial, são elementos cruciais para o crescimento em bases sustentadas. Tendo em vista as circunstâncias do cenário internacional e doméstico, como, por exemplo, o impacto da queda da arrecadação devido à crise, as vinculações orçamentarias e outros, as questões mencionadas definirão o rumo dos próximos anos.

Na questão fiscal, além da menor arrecadação decorrente da crise e do baixo crescimento econômico, destaca-se a restrição imposta pela Emenda Constitucional (EC) 95, que limita a expansão dos gastos públicos, e tende a cada vez mais reduzir o investimento público, como de fato já vem ocorrendo.[381]

A aposta em que a prometida "austeridade" levaria ao resgate da confiança que pudesse estimular a realização de investimentos e produção não tem dado resultado. Os investimentos, medidos pela formação bruta de capital fixo embora ora apresentem leves sinais de reação ainda se encontram em um nível médio cerca de 25% inferior ao observado em 2014, antes do início da crise. É inegável que a confiança seja importante. No entanto, ela, por si só, não garante um ambiente promissor para estimular a produção, o consumo e os investimentos.

A crise na indústria e seus impactos

A crise no setor industrial brasileiro é estrutural e persiste há anos. Vários fatores estruturais têm impactado negativamente a indústria brasileira, que vive os efeitos da desindustrialização precoce. Crédito caro e escasso, política cambial errática e longo período de valorização do real, mais as agruras do "custo Brasil", se encarregaram de agravar o aprofundamento da crise. Condições macroeconômicas desfavoráveis e políticas industriais titubeantes tampouco reverteram a situação.

O resultado foi o avanço das importações, especialmente advindas da China, substituindo a produção local. As exportações de industrializados também prejudicadas pelos mesmos fatores mencionados perderam espaço, ou estagnaram e um mercado internacional hipercompetitivo. A balança comercial brasileira segue superavitária influenciada pelo

---

[381] LACERDA, A. C. (Coord.). *O mito da austeridade*. São Paulo: Contracorrente, 2019.

excelente desempenho dos complexos agro, mineral e de carnes. Mas a questão aqui não é "ou", mas, "e". O Brasil é um dos poucos países que pode manter ampla pauta de produção e exportação nos setores em que já mantém posição de destaque, sem, no entanto, fazer isso em detrimento da indústria e serviços sofisticados.

Os industriais brasileiros, aqueles que não atuaram em setores diretamente ligados a *commodities*, ou de setores oligopolizados, foram "empurrados", por sobrevivência, ou senso de oportunidade, para a importação e o rentismo.

Mais recentemente, depois da crise de 2015, 2016 e nos anos seguintes, a crise brasileira trouxe um fator conjuntural que impactou fortemente a indústria brasileira. Desde então a "recuperação" segue muito lentamente, como denotam os dados já mencionados.

A abertura comercial vista como "panaceia" pelos liberais

A vertente neoliberal dos economistas e empresários apresentam a abertura comercial como a "panaceia" para os nossos males. O tema em si, não é propriamente novo entre nós. A abertura da economia brasileira começou há trinta anos, no final do governo Sarney e intensificada nos governos Collor e Fernando Henrique Cardoso. A promessa, incrivelmente repetida agora, sem qualquer autocrítica, era de que abrir nossas fronteiras induziria nossas empresas a ampliar a sua produtividade e competitividade, dado o aumento da concorrência com os produtos importados.

Desde então as alíquotas médias de importação caíram de mais de 40%, no final dos anos oitenta do século passado, para cerca de 11 a 12% vigentes em 2020, com algumas alternâncias. A indústria, de forma geral, modernizou suas plantas, adaptou modos de gestão para fazer frente à concorrência, tendo respondido positivamente ao desafio da abertura comercial realizada.

A questão é que a melhoria do ambiente sistêmico, ou seja, de todos aqueles fatores que independem das empresas, ou dos trabalhadores, mas que afetam a competitividade, não avançou na mesma velocidade. Condições macroeconômicas (juros, câmbio e tributos), logística e infraestrutura, burocracia e instabilidade de regras, além de outros fatores que formam o chamado "custo Brasil" ainda estão longe das médias observadas nos países concorrentes. Particularmente na questão cambial, a política em diferentes governos desde então visou muito mais o objetivo de controle inflacionário do que induzir a geração de valor agregado local e as exportações.

O discurso de que a indústria não investe em modernização e inovação cai no erro de identificar a raiz do problema, que não se restringe à ação microeconômica das empresas, mas um ambiente sistêmico desfavorável. O investimento de forma geral responde à rentabilidade esperada, que no caso é prejudicada pelas condições adversas do ambiente.

Da mesma forma, o argumento de que nossa economia é fechada não resiste a uma verificação dos números. O saldo comercial de produtos manufaturados, por exemplo, que apresentava relativo equilíbrio até 2006 passou gradativamente a ser deficitário tendo atingido no ápice de 2014 US$ 110 bilhões. Diante deste dado, como sustentar que nossa economia seja fechada?

Infelizmente, a combinação de fatores adversos nos levou a uma desindustrialização precoce, sem gerar os benefícios associados e, pelo contrário, gerando perda capacidade de geração de valor agregado, de empregos de qualidade e tecnologia atualizada.

Um programa sério discussão de uma maior abertura da economia para que atinja o interesse do desenvolvimento e não apenas uma nova panaceia, passa necessariamente por:

- Condições macroeconômicas que favoreçam o desenvolvimento, leia-se câmbio, juros e questão fiscal, ajustadas ao padrão internacional;
- Redução da burocracia, distorções tributárias e melhora da infraestrutura e logística;

- Adoção de políticas de competitividade (leia-se, política industrial, política comercial e de ciência, tecnologia e inovação), para fortalecer as vantagens existentes e criar novas;
- Negociação de abertura de setores na economia brasileira mediante o acesso aos mercados internacionais.

Partindo do ajuste das condições sistêmicas, é sim possível rever a estrutura das alíquotas, porém, sem generalizações. É preciso começar com a desoneração dos insumos de forma a dotar a indústria de transformação de maior poder, ao contrário de estimular a concorrência via rebaixamento das tarifas de importação dos produtos finais. Aqui não se trata de "reinventar a roda", mas de adotar práticas internacionais bem-sucedidas. Mas, para isso é preciso se livrar de dogmas e sair do conformo da repetição de mantras que só tendem a criar falsas expetativas e nos desviar do debate do essencial.

Chile, Nova Zelândia, Austrália e Brasil

Outro mantra dos neoliberais, que pregam a privatização, o "Estado mínimo", a abertura comercial e financeira e a desregulamentação, sempre buscaram pretensas referências para seus argumentos. Durante décadas ouvimos dos nossos liberais o argumento que o Chile era o modelo econômico de sucesso a ser seguido.

No entanto, a atual degradação chilena e o elevado índice de suicídios entre os idosos já representa, por si só, a falência de um padrão absolutamente insustentável. O Chile – com pouco mais de 20 milhões de habitantes, menos de 10% da população brasileira e extensão territorial de cerca de apenas um décimo da nossa – nunca foi um parâmetro relevante para o Brasil, mesmo numa visão a partir da Avenida Faria Lima, em São Paulo, ou da Vieira Souto, no Rio.

Embora o Chile tenha apresentado progresso econômico durante algum tempo, se mostra claramente limitado. A sua atividade é reduzida a poucos produtos representativos, basicamente cobre, pescado, frutas e flores, praticamente sem desenvolvimento industrial. Mas isso nunca foi possível para o Brasil, tampouco para países de estrutura e dimensão comparáveis, como uma boa análise histórica claramente comprova.

Com a derrocada chilena pela falência econômica, política e social do modelo neoliberal, os neoliberais estão em busca de novos paradigmas que sustentem seus pressupostos. A nova meca na visão de alguns liberais de ocasião seria a Nova Zelândia!

Mas, se o Chile nunca foi base de comparação para o Brasil, muito menos a Nova Zelândia o é. Seu Produto Interno Bruto é de apenas pouco mais de 20% do brasileiro, e a população de cerca de 5 milhões de habitantes. Sim, pouco mais que a população da Zona Leste da cidade de São Paulo. Portanto, querer apresentá-la como parâmetro de modelo econômico, legislação trabalhista ou coisa que o valha só pode representar desconhecimento profundo, ou desonestidade intelectual.

Causou espanto uma entrevista do atual presidente do Instituto de Pesquisa Econômica Aplicada (Ipea) Carlos von Doellinger, sugerindo um padrão Australia de desenvolvimento para o País. "Nosso caminho não é a indústria manufatureira, a não ser aquela ligada ao beneficiamento de produtos naturais", vaticinou, retomando a tese das "vantagens comparativas". Afirmou ainda que o Brasil é competitivo no agronegócio, mas não em manufaturas, citando a Austrália como paradigma a ser seguido, por ter decidido há cerca de 15 anos" "acabar com a indústria de transformação para dar foco a sua vocação na produção de minérios e agropecuária".[382]

Temos muito o que discutir seriamente sobre as alternativas de desenvolvimento para o Brasil, relativamente às experiências internacionais. Há uma farta literatura apontando a análise das experiências históricas que lograram sucesso, como são os casos de Estados Unidos, Alemanha e Japão, países que alcançaram elevado padrão de desenvolvimento já

---

[382] SIMÃO, Edna; GRANER, Fabio. "Para presidente do Ipea, crescimento em 2021 pode chegar a 4%". *Valor econômico*, 2021. Disponível em: https://valor.globo.com/brasil/noticia/2021/01/19/para-presidente-do-ipea-crescimento-em-2021-pode--chegar-a-4.ghtml. Acessado em: 01.11.2021.

no século vinte e, pelo menos um exemplo de progressão mais recente, que é a Coreia do Sul.

Cada um dos países citados teve a sua história de progresso, mas o que há pontos comuns nas estratégias de desenvolvimento e políticas econômicas adotadas com êxito:

a) A combinação da atuação do Estado, como empreendedor, quando necessário, mas também coordenador, articulador de políticas públicas, além do seu papel regulador e fiscalizador;

b) O engajamento do setor privado, articulado com o Estado, mediante a criação de um ambiente favorável;

c) A adoção de políticas macroeconômicas (monetária, fiscal e cambial) favoráveis ao desenvolvimento;

d) A articulação das políticas de competitividade (políticas industrial, comercial e de ciência, tecnologia e inovação, para fomentar a atividade econômica, em especial da indústria, imprescindível para o desenvolvimento.

O Brasil, dado o seu potencial econômico, social e ambiental tem todas as pré-condições para superar a atual estagnação e atingir um grau de desenvolvimento expressivo. Somos o único país do G-20, a combinar potencial nos macrossetores e de enorme demanda reprimida, em temos de investimentos, na infraestrutura e políticas sociais. Nossas debilidades também representam grandes oportunidades. Mas isso não se viabilizará automaticamente, pelas "forças do mercado" e baseado apenas na suposta "confiança" como único fator de desenvolvimento, ao contrário do preconizado pelas políticas econômicas em voga por aqui!

Desnacionalização

A desnacionalização de empresas brasileiras, públicas e privadas é sempre polêmica. Não sem razão. De fato, a aquisição de empresas brasileiras por estrangeiros, a par de qualquer traço de xenofobia, representa, inquestionavelmente, a transferência de centros de decisão para o exterior. Trata-se de uma mudança que representa impactos significativos para a estratégia nacional de desenvolvimento, implicando questões como, cadeia de fornecedores, nível de tecnologia e emprego, grau de concorrência, balanço de pagamentos etc.

A visão liberal de mercado se mostra favorável aos ingressos de investimentos diretos estrangeiros, levando em conta as externalidades. Já se apurou que, no entanto, isso não ocorre de forma automática, dependendo do ambiente sistêmico, das políticas de competitividade, além de uma necessária negociação com as empresas, no âmbito das cadeias globais de valor e o papel a ser representado pela empresa sediada no país hospedeiro. Daí a importância de um maior conhecimento do tema, assim como a formulação de estratégia, tendo em vista os vários aspectos envolvidos na questão.

A internacionalização das empresas, intensificada especialmente a partir da década de 1990, impulsionada pela globalização financeira que potencializou a capacidade de expansão além-fronteira das empresas transnacionais. Vários países, mais recentemente, com destaque para a China têm ampliado as atividades no exterior das suas empresas com vista a autossuficiência energética, hídrica e alimentícia.

Nesse sentido, como exemplo, a aquisição por parte de uma empresa estrangeira de uma distribuidora local de energia, para além dos aspectos de segurança e defesa envolvidos, há a questão de sua cadeia de fornecedores. Muitas vezes há um objetivo claro do investidor de ampliar o espaço das suas empresas no fornecimento de equipamentos e serviços especializados. Assim, há impactos potenciais significativos não apenas na política de investimentos, mas na cadeia de fornecedores e, portanto, de emprego.

Sob o ponto de vista concorrencial nos casos em que a desnacionalização envolve uma privatização, concessão, ou ainda uma Parceria Público Privada (PPP), a questão adicional é sobre as consequências da transformação de um monopólio, ou oligopólio público, em privado. Embora o Estado não precise ser necessariamente o operador em áreas como energia, saneamento, transportes, dentre outras, esse não pode se eximir da tarefa de regulação, coordenação e fiscalização das atividades.

O risco é deixar vulneráveis as empresas, os cidadãos e consumidores, no que toca à fixação dos preços e tarifas cobradas, das contrapartidas de realização de investimentos, definição de padrões tecnológicos, manutenção e geração de postos de trabalho etc.

Todas essas questões não são necessariamente novas. Nos anos 1990 houve um processo representativo tanto de desnacionalização de empresas brasileiras, em muitos casos envolvendo a privatização. No entanto, pouco se debruçou sobre uma avaliação dos aspectos positivos e negativos do processo, apesar da relevância do tema e das experiências passadas, nacionais e internacionais.

Há o ainda aspecto das contas externas. Todo ingresso de capital estrangeiro tem como contrapartida a remuneração aos seus acionistas. Grande parte dos ingressos está relacionada não a novos projetos, mas, a transferências patrimoniais. O agravante é que em muitos casos se dá em setores não exportadores, ou seja, que não gerarão receitas em dólares, mas demandarão remessas futuras de pagamento de lucros e dividendos, além de outras despesas, nessa moeda.

Daí a importância da análise e discussão da desnacionalização de empresas privadas e públicas no Brasil, que precisa ser melhor compreendida e analisada no âmbito do desenvolvimento e o papel a ser exercido pelas políticas públicas.

Os desafios a serem enfrentados

As empresas não tomam decisões apenas levando em conta o grau de confiança, mas a expectativa de desempenho futuro da economia. Da mesma forma a elevada ociosidade, na média de cerca de 25% na indústria, associada ao elevado custo de financiamento também diminui o "apetite" para novos investimentos.

Ademais, nosso modelo tributário regressivo, incidindo fortemente sobre o consumo e produção – e não sobre a renda e a riqueza – além de contribuir para uma maior concentração de renda, sobrecarrega o chamado "custo Brasil", prejudicando o crescimento da atividade e a realização de investimentos. Há que se buscar, no âmbito de uma profunda reforma tributária, uma simplificação dos impostos, visando, além de maior justiça social, um sistema mais dinâmico, transparente e eficiente.

Outro ponto relevante: é crucial buscar a desindexação da economia, inclusive da dívida pública. O Brasil é o único país que remunera parcela expressiva da sua dívida a taxas de juros reais altíssimas, independentemente do prazo de vencimento, oferecendo pelos seus títulos, ao mesmo tempo, liquidez, segurança e rentabilidade, na contramão de outros países, que estimulam o financiamento de longo prazo. Esse quadro cria um constrangimento para os gastos públicos, tornando mais difícil a execução dos investimentos, assim como a manutenção da qualidade dos programas sociais.

Os bancos públicos

Torna-se fundamental ainda resgatar e aperfeiçoar a atuação dos bancos públicos, como impulsionadores do financiamento dos investimentos para a infraestrutura e outros setores. Tendo em vista a inexistência, ou insuficiência, de instrumentos de financiamento de longo prazo no mercado financeiro privado a taxas de juros minimamente compatíveis com a rentabilidade esperada dos projetos, a atuação dos bancos públicos revela-se crucial no atual quadro.

Para além do problema previdenciário, a economia brasileira convive com graves óbices, cuja solução demanda políticas e medidas fundamentais para reversão de um quadro dramático, no que se refere especialmente ao elevado desemprego e a questão da pobreza.

O fraco desempenho recente da atividade econômica, mesmo considerando o baixíssimo nível de comparação dos anos anteriores, nos dá uma dimensão do desafio a ser enfrentado. Ocorre que sem crescimento mais robusto, não há perspectiva de reversão significativa na questão do emprego e renda, assim como na intensificação dos investimentos. Outro impacto relevante se dá nas contas públicas, uma vez que a arrecadação tributária vem sentindo os efeitos negativos da atividade econômica deprimida e da inadimplência no pagamento dos impostos.

Ao contrário do emanado em alguns discursos de autoridades econômicas, a reversão desse quadro de inanição da economia não vai ocorrer naturalmente a partir da reversão das expectativas que ocorreria com uma retomada na "confiança". Embora essa seja um elemento importante, não consegue por si só impulsionar os fatores que promovam a retomada do crescimento e seus efeitos potenciais positivos para a melhora do quadro econômico e social.

É preciso maior proatividade nas políticas e medidas econômicas capazes de reverter o quadro hostil para a produção e investimento. Há várias áreas que prescindem de ação urgente, como crédito e financiamento, política industrial, desburocratização etc.

No campo do crédito e financiamento, embora tenhamos atualmente uma taxa nominal de juros básicos em níveis mais baixos historicamente, o custo do crédito e financiamento continua excessivamente elevado. Esse é um fator que trava a atividade econômica, inibindo as transações e reduzindo na prática a capacidade de compra de empresas e famílias.

Há muito se discute as causas do elevado custo do crédito no Brasil. O primeiro aspecto é que o mercado financeiro é distorcido no Brasil pelo fato de o governo federal oferecer títulos da sua dívida a taxas de juros muito elevadas, mantendo liquidez. Isso acomoda o mercado financeiro que não se interesse em ter mais trabalho e correr mais risco emprestando para os agentes econômicos.

O segundo aspecto é a oligopolização do mercado em que apenas cinco grandes bancos controlam 86% do crédito disponível na economia, o que lhes dá poder de formação de taxas ao tomador final.

Os bancos alegam que os *spreads* (taxas de risco) embutidas nas taxas de juros são elevadas no Brasil, justificando parte da diferença entre taxa básica e final, porque a inadimplência é elevada, respondendo por 45% do total. As taxas tributárias respondem por 20% e o empréstimo compulsório que os bancos recolhem ao BC, por 10%. Os 25% restantes seriam da margem de comercialização do sistema financeiro.

No tocante ao financiamento de longo prazo, a ideia implícita é viabilizar os investimentos tanto para projetos de infraestrutura como das empresas, uma vez que as taxas de juros de mercado para financiamento se distanciam da rentabilidade esperada dos projetos.

O fato é que o papel representado pelo financiamento dos bancos públicos no Brasil é insubstituível no curto prazo. Dadas as condições desfavoráveis apresentadas pelo mercado privado, seja pela sua escassez e pelas contrapartidas e elevadas taxas de juros praticadas ele não representa uma alternativa viável para suprir as necessidades de financiamento de longo prazo para os setores produtivos e a infraestrutura. Dada a elevada remuneração oferecida pelos títulos públicos, grande parte do capital disponível está alocado nessa modalidade, portanto não há interesse dos agentes financeiros em se arriscar a financiamento de projetos, até pelos riscos envolvidos.

Tributos e marcos regulatórios

Na indústria, o processo em curso de desinvestimento e fechamento de fábricas carece de uma reforma tributária que corrija as distorções existentes, além de uma estratégia de política industrial e modernização, com a adoção de financiamento e incentivos vinculados à inovação e desempenho das empresas.

Também se mostra urgente melhorar o marco regulatório de forma a propiciar um ambiente mais favorável para a atuação do setor privado nos investimentos em infraestrutura, assim como garantir um fornecimento de serviços e produtos de qualidade e preços justos à sociedade.

As questões mencionadas são desafiadoras, mas não impraticáveis. É preciso se inspirar nas boas experiências internacionais na área, assim como rever criticamente nossa própria experiência histórica envolvendo a privatização, as concessões, a abertura comercial e a desregulamentação. Não podemos nos dar ao luxo do comodismo, nem tampouco de reincidir em erros já cometidos.

Os desafios que se apresentam para o futuro, portanto, envolvem não apenas a correção dos graves desequilíbrios sistêmicos brasileiros e seus impactos na indústria, mas a definição e implementação e políticas de competitividade (políticas: industrial, comercial e de inovação) nos moldes das melhores práticas internacionais e locais. Seria equivocado apostar que apenas as "forças do mercado" e a "fé" na abertura comercial poderiam por si só nos recolocar no caminho do desenvolvimento. Não foi assim nas melhores experiências internacionais conhecidas. Os novos desafios estão a nos exigir estratégias ousadas, mas, igualmente, seria um equívoco desconsiderar a experiência da indústria tradicional e resiliente no Brasil. Uma boa estratégia pressupõe o diagnóstico adequado. Do contrário, avaliações equivocadas nos levarão, inexoravelmente, a falsas soluções.

O cenário internacional e seus reflexos

A nova dimensão geopolítica-econômica a partir da globalização financeira que se intensificou a partir das últimas duas décadas do século passado exigiu uma nova formatação na governança global. A supremacia do G-7, grupo dos sete países mais relevantes do globo teve que ser ampliada para o G-20, incorporando novos países, inclusive o BRICS. Os EUA, por exemplo, que respondiam 30 anos atrás por 50% do PIB global tiveram sua participação reduzida para 25%. Em contrapartida, os chamados países em desenvolvimento, BRICS, mais México, Coreia do Sul e Indonésia, dentre outros assumiram papel de destaque.

Não obstante, apesar da multipolaridade em termos econômicos, prevalece a supremacia do dólar norte-americano como moeda de referência global, influenciando na precificação dos ativos e ainda respondendo por cerca de 60% das reservas cambiais. Essa é a grande contradição e paradoxo da financeirização global. A hierarquia das moedas cria categorias diferenciadas de países.

A (des)ordem econômica mundial após a derrocada dos pressupostos estabelecidos em Bretton Woods, sem que se tenha institucionalizado um sucessor, está a exigir iniciativas locais e regionais. É a partir desse cenário que as relações econômicas e a inserção externa dos países devem se mobilizar para fazer frente aos enormes desafios que se apresentam.

O novo governo dos EUA, liderado por Joe Biden, anunciou no início de 2021 a retomada de um programa para promover a compra de produtos de origem local. O *Buy American*, que não é propriamente novo, já fora implementado em outros governos, tanto de republicanos quanto de democratas.

O programa tem um impacto econômico expressivo. São cerca de US$ 400 bilhões de compras do governo federal, montante que pode ser significativamente ampliado para alguns trilhões, se vier acompanhado de investimentos voltados para combater os efeitos da crise e da pandemia do novo coronavírus. Uma vez adotado, terá impactos significativos, considerando seu efeito multiplicador para a atividade econômica como um todo e a geração de empregos.

A iniciativa é acompanhada de perto pelos parceiros comerciais dos EUA, pois na prática poderá significar restrições de acesso ao mercado por parte de exportadores. Na verdade, embora haja limitações de restrição de mercados anteriormente assumidos pelos norte-americanos junto à Organização Mundial do Comercio (OMC), sempre há brechas para adoção de alguma forma de protecionismo.

Proteger mercados domésticos, exigir conteúdo nacional e outras medidas de cunho protecionista podem parecer uma contradição para um país tido como liberal do ponto de vista econômico. No entanto, sempre houve uma enorme distância entre o discurso liberalizante e a prática intervencionista.

Alexander Hamilton, primeiro secretário do tesouro norte-americano (1789-1795), foi um dos principais formuladores de políticas protecionistas de estímulo de desenvolvimento da indústria manufatureira nos EUA. Seu trabalho *Reports of the Secretary of the treasury on the subject of manufactures* (1791) trouxe muitos conceitos e análises defendendo a proteção à indústria nascentes, posteriormente aprofundadas por Friedrich List (1789-1846), especialmente no seu livro *The National System of Political Economy* (1841).

A partir desses princípios com idas e vindas políticas e econômicas, as políticas públicas norte-americanas jamais deixaram de fazer uso de instrumentos de fomento para viabilizar e desenvolver a sua indústria, em um conceito mais amplo, integrada à agricultura e aos serviços. Toda essa experiência de desenvolvimento, tanto dos EUA quanto de muitos países, hoje dentre os mais ricos, está fartamente documentada. Não se trata de sugerir imitar a sua trajetória, mas de levar em conta mais a prática do que o discurso, no tocante às decisões de políticas a serem adotadas.

A grande lição para o Brasil é que não se deve abrir mão dos próprios interesses em prol de uma aparente modernidade. Mais ainda mais pelo fato de sermos uma nação com enormes desafios pela frente, cujas debilidades se agravaram durante a pandemia.

É preciso conduzir as políticas de desenvolvimento com foco nas oportunidades a serem geradas. Limitações autoimpostas, como o já mencionado teto de gastos (EC95), por exemplo, têm que ser revistas, considerando as necessidades que se apresentam. Da mesma forma, uma eventual abertura comercial deve levar em conta o desafio de reverter a desindustrialização em curso.

A expansão chinesa e o Brasil

A extraordinária expansão internacional chinesa representa desafios e oportunidades para as economias nacionais. Do alto de suas reservas cambiais superiores a US$ 3 trilhões, a China vem conduzindo sua internacionalização. O país asiático vem realizando investimentos e adquirindo ativos mundo afora, especialmente na África e na América Latina, com o objetivo principal de suprir sua insuficiência, hídrica, alimentícia e energética, além de abrir mercados para suas empresas. Somos o segundo maior destino dos investimentos chineses, somente superado pelos EUA.

O debate sobre os impactos dos investimentos estrangeiros nas economias hospedeiras é amplo na literatura internacional. O primeiro aspecto a ser destacado é que os benefícios dos investimentos externos não são automáticos. Dependem das políticas econômicas e da regulação dos países receptores.

O segundo aspecto importante é que em nenhuma experiência conhecida, mesmo nos países maiores receptores de investimentos estrangeiros, ele se torna predominante. Raramente o total de investimentos, em infraestrutura, ampliação da capacidade produtiva das empresas, construção civil e máquinas e equipamentos atinge mais de 15% da formação bruta de capital fixo. Assim, é crucial destacar que o papel dinâmico dos investimentos, base para a sustentação do crescimento econômico da imensa maioria dos países, é exercido pelo investimento local, que responde, em média, por cerca de 85% do total realizado. Apesar da chamada globalização, no quesito investimento, a parcela predominante é doméstica!

Há outros aspectos relevantes envolvendo a questão dos investimentos diretos estrangeiros e o desenvolvimento dos países. Há externalidades relevantes, impactando o padrão de produção, comércio exterior e tecnologia dos países. Observa-se ainda uma interconexão crescente entre investimento, exportações e inovações na economia mundial. A integração às grandes cadeias produtivas globais, imprescindível para uma inserção externa ativa dos países em desenvolvimento, se dá, em grande medida, pelo papel desempenhado pelas filiais das grandes empresas globais.

Daí a importância, considerando os aspectos apontados, da estratégia de inserção externa brasileira, especialmente considerando o recente protagonismo dos investimentos chineses, com destaque para os seguintes pontos:

1. A sustentabilidade intertemporal do balanço de pagamentos. Dado o compromisso de remuneração futura dos sócios estrangeiros, em dólares, via transferências de lucros e dividendos, é necessário gerar receitas na mesma moeda. O problema é que há uma predominância dos investimentos em setores voltados para o mercado doméstico e que, portanto, não geram receitas em dólares;

2. Desnacionalizar a gestão e controle de empresas locais significa mudar o seu centro de decisão para o exterior, o que diminui o grau de influência local. Isso é crítico, especialmente quando se trata de setores estratégicos para o desenvolvimento local. Daí a relevância de fortalecer a regulação, controle, fiscalização e supervisão destas atividades, sob o risco de se criar restrições ao desempenho de toda a economia;

3. Também se torna fundamental estabelecer um projeto de desenvolvimento que explicite o papel desejado dos investimentos; que setores e necessidades devam ser priorizados e quais as políticas para atraí-los, mantê-los e gerar um mínimo de compromisso com os objetivos locais;

4. Estimular atividades que, para além da produção e exportação de *commodities* promovam uma maior agregação de valor, de forma a viabilizar geração de renda, tributos, empregos e tecnologia.

Oportunidades para o Brasil

A questão do crescimento da economia e a reindustrialização representam oportunidades para o Brasil. Para isso, é preciso uma estratégia de política econômica voltada para o crescimento, a produção e o emprego. Um projeto de desenvolvimento que contemple um novo modelo de inserção internacional mais ativo e que preserve o espaço das empresas aqui atuantes.

Somente a combinação das políticas públicas e a articulação com o setor privado poderá recriar as condições para o desenvolvimento, a reindustrialização e geração de emprego e renda.

Mas grandes metrópoles, por exemplo, prevalece o desafio da mobilidade e de como organizar o transporte público e o trânsito de pessoas de forma segura. Os segmentos de infraestrutura e logística, equipamentos de informática e de banda larga para conexão, por exemplo, têm experimentado um verdadeiro *boom* de demanda. Da mesma forma, alimentos, produtos de higiene e limpeza, dentre outros tem se beneficiado dos novos hábitos e necessidades, diante do quadro decorrente da crise sanitária.

As debilidades estruturais brasileiras como a exclusão educacional e digital, a desigualdade de renda, as precárias condições de habitação nas periferias e a carência de saneamento e água potável, sempre foram conhecidas, mas, se escancaram frente à pandemia. Que a visão de Celso Furtado, o mais proeminente economista brasileiro, nos inspire na viabilização de um projeto de Nação, capaz de retomar o crescimento inclusivo, que proporcione o desenvolvimento, econômico, social e ambientalmente sustentável.[383]

Para além da reversão do retrocesso na indústria, imprescindível para o desenvolvimento, faz-se crucial integrar, de outra forma nossa atividade produtiva aos preceitos da indústria 4.0, da nanotecnologia, da internet das coisas e da tecnologia 5G. São enormes desafios, para os quais o Brasil conta, para superá-los, além da sua tradição industrial, com economias de escala e de escopo.

---

[383] LACERDA, A. C (Coord.). *Celso Furtado, 100 anos*: pensamento e ação. São Paulo: Contracorrente, 2020.

Referências Bibliográficas

LACERDA, Antônio Côrrea de (Coord.). *Celso Furtado, 100 anos*: pensamento e ação. São Paulo: Contracorrente, 2020.

LACERDA, Antônio Côrrea de (Coord.). *O mito da austeridade*. São Paulo: Contracorrente, 2019.

LACERDA, Antônio Côrrea de. *Desnacionalização*: mitos, riscos e desafios. São Paulo: Contexto, 2000.

LACERDA, Antônio Côrrea de. *Globalização e investimento estrangeiro no Brasil*. São Paulo: Saraiva, 2004.

CAPÍTULO XVIII

O DESAFIO DA POLÍTICA INDUSTRIAL EM TEMPOS DE PANDEMIA

PAULO GALA[384]
ANDRÉ RONCAGLIA DE CARVALHO[385]

A história das nações mostra que quem dominou o núcleo das atividades produtivas complexas ficou rico. É o caso dos Estados Unidos, Japão e Inglaterra e, mais recentemente, do leste da Europa e da Ásia. África e América Latina tentaram, mas não conseguiram. O sucesso não veio espontaneamente apenas através das forças de mercado. Ele foi construído a partir de uma articulada integração entre Estado, sociedade civil e mercados locais. Os bons resultados estão ligados à forma como tais economias ligaram suas estruturas de suporte à configuração

---

[384] Professor da Escola de Economia de São Paulo da Fundação Getúlio Vargas (FGV/EESP).
[385] Professor da Escola Paulista de Política, Economia e Negócios da UNIFESP.

de redes produtivas calcadas num contínuo processo de inovação. O Estado é e sempre foi peça chave no desenvolvimento tecnológico dos países centrais.

O Brasil enfrenta uma agitação social em ebulição. Uma crise institucional gera entropia em um sistema social já estressado, repleto de desigualdades, aumentando a pobreza e levando a um número crescente de mortes pelo coronavírus.

A *coronacrise* chegou ao Brasil pelo andar de cima, contaminando o topo da distribuição de renda que, mesmo com a taxa de câmbio próxima aos R$ 5/US$ à época, conseguia fazer a festa na Disney e na Europa. Inicialmente uma doença de rico, o vírus avança rumo às camadas menos protegidas da nossa sociedade. Nossa imensa desigualdade social oferecerá ao vírus uma aconchegante penúria material. Falta de saneamento básico e de informação, proximidade social inescapável, baixa imunidade na terceira idade e, sobretudo, elevada insegurança econômica. No inverno, o vírus faz a cama para muitos doentes mais pobres. A crise humanitária que se avizinha não é desprezível e requer medidas assertivas e maciças para impedir o pior.

A crise sanitária expôs as crises econômica, social e institucional. Como o vírus que faz vitima aqueles com proteção imunológica mais debilitada, as crises também se abatem mais fortemente sobre as economias sem infraestrutura, por se tratar de um setor similar ao sistema endócrino no corpo humano: produz hormônios reguladores do nível de atividade e participa do sistema de proteção contra ameaças externas.

Quando mercados financeiros se tornam disfuncionais, volatilidade é "morte" na certa e "infraestrutura é vida", por oferecer proteção à loteria do mercado. É hora de sair da caixa e reconhecer a importância da infraestrutura como motor do dinamismo econômico de longo prazo e com efeitos redutores da desigualdade, esta tão receptiva ao coronavírus. Esse setor é parte da riqueza coletiva que oferece proteção aos mais vulneráveis por ser altamente capilar em termos sociais. Do momento em que acordamos até deitarmos, a infraestrutura está presente em nossas vidas. Quando a economia para, a efetividade da quarentena depende da qualidade da infraestrutura. Ela já é tech. Só falta virar pop.

O DESAFIO DA POLÍTICA INDUSTRIAL EM TEMPOS DE PANDEMIA

No início de junho de 2020, em meio ao avanço da primeira onda de contágio da Covid-19, o país parou para assistir à filmagem de uma reunião ministerial do governo Bolsonaro, ocorrida em 22 de abril de 2020. O vídeo ofendeu sensibilidades democráticas e causou amargor para qualquer gosto cívico. Queremos, todavia, salientar uma única intervenção na reunião que fala do aprisionamento do país em sua própria versão do neoliberalismo do tipo "quanto pior melhor" ('fail-forward' neoliberalism). Ele revela um governo fixado em desmantelar qualquer parte da regulamentação do Estado e privatizar qualquer empresa estatal disponível.

Como apontaram Roncaglia e Romero (2020), esse tipo de movimento não é novidade para o Brasil, mas ganhou força total no governo Bolsonaro. Na reunião ministerial de 22 de abril de 2020, o ministro do Meio Ambiente, Ricardo Salles, instou o presidente a aproveitar a "distração" da crise do Covid-19 para pressionar a desregulamentação do setor. Aqui está sua fala durante a reunião: "Precisamos fazer um esforço enquanto estamos neste momento calmo em termos de cobertura da imprensa, porque eles estão apenas falando sobre a Covid, e pressionar para alterar todas as regras e simplificar as normas".

Em seu livro *Never let a serious crisis go to wasta*,[386] Philip Mirowski argumentou que a dissonância cognitiva fomenta o pensamento neoliberal a tal ponto que nenhuma evidência contrária pode abalar as convicções de seus discípulos sobre a "verdade suprema" que essa corrente de ideias representa. Por mais apocalíptica que possa parecer uma crise, sempre há motivos para se culpar a intervenção do governo por todos os males que assolam a Terra.

Esta postura "desestatizante" a qualquer custo vai custar muito caro às futuras gerações. Como mostramos em Gala e Roncaglia (2020), subir a escada tecnológica é a saída da armadilha de renda média do Brasil. Ao incorporar mais complexidade à nossa rápida economia desindustrializante, o Brasil pode dar um salto adiante no futuro, tornando-se

---

[386] MIROWSKI, Philip. *Never let a serious crisis go to waste*. London: Verso, 2013.

uma sociedade que aprende e promovendo uma nova estratégia nacional de crescimento baseada na prosperidade liderada pela tecnologia, ambientalmente sustentável e socialmente inclusiva. Porém, isso não ocorrerá pelas pulsões espontâneas do mercado.

O mecanismo de mercado estabelece uma priorização do esforço produtivo das nações que apenas reproduz vantagens comparativas estáticas. Além disso, as pesquisas recentes mostram que quando uma sociedade atribui ao mercado o ordenamento das preferências sociais, a decorrente suboferta de bens comuns e públicos – como infraestrutura, inovação e conhecimento, dentro outros – tende a ampliar as desigualdades já causadas pelos rendimentos via mercado de trabalho e gerar crises cíclicas de endividamento de famílias e empresas, crises estas que se revertem em duradoura insuficiência de demanda.

Hyman Minsky (1986) já havia notado que economias capitalistas guiadas pelo mercado têm dificuldade em manter e expandir um estoque de capital caro, durável e denso. Sem a atuação reguladora e indutora do Estado, as falhas do sistema capitalista o levam a crises cíclicas persistentes em sua fase recessiva. Ademais, a dinâmica produz grande destruição de ativos de capital para poder limpar os balanços sobrecarregados de dívidas de todas as unidades econômicas.

Neste sentido, a retração global causada pela pandemia de Covid-19 evidenciou mais claramente os limites da agenda neoliberal, consagrada na experiência do "Consenso de Washington", em sustentar um processo de desenvolvimento de longo prazo. Por tais motivos, "passar a boiada" para desmantelar todo e qualquer resquício da Era Vargas é um verdadeiro "tiro no pé" para o povo brasileiro.

Desenvolvimento econômico e "verdadeira" política industrial

O desenvolvimento econômico é uma transformação estrutural que leva pessoas da agricultura para a indústria e depois para os serviços modernos; um processo conhecido como "revolução industrial". Países que têm uma estrutura produtiva complexa e sofisticada possuem empresas que investem muito em pesquisa e desenvolvimento de produtos e serviços (P&D). Empresas de países de estrutura produtiva pobre não têm porque investir nessas áreas. O Brasil passa cada vez mais para esse segundo grupo de economias, uma vez que parou no meio do caminho, refém do que os economistas chamam de armadilha de renda média, a saber: um ponto em que o país esgota seu estoque ocioso de mão de obra antes de atingir um estágio de sofisticação produtiva mais avançado.

O Brasil conseguiu avançar muito em sua transformação estrutural até os anos 1980; chegou ao meio do caminho, parou e depois começou a regredir. Seu sistema produtivo caminhou no sentido de diversificação e aumento da complexidade até os anos 2000, depois regrediu e voltou a se especializar em produtos menos complexos. Nossas plantas industriais vêm morrendo desde os anos 1990 e nossas capacidades tecnológicas foram sendo perdidas (para a Ásia) ao longo do tempo. Nossa sofisticação produtiva se perde a cada dia e, com ela, foram-se os "bons" empregos e o principal meio de transformar conhecimento, educação e capital humano em produtos, serviços e renda. Na atual tendência, restará no país um pequeno setor de serviços altamente sofisticado e complexo para fazer essa conversão.

Em face desta tendência, costuma-se dizer agora que "o engenheiro virou uber". É cada vez mais comum encontrar motoristas de uber e táxi que vieram do setor industrial brasileiro; muitos são oriundos também do setor derivado de serviços empresariais (marketing, design, TI, logística, finanças). O efeito da destruição do tecido industrial e produtivo do Brasil é visível a olhos nus. Viramos a economia da padaria, dos cabeleireiros, das manicures e dos lojistas de shopping: serviços não escaláveis, sem produtividade e sem desenvolvimento tecnológico.

Uma das causas deste preocupante desfecho se deve a um longo engessamento intelectual na fé ingênua, nas capacidades do espontaneísmo de mercado e do livre comércio em promover o progresso material das nações sem muito esforço, bastando apenas produzir aquilo que se faz melhor. Após algumas décadas experimentando a aplicação dessas ideias, abre-se uma oportunidade para uma revisão crítica do (neo)liberalismo e uma busca por alternativas em velhas receitas, como o protecionismo tarifário e cambial, porém em novos moldes.

Reinert e Reinert (2011) buscaram recentemente fazer uma reabilitação do pensamento mercantilista, demonstrando como aquela "doutrina" econômica visava libertar os países de suas "vantagens comparativas passivas", focadas na produção de matérias primas, o que em economia chamamos de *low-hanging fruit*, isto é, algo que está na natureza para ser extraído sem grande esforço ou sofisticação. Na mesma linha, os autores clássicos do desenvolvimento econômico entendiam que as atividades produtivas são diferentes em termos de suas habilidades para gerar crescimento e desenvolvimento. Atividades com altos retornos crescentes de escala, alta incidência de inovações tecnológicas e altas sinergias decorrentes de divisão do trabalho dentro das empresas e entre empresas são fortemente indutoras de desenvolvimento econômico e, portanto, preferíveis àquelas atividades mais simples e setorialmente isoladas. São atividades nas quais, em geral, predominam competição imperfeita e todas as características desse tipo de estrutura de mercado (importantes curvas de aprendizagem, rápido progresso técnico, alto conteúdo de Pesquisa e Desenvolvimento (P&D), grandes possibilidades de economias de escala e escopo, alta concentração industrial, grandes barreiras à entrada, diferenciação por marcas, etc.).

Esse grupo de atividades de alto valor agregado se contrapõe às atividades de baixo valor agregado, em geral praticadas em países pobres ou de renda média com típica estrutura de competição perfeita (baixo conteúdo de P&D, baixa inovação tecnológica, informação perfeita, ausência de curvas de aprendizado e possibilidades de divisão do trabalho).

O próprio FMI vem questionando, desde 2016, o sucesso das promessas feitas pelas doutrinas de corte liberal quanto ao desenvolvimento de longo prazo. Ainda mais recentemente, a mesma instituição resolveu radicalizar de vez e publicou o trabalho intitulado "O retorno da política cujo nome ninguém ousa pronunciar: princípios de política industrial". A pesquisa conclui que "as prescrições padrão de política de crescimento não são suficientes", de forma que não se pode "ignorar o papel proeminente da política industrial". A experiência dos países asiáticos que viveram seus "milagres" do desenvolvimento mostra que não apenas "conseguiram alcançar o mundo avançado, como o modelo econômico dos milagres asiáticos resultou em uma desigualdade de renda de mercado muito menor do que na maioria dos países avançados".[387]

Neste sentido, o trabalho propõe três princípios-chave que constituem a "Política Industrial Verdadeira" (ou TIP), no original em inglês, os autores definem como *True Industrial Policy*, também descrita como *Technology and Innovation Policy*, donde a sigla *TIP*. a saber: (i) intervenção estatal para corrigir falhas de mercado que impedem o surgimento de produtores domésticos em indústrias sofisticadas desde o início, para além da vantagem comparativa inicial; (ii) orientação para exportação, em contraste com a típica "política industrial" falida dos anos 1960-1970, que foi principalmente industrialização por substituição de importações (ISI); e (iii) a busca de mais concorrência tanto no exterior quanto no mercado doméstico com rigorosa responsabilidade e com transparência. Além disso, um quarto item que envolve todos os outros, a saber: "a extensão do salto tecnológico para as indústrias sofisticadas logo no início e a extensão da criação de tecnologia pelas firmas domésticas", bem como "políticas que enfatizem inovação e tecnologia em todas as etapas do processo de desenvolvimento" são determinantes do sucesso na forma de crescimento sustentado de longo prazo.

Argumentamos aqui que o processo de assimilação da tecnologia e autonomização dos "saltos tecnológicos" requerem a combinação de exposição competitiva (e estratégica) das economias à concorrência externa e fortes investimentos na consolidação de uma infraestrutura de capital físico e humano para acelerar o processamento e desenvolvimento tecnológico. Esta difícil combinação estaria na raiz, da chamada "política industrial verdadeira", a qual pode permitir aos países exportadores de bens primários diversificar e elevar a sofisticação dos seus setores de bens comercializáveis,[388] escapando de suas regressivas vantagens comparativas.[389]

---

[387] CHERIF, Reda; HASANOV, Fuad. "The return of the policy that shall not be named: principles of industrial policy". *IMF Working Papers*, n° 74, mar. 2019, p. 5.

[388] CHERIF, Reda; HASANOV, Fuad. "The return of the policy that shall not be named: principles of industrial policy". *IMF Working Papers,* n° 74, mar. 2019, p. 6.

[389] REINERT, Erik S.; REINERT, Sophus A. "Mercantilism and economic development: schumpeterian dynamics". *Revista Oikos*, vol. 10, 2011, p. 22.

PAULO GALA / ANDRÉ RONCAGLIA DE CARVALHO

Complexidade econômica e sofisticação produtiva

O tema da complexidade ganhou destaque em economia com os trabalhos de Brian Arthur na liderança do instituto Santa Fé no Novo México no final dos anos 1980. Com aplicações em várias frentes, a perspectiva de sistemas dinâmicos complexos tem sido utilizada em diversos campos de pesquisa em economia e outras ciências. Estas aplicações são usadas, por exemplo, em teoria dos jogos, ciência política, biologia, física, entre outros. Em economia, as aplicações originais se deram em modelagem de funcionamento de mercados financeiros, regras de tomada de decisão de agentes individuais em variados contextos e estudos sobre *path dependence* ou dinâmicas que dependem de sua trajetória inicial graças a presença de retornos crescentes como veremos mais adiante. Mais recentemente, os físicos Albert Barabasi e Cesar Hidalgo e o economista Ricardo Hausmann deram novo impulso ao estudo dos sistemas complexos em economia ao disseminar o uso das redes complexas para o estudo do comércio internacional.

O mais recente *Atlas da Complexidade Econômica de 2011* combina avanços dessa discussão de complexidade com a tecnologia de Big Data para criar talvez um dos mais modernos e relevantes banco de dados da atualidade em economia. Medir a sofisticação produtiva ou "complexidade econômica" de um país não é tarefa simples; envolve uma combinação de precisão teórica e cuidado empírico. Ricardo Hausmann, César Hildalgo e coautores publicaram, em 2011, um método de extraordinária simplicidade e comparabilidade entre países numa parceria entre o Media Lab do MIT e a Kennedy School de Harvard.[390]

A partir da análise da pauta exportadora de um determinado país, é possível deduzir a sofisticação tecnológica de seu tecido produtivo. A construção dos índices de complexidade econômica (Big Data) exigiu o desenvolvimento de uma metodologia que culminou no atlas que

---

[390] "A melhor maneira de explorar dados comerciais". Disponível em: http://atlas.media.mit.edu/. Acessado em: 01.11.2021.

reúne extenso material sobre uma ampla variedade de produtos e de países, numa amostra de mais de 50 anos (1963-2018).

A complexidade econômica é atestada por meio de dois indicadores: a ubiquidade e diversidade de produtos encontrados na sua pauta exportadora. Se uma determinada economia é capaz de produzir bens não ubíquos, isto é, bens raros e complexos, entende-se que se trata de um sofisticado tecido produtivo.

Os bens não ubíquos devem ser divididos entre aqueles que têm alto conteúdo tecnológico e, portanto, são de difícil produção (aviões) e aqueles que são altamente escassos na natureza, por exemplo, diamantes, e, portanto, tem uma não ubiquidade natural. A escassez de recursos naturais pode influenciar enganosamente a medição de complexidade; o fato de um bem ser raro envolve um "acaso" da natureza e não o resultado de capacitações tecnológicas e produtivas. Para corrigir essa possível distorção, os autores do *Atlas* usam uma técnica engenhosa: combinam a ubiquidade do produto feito num determinado país com a diversidade de produtos que esse país é capaz de exportar. Isso impede que o índice confunda complexidade com mera exploração extrativista.

O desenvolvimento econômico se manifesta no domínio de técnicas de produção mais sofisticadas que, em geral, levam à maior geração de valor adicionado por trabalhador, como defendiam os clássicos do desenvolvimento. Na mesma linha, os resultados do *Atlas* também apontam para a importância dos padrões de especialização no comércio mundial. Os dados mostram que os países ricos (Europa, Ásia e EUA) produzem bens mais complexos, enquanto os mais pobres (América Latina e África) produzem bens menos complexos. Ademais, há baixa rotatividade no topo da complexidade produtiva mundial: Japão, Alemanha, Estados Unidos, Reino Unido e Suécia estão sempre entre os dez primeiros países nos rankings de complexidade dos últimos dez anos.

Economias complexas especializam-se em produtos típicos de estruturas de mercado de concorrência imperfeita com produção feita em redes sofisticadas, com elevados retornos crescentes de escala; o inverso se aplica para os produtos não complexos. O setor manufatureiro costuma se destacar neste aspecto. Como veremos a seguir, competitividade é resultado de esforço coletivo aproveitando-se estrategicamente de externalidades e complementaridades setoriais que permitam o florescimento de vantagens comparativas dinâmicas, essenciais para fazer frente à intensa concorrência internacional.

Redes de conhecimento produtivo

Além dos aspectos vistos acima, há ainda uma importante força direcionando a formação da produção em redes: as limitações cognitivas dos seres humanos. Cada indivíduo enfrenta restrições quanto ao volume de informações que consegue acumular. Hidalgo define o conceito de "personbyte" como a quantidade de informação máxima possivelmente armazenada por uma única pessoa. Assim, produtos exigindo mais do que um "personbyte" de informação para serem produzidos demandarão necessariamente trabalhos coletivos e produção integrada em rede com vários "personbytes", de preferência harmonicamente, para que se possa combinar e integrar os diversos conhecimentos entre pessoas.

Podemos também pensar no conceito de "firmbyte", isto é, o limite de informação que uma firma pode carregar. Bens complexos requerem muitos "personbytes" e "firmbytes", os quais só podem ser organizados em sofisticadas redes produtivas. O caso do avião da Boeing e os produtos da Apple e Samsung são exemplos dessa dependência entre firmas para se gerar produtos complexos. A construção do iPod só foi possível graças a um micro hard drive desenvolvido pela empresa Toshiba. O Gorilla Glass, super-resistente, dos iPhones foi desenvolvido por uma empresa de manufaturas de vidro em NY chamada Corning. Qualquer computador pessoal, independentemente de sua marca, carrega em geral um chip da Intel ou AMD, um hard drive Quantum, Seagate ou Fujitsu e uma memória feita provavelmente pela Kingston ou Corsair.

O desenvolvimento econômico surge nessa perspectiva de Cesar Hidalgo (2015) como a capacidade de criação de uma rede produtiva sofisticada. Assim, países ricos são aqueles com alta capacidade computacional para processar informação e gerar produtos em uma intrincada rede produtiva. A riqueza e a pobreza das nações depende, portanto, do domínio de conhecimento e tecnologia como já diziam os economistas clássicos do desenvolvimento, mas agora com uma roupagem conceitual atualizada e com ampla sustentação empírica a partir da utilização de enormes bancos de dados. Hidalgo e Hausmann (2012) constroem um modelo simplificado bastante interessante. A partir da relação entre conhecimento produtivo tácito e redes produtivas complexas e locais, é possível descrever a configuração e a dinâmica das relações de comércio mundial como uma rede bipartite complexa formada a partir de três simples hipóteses: i) produtos do comércio mundial necessitam de capacidades locais não transacionáveis para serem produzidos; ii) cada país pode ser caracterizado por um conjunto dessas capacidades locais; iii) países só podem produzir produtos para os quais tenham a totalidade das capacidades locais produtivas necessárias.

O núcleo da produtividade de um país se nutre das atividades "complexas" produzidas em redes integradas e com elevada simbiose produtiva e tecnológica (como é o caso de serviços sofisticados). O restante é formado por *commodities* e serviços não sofisticados com baixos graus de diferenciação, de conectividade e, portanto, de complexidade. Alguns exemplos retirados do *Atlas da Complexidade* ilustram bem o ponto: maquinário de escavação e carros são altamente complexos em termos de conhecimento produtivo, já o minério de ferro e a soja são não complexos. Novamente os produtos manufaturados aparecem como destaque em termos de complexidade em relação a outros tipos de bens. *Commodities* em geral não apresentam esse tipo de característica. Produtos de baixa sofisticação e complexidade não demandam redes produtivas complexas, pois carregam um baixo conteúdo de conhecimento produtivo.

O setor industrial se destaca por sua complexidade, pois de todos os subsetores produtivos é o que mais exerce efeitos de encadeamento para frente e para trás sobre os outros subsetores e em seu próprio subsetor. Isto ocorre porque a indústria de transformação demanda insumos e oferta produtos de e para todos os demais setores da economia, como também porque os elos de ligação entre os setores produtivos intraindústria são mais densos. Movimentos de expansão ou contração no setor manufatureiro afetam mais o conjunto da economia do que impulsos observados fora desse setor. Essa primazia da indústria pode ser facilmente observada nas economias mundo afora a partir da análise das matrizes insumo-produto de cada país. Maquinário, produtos químicos, aviões, navios e eletrônicos se destacam como bens mais complexos e conectados entre si. Por outro lado, pedras preciosas, petróleo, minerais, peixes e crustáceos, frutas, flores e agricultura tropical apresentam baixíssima complexidade e conectividade. Cereais, têxteis, equipamentos para construção e alimentos processados situam-se numa posição intermediária entre os bens mais complexos e menos complexos. *Commodities* e extrativismos em geral não estão inseridos em redes e tendem a ser produzidos em países pobres da África e América Latina. Produtos industriais sofisticados e integrados em rede são feitos no leste asiático, Europa e EUA. Tecidos produtivos complexos tendem a ser construídos em torno de bens industriais ou processamento de *commodities*.

Quando o assunto é desenvolvimento econômico, não há bala de prata.

Transferência tecnológica, conhecimento e capacidades organizacionais

Um dos obstáculos envolvidos no aprendizado tecnológico das nações diz respeito aos custos associados à assimilação das tecnologias transferidas de parceiros comerciais posicionados na fronteira tecnológica em seus respectivos setores. Amsden[391] redefiniu, à luz da experiência de "O resto", que o desenvolvimento econômico pode ser redefinido como "um processo em que se passa de um conjunto de ativos baseados em produtos primários, explorados por mão de obra não especializada, para um conjunto de ativos baseados no conhecimento, explorados por mão de obra especializada. A transformação exige que se atraia capital tanto humano como físico da busca de renda, do comércio e

---

[391] AMSDEN, Alice. *The rise of the rest*: challenges to the west from late-industrializing economies. New York: Oxford University Press, 2001.

da "agricultura" (definida em termos amplos) para as manufaturas, o coração do crescimento econômico moderno".

Os recursos tecnológicos que criam novos produtos e novas técnicas de produção constituem *ativos "invisíveis"* de uma empresa, como salientou Itami.[392] Esses ativos permitem que uma empresa venda abaixo dos custos dos concorrentes e acima de seus padrões de qualidade. Ademais, tais ativos são apropriáveis, intangíveis e, portanto, difíceis de copiar, gerando lucros anormais apoiados em rendas de monopólio conferidas aos seus proprietários. A existência de fortes barreiras à difusão de tecnologias por meio da imposição de patentes torna, portanto, falaciosa a ideia de que o conhecimento seja um bem público, como costuma-se afirmar no modelo clássico de Heckscher-Ohlin para o comércio internacional, sendo mais preciso definir o conhecimento como um bem posicional.

Como nos lembram Reinert e Reinert,[393] as duas mais importantes instituições mercantilistas (ambas inventadas no final dos anos 1400) – as patentes (para proteger novos conhecimentos) e proteção (para construção da indústria, e não para fins de receita) – vão contra os princípios básicos da economia neoclássica. Estas instituições gêmeas são derivadas do mesmo entendimento básico da dinâmica de uma economia baseada no conhecimento e hoje são consideradas heroínas (patentes) e vilãs (proteção). Conhecimento é poder e este gera incentivos automáticos a sua acumulação e proteção.

Adicionalmente, Amsden[394] os relembra que, mesmo na ausência de patentes, a natureza da própria tecnologia dificulta a aquisição de conhecimento. As propriedades de uma dada tecnologia não podem ser totalmente documentadas, de forma que a otimização do processo

---

[392] ITAMI, H. *Mobilizing invisible assets*. Cambridge: Harvard University Press, 1987.

[393] REINERT, Erik S.; REINERT, Sophus A. "Mercantilism and economic development: schumpeterian dynamics". *Revista Oikos*, vol. 10, 2011, p. 23.

[394] AMSDEN, Alice. *The rise of the rest*: challenges to the west from late-industrializing economies. New York: Oxford University Press, 2001, p. 5.

e a especificação do produto permanecem uma "arte", dependendo de habilidades gerenciais que são mais tácitas do que explícitas.

Khan[395] mostrou recentemente o quão intricado e arredio é o processo de assimilação de conhecimento tecnológico, o qual pode ser assimilado pelo indivíduo ou por coletividades. No primeiro caso, o conhecimento formal codificado (alfabetização, conhecimento matemático e científico) pode ser necessário para adquirir habilidades específicas tácitas, associadas à prática profissional. Nesta última categoria encontra-se o conhecimento do tipo não-codificado, que se manifesta no "know-how" embutido em rotinas inconscientes e muitas vezes complexas que são compreendidas e internalizadas através da aprendizagem na prática. No plano do conhecimento compartilhado, Khan sugere um tipo específico de "hiato de conhecimento" que inibe a transformação estrutural conducente à maior competitividade: as capacidades organizacionais. Estas exigem conhecimento de como organizar efetivamente atividades coletivas em determinadas tecnologias, contextos sociais e políticos de maneira a conquistar competitividade.

É portanto, ilusório acreditar que a mera escolarização da população será capaz de elevar a produtividade aos níveis requeridos pela competitividade nos mercados internacionais.

A transformação estrutural em tempos de acelerada evolução tecnológica requer uma estratégia de aprendizagem tecnológica eficaz. Para tanto, é preciso identificar os hiatos de conhecimento relevantes e as políticas que podem ser implementadas de maneira correta para lidar com essas deficiências. Nas palavras do próprio autor:

> Não se trata apenas de produzir trabalhadores com níveis de ensino secundário ou superior em volume certo para atender às demandas projetadas. Esses trabalhadores também precisam ter o conhecimento adequado para poder operar competitivamente as tecnologias existentes e emergentes. Mais importante ainda, empresas bem organizadas precisam surgir para empregar essas

---

[395] KHAN, Mustaq H. "Knowledge, skills and organizational capabilities for structural transformation". *Structural Change and Economic Dynamics*, n° 48, 2019.

pessoas com níveis de produtividade altos o suficiente para alcançar competitividade.

A eficiência organizacional também se baseia no conhecimento, mas é de um tipo diferente. Não é o conhecimento que um indivíduo possui, mas o conhecimento que um grande número de indivíduos possui sobre como cooperar e coordenar efetivamente entre si dentro de uma organização. Sem este último, os investimentos em conhecimentos e habilidades codificados podem obter baixos retornos. A ausência de qualquer elemento pode eliminar potenciais retornos aos investimentos em outros tipos de conhecimento. Em particular, na ausência de empresas capazes de empregar trabalhadores de forma produtiva, os investimentos em educação e habilidades só podem resultar no surgimento de um grande número de pessoas desempregadas com grau de instrução e de habilidades.[396]

Portanto, organizações eficientes permitem aos indivíduos aproveitarem seu estoque de conhecimento formal e tácito de sorte a realizar plenamente seu potencial produtivo, bem como estes dois tipos de saber podem auxiliar na estruturação de organizações eficientes, capazes de aproveitar as externalidades e complementaridades estratégicas que caracterizam essas atividades. Trata-se de um tipo específico de "conhecimento coletivo", distinto do conhecimento codificado e do *know-how* incorporado nos indivíduos. "Sem capacidades organizacionais apropriadas, os investimentos em outros tipos de conhecimento não conseguem obter retornos adequados".[397]

Embora muitas empresas de países em desenvolvimento possam adquirir máquinas para muitas atividades básicas de produção e contem com razoável disponibilidade de trabalhadores qualificados, falta-lhes a capacidade de processar e operar articuladamente todos estes fatores

---

[396] KHAN, Mustaq H. "Knowledge, skills and organizational capabilities for structural transformation". *Structural Change and Economic Dynamics*, n° 48, 2019, p. 42 (tradução do autor).

[397] KHAN, Mustaq H. "Knowledge, skills and organizational capabilities for structural transformation". *Structural Change and Economic Dynamics*, n° 48, 2019, p. 42.

para uma produção competitiva. Além de as tecnologias diferirem, sensíveis diferenças em termos de hierarquias sociais, padrões de trabalho coletivo, estruturas externas de governança e de controle tendem a variar sobremaneira.

Com efeito, uma vez compreendida esta dimensão da assimilação tecnológica, torna-se ingênua a crença na efetividade da simples transposição emulativa de estruturas organizacionais formais de outros contextos sociotécnicos. A aprendizagem coletiva envolve todos os níveis operacionais das firmas e é necessária para adaptar as funções de rotinas específicas para se adequar aos contextos locais. Como se não fosse difícil o suficiente,[398] adverte que este processo de aprendizagem se torna mais complexo com produtos de maior sofisticação tecnológica, porque processos técnicos, de controle de qualidade e organizacionais mais complicados provavelmente estão envolvidos para obter resultados eficientes.

O resultado é, por conseguinte, uma aprendizagem organizacional coletiva mais complexa, elaborada e gradual.

Dani Rodrik e Ricardo Hausmann[399] definiram o desenvolvimento econômico como um "processo de autodescoberta" de suas capacidades e habilidades. Segundo os autores, é difícil e custoso para uma empresa, pessoa ou um país descobrir suas vantagens comparativas, isto é, descobrir os seus talentos ou os seus diferenciais com relação aos outros. Assim, ser empreendedor em um país em desenvolvimento requer descobrir a estrutura de custos subjacente à inovação, isto é, o que pode e não pode ser produzido de forma lucrativa. A descoberta destes custos logo se torna de conhecimento público – todos podem observar se seus projetos são bem-sucedidos ou não. O valor social que tais inovações geram excede seus custos privados de desenvolvimento. Se tiverem sucesso, muitos dos ganhos são socializados por meio da

---

[398] KHAN, Mustaq H. "Knowledge, skills and organizational capabilities for structural transformation". *Structural Change and Economic Dynamics*, nº 48, 2019, p. 44.

[399] RODRIK, Dani; HAUSMANN, Ricardo. "Economic development as self discovery". Journal of Development Economics, 2003.

entrada e da imitação, ao passo que, se falharem, arcarão com os custos totais. Assim, a relação risco-retorno se torna inviável para unidades econômicas com limitada capacidade de levantar recursos por longos períodos de tempo sem gerar qualquer retorno.

A conclusão dos autores contrasta radicalmente com a narrativa convencional, de corte liberal, que atribui ao setor privado capacidades heroicas de enfrentar o risco embutido no processo inovativos. O Estado é e sempre foi peça chave no desenvolvimento tecnológico dos países centrais. Exatamente por conta de sua ampla capacidade de mobilizar recursos via orçamento público, bancos de desenvolvimento e variadas formas de poupança forçada, o Estado consegue enfrentar os assombrosos riscos de insucesso envolvidos na pesquisa básica em inovação tecnológica no estado da arte em cada campo do saber. Uma vez superada a fase em que os investimentos geram apenas despesas e nenhum retorno financeiro, as inovações são então aproveitadas pelo setor privado que as transforma, por meio de desenvolvimentos acessórios e agregados, em bens ou serviços comercializáveis na economia.[400]

Por esses motivos, o sucesso da política industrial em promover o binômio inovação-competitividade dependerá de uma adequada articulação entre Estado, mercado e sociedade civil. A combinação entre sinais de mercado e a mão visível do Estado pode direcionar trabalho e capital a atividades que o mercado não necessariamente empreenderia.[401] Na ausência desta ação coordenada, os recursos e as habilidades humanas (inatas ou adquiridas) podem ser mal utilizadas ou mesmo não encontrar emprego adequado, reduzindo portanto o que a teoria econômica convencionou chamar, com Mincer,[402] de retornos ao investimento em capital humano.

---

[400] Para mais detalhes, ver: MAZZUCATO, Mariana. *O estado empreendedor*: desmascarando o mito do setor público vs setor privado. São Paulo: Penguin, 2014.

[401] CHERIF, Reda; HASANOV, Fuad; KAMMER, Alfred. "Lessons for today and the way forward". In: _____. *Breaking the oil spell*: the gulf falcons' path to diversification. Washington: International Monetary Fund Press, 2016.

[402] MINCER, Jacob. "Investment in human capital and personal income distribution". *Journal of Political Economy*, n° 66, 1958.

Conclusões

A segunda década do século XXI consolidou o balanço do modelo econômico baseado na hiperglobalização. Os resultados não foram satisfatórios. Uma publicação do FMI concluiu que o neoliberalismo foi "superestimado" (*oversold*). Seus retornos em termos de dinamismo econômico e justiça social foram modestos, quando comparados aos custos de sua implementação. Estagnação e desigualdade vieram de mãos dadas e não geraram o desenvolvimento como prometido. A supremacia dos mercados superfaturou a conta das sociedades periféricas.

Foi lento o despertar para os limites dos mercados em promoverem, sozinhos, o crescimento equitativo e inclusivo. Desde a segunda crise do petróleo em 1979, falar de políticas de promoção industrial é anátema, convite para o ostracismo profissional. Recentemente, porém, abriu-se uma janela de oportunidade para o retorno da "política cujo nome ninguém ousa mencionar". Essa expressão quase cômica veio no subtítulo de outra publicação oficial do FMI. Mas o que é uma política industrial?

A literatura recente vem atualizando nosso conhecimento sobre as experiências de sucesso e de fracasso, buscando compreender todas as dimensões em que podemos acertar e errar. Porém, antes uma definição para balizarmos nossa conversa. Política industrial é um conjunto de "políticas que estimulam atividades econômicas específicas e promovem mudanças estruturais".[403]

Contudo, a política industrial não se refere necessariamente à indústria manufatureira em si. Como discutimos em nosso livro *Brasil, uma economia que não aprende*, o conceito de indústria tem a ver com aptidão e destreza, traços que podem se manifestar em qualquer setor da economia e não apenas na indústria de transformação.

As críticas à política industrial se apoiam em dois aspectos. Primeiro, alega-se que os governos têm uma *limitação informacional*. Ou

---

[403] RODRIK, Dani. *Putting global governance in its place*. Cambridge: University Press, 2019.

seja, a política industrial não seria capaz de identificar com precisão as empresas, setores e mercados relevantes sujeitos a imperfeições do próprio mercado que bloqueiam o avanço da produtividade. Essa crítica é frequentemente expressa dizendo que "os governos não podem escolher campeões nacionais".

A segunda crítica toca na possibilidade de *captura política* (ou falha de governo). Governos não conseguiriam resistir ao *lobby* de grupos de interesse em busca de privilégios. Assim, a política industrial pode se tornar um instrumento de transferência incondicional de renda, isto é, contrapartidas que beneficiem a sociedade, como maior exportação ou investimentos em tecnologia. A política industrial teria risco elevado de reforçar o clientelismo e/ou patrimonialismo.

Essas críticas são importantes, pois servem como orientações ao desenho de políticas de desenvolvimento. É curiosa, porém, a ausência dessas mesmas críticas a outras áreas da política governamental onde elas também se aplicariam, como educação, saúde, infraestrutura e mesmo as políticas macroeconômicas convencionais.

Por isso, salientamos que o problema não é se a política industrial deve ser feita, mas como ela deve ser feita. Afinal, abdicar de qualquer política industrial consciente não elimina os efeitos das políticas sobre a estrutura produtiva. Ignorar o problema das falhas de mercado não faz com que eles sumam.

A literatura mais recente vem sugerindo, portanto, um rejuvenescimento da política industrial. Tal conselho se baseia em algumas constatações. Primeiro, grande parte das diferenças agregadas de produtividade entre os países é explicada por diferenças de produtividade no setor de bens comercializáveis (*tradables*), especialmente na produção de máquinas e equipamentos.[404]

---

[404] HERRENDORF, Berthold; VALENTINYI, Ákos. "Which sectors make poor countries so unproductive?". *Journal of Economic European Association*, Londres: Oxford University Press, 2012.

Em segundo lugar, a *colaboração público-privada disciplinada* tem-se mostrado um "mecanismo de busca" para identificar as restrições mais importantes enfrentadas pelos empreendedores, bem como os mecanismos mais adequados para aliviar essas restrições.[405] Ou seja, Estado e setor privado colaboram para aproveitar as melhores oportunidades de avanço tecnológico. Desta forma, se projetada adequadamente, a colaboração público-privada pode mitigar os dois riscos (falta de informação e captura política).[406]

Por fim, a nova agenda de política industrial deriva seu aprendizado da *experiência prática* de programas de transformação produtiva,[407] bem como das empresas afetadas pela política industrial.[408] Neste sentido, o conhecimento nesse campo se tornou menos teórico e abstrato e dá cada vez mais valor à descrição detalhada das forças complexas envolvidas nas experiências de sucesso.

A nova política industrial busca, portanto, uma adaptação de toda a evidência histórica e de toda a teoria econômica às condições locais específicas e ao novo momento da indústria 4.0, das crescentes restrições ambientais e das exigências sociais de inclusão produtiva.

Num mundo em crescente disputa por nichos do mercado internacional, não pensar em política industrial é facilitar a vida da concorrência. Não cair nesta armadilha requer compreender os detalhes

---

[405] RODRIK, Dani. "Research on industrial policy has taken off, leading to a better understanding of when such policies effectively harness economic development". *VoxDev*, jan. 2019. Disponível em: https://voxdev.org/topic/public-economics/where-are-we-economics-industrial-policies. Acessado em: 17.12.2021.

[406] RODRIK, Dani. *Putting global governance in its place*. Cambridge: University Press, 2019.

[407] Ver Ghezzi (2017) e Lane (2017) em RODRIK, Dani. "Research on industrial policy has taken off, leading to a better understanding of when such policies effectively harness economic development". *VoxDev*, jan. 2019. Disponível em: https://voxdev.org/topic/public-economics/where-are-we-economics-industrial-policies. Acessado em: 17.12.2021.

[408] KHAN, Mustaq H. "Knowledge, skills and organizational capabilities for structural transformation". *Structural Change and Economic Dynamics*, n° 48, 2019.

e implicações desta nova agenda de "empoderamento" produtivo e tecnológico. Não fiquemos de fora.

Um país dificilmente progredirá se especializar-se na produção de produtos simples e não caminhar na direção de complexidade e diversificação. Por isso, a ideia de vantagens comparativas deve também ser pensada em termos dinâmicos. O processo de desenvolvimento se dá num ambiente de intensa competição e nações ricas lutam para preservar suas vantagens competitivas em relação aos países em desenvolvimento, tornando o processo muito mais desigual e assimétrico. Na conhecida expressão do economista alemão Friedrich List, após atingirem um elevado estágio de desenvolvimento os países ricos "chutam a escada", tentando impedir que países pobres percorram o mesmo percurso.

Daí decorre o velho debate acerca da capacidade de o mercado por si só promover o "upgrading produtivo" das nações emergentes. Para a perspectiva aqui apresentada, o papel do Estado é fundamental para escapar desta armadilha do subdesenvolvimento. A importância das chamadas políticas de ITT (*Industrial, Trade and Technology policies*) e de política macroeconômica adequada (Bresser-Pereira, 2018) aparecem na discussão sobre complexidade como uma das principais explicações do sucesso dos países hoje considerados ricos. Ademais, a abordagem da complexidade e da aprendizagem das sociedades e das organizações revela que não há caminho possível para o desenvolvimento econômico fora da rota da sofisticação do tecido produtivo. Além disso, há evidências fortes de que o meio ambiente só pode ser protegido por meio de maior complexidade econômica.[409]

Todos os países ricos amadureceram suas economias na direção de maior complexidade produtiva e maior capacidade de aprendizagem, enquanto os países pobres falharam em tal propósito. Como chegar lá continuará sendo objeto de acaloradas disputas teóricas e políticas. O que realmente importa é não desviar do propósito e do destino de todo este debate, os quais foram tão bem colocados por Celso Furtado:

---

[409] ROMERO, João; GRAMKOW, Camila. "Economic complexity and greenhouse gas emissions". *World Development*, vol. 139, 2021.

"quando a capacidade criativa do homem se volta para a descoberta de suas potencialidades, e ele se empenha em enriquecer o universo que o gerou, produz-se o que chamamos de *desenvolvimento*".[410]

---

[410] FURTADO, Celso. *O capitalismo global*. Rio de Janeiro: Paz e Terra, 1998, p. 47.

Referências Bibliográficas

AMSDEN, Alice. *The rise of the rest*: challenges to the west from late-industrializing economies. New York: Oxford University Press, 2001.

ARTHUR, William Brian. *Complexity and the economy*. New York: Oxford University Press, 2015.

BRESSER-PEREIRA, Luiz Carlos. "Doença holandesa e sua neutralização: uma abordagem ricardiana". *Revista Brasileira de Economia Política*, vol. 28, n° 1, 2007.

BRESSER-PEREIRA, Luiz Carlos. "The dutch disease and its neutralization, a ricardian approach". *Revista de Economia Política*, vol. 28, n° 1, jan. 2007.

BRESSER-PEREIRA, Luiz Carlos; NAKANO, Yoshiaki. "Crescimento com poupança externa?". *Revista de Economia Política*, vol. 23, n° 2, abr. 2003.

CHANG, Ha-Joon. "The east asian development experience". In: _____. *Rethinking development economics*. Londres: Anthem Press, 2003.

CHANG, Ha-Joon. *Chutando a escada*: a estratégia do desenvolvimento em perspectiva histórica. São Paulo: Unesp, 2004.

CHERIF, Reda; HASANOV, Fuad. *The return of the policy that shall not be named*: principles of industrial policy. Washington: International Monetary Fund Press, 2019.

CHERIF, Reda; HASANOV, Fuad; KAMMER, Alfred. "Lessons for today and the way forward". In: _____. *Breaking the oil spell*: the gulf falcons' path to diversification. Washington: International Monetary Fund Press, 2016.

CIMOLI, Mario. "Exchange rate and productive structure in a technological gap model". *Economic Notes by Monte dei Paaschi di Siena*, vol. 21, n° 3, 1992.

CLEARY, Ekaterina Galkina *et al.* "Contribution of NIH funding to new drug approvals". *Proceedings of the National Academy of Sciences*, vol. 115, n° 10, 2018. DOI: 10.1073/pnas.1715368115.

FELIPE, Jesus *et al.* "Product complexity and economic development". *Structural change and economic dynamics*, jun. 2012.

FURTADO, Celso. *O capitalismo global*. Rio de Janeiro: Paz e Terra, 1998.

FURTADO, Celso. *O longo amanhecer*: reflexões sobre a formação do Brasil. Rio de Janeiro: Paz e Terra, 2008.

GALA, Paulo; RONCÀGLIA DE CARVALHO, André. *Brasil, uma economia que não aprende*: novas perspectivas para entender nosso fracasso. São Paulo: Edição do Autor, 2020.

GRAEBER, David. *Bullshit jobs*. New York: Simon & Schuster, 2018.

HARTMANN, Dominik *et al.* "O espaço setorial-ocupacional revela a estratificação socioeconômica no Brasil". *Working Paper Series*, n° 506, São Paulo: FGV, jun. 2019.

HAUSMANN, Ricardo; HIDALGO, César (*et al.*). *The atlas of economic complexity*: mapping paths to prosperity. Boston: Harvard University Press, 2011.

HERRENDORF, Berthold; VALENTINYI, Ákos. "Which sectors make poor countries so unproductive?". *Journal of the Economic European Association*, Londres: Oxford University Press, 2012.

HIDALGO, César; HARTMANN, Dominik *et al.* "Linking economic complexity, institutions and income inequality". Nova York: Cornell University, 2015. Disponível em: arXiv:1505.07907. Acessado em: 16.12.2021.

HIDALGO, César; KLINGER, Bailey *et al.* "The product space conditions the development of nations". *Science*, vol. 317, n° 5837. DOI:10.1126/science.1144581, 2007.

ITAMI, Hiroyuki. *Mobilizing invisible assets*. Cambridge: Harvard University Press, 1987.

JOHNSON, Neil. *Simply complexity*: a clear guide to complexity theory. Oxford: Oneworld, 2007.

KALDOR, Nicholas. "Causes of the slow rate of economic growth of the United Kingdom". In: _____. *Further essays on economic theory.* New York: Holmes & Meier Publisher, 1966.

KHAN, Mustaq H. "Knowledge, skills and organizational capabilities for structural transformation". *Structural Change and Economic Dynamics*, vol. 48, 2019.

KRUGMAN, Paul; FUJITA, Masahisa; VENABLES, Anthony. *The spatial economy*: cities, regions and international trade. London: MIT Press, 2000.

MARCONI, Nelson (*et al.*). *Indústria e desenvolvimento produtivo no Brasil*. São Paulo: FGV, 2015.

MAZZUCATO, Mariana. *O estado empreendedor*: desmascarando o mito do setor público vs. setor privado. São Paulo: Portfolio-Penguin, 2014.

MILBERG, William; WINKLER, Deborah. *Outsourcing economics*: global value chains in capitalist development. Cambridge: University Press, 2013.

MINCER, Jacob. "Investment in human capital and personal income distribution". *Journal of Political Economy*, vol. 66, n° 4, 1958.

MIROWSKI, Philip. *Never let a serious crisis go to waste*: how neoliberalism survived the financial meltdown. Londres: Verso, 2013.

NORTH, Douglass. *Institutions, institutional change and economic performance*. Cambridge: University Press, 1990.

NORTH, Douglass. *Structure and change in economic history.* Cambridge: University Press, 2012.

NORTH, Douglass; THOMAS, Robert Paul. *The rise of the western world*: a new economic history. Cambridge: University Press, 1973.

PALMA, Gabriel. "Four sources of de-industrialization and a new concept of the dutch disease". *In*: OCAMPO, José Antonio (Coord.). *New challenges for Latin American development*. 2003.

PALMA, Gabriel. "Gansos voadores e patos vulneráveis: a diferença da liderança do Japão e dos Estados Unidos no desenvolvimento do Sudeste Asiático e da América Latina". *In*: FIORI, José Luis (Coord.). *O poder americano*. Petrópolis: Vozes, 2005.

PASINETTI, Luigi. *Structural change and economic growth*: a theoretical essay on the dynamics of the wealth of nations. Cambridge: University Press, 1981.

PRZEWORSKI, Adam. "A última instância: as instituições são a causa primordial do desenvolvimento econômico?". *CEBRAP*, n° 72, 2005.

PUGNO, Maurizio. "A kaldorian model of economic growth with labour shortage and major technical changes". *Structural Change and Economic Dynamics*, vol. 7, 2012.

RAINER Kattel; KREGEL, Jan; REINERT, Erik. "The relevance of Ragnar Nurkse and classical development economics". *Technology Governance and Economic Dynamics*, n° 21, 2009.

RAINER Kattel; REINERT, Erik. "Modernizing Russia - round III: Russia and the other BRIC countries, forging ahead, catching up or falling behind?". *Technology Governance and Economic Dynamics*, n° 32, 2010.

REINERT, Erik S. "Developmentalism". *Technology Governance and Economic Dynamics*, n° 34, 2010.

REINERT, Erik S. *How rich countries got rich and why poor countries stay poor*. Nova York: Public Affairs, 2008.

REINERT, Erik S.; REINERT, Sophus A. "Mercantilism and economic development: schumpeterian dynamics, institution building and international". *Revista Oikos*, vol. 10, 2011.

REINERT, Sophus A. *Translating empire*: emulation and the origins of political economy. Cambridge: Harvard University Press, 2011.

ROCHA, Igor Lopes. "Essays on economic growth and industrial development: a comparative analysis between Brazil and South Korea". Cambridge: University of Cambridge, 2015. (PhD Thesis).

RODRIK, Dani. *Growth strategies*. Cambridge: Harvard University, 2004.

RODRIK, Dani. *Putting global governance in its place*. Cambridge: Harvard University, 2019.

RODRIK, Dani; HAUSMANN, Ricardo. "Economic development as self discovery". *Journal of Development Economics*, 2003.

ROMERO, João; GRAMKOW, Camila. "Economic complexity and greenhouse gas emissions". *World Development*, vol. 139, 2021.

SCHTEINGART, Daniel. *Estructura productivo-tecnológica, inserción internacional y desarrollo*. Argentina: UNSAM, 2014.

SUNDARAM, Jomo K.; REINERT, Erik S. *The origins of development economics*: how schools of economic thought have addressed development. London: Zed Books, 2005.

TAYLOR, Lance. *Reconstructing macroeconomics*: structuralist porposals and critiques of the mainstream. Cambridge: Harvard University, 2004.

WADE, Robert. *Governing the market, economic theory and the role of government in east asian industrialization*. Princeton: University Press, 1990.

CAPÍTULO XIX

KEYNES, UM ESTRATEGISTA DO PLANEJAMENTO E DE UMA NOVA SOCIEDADE

JOÃO SICSÚ[411]

O principal instrumento de transição e de manutenção de uma nova sociedade era o planejamento estatal que para Keynes visava a "organização geral dos recursos". Keynes pensava numa relação profícua entre Estado e Sociedade, mais que entre Estado e Mercado.

Introdução

Este ensaio traz para o debate outro Keynes. Tal abordagem é pouco discutida no Brasil. Aquele tido apenas como um macroeconomista que escreveu a *Teoria Geral do Emprego do Juro e da Moeda* é discutido e rediscutido há décadas. Mas Keynes era um economista político que, portanto, conhecia a macroeconomia, a microeconomia, a história, as ideias em debate, a sociedade, a política, o governo e o

---

[411] Professor do Instituto de Economia da UFRJ e ex-diretor do IPEA (Instituto de Pesquisa Econômica Aplicada).

Estado. O economista britânico desejava construir uma nova sociedade. Ele a desenhou como sendo um país com democracia, amplo sistema de seguridade social, abolição do desemprego e propriedade privada dos meios de produção, mas cujas decisões de investimentos de 70% da economia (incluindo o setor privado) deveriam ser controladas pelo Estado através de políticas e programas governamentais.

A partir daí, Keynes precisou traçar um caminho de chegada ao ponto final. Uma tática de transição do capitalismo individualista ao "peculiar socialismo britânico", como ele rotulou, era o que o economista político precisava. O principal instrumento de transição e de manutenção de uma nova sociedade era o planejamento estatal que para Keynes visava a "organização geral dos recursos", através de uma relação profícua entre Estado e Sociedade, mais que entre Estado e Mercado.

Keynes era um estrategista, um pensador da promoção de transformações amplas e profundas realizadas a partir do Estado visando uma vida na qual todas as necessidades materiais tivessem sido atendidas e na qual os indivíduos teriam o desafio de pensar como utilizar o tempo livre, já que a jornada de trabalho seria bem reduzida – quando comparada aos padrões atuais.

O estrategista

Keynes tinha um objetivo político final e traçou um caminho para alcançá-lo. Esse caminho, também chamado de tática, pode ser composto de métodos, ações, metas e cenários prospectivos que busca atingir o objetivo final. Em seu livro, Crotty[412] ofereceu muitas pistas derivadas das ideias do economista britânico para mostrar que sua tática não era salvar o capitalismo com o objetivo de domá-lo.

---

412 CROTTY, James. *Keynes against capitalism*. New York: Routledge, 2019.

Keynes chamou sua sociedade de uma "verdadeira república social",[413] "república ideal",[414] "socialismo liberal",[415] "verdadeiro socialismo do futuro",[416] "peculiar socialismo britânico",[417] "Nova Jerusalém"[418] ou talvez algum outro rótulo. Um elemento importante da tática em direção à sua sociedade ideal era o planejamento. De acordo com O'Donnell, "O reverso da rejeição de Keynes ao *laissez-faire* como uma doutrina global era sua defesa de uma certa forma de planejamento estatal".[419] O'Donnell está correto, mas é possível ir além. Na verdade, o planejamento foi concebido como uma saída gradual do capitalismo individualista rumo à sua sociedade ideal.

Em *Does Unemployment Need a Drastic Remedy?*, publicado em maio de 1924, Keynes afirmou no último parágrafo: "Eu procuro, então, a cura definitiva do desemprego e o estímulo que deve iniciar uma prosperidade cumulativa...".[420] Sua sociedade ideal seria um mundo com pleno emprego e prosperidade cumulativa. Para ele, o desemprego uma

---

[413] KEYNES, John Maynard. "Essays in persuasion". In: _____. *The collected writings of John Maynard Keynes*. vol. 9, London: Macmillan, 2013, p. 300.

[414] KEYNES, John Maynard. "Activities 1931-1939: world crises and policies in Britain and America". In: _____. *The collected writings of John Maynard Keynes*. vol. 21, London: Macmillan, 2013, p. 34.

[415] KEYNES, John Maynard. "Activities 1931-1939: world crises and policies in Britain and America". In: _____. *The collected writings of John Maynard Keynes*. vol. 21, London: Macmillan, 2013, p. 500.

[416] KEYNES, John Maynard. "The return to gold and industrial policy". In: _____. *The collected writings of John Maynard Keynes*. vol. 19, London: Macmillan, 2013, p. 222.

[417] KEYNES, John Maynard. "Activities 1929-1931: rethinking employment and unemployment policies". In: _____. *The collected writings of John Maynard Keynes*. vol. 20, London: Macmillan, 2013, p. 475.

[418] KEYNES, John Maynard. "Activities 1940-1946 - Shaping the Post-War World: Employment and Commoditie". In: _____. *The collected writings of John Maynard Keynes*. vol. 27, London: Macmillan; 2013, p. 270.

[419] O'DONNELL, Rod. *Keynes*: Philosophy, Politics and Economics. New York: Palgrave Macmillan, 1989, p. 311.

[420] KEYNES, John Maynard. "The return to gold and industrial policy". In: _____. The collected writings of John Maynard Keynes. vol. 19, London: Macmillan, 2013, p. 223.

doença que deveria ser plenamente e definidamente curada. Nesse artigo, Keynes acreditava que uma combinação de medidas monetárias e obras públicas seria um remédio eficiente para reduzir, não necessariamente para abolir, o desemprego na Grã-Bretanha. Ele recomendou canalizar a poupança dos britânicos para investimentos em capital.[421] Skidelsky destacou que em *Does Unemployment Need a Drastic Remedy?* as "Obras públicas fizeram sua primeira aparição na agenda de Keynes".[422]

No final de 1924, Keynes delineou o esboço de um livro que não foi escrito – ele voltou a reescrever esse projeto em abril de 1926.[423] A obra teria o seguinte título: *An Examination of Capitalism*. O sumário sugerido dividiria o trabalho em três partes: Ideal, Real e Possível o que revelava a intenção do autor em discutir fins e meios. Segundo O'Donnell,[424] a terceira parte (o Possível) forneceria a ponte entre o Real (capitalismo contemporâneo) e o Ideal (a sociedade planejada), ou seja, descreveria uma possível tática de transição.

Keynes escreveu em uma nota para o seu *Examination* na versão de 1924: "Uma vez que o problema moral (questão dos fins) esteja resolvido (...) permanece um problema técnico e intelectual imensamente difícil de se encontrar uma saída gradual diante da oposição daqueles que estão satisfeitos com o antigo estado de coisas".[425] O autor considerou que esse problema também era político. Sendo assim, ele questionou: "É possível obter a quantidade certa de poder político suficiente para

---

[421] KEYNES, John Maynard. "The return to gold and industrial policy". *In*: _____. *The collected writings of John Maynard Keynes*. vol. 19, London: Macmillan, 2013, p. 221.

[422] SKIDELSKY, Robert. *John Maynard Keynes* - the economist as saviour: 1920-1937. London: Macmillan, 1992, p. 184.

[423] O'DONNELL, Rod. "The unwritten books and papers of J. M. Keynes". *History of Political Economy*, n° 4, vol. 24, 1992, pp. 767-817.

[424] O'DONNELL, Rod. "Keynes's socialism: conception, strategy, and espousal". *In*: KRIESLER, Peter; SARDONI, Claudio. *Keynes, post-keynesianism and Political Economy*: essays in honour of Geoff Harcourt. vol. 3, London: Routledge, 1999, p. 157.

[425] Keynes em O'DONNELL, Rod. "The unwritten books and papers of J. M. Keynes". *History of Political Economy*, n° 4, vol. 24, 1992, pp. 809.

mover a oposição de forma a não provocar a revolução?".[426] Havia um problema técnico, intelectual e político a ser resolvido para construir a transição do capitalismo individualista à sua sociedade.

Na mesma nota do *Examination*, Keynes reconheceu que teria que enfrentar um grande desafio: ele considerava o sistema capitalista "... (moralmente) questionável em si mesmo...", mas "... sem a eficiência do capitalismo haveria colapso social".[427]

Em setembro de 1925, Keynes viajou à Rússia como representante oficial da Universidade de Cambridge, para as comemorações do bicentenário da Academia de Ciências daquele país. Ele ministrou duas palestras em Moscou[428] e afirmou estar procurando o desenvolvimento de novos métodos para fazer a transição do capitalismo individualista para um novo regime. Em suas palavras:

> (...) Dirijo toda a minha mente e atenção para o desenvolvimento de novos métodos e novas ideias para efetuar a transição da anarquia econômica do capitalismo individualista que governa hoje a Europa Ocidental para um regime que visará deliberadamente controlar e dirigir as forças econômicas no interesse da justiça social e estabilidade social.[429]

Pleno emprego e prosperidade cumulativa, como dito anteriormente, eram partes essenciais dessa nova sociedade; portanto, curas e estímulos deveriam ser encontrados. Keynes desenvolveu sua utopia (seu

---

[426] Keynes em O'DONNELL, Rod. "The unwritten books and papers of J. M. Keynes". *History of Political Economy*, n° 4, vol. 24, 1992, pp. 809.

[427] O'DONNELL, Rod. "The unwritten books and papers of J. M. Keynes". *History of Political Economy*, vol. 24, n° 4, 1992, p. 809.

[428] KEYNES, John Maynard. "The return to gold and industrial policy". *In*: _____. *The collected writings of John Maynard Keynes*. vol. 19, London: Macmillan, 2013, pp. 434-442.

[429] KEYNES, John Maynard. "The return to gold and industrial policy". *In*: _____. *The collected writings of John Maynard Keynes*. vol. 19, London: Macmillan, 2013, p. 439.

Ideal) muito antes de sua teoria econômica (com a qual explicaria o Real) e suas medidas práticas (ou seja, uma saída gradual ou o Possível). Como seu objetivo era elaborar uma tática eficaz, incluindo curas e estímulos, ele teria que ser capaz de compreender o Real. No entanto, ele precisava de uma nova sabedoria (uma teoria econômica) que lhe desse um diagnóstico do capitalismo contemporâneo. Durante aqueles anos, ou seja, de 1923 em diante, Keynes estava desenvolvendo um novo projeto: o *Treatise on Money*. "Ele [O *Treastise*] é[ra] uma tentativa de teorizar sobre a instabilidade econômica – suas causas e suas fases, com o objetivo de sugerir uma cura, ou pelo menos uma mitigação".[430]

Como foi registrado pelo próprio Keynes, esse projeto não foi bem-sucedido.[431] Cabe, contudo, enfatizar que o *Treatise* não foi um livro de macroeconomia pensado para ser escrito e publicado com objetivos acadêmicos. Muito pelo contrário, essa era a peça que faltava no arcabouço do estrategista. Contudo, a nova sabedoria econômica somente seria encontrada a partir de 1932, tal como será visto na próxima seção.

Em *Liberalism and Labour,* publicado em fevereiro de 1926, Keynes novamente promoveu seu Ideal. Em suas palavras:

> (...) Sou menos conservador em minhas inclinações do que o eleitor trabalhista médio; imagino ter especulado em minha mente com as possibilidades de maiores mudanças sociais do que as filosofias atuais de, digamos, Sr. Sidney Webb, Sr. Thomas ou Sr. Wheatley. A república da minha imaginação fica na extrema esquerda do espaço celestial.[432]

---

[430] SKIDELSKY, Robert. *John Maynard Keynes* – the economist as saviour: 1920-1937. London: Macmillan, 1992, P. 184, p. 314.

[431] Por exemplo: KEYNES, John Maynard. "Treatise on money: the pure Theory of Money". In: _____. *The collected writings of John Maynard Keynes*. vol. 5, London: Macmillan, 2013, p. [xvii] e [prefácio à edição japonesa].

[432] KEYNES, John Maynard. "Essays in persuasion". In: _____. *The collected writings of John Maynard Keynes*. vol. 9, London: Macmillan, 2013, p. 309.

Sidney Webb era um socialista fabiano, James Thomas era um líder sindical e John Wheatley, um socialista radical. Keynes concluiu este artigo dizendo: "O problema político da humanidade é combinar três elementos: eficiência econômica, justiça social e liberdade individual".[433]

Em 1928, Keynes apresentou a primeira versão de seu ensaio intitulado *Economic Possibilities for our Grandchildren* na forma de palestra.[434] Em outubro de 1930, ele apresentou o ensaio em sua forma escrita. Este ensaio detalhou alguns dos itens delineados no seu *Examination*, ele tratou especialmente do Ideal e indicou alguns traços para a transição em sua direção. Na verdade, este ensaio descreveu alguns elementos da sociedade ideal de Keynes.

Nas versões de 1924 e 1926 dos esboços do *An Examination of Capitalism*, Keynes pretendia escrever alguns capítulos que explicassem em detalhes seu Ideal. Ele escreveria capítulos, entre outros, sobre "O Amor ao Dinheiro", "Dinheiro em uma Sociedade Ideal" e "A Estrutura e Propósito de uma Sociedade Ideal". Em *Economic Possibilities for our Grandchildren*, Keynes escreveu que, em sua sociedade ideal, a humanidade já teria resolvido seus problemas econômicos, por exemplo, teria construído uma sociedade sem qualquer desemprego. As pessoas trabalhariam em "turnos de três horas ou quinze horas semanais"[435] e todas as necessidades materiais teriam sido satisfeitas. Quando essas necessidades fossem alcançadas os indivíduos poderiam "... dedicar [suas] energias adicionais a fins não-econômicos".[436]

---

[433] KEYNES, John Maynard. "Essays in persuasion". In: _____. *The collected writings of John Maynard Keynes*. vol. 9, London: Macmillan, 2013, p. 311.

[434] MOGGRIDGE cf. KEYNES, John Maynard. "Essays in persuasion". In: _____. *The collected writings of John Maynard Keynes*. vol. 9, London: Macmillan, 2013, p. 321.

[435] KEYNES, John Maynard. "Essays in persuasion". In: _____. *The collected writings of John Maynard Keynes*. vol. 9, London: Macmillan, 2013, p. 329.

[436] KEYNES, John Maynard. "Essays in persuasion". In: _____. *The collected writings of John Maynard Keynes*. vol. 9, London: Macmillan, 2013, p. 326.

Então, Keynes apontou o propósito de uma "era de lazer e abundância"[437] ou sua sociedade ideal: "(...) pela primeira vez desde sua criação, o homem será confrontado com seu problema real, permanente – como usar sua liberdade de questões econômicas prementes, como ocupar o lazer (...) para viver com sabedoria de forma agradável e bem".[438] Ele disse qual seria o lugar do dinheiro em uma sociedade ideal: seria apenas "(...) um meio para os prazeres e realidades da vida (...)";[439] a respeito do amor ao dinheiro, Keynes afirmou: "O amor ao dinheiro como um prazer (...) será reconhecido pelo que é, uma morbidez um tanto quanto repulsiva, uma daquelas propensões semicriminosas, semipatológicas...".[440]

O passo seguinte seria a elaboração de um diagnóstico e a identificação de remédios (políticas e instrumentos) para serem aplicados de forma planejada visando à sociedade ideal. Cabe destacar, também, que instrumentos tais como o orçamento de capital foram elaborados como resultado dessa visão de estrategista – tal como será visto.

Caminhos inovadores: planejamento estatal e uma nova teoria econômica

Em março de 1932, como parte de uma série da BBC sobre "Estado e Indústria", Keynes falou sobre planejamento estatal. Nesse pronunciamento, ele delineou uma forma de governança para alcançar alguns dos itens de sua sociedade ideal. Ele deu alguns exemplos nos quais o planejamento estatal poderia atuar: na distribuição da carga

---

[437] KEYNES, John Maynard. "Essays in persuasion". In: _____. *The collected writings of John Maynard Keynes*. vol. 9, London: Macmillan, 2013, p. 328.

[438] KEYNES, John Maynard. "Essays in persuasion". In: _____. *The collected writings of John Maynard Keynes*. vol. 9, London: Macmillan, 2013, p. 328.

[439] KEYNES, John Maynard. "Essays in persuasion". In: _____. *The collected writings of John Maynard Keynes*. vol. 9, London: Macmillan, 2013, p. 329.

[440] KEYNES, John Maynard. "Essays in persuasion". In: _____. *The collected writings of John Maynard Keynes*. vol. 9, London: Macmillan, 2013, p. 329.

tributária (para afetar as quantidades apropriadas de renda e riqueza), tarifas do comércio exterior, gestão da taxa de câmbio, regulação do transporte rodoviário e ferroviário, crescimento populacional, emigração e imigração.[441] Em suas palavras:

> (...) O planeamento do Estado, orientado para a manutenção da média geral da produção e atividade industrial num nível ótimo e para a abolição do desemprego, é ao mesmo tempo a mais importante e a mais difícil das tarefas que temos pela frente.[442]

No segundo trimestre de 1932, Keynes publicou o artigo *The Dilemma of Modern Socialism*. Nele, ele defendeu ações que deveriam ser "economicamente sólidas" e explicou: "Quero dizer, por economicamente sólidas, melhorias na organização e assim por diante que são desejadas porque irão aumentar a produção de riqueza...".[443] Nesse artigo, Keynes fez um paralelo perspicaz entre os eventos russos e os propósitos ingleses: "A Revolução, o Plano Quinquenal, o Ideal – essa é a progressão [na Rússia] (...). Para fins ingleses, talvez possamos resumir os motivos como o político, o prático e o ideal".[444]

Em seu *Examination*, o autor já havia dito que era necessário "obter a quantidade certa de poder político". Em *The Dilemma of Modern Socialism* ele foi além, enfatizou que o poder político era necessário para fazer o que considerava economicamente sólido para avançar na direção do Ideal. Portanto, obter poder político fazia parte da tática de transição.

---

[441] KEYNES, John Maynard. "Activities 1931-1939: world crises and policies in Britain and America". In: _____. *The collected writings of John Maynard Keynes*. vol. 21, London: Macmillan, 2013, pp. 88/89.

[442] KEYNES, John Maynard. "Activities 1931-1939: world crises and policies in Britain and America". In: _____. *The collected writings of John Maynard Keynes*. vol. 21, London: Macmillan, 2013, p. 90.

[443] KEYNES, John Maynard. "Activities 1931-1939: world crises and policies in Britain and America". In: _____. *The collected writings of John Maynard Keynes*. vol. 21, London: Macmillan, 2013, p. 33.

[444] KEYNES, John Maynard. "Activities 1931-1939: world crises and policies in Britain and America". In: _____. *The collected writings of John Maynard Keynes*. vol. 21, London: Macmillan, 2013, p. 34.

Embora Keynes não tenha utilizado no seu *The Dilemma of Modern Socialism* a palavra *planejamento* como forma de transição, ele disse que sua preocupação era com a técnica econômica que para ele era "o meio de resolver o problema da organização geral dos recursos".[445] Keynes reafirmou que "... a concentração na prática é a melhor contribuição que hoje podemos dar para a realização do ideal"[446] – e ele estava convencido de que "... o controle central do investimento e da distribuição da renda..."[447] era urgente.

Em 1932, Keynes mudou o título da palestra, que iria conferir, de *The pure Theory of Money* para *The monetary Theory of Production*. Essa mudança indicou que sua visão de mundo havia mudado drasticamente.[448] Por essa época, ele já havia elaborado em grande parte a sua nova sabedoria econômica que ocuparia o lugar das ideias do *Treatise on Money*. Parte significativa da *Teoria Geral do Emprego do Juro e da Moeda* já tinha sido escrita. Nestes rascunhos, Keynes observou que os Planos Quinquenais (russos) – que eram uma forma de planejamento – poderiam fornecer um exemplo de uma organização que é "... capaz de elevar a produção ao seu ponto ótimo sem colocar em operação forças que tendem a reduzir a produção antes que este ponto ótimo seja alcançado".[449]

Em março de 1933, Keynes lançou um conjunto de quatro artigos, publicado no *The Times*, intitulado *The Means to Prosperity*, que também foi transformado em um panfleto. Nesse panfleto, a política monetária

---

[445] KEYNES, John Maynard. "Activities 1931-1939: world crises and policies in Britain and America". In: _____. *The collected writings of John Maynard Keynes*. vol. 21, London: Macmillan, 2013, p. 37.

[446] KEYNES, John Maynard. "Activities 1931-1939: world crises and policies in Britain and America". In: _____. *The collected writings of John Maynard Keynes*. vol. 21, London: Macmillan, 2013, p. 38.

[447] KEYNES, John Maynard. "Activities 1931-1939: world crises and policies in Britain and America". In: _____. *The collected writings of John Maynard Keynes*. vol. 21, London: Macmillan, 2013, pp. 36/37.

[448] MOGGRIDGE cf. KEYNES, John Maynard. "Essays in persuasion". In: _____. *The collected writings of John Maynard Keynes*. vol. 9, London: Macmillan, 2013, p. 343.

[449] KEYNES, John Maynard. "The general Theory and after". In: _____. *The collected writings of John Maynard Keynes*. vol. 13, London: Macmillan, 2013, P. 389.

passou a assumir um papel coadjuvante, à medida que a ênfase havia mudado para as obras públicas como instrumento para aumentar o nível de emprego quando necessário.[450]

Ainda mais importante neste mesmo panfleto foi a visão de Keynes que os problemas do sistema deveriam ser enfrentados com uma abordagem de economia política, isto é, como ele disse, "... uma mistura de teoria econômica com a arte de estadista".[451]

Quando Keynes lançou *The Means to Prosperity*, ele já havia se revelado um planejador estrategista: ele havia incorporado suas habilidades de formulador de políticas econômicas em sua estrutura de planejamento. Além disso, Keynes sabia que para a elaboração de um projeto de planejamento seria necessária uma teoria econômica aliada à arte de um estadista.

Em janeiro de 1937, Keynes lançou um artigo intitulado *How to Avoid a Slump*. Nele, ele apresentou algumas linhas sobre sua concepção de planejamento que envolviam a prevenção do desemprego e a promoção da prosperidade cumulativa. Sua proposta principal era "Planejar o investimento".[452] Para evitar o desemprego, ele sugeriu a administração do investimento pelas autoridades: "Há três anos era importante usar as políticas públicas para aumentar o investimento. Em breve, pode ser igualmente importante retardar certos tipos de investimento, de modo a manter nossa munição mais facilmente disponível em mãos para quando for mais necessária".[453]

---

[450] MOGGRIDGE, Donald; HOWSON, Susan. "Keynes on Monetary Policy: 1910-1946". *Oxford Economic Papers*, vol. 26, n° 2, 1974, p. 239.

[451] KEYNES, John Maynard. "Treatise on money: the pure Theory of Money". In: _____. *The collected writings of John Maynard Keynes*. vol. 5, London: Macmillan, 2013, p. 336.

[452] KEYNES, John Maynard. "Activities 1931-1939: world crises and policies in Britain and America". In: _____. *The collected writings of John Maynard Keynes*. vol. 21, London: Macmillan, 2013, p. 394.

[453] KEYNES, John Maynard. "Activities 1931-1939: world crises and policies in Britain and America". In: _____. *The collected writings of John Maynard Keynes*. vol. 21, London: Macmillan, 2013, p. 387.

Sobre a promoção da prosperidade, ele comentou: "... a manutenção da prosperidade e de uma vida econômica estável só depende de um aumento do investimento".[454] Para isso, ele propôs: "Agora é o momento de nomear um conselho de investimento público para preparar esquemas sólidos contra [a perda de] o tempo ...".[455] O resultado esperado por Keynes "... deveria ser na direção de um nível de consumo decente para todos; e, quando isso for alto o suficiente, em direção à ocupação de nossas energias nos interesses não-econômicos de nossas vidas".[456]

Quanto ao objetivo da abolição do desemprego, Keynes não defendia apenas sua política anticíclica de obras públicas. Ele elaborou um planejamento mais completo para alcançar e manter o pleno emprego sugerindo também a nomeação de um conselho de investimento público para organizar programas de obras. Ele defendeu ainda uma novidade criativa que de forma definitiva inseriu a política de obras públicas em um marco de planejamento. O autor apresentou a ideia de um orçamento de capital (detalhado a seguir) para organizar os investimentos de uma política de pleno emprego. De acordo com Crotty, na novidade de Keynes, a "política anticíclica é decididamente uma preocupação secundária, embora não sem importância...".[457]

Em suas palavras:

> Com um grande programa executado em um ritmo regulado, podemos esperar manter bons empregos por muitos anos. Devemos, de fato, ter construído nossa Nova Jerusalém com o

---

[454] KEYNES, John Maynard. "Activities 1931-1939: world crises and policies in Britain and America". In: _____. *The collected writings of John Maynard Keynes*. vol. 21, London: Macmillan, 2013, p. 393.

[455] KEYNES, John Maynard. "Activities 1931-1939: world crises and policies in Britain and America". In: _____. *The collected writings of John Maynard Keynes*. vol. 21, London: Macmillan, 2013, p. 394.

[456] KEYNES, John Maynard. "Activities 1931-1939: world crises and policies in Britain and America". In: _____. *The collected writings of John Maynard Keynes*. vol. 21, London: Macmillan, 2013, p. 393.

[457] CROTTY, James. *Keynes against capitalism*. New York: Routledge, 2019.

trabalho que em nossa vã loucura mantínhamos sem uso e infeliz na ociosidade forçada.[458]

Keynes acreditava que existiam recursos para a construção da sua Nova Jerusalém que deveria ser erguida através da execução de um programa permanente de obras em ritmo controlado pelo governo. Em outras palavras, seu Possível, ou seja, a sua tática de transição ao Ideal, tinha como peça mais importante o planejamento. E o orçamento de capital era em si mesmo uma proposta prática de planejamento orçamentário e de manutenção do pleno emprego. Portanto, cabe fazer uma síntese das principais questões relativas ao seu funcionamento, tal como Keynes havia estabelecido entre 1942 e 1945:[459]

i. O orçamento total deveria ser dividido em duas partes, a saber, orçamento corrente e orçamento de capital;[460]

ii. O orçamento corrente deveria estar sempre equilibrado e se alcançasse superávit deveria ser transferido para o orçamento de capital;[461]

iii. As despesas do orçamento de capital deveriam compensar potenciais desequilíbrios da demanda que pudessem provocar desemprego;[462]

---

[458] KEYNES, John Maynard. "Activities 1940-1946: shaping the post-war world – employment and commodities". In: _____. *The collected writings of John Maynard Keynes.* vol. 27, London: Macmillan, 2013, p. 270.

[459] Em Kregel (1985 e 1994), também são feitas descrições do orçamento de capital e de seu funcionamento.

[460] KEYNES, John Maynard. "Activities 1940-1946: shaping the post-war world – employment and commodities". In: _____. *The collected writings of John Maynard Keynes.* vol. 27, London: Macmillan, 2013, p. 275.

[461] KEYNES, John Maynard. "Activities 1940-1946: shaping the post-war world – employment and commodities". In: _____. *The collected writings of John Maynard Keynes.* vol. 27, London: Macmillan, 2013, p. 277.

[462] KEYNES, John Maynard. "Activities 1940-1946: shaping the post-war world – employment and commodities". In: _____. *The collected writings of John Maynard Keynes.* vol. 27, London: Macmillan, 2013, p. 278.

iv. Déficits poderiam ocorrer no orçamento de capital dependendo do volume de gastos necessários para a manutenção do pleno emprego;[463]

v. Déficits poderiam ser aceitos no orçamento corrente somente se as despesas realizadas através do orçamento de capital não fossem suficientes para a manutenção do pleno emprego;[464]

vi. As despesas do orçamento de capital deveriam garantir que parte significativa (de 2/3 a 3/4) do investimento total (público e privado) deveria ser monitorada pelo governo;[465]

vii. A administração do orçamento de capital pressupunha a necessidade de levantamentos regulares dos recursos públicos disponíveis e uma programação de investimentos a ser executada;[466]

viii. A administração do orçamento de capital deveria também desenhar e acompanhar um Orçamento de Investimentos que envolveria os investimentos públicos e privados com o objetivo de manejar o Orçamento de Capital Público de tal forma que o pleno emprego fosse garantido;[467]

---

[463] KEYNES, John Maynard. "Activities 1940-1946: shaping the post-war world – employment and commodities". In: _____. *The collected writings of John Maynard Keynes.* vol. 27, London: Macmillan, 2013, p. 225.

[464] KEYNES, John Maynard. "Activities 1940-1946: shaping the post-war world – employment and commodities". In: _____. *The collected writings of John Maynard Keynes.* vol. 27, London: Macmillan, 2013, pp. 352/353.

[465] KEYNES, John Maynard. "Activities 1940-1946: shaping the post-war world – employment and commodities". In: _____. *The collected writings of John Maynard Keynes.* vol. 27, London: Macmillan, 2013, p. 252.

[466] KEYNES, John Maynard. "Activities 1940-1946: shaping the post-war world – employment and commodities". In: _____. *The collected writings of John Maynard Keynes.* vol. 27, London: Macmillan, 2013, p. 356.

[467] KEYNES, John Maynard. "Activities 1940-1946: shaping the post-war world – employment and commodities". In: _____. *The collected writings of John Maynard Keynes.* vol. 27, London: Macmillan, 2013, p. 405.

ix. O orçamento da seguridade social deveria ser uma seção do Orçamento de capital[468] – o que será visto a seguir.

Embora o planejamento de Keynes envolvesse muitas áreas, tais como o esquema de tarifas de comércio exterior, a administração da taxa de câmbio e muitas outras, o seu sistema nevrálgico era o orçamento de capital. Sem ele o principal pilar da sociedade ideal de Keynes, que era o pleno emprego, não poderia ser alcançado. Outro pilar de sua sociedade ideal parece ter sido a seguridade social.

Não foi sem propósito que Keynes imediatamente revelou "grande entusiasmo" pela proposta de constituição de um sistema de seguridade social de William Beveridge e a considerou como sendo uma "... vasta reforma construtiva de real importância...".[469] O programa de seguridade social proposto por Beveridge em 1942 provocou intensas discussões sobre como seria financiado. James Meade sugeriu que as taxas de contribuições de empregados e empregadores variassem de forma inversa com a taxa de desemprego.[470]

Keynes não ficou muito satisfeito com a proposta de Meade.[471] Keynes propôs uma reforma no imposto de renda que incluísse: "Uma

---

[468] KEYNES, John Maynard. "Activities 1940-1946: shaping the post-war world – employment and commodities". In: _____. *The collected writings of John Maynard Keynes*. vol. 27, London: Macmillan, 2013, p. 224.

[469] KEYNES, John Maynard. "Activities 1940-1946: shaping the post-war world – employment and commodities". In: _____. *The collected writings of John Maynard Keynes*. vol. 27, London: Macmillan, 2013, p. 204.

[470] KEYNES, John Maynard. "Activities 1940-1946: shaping the post-war world – employment and commodities". In: _____. *The collected writings of John Maynard Keynes*. vol. 27, London: Macmillan, 2013, p. 318.

[471] Disse Keynes a Meade: "Duvido que seja sensato colocar muita ênfase em dispositivos para fazer o volume de consumo flutuar relativamente à preferência a dispositivos que fazem variar o volume de investimento. Em primeiro lugar, não se tem experiência suficiente para dizer que variações de curto-termo no consumo são de fato praticáveis. As pessoas estabeleceram padrões de vida. Nada os aborrecerá mais do que estarem constantemente sujeitos a pressões para aumentá-los e diminuí-los. Uma redução de impostos com a qual as pessoas só poderiam contar por um período indefinidamente curto pode ter efeitos muito limitados no estímulo ao consumo. E, se fosse bem-sucedido, seria extraordinariamente difícil do ponto de vista político reimpor a tributação novamente quando o emprego melhorasse". KEYNES, John

Contribuição para a Seguridade Social (...) sobre todos os salários, vencimentos e lucros (...), dedutível na fonte, sem quaisquer exceções ou quaisquer descontos".[472]

Keynes temia que a arrecadação para a seguridade social não fosse suficiente em todas as fases possíveis do ciclo econômico caso a proposta de Meade fosse aprovada. Foi com a intenção de reforçar a arrecadação que ele propôs uma reforma do imposto de renda para incluir, entre outras medidas, uma arrecadação específica para auxiliar o financiamento do programa de seguridade social proposto por Beveridge. Se a arrecadação não fosse suficiente para cobrir os gastos da seguridade social, tal arranjo de novas receitas e despesas seria uma fonte de déficits orçamentários.

Keynes sugeriu que "O orçamento da seguridade social deveria ser uma seção do Orçamento de capital ou de longo-termo (...) e se as propostas do Sr. Meade forem adotadas, será duplamente importante mantê-la [a seguridade social] fora do Orçamento ordinário".[473] Tal sugestão de Keynes revelou sua coerência em relação à administração orçamentária. Mas expôs também quanto seria, para ele, importante implantar um programa de seguridade social que, inclusive, deveria figurar na mesma parte do orçamento que estaria o programa de investimentos públicos cujo objetivo era a abolição do desemprego.

Conclusões

James Meade era um entusiasta da ideia de uma sociedade com dois pilares sustentados pelo planejamento estatal: o pleno emprego e

---

Maynard. "Activities 1940-1946: shaping the post-war world – employment and commodities". In: _____. *The collected writings of John Maynard Keynes*. vol. 27, London: Macmillan, 2013, p. 319.

[472] KEYNES, John Maynard. "Activities 1940-1946: shaping the post-war world – employment and commodities". In: _____. *The collected writings of John Maynard Keynes*. vol. 27, London: Macmillan, 2013, p. 226.

[473] KEYNES, John Maynard. "Activities 1940-1946: shaping the post-war world – employment and commodities". In: _____. *The collected writings of John Maynard Keynes*. vol. 27, London: Macmillan, 2013, p. 224.

um programa de seguridade social. Ele escreveu a Keynes em janeiro de 1943 dizendo: "(...) o que realmente precisamos é um Relatório Keynes [sobre o pleno emprego] para dar seguimento ao Relatório Beveridge".[474] Embora a Nova Jerusalém de Keynes tivesse esses dois pilares, era muito mais, tal como disse Crotty:

> Não era apenas o suprimento das necessidades básicas da vida diária que poderia ser alcançado por meio de um planejamento bem-sucedido. Projetado e implementado de maneira apropriada, o planejamento estatal pode enriquecer enormemente a vida social, cultural e pública (...).[475]

Keynes não acreditava que o capitalismo pudesse oferecer os pilares de sua sociedade ideal, entre eles, o pleno emprego. Tanto era assim que ele destacou no último capítulo da sua *Teoria Geral*: "As principais falhas da sociedade econômica que vivemos são o fracasso em garantir o pleno emprego e a sua distribuição arbitrária e injusta da riqueza e da renda".[476]

Após ter desenhado a sua sociedade ideal, Keynes elencou e organizou todas as peças necessárias para que o seu objetivo final fosse alcançado. Primeiramente, seria imperativo um diagnóstico do capitalismo contemporâneo. Para tanto, seria necessária uma teoria econômica adequada. Tal instrumento de análise foi elaborado a partir do ano de 1932 e culminou com a publicação da *Teoria Geral*, em 1936. Feito o diagnóstico, Keynes traçou o caminho, também chamado de o Possível, em seu *An Examination of Capitalism*, ou de a parte prática no seu *The Dilemma of Modern Socialism*, ou ainda de planejamento estatal, em palestra em 1932 na BBC. Enfim, o Estado era o elemento chave

---

[474] KEYNES, John Maynard. "Activities 1940-1946: shaping the post-war world – employment and commodities". In: _____. *The collected writings of John Maynard Keynes*. vol. 27, London: Macmillan, 2013, p. 315.

[475] CROTTY, James. *Keynes against capitalism*. New York: Routledge, 2019, p. 329.

[476] KEYNES, John Maynard. "Activities 1940-1946: shaping the post-war world – employment and commodities". In: _____. *The collected writings of John Maynard Keynes*. vol. 27, London: Macmillan, 2013, p. 372.

de promoção de mudanças e de manutenção da organização de uma sociedade ideal.

Uma extraordinária inovação dentro da ideia mais ampla do planejamento estatal foi a proposição da constituição de um orçamento de capital com o objetivo de dirigir quase todo o investimento (público e privado). Keynes acreditava, tal como demonstrado na *Teoria Geral,* que somente a "socialização do investimento", ou seja, o controle estatal sobre o investimento, poderia garantir o pleno emprego.[477] Para Keynes, não era necessário que os meios de produção se tornassem propriedade do Estado, mas apenas que grande parte dos investimentos (privados, inclusive) fossem controlados pelo Estado.[478] Em outras palavras, o orçamento de capital era a forma estatal de governança da "socialização do investimento" para que o desemprego fosse abolido de forma definitiva.

---

[477] KEYNES, John Maynard. "The general Theory of employment, interest and money". In: _____. *The collected writings of John Maynard Keynes.* vol. 7, London: Macmillan, 2013, p. 378.

[478] KEYNES, John Maynard. "The general Theory of employment, interest and money". In: _____. *The collected writings of John Maynard Keynes.* vol. 7, London: Macmillan, 2013, p. 378.

Referências Bibliográficas

CROTTY, James. *Keynes against capitalism*. New York: Routledge, 2019.

KEYNES, John Maynard. "The general Theory of employment, interest and money". *In*: _____. *The collected writings of John Maynard Keynes*. vol. 7, London: Macmillan, 2013.

KEYNES, John Maynard. "Essays in persuasion". *In*: _____. *The collected writings of John Maynard Keynes*. vol. 9, London: Macmillan, 2013

KEYNES, John Maynard. "Treatise on money: the pure Theory of Money". *In*: _____. *The collected writings of John Maynard Keynes*. vol. 5, London: Macmillan, 2013.

KEYNES, John Maynard. "Activities 1940-1946: shaping the post-war world – employment and commodities". *In*: _____. *The collected writings of John Maynard Keynes*. vol. 27, London: Macmillan, 2013.

KEYNES, John Maynard. "The general Theory and after". *In*: _____. *The collected writings of John Maynard Keynes*. vol. 13, London: Macmillan, 2013.

KEYNES, John Maynard. "Activities 1929-1931: rethinking employment and unemployment policies". *In*: _____. *The collected writings of John Maynard Keynes*. vol. 20, London: Macmillan, 2013.

KEYNES, John Maynard. "Activities 1931-1939: world crises and policies in Britain and America". *In*: _____. *The collected writings of John Maynard Keynes*. vol. 21, London: Macmillan, 2013.

KEYNES, John Maynard. "The return to gold and industrial policy". *In*: _____. *The collected writings of John Maynard Keynes*. vol. 19, London: Macmillan, 2013.

KEYNES, John Maynard. "Social, political and literary writing". *In*: _____. *The collected writings of John Maynard Keynes*. vol. 28, Cambridge: University Press, 2013.

KREGEL, Jan. "Budget deficits, stabilization policy and liquidity preference: Keynes's post-war policy proposals". *In*: VICARELLI, Fausto. *Keynes's relevance today*. London: Macmillan, 1985.

KREGEL, Jan. "The viability of economic policy and the priorities of economic policy". *Journal of Post Keynesian Economics*, vol. 17, n° 2, 1994.

MOGGRIDGE, Donald; HOWSON, Susan. "Keynes on monetary policy, 1910-1946". *Oxford Economic Papers*, vol. 26, n° 2, 1974.

O'DONNELL, Rod. "Keynes's socialism: conception, strategy, and espousal". *In*: KRIESLER, Peter; SARDONI, Claudio. *Keynes, post-keynesianism and political economy*: essays in honour of Geoff Harcourt. vol. 3, London: Routledge, 1999.

O'DONNELL, Rod. "The unwritten books and papers of J. M. Keynes". *History of Political Economy*, vol. 24, n° 4, 1992.

O'DONNELL, Rod. *Keynes*: philosophy, politics and economics. New York: Palgrave Macmillan, 1989.

SKIDELSKY, Robert. *John Maynard Keynes*: the economist as saviour 1920-1937. London: Macmillan, 1992.

PARTE VI
DISPUTA DE RUMOS

CAPÍTULO XX

AS TRAVESSIAS

WALTER SORRENTINO[479]

Não se trilha um caminho para a recuperação do país sem um Estado soberano, sob o comando de forças nacionais, progressistas e populares. Assim, o projeto econômico necessário para realizar essa travessia envolve o Estado como indutor de investimentos e desenvolvimento, da reindustrialização e avanço para a Indústria 4.0 e do fortalecimento do mercado interno, e que maneje estrategicamente os impulsos à Educação, Ciência, Tecnologia e Inovação, Saúde e Segurança, traduzidas em políticas públicas ousadas e profundamente democráticas.

Reconstituir o projeto nacional

Esta oportuna obra compila temas sobre os fundamentos que fizeram do Brasil uma destacada Nação no mundo, bem como sobre as contradições que se acumularam e os gargalos que o aprisionam hoje. Discute-se o que podemos fazer para reconstituir o projeto nacional nos termos da contemporaneidade do Brasil e do mundo, no contexto das

---

[479] Médico, vice-presidente nacional e secretário nacional de Relações Internacionais do PCdoB e presidente do Conselho Curador da Fundação Maurício Grabois.

crises em que está mergulhado o país. E propõe discutir saídas políticas para os impasses atuais.

Identifico-me profundamente com o denominador comum das proposições aqui contidas: a questão chave de promover o desenvolvimento sustentado para assegurar soberania e prosperidade social. Os meios decisivos são o fortalecimento do Estado nacional para investir, induzir e planejar o desenvolvimento soberano, a defesa dos interesses nacionais e a projeção internacional do país. A base para isso é a democratização profunda do Estado e a maior participação dos trabalhadores e do povo no comando político do país.

O Brasil na atual quadra está à deriva, sem rumo, numa marcha de desconstrução nacional. Nem bons ventos ajudam quem não sabe aonde quer chegar – é o caso presente da sociedade brasileira. No contexto da crise capitalista mundial desencadeada em 2007-2008 e ainda não superada, por efeito da financeirização do capitalismo nos últimos 50 anos, o Brasil foi arrastado nesses movimentos regressivos da globalização imperialista.

Nas duas primeiras décadas de 1900, sob a hegemonia da Inglaterra, também se gestou uma crise capitalista mundial, a maior de todos os tempos, em 1929. Ela levou a duas guerras mundiais e revoluções socialistas e anticoloniais por todo o mundo. O Brasil, naqueles acontecimentos, viveu crise de destino assemelhada à do presente. A sociedade, ciosa da modernização, efervescia em debates e levantes, na cultura e arte e na fundação do Partido Comunista do Brasil, em 1922.

O país ganhou um rumo para enfrentar o subdesenvolvimento e empreender a industrialização com o movimento de 1930, tendo à frente Getúlio Vargas, um estadista, embora conservador. O país começou então a construir o novo patamar civilizatório que herdamos.

Hoje, eleva-se a compreensão de que o país precisa ser perpassado de novo por poderosa corrente elétrica, para forjar um campo magnético potente que una as forças vivas da nação e as energize, com um projeto ousado e inovador.

O Brasil na ordem global

O rumo atual acentua a condição semiperiférica do Brasil na ordem global. Esteve entre as dez maiores economias do mundo, um dos cinco países com maior território, população e PIB, capaz de se afirmar como nação plenamente desenvolvida. Hoje é um caso estupendamente atroz de regressão.

Com o nacional-desenvolvimentismo, entre 1950 e 1980 o PIB teve o maior crescimento do mundo, quase o dobro do ritmo do PIB global – experiência estudada por desenvolvimentistas em todo o mundo. O processo esgotou-se nos anos 1980 e o país está em disputa de rumos desde então.

Dados de diversos pesquisadores indicam que o produto interno *per capita*, que cresceu a taxas aceleradas de 4,5 % ao ano entre 1950 e 1980, rastejou a taxas de 1,2 % ao ano entre 1980 e 2014, para entrar em queda desde então. O Brasil representava 4,3% do PIB mundial em 1980 e deve ficar com menos de 2,5% em 2020. A velocidade do crescimento do PIB brasileiro foi menor do que a do incremento global nos últimos 40 anos: entre 1981 e 1990, enquanto o PIB mundial cresceu 38,4%, o PIB brasileiro cresceu apenas 16,6% na década, ou 1,55% ao ano. Entre 1991 e 2000, o PIB mundial acumulou crescimento de 37,6%, contra 29,3% do Brasil.

A década 2011-20, com base nas projeções do FMI, deve apresentar crescimento global de 43,7% (3,7% aa) e de somente 10,6% no Brasil (1% aa) – praticamente em depressão econômica. Duas décadas foram perdidas: entre 1981 e 1990, tivemos a pior queda da renda *per capita* de nossa história econômica; entre 2011 e 2020, temos a pior em crescimento do PIB. Estamos no curso de uma terceira década, possivelmente, de declínio relativo.

A pergunta que não cala: como chegamos a isso em tempo tão acelerado? Nos 32 anos de Nova República, a partir do final da ditadura militar, elegeram-se sete presidentes da República; dois deles receberam *impeachment*. Foram cerca de 16 anos de políticas neoliberais e pouco mais de 13 anos de governos progressistas. A vitória da extrema-direita em 2018 foi o canto do cisne para as perspectivas democráticas e dos interesses nacionais. Significou uma derrota política estratégica para as forças progressistas.

Também no mundo cresceu a extrema-direita, agredindo todo o ordenamento político do liberalismo democrático. Desvelaram-se, assim, as divisões nas classes hegemônicas sobre os modos de manter sua dominação em meio à crise do neoliberalismo senil, de esmagadora concentração de riquezas e aumento das desigualdades sociais. Vingaram governos voltados para o autoritarismo.

No caso do Brasil, a onda se estruturou desde os protestos sociais de 2013. Desenvolveu-se a ofensiva de crescente pregação antissistema e antipolítica que galvanizou o ressentimento da sociedade. A bandeira do combate à corrupção foi posta no centro das contendas políticas por meio da Operação Lava Jato, que se erigiu como um Estado paralelo, em aberta ligação com agências de Estados dos EUA e atentatório aos interesses nacionais. Com métodos falsos de combate à corrupção, levou a cabo intensa ofensiva partidarizada de *lawfare*, mediante cerceamento do direito de defesa, a condenação sem provas, sem direito ao devido processo legal e ao trânsito em julgado das sentenças condenatórias, visando a desmoralizar as forças progressistas e aprisionar Luís Inácio Lula da Silva, cassando seus direitos políticos.

Em meio a tal ofensiva, foi levado a cabo o *impeachment* da presidenta Dilma Rousseff, clara ruptura com o pacto democrático do país, pois sem crime de responsabilidade plausível, dando lugar a uma quase inacreditável agenda ultraliberal selvagem, a partir de sua deposição em agosto de 2016 até os dias de hoje.

Foi uma obra e tanto! Com as eleições de 2018, o atual governo, em apenas dois anos de mandato, levou o país a um curso reacionário e regressivo. O presidente Bolsonaro está voltado para a desconstrução dos fundamentos que gerações de brasileiros ergueram, partindo do desmonte do Estado nacional, rumo a novo ordenamento econômico, político e social de caráter autoritário, pelos meios que forem necessários. Isso é literal nas mensagens que emite.

AS TRAVESSIAS

Praticamente todos os setores da vida do país estão em crise. São permanentes as agressões político-institucionais e guerras culturais contra a fantasmática ameaça do comunismo. A imagem do país foi desmoralizada no mundo, por meio de danos sem conta a políticas estratégicas como a da preservação ambiental e relações exteriores altivas, voltadas à projeção dos interesses do país no mundo e para o desenvolvimento. Em termos de políticas públicas internas a conta é ainda mais cara: falência da educação e saúde, nas políticas de incentivo à ciência, tecnologia e inovação, bem como às universidades, na pauta dos direitos civis, sociais e humanos, para ficar apenas no mais visível.

Com o advento da pandemia da Covid-19, se deu o coroamento trágico de todos esses impulsos. O governo federal sabotou abertamente seu combate. Promove a ideologização anticientífica de baixa extração e há um total desgoverno nas medidas de coordenação inerentes à esfera do executivo federal, como o programa de imunização. No momento em que escrevo, o Brasil caminha para meio milhão de mortes motivadas pelo vírus e é um dos três líderes mundiais nesse tétrico campeonato. Novas cepas complicam o panorama e há ainda um longo percurso para a imunização em massa.

O baque econômico provocado pela pandemia se soma à estagnação em que já transitava o país. Desemprego e precarização, queda de renda e aumento da pobreza, se somam à crescente desindustrialização do país – 17 fábricas ao dia fecharam as portas nos últimos cinco anos! O auxílio emergencial ao povo e à atividade econômica encontra obstáculos na política econômica de fiscalismo, que impôs teto de gastos orçamentários, aumentando a pobreza e a desproteção da sociedade. É crescente a evidência de que o receituário da agenda neoliberal está falido para o país retomar o crescimento econômico.

A sociedade, fragmentada e polarizada, é levada à desesperança, por não ver alternativas efetivas que motivem confiança. Não visualiza caminhos nem lideranças políticas capazes de organizar o jogo da resistência e por outro rumo que lhe dê confiabilidade. Mas caem progressivamente os índices de aprovação do governo e do presidente, enquanto cresce a resistência democrática na sociedade civil.

As políticas de frente democrática unindo amplos setores em torno de diversidade de causas, mobilizando agentes de instituições de Estado, a sociedade civil e as forças populares, ganharam relevância e amplitude.

Porém, quanto mais acuado, mais o presidente é agressivo na estratégia política única de blindar-se de crimes de responsabilidade e denúncias-crime que pululam no mandato e chegar ao segundo turno das eleições em 2022. A técnica é sempre tentar se manter no comando das narrativas, estressar sua base de apoio com pautas fascistoides e polarizar com a esquerda.

De todo modo, não se perca de vista que o maior e insuperável problema do governo é a incapacidade de governar com um mínimo de eficácia que seja. A tendência é ele próprio agravar as crises.

O governo Bolsonaro segue, portanto, muito perigoso. Nada justifica subestimar sua estratégia política e desconsiderar o trágico risco que ele representa para o desmonte da institucionalidade democrática e dos fundamentos do Estado nacional.

Dependência ou autonomia

Estamos em presença, pois, de desafios estratégicos e de uma conjuntura crítica no país. Vistos pelo ângulo estratégico, os enfrentamentos são imensos, reavivando a encruzilhada histórica entre seguir como país em desenvolvimento truncado e dependente, ou sair da condição de país periférico com o desenvolvimento autônomo e soberano.

Agudizam-se todas as contradições estruturais da formação econômica social brasileira. Falo, da condição de Nação subjugada, aprisionada nos estreitos limites dos países de renda média e em declínio relativo. Do Estado nacional profundamente conservador, sob controle dos círculos financeiros internacionalizados com os quais os setores hegemônicos brasileiros estão enredados. Refiro-me à defasagem da renda do trabalho em relação à renda do capital, da chaga das poderosas desigualdades sociais e das tensões no seio do povo, bem como das desigualdades regionais. Onde não se superam as barreiras e os limites à emancipação das mulheres, do racismo estrutural que recrudesce e à sustentação ambiental.

A via de resolução desses problemas estruturais precisa ser tangível em qualquer formulação de ação política e social transformadoras na própria conjuntura. Insisto nisso pela razão de que, segundo creio, há um rebaixamento de debates sobre os caminhos e estratégias para esse passo na esquerda brasileira: são muito dominantes os debates no plano imediato, conjuntural, com programas que arrolam centenas de propostas e se transformam em plataformas para as disputas eleitorais.

Eu me filio à corrente socialista que tem como norte programático e estratégico a noção de que urge, para a superação dessas contradições, elaborar e disputar a hegemonia política por um Novo Projeto Nacional de Desenvolvimento – NPDN. Ele responde pelas condições essenciais: a rota do desenvolvimento econômico – soberano, mediante a valorização do trabalho e industrializante, com integração sul-americana e sustentabilidade ambiental, segundo um planejamento de projetos desenvolvimentistas em todas as áreas com metas por etapas e fases.

Com base nisso, impulsionar a prosperidade social – distribuição da renda, inclusão com programa de renda básica, harmonia social e regional.

Para tanto, a condição primeira: democratização vigorosa para a maior participação política popular na condução do país. Parte-se do reconhecimento de que ainda é baixo o nível de consciência política dos setores subalternos da sociedade sobre a natureza da crise, enquanto cresce a alienação nacional dos setores hegemônicos.

Mais assertivamente: sem desenvolvimento e soberania não há como atender aos anseios e protestos sobre o conflito distributivo, das causas sociais e civis da sociedade, mormente a desigualdade social. Então estamos diante de velha questão, a da centralidade estratégica da *questão nacional* para articular os eixos da soberania, liberdade e prosperidade nas lutas de classes com que nos confrontamos.

Não se trilha esse caminho sem o Estado nacional soberano, sob o comando de forças nacionais, progressistas e populares, fortalecido e democratizado na direção de arcabouços institucionais capazes de sustentar os conflitos que o percurso implica. Sem isso, o Estado fica sequestrado, como afirma o estudioso do desenvolvimento Elias Jabbour, no "cerco institucional que transforma as políticas neoliberais de política de governo em política de Estado", uma série de leis que vão contra "o que países com estratégias desenvolvimentistas levam em consideração". Ele se refere, no caso, à financeirização do capitalismo contemporâneo.

O projeto econômico envolve o papel do Estado como indutor de investimentos e desenvolvimento, da reindustrialização e avanço para a Indústria 4.0 e do fortalecimento do mercado interno, que combina mercado e Estado, capital nacional e investimentos estrangeiros sob a ótica do interesse nacional. Estado apoiado em inovações institucionais com reformas democráticas estruturantes do sistema político, judicial e financeiro, do regime tributário e da mídia monopolizada. Que maneje estrategicamente os impulsos à Educação, Ciência, Tecnologia e Inovação, Saúde e Segurança, traduzidas em políticas públicas inovadoras e ousadas.

Conforme indica a tendência histórica objetiva, a solução viável hoje é o NPDN para o país galgar novo patamar civilizatório, dando continuidade à gesta secular da construção nacional. Esse é o caminho brasileiro para o socialismo, referente indispensável, mediante transições sucessivas. A efetiva independência nacional está ligada ao socialismo, que será empreendido segundo as particularidades da formação econômica social do Brasil.

No espírito do tempo, isso é possível e existe no horizonte como alternativa efetiva ao neoliberalismo. A trajetória da China – assemelhada na condição de país continental, grande população, PIB e em desenvolvimento – tem muito a dizer aos brasileiros sobre caminhos e meios para isso.

Nessa jornada aproveita-se uma janela de oportunidade no ambiente planetário. O contexto hoje é o de uma aceleração de mudanças na ordem global como poucas vezes vistas em períodos de paz. Cristalizam-se tendências constituídas ao longo dos últimos anos que alteram as correlações de forças no sistema internacional. Há um interregno ainda instável e cheio de riscos de confrontos e guerras, no qual finda a fugaz unipolaridade da *Pax Americana* – após o fim da guerra fria com a queda do campo socialista –, na qual declina relativamente o papel dos EUA no mundo e ergue-se novo eixo dinâmico na economia global, na Ásia, tendo por vértice principal a China.

Em síntese, institui-se o multilateralismo nas relações internacionais, mais favorável para os Estados nacionais de países em desenvolvimento perseguirem seus interesses próprios, coadunando-os em benefício recíproco. Ou seja, se propicia ao Brasil mais ampla margem de manobras estratégicas para a caminhada pela afirmação nacional. O BRICS e seu banco de fomento, a integração regional com os vizinhos sul-americanos, os tratados comerciais e acordos soberanos em ciência, tecnologia e inovação, o aproveitamento de vantagens comparativas do Brasil quanto à matriz energética, rica biodiversidade e de biomas, das cadeias industriais ainda subsistentes e da agroindústria, do alcance de seu sistema científico e universitário, são expressão das potencialidades existentes.

Levará o tempo de uma geração ou mais para reorientar os rumos do país. É possível falar de esperanças e dar confiança ao povo de que esse caminho é exequível. É necessária uma grande concertação progressista, mediante uma engenharia política e institucional de alto alcance, para fazer frente ao tamanho da crise brasileira.

É mais claro que nunca – *mais-que-nunca* – o fato de que nenhum partido hoje tem condições de comandar, isoladamente, a gesta necessária para dar saídas à crise. Só a força consequente da unidade na diversidade das forças interessadas nesse projeto pode fazê-lo. Uma espécie de Aliança Nacional Libertadora rediviva e contemporânea, amparada sobretudo nas forças do patriotismo popular.

É preciso, então, estabelecer o *mapa do caminho* para acumular forças – na luta política-eleitoral, nas esferas institucionais, nas lutas e protestos sociais e civis, nas lutas culturais e das ideias – para gerar nova expectativa de poder que energize e dê confiança à maioria da sociedade.

A ação política

Traduzidas na ação política, as travessias partem da consideração da instabilidade reinante na presente conjuntura e do profundo desarranjo do sistema político do país, com implicações institucionais, como já visto.

A sociedade hoje tem três terços de forças políticas e sociais de magnitude quase equivalentes. Há o campo do bolsonarismo, em posse do governo central. Com ele, a extrema-direita alimenta diuturnamente o ressentimento, a intolerância e ódio entre os brasileiros. A base social reacionária envolvida está sendo armada e tem ligações com milícias; o presidente tem forte apoio nas Polícias Militares, bem como em escalões militares. As narrativas que promove tem sustentação em largos estratos neopentecostais, em setores da baixa classe média e o presidente ainda tem, nas pesquisas, resiliência em estratos populares de baixa renda.

Apoia-se em muitos militares – que não representam a instituição de Estado que são as Forças Armadas, mas rompeu com a toga ao demitir Sérgio Moro do ministério da Justiça. O clã, outro pilar, está acuado por denúncias. Agora, não se sabe até quando, apoia-se nas forças de direita e centro-direita do Congresso, movidas pelo poder, qualquer que seja o governo, sem compromissos maiores a não ser com seus interesses imediatos eleitorais. Esse bloco se descolou das forças da centro-direita clássica liberal, que disputam contra o bolsonarismo e seu governo.

Setores econômicos de peso sustentam o governo. Particularmente destacada é o apoio da fração burguesa de empresários ligados ao grande comércio, que financiou as poderosas e custosas redes virtuais que elegeram o presidente. Por meio delas foram promovidas contínuas guerras culturais, utilizando mecanismos de mensagens seletivas apoiadas por Big Data e Data Analytics com notícias grosseiramente falsas e fortemente agressivas, em grande escala.

Contudo, há outra parte dos setores econômicos que o elegeu em 2018 essencialmente para evitar a vitória da esquerda (que obteve 45% dos votos no segundo turno). Ainda apoia a agenda econômica de reformas ultraliberais que visam imediatamente a recompor as taxas de lucro e salvaguardar os ganhos com o financiamento da dívida pública, contra os interesses nacionais e dos trabalhadores. Mas são crescentes as dissidências, inclusive quanto ao receituário econômico emergencial frente à pandemia e quanto à condenação aberta dos desvarios do governo e crimes cometidos pelo presidente no comando do governo.

Outro terço das forças é precisamente o que provém do campo da direita e centro direita liberal que buscam se configurar como novo "centro" político, em descolamento do governo. Agem contra Bolsonaro, mas oscilam em ser, a um só tempo, partícipe das políticas de frente democrática pela vida e a democracia, enquanto se mantêm na defesa a agenda falida na economia.

A duplicidade claudicante os atrasa politicamente, mas detêm inúmeras posições de poder institucional em geral. Sua oposição se expressa em praticamente toda a grande mídia monopolizada do país e é refletida, também, no papel de setores importantes das instituições de Estado, como são o Supremo Tribunal Federal e o Congresso Nacional.

Esperam estar no segundo turno eleitoral presidencial de 2022, mas são enormes as dificuldades em fazer vingar uma nova identidade e ter nomes competitivos que unifiquem o dito campo.

E há um terceiro campo, o da centro-esquerda e esquerda, do amplo espectro de camadas progressistas, com muita diversidade entre si. A desvantagem imediata que têm é a momentânea falta de condições para as mobilizações políticas populares que, embora em refluxo, foram agravadas pelo isolamento social frente à pandemia. Entretanto, o passivo de fundo é a divisão nesse campo, devido a interdições entre legendas partidárias, interesses particularistas, idiossincrasias e nomes para a eleição presidencial futura.

Faz-lhe falta escutar o anseio progressistas pela unidade para poder alcançar o 2º turno eleitoral em 2022, compreendendo que a hegemonia do processo político não é cartorial nem se dá por decreto, mas carece de ser disputada na planície das imensas forças sociais que devem ser postas em movimento.

O que se verifica é que nenhum desses três segmentos consegue definir o padrão hegemônico do jogo político em curso até 2022, impondo aos demais seus desígnios. Todos os blocos políticos estão imersos em dificuldades e na falta de disposição, prestígio e capacidade de operar saídas.

De conjunto, as relações dinâmicas desses três blocos não são propriamente de equilíbrio de forças, mas de um jogo de forças em movimento instável. A polarização será crescente.

As múltiplas crises

A conjuntura no país é muito volátil e põe em perspectiva a convergência das múltiplas crises em uma crise política. As saídas envolvem travessias. Tudo está perpassado pela luta de isolar, encurralar e derrotar Bolsonaro, se possível, antes mesmo de 2022.

É a hora da política. A hora, repito, de as lideranças políticas com responsabilidade histórica chamarem-na a si, para tomar as rédeas das saídas pela Política (embora de inspirações outras, uso a maiúscula para realçar que se trata de soluções políticas para grandes crises).

O primeiro passo é o *imperativo da amplitude* à frente dos combates imediatos: perseguir mais e mais ampla unidade entre a sociedade civil e política e deles com os setores populares, por meio de políticas de frente ampla, nas modalidades e causas que se apresentarem. Bandeiras não faltarão, dados os desvarios e crimes cometidos por Bolsonaro no governo.

Tais políticas não venceram sempre, mas certamente provieram delas os maiores avanços para isolar Bolsonaro. Será escapismo político desconhecer isso e/ou renunciarem às forças da esquerda progressista, a *liderar* essa construção, para que ela seja mais consequente.

O segundo é o *imperativo da unidade em torno do projeto de desenvolvimento nacional* já aludido, disputando as saídas efetivas e avançadas para a crise brasileira. É esse projeto quem vai disputar os rumos da saída. Os nomes presidenciáveis – não obstante a legitimidade em postulá-los – e seus partidos serão sua voz e decorrência.

Esses imperativos representam os dois trilhos que direcionam a travessia. Precisam da ciência e arte da *unidade e luta* entre forças autônomas – predominando, evidentemente, a unidade. Não vingam sem estar assentados na crescente mobilização política e social de vastos setores, mormente o povo, para o que se exige novas conexões com a realidade sociológica do Brasil atual.

O mapa do caminho nos solicita que o compromisso com o futuro precisa ser maior do que o compromisso com o passado, aliás, até para preservar os ganhos do passado. Nossas forças avançadas chegaram até aqui, com acertos, erros e limitações, mas realizaram muito em prol da nação, do povo e da democracia. Agora é outro o momento e mais desfavorável a correlação de forças que se nos apresenta nas lutas de classes. É preciso olhar para a proa dos acontecimentos, para o horizonte das perspectivas, sem as quais definham os partidos políticos.

Creio que esse é *o-que-fazer* da hora presente, partindo dos problemas prementes da maioria da sociedade. Isso solicita um *programa mínimo emergencial* de todas as forças de oposição ao governo, unitário e sintético, para a defesa da vida, da vacinação, do auxílio emergência e da democracia.

São precisos quadros capazes de promover conversas de todos com todos que se disponham ao combate a Bolsonaro. Quadros que podem assumir compromissos em concertações políticas entre nossas próprias forças e entre elas e a oposição conservadora, repondo a pactuação democrática. Quadros, também, que ousem unir todos os setores progressistas para preparar os caminhos mais unitários possíveis para a eleição presidencial de 2022.

Não devemos nos apequenar, nem apequenar os brasileiros, ciosos que somos da liberdade, da pátria e do progresso. O Brasil e seu povo têm imensas reservas para isso.

CAPÍTULO XXI
A SAÍDA, ONDE ESTÁ A SAÍDA?

JULIANO MEDEIROS[480]

> *Alice perguntou: Gato Cheshire... pode me dizer qual caminho devo tomar?*
>
> *Isso depende muito do lugar para onde você quer ir – disse o gato.*
>
> *Eu não sei para onde ir! – respondeu Alice.*
>
> *Se você não sabe para onde ir, qualquer caminho serve.*[481]

Meia década depois do golpe que interrompeu a experiência dos governos de coalizão liderados pelo Partido dos Trabalhadores, as esquerdas no Brasil ainda se perguntam por onde recomeçar. Não é para menos. O *impeachment* de Dilma Rousseff rompeu não apenas o pacto que sustentara por 13 anos o projeto reformista: ele instituiu um período de

---

[480] Doutor em História pela Universidade de Brasília e presidente nacional do Partido Socialismo e Liberdade (PSOL).

[481] Lewis Carrol - Alice no País das Maravilhas.

ataques sem precedentes às conquistas democráticas de 1988 e ao papel do Estado brasileiro no combate às desigualdades.

A origem da era de retrocessos que se abriu com o golpe, porém, deve ser buscada muito antes de abril de 2016. Ela remete à crise estrutural do sistema do capital e à impossibilidade de manter a dinâmica de "pactos sociais" que caracteriza o progressismo em geral – e o lulismo em particular – num contexto de baixo crescimento econômico. Compreender as razões que levaram as elites no Brasil a rechaçar até mesmo o "reformismo fraco"[482] do projeto lulista é passo fundamental para encontrarmos um novo sentido para o papel do Estado e um caminho de superação da profunda crise que vive o Brasil, ora agravada pela pandemia do novo coronavírus e pela aliança entre a extrema-direita e a velha direita liberal.

O propósito desta reflexão é contribuir para responder uma pergunta: que esquerda é necessária para interromper o projeto de desmonte do Estado e colocá-lo, definitivamente, a serviço das maiorias sociais? Não é nosso objetivo, portanto, explorar as diferenças táticas que existem hoje entre as forças de esquerda e centro-esquerda. O que pretendemos é demonstrar que o ciclo histórico aberto na última década com a "crise completa" do sistema do capital exige uma mudança de rumos nas esquerdas: ou promovemos uma crítica radical aos efeitos da globalização neoliberal, conectando nossos partidos e movimentos ao mal-estar provocado pelo não cumprimento das promessas de progresso não cumpridas, ou estamos fadados à derrota.

Nessa perspectiva, pensar o lugar o Estado – não como um aparato neutro que é "usado" pela burguesia para, através dele, exercer seu poder coercitivo, mas como derivado necessário da própria reprodução capitalista[483] – é fundamental, alterando seu sentido histórico e colocando-o à serviço de uma ordem radicalmente democrática e profundamente comprometida com o combate às desigualdades econômicas, sociais e

---

[482] Para ver mais sobre o conceito de "pacto conservador" e "reformismo fraco" ver: SINGER, André. *Os sentidos do lulismo*. São Paulo: Companhia das Letras, 2012.

[483] MASCARO, A. L. *Estado e forma política*. São Paulo: Boitempo, 2013.

culturais. Não apenas a "volta do Estado" como o conhecemos – e cujos limites estão evidenciados por sua condição estruturalmente burguesa – mas um novo Estado, concebido para superar os séculos de iniquidade que marcam a formação social brasileira.

A crise completa

A teoria econômica heterodoxa tem demonstrado a alteração nos padrões de acumulação do capital em nível mundial desde meados da década de 1970, com profundos impactos para os países da semiperiferia do sistema, como o Brasil. Analisando o que chama de "sociometabolismo do capital", István Mészáros[484] destrincha a natureza estrutural da crise de acumulação. A partir de um novo polo hegemônico – o capital financeiro – o neoliberalismo pôs abaixo os mais desenvolvidos sistemas de controle do capital, a saber, o *Welfare State* keynesiano e o socialismo soviético, tornando-se incontrolável e profundamente destrutivo. Contrariando a teoria dos ciclos de expansão/recessão do capital, Mészáros sustenta que desde o fim dos anos 1970 o capital entrou num ciclo descendente contínuo com a continuada depressão dos padrões de acumulação. Estratégias como a expansão da valorização especulativa através do mercado de ativos financeiros ou a ampliação da tendência decrescente do valor de uso das mercadorias, constituiriam nada menos que tentativas de responder à crise da reprodução industrial. Essa crise impacta profundamente a organização social da produção e, por conseguinte, toda a vida em sociedade.[485]

Essa situação se agravou drasticamente após as turbulências de 2008. Entre o fim da Segunda Guerra Mundial e a crise econômica que eclodiu no início dos anos 1970, o desenvolvimento capitalista produziu uma verdadeira "Idade do Ouro" nos países do capitalismo central. Enquanto a África e Ásia mergulhavam em sangrentas guerras de libertação e a América Latina sofria com golpes militares, a Europa

---

[484] MÉSZÁROS, I. *A crise estrutural do Capital*. São Paulo: Boitempo, 2009.
[485] MÉSZÁROS, I. *A crise estrutural do Capital*. São Paulo: Boitempo, 2009.

se reconstruía sob a proteção dos Estados Unidos e seu Plano Marshall, a mais importante entre as estratégias de exportação de capitais excedentes. Com a chamada "Guerra Fria", a democracia liberal se consolidou, ao menos na Europa Ocidental, na forma de um invejável Estado de Bem-Estar Social e de eficientes aparatos de controle do conflito político, enquanto os conflitos militares eram transferidos para a periferia do sistema (Afeganistão, Vietnã, etc.).

Mas uma mudança radical estava em curso. O rompimento unilateral dos acordos de Breton Woods e a consequente desvalorização do dólar obrigou os Estados Unidos a uma reorientação geral na gestão dos mecanismos globais de reciclagem de excedentes. Ao invés de utilizar seus superávits na forma de empréstimos concedidos aos países em reconstrução no pós-guerra, os Estados Unidos passaram a financiar seus déficits através de sua dívida pública. Para isso, foi necessário aumentar a competitividade das empresas e elevar a taxa de juros dos títulos estadunidenses.[486] Essas duas medidas foram alcançadas com a redução dos custos do trabalho e com a crise do petróleo (1973), que impactou países que competiam diretamente com os EUA, como Japão e Alemanha. Já os juros foram paulatinamente elevados, criando uma porta de entrada de capitais capazes de alimentar o mercado financeiro estadunidense.

De acordo com Yanis Varoufakis, ex-ministro da economia da Grécia, os sistemáticos déficits comerciais dos EUA induziram a produção alhures, enquanto os déficits orçamentários foram transformando os superávits comerciais de outros países em títulos estadunidenses que o mundo foi acumulando. Essa liquidez estimulou Wall Street a usar os volumosos excedentes de capital em operações que geraram uma quantidade imensa de valor fictício, incluindo as concessões de hipotecas e crédito para as classes média e trabalhadora, permitindo o acesso a montanhas de recursos privados com base em operações totalmente

---

[486] PAULANI, L. M. "Desenvolvimentismo, planejamento e investimento públicos nos cinco mil dias do lulismo". *In*: MARINGONI, G.; MEDEIROS, J. *Cinco mil dias*: o Brasil na era do lulismo. São Paulo: Boitempo, 2017.

insustentáveis.[487] Quando a bolha imobiliária estourou, em 2008, mais de U$ 40 trilhões do patrimônio global desapareceram, junto com 700 mil empregos, só nos Estados Unidos.

Naquele momento, governos do mundo todo foram mobilizados para responder às dificuldades do capitalismo, transferindo para as maiorias sociais os custos de salvar todo o sistema. Foram trilhões de dólares para socorrer o sistema bancário (U$ 700 bilhões só do governo de Barack Obama em 2008/2009) enquanto milhares de pessoas perdiam suas casas para... os bancos! O desemprego aumentou e as crises políticas no norte da África e Oriente Médio geraram uma onda migratória que alimentou a xenofobia e, consequentemente, os nacionalismos de extrema-direita na Europa. Em outras palavras, a resposta do sistema à crise e suas repercussões nas instituições da democracia liberal não poderia ser mais desastrosa. Como assinala Manuel Castells:

> Quando, em meio a uma crise econômica, bancos fraudulentos são salvos com dinheiro dos contribuintes enquanto são reduzidos serviços básicos para a vida das pessoas com a promessa de que as coisas vão melhorar se elas aguentarem e seguirem engolindo, e quando não é assim, é preciso romper com tudo ou aguentar tudo. E o rompimento fora das instituições tem um alto custo social e pessoal, demonizado por meios de comunicação que, em última análise, são controlados pelo dinheiro ou pelo Estado, apesar da resistência muitas vezes heroica dos jornalistas. Em situações de crise econômica, social, institucional e moral, aquilo que era aceito, porque não havia outra possibilidade, deixa de ser, e aquilo que era um modelo de representação desmorona na subjetividade das pessoas. Só resta o poder descarnado de que as coisas são assim, e aqueles que não aceitarem que saiam às ruas, onde a polícia os espera. Essa é a crise de legitimidade.[488]

---

[487] VAROUFAKIS, Y. *O Minotauro global*: a verdadeira origem da crise financeira e o futuro da economia global. São Paulo: Autonomia Literária, 2016.

[488] CASTELLS, M. *Ruptura*: a crise da democracia liberal. Rio de Janeiro: Zahar, 2018.

Como demonstra Castells, a crise econômica e as políticas que a geriram, pelo menos no caso europeu, foram um elemento-chave na crise de legitimidade da democracia liberal. Seus impactos nas políticas de crédito e, consequentemente, no financiamento dos setores produtivos, levaram a um aumento exponencial do desemprego e da crise social.

No caso de países onde a manutenção das condições de vida dependiam de vultuosos investimentos estatais, como no norte da África ou Oriente Médio, a crise econômica e a ausência de canais democráticos para dar vazão à insatisfação popular produziram verdadeiras revoluções populares na Tunísia e Egito, guerra civis na Líbia e Síria, além de uma onda de protestos em países como Argélia, Bahrein, Iraque, Jordânia, Omã, Iêmen, Líbano, Marrocos, Mauritânia, Saara Ocidental, Sudão, entre outros.

Na Europa, as chamadas "políticas de austeridade" exigiram dos mais pobres sacrifícios impensáveis desde a Segunda Guerra Mundial. Alguns países chegaram à beira do colapso, como Grécia e Espanha. Outros, como Portugal e Itália, aplicaram duros planos econômicos, uma vez que o endividamento desses países era enorme, graças aos esforços para ingressar na União Europeia e aderir à moeda única.[489] Na América Latina os impactos da crise não foram sentidos imediatamente, mas nem de longe ficaram restritos à uma simples "marolinha".[490]

No caso do Brasil, os efeitos foram sentidos no médio prazo, com o desaquecimento das trocas internacionais. Diante desse cenário, a opção foi a promoção de um pesado ajuste fiscal, promovido pelo segundo governo de Dilma Rousseff, a partir de 2015. Esse ajuste, aliás,

---

[489] GUERRA, A. (*et al.*). *Brasil 2016*: recessão e golpe. São Paulo: Fundação Perseu Abramo, 2017.

[490] Em outubro de 2008 o então presidente Lula afirmou que "a crise é um tsunami nos Estados Unidos; aqui, se ela chegar, vai chegar uma marolinha que nem dá pra esquiar". Uma avaliação que mostrou-se profundamente equivocada. GALHARDO, Ricardo. "Lula: crise é tsunami nos EUA e, se chegar ao Brasil, será 'marolinha'". *O Globo*, 2012. Disponível em: https://oglobo.globo.com/economia/lula-crise-tsunami-nos-eua-se-chegar-ao-brasil-sera-marolinha-3827410. Acessado em: 03.11.2021.

cumpriu papel fundamental no aprofundamento da crise política e na perda de apoio de parte da base social do lulismo, iniciado em 2013.[491]

À crise de acumulação do capital somou-se uma crise de legitimidade da democracia liberal. Mais de dois terços dos habitantes do planeta acham que os políticos não os representam, que todos os partidos priorizam os próprios interesses, que os parlamentos não são representativos e que os governos são corruptos, burocráticos e opressivos.[492] Enquanto as elites cosmopolitas se conectam em nível global viabilizando negócios em questão de segundos, as massas de trabalhadores têm acesso a escassos benefícios, quando não são penalizadas pelo desenvolvimento tecnológico, com desregulamentação das leis de proteção social, desemprego e miséria. A crise financeira que explodiu em 2008 colocou em xeque a globalização. Ela deixou evidente que as instituições do Estado agiram única e exclusivamente para garantir a manutenção do sistema de valorização do capital, mesmo que isso custasse a proteção dos mais vulneráveis.

O que temos, portanto, é uma crise completa: crise política – com níveis de questionamento inéditos à democracia liberal; crise econômica – com a queda dos padrões de acumulação e o fracasso da estratégia neoliberal; crise ambiental – com fenômenos como o aquecimento global; e, agora, crise sanitária – com a pandemia mais letal do último século – que não deixa de ser uma síntese das três anteriores.

A crise completa chega ao Brasil

O Estado que surge da Constituinte de 1988, para tomar emprestada a definição de Poulantzas em seu *O Estado, o Poder e o Socialismo*, expressa a "condensação material e específica de uma determinada relação de forças entre classes e frações de classes".[493] Suas bases se

---

491 SINGER, André. *O lulismo em crise*. São Paulo: Companhia das Letras, 2019.
492 CASTELLS, M. *Ruptura*: a crise da democracia liberal. Rio de Janeiro: Zahar, 2018.
493 POULANTZAS, Nicos. *O Estado, o poder, o socialismo*. 2ª ed. Rio de Janeiro: Graal, 1985.

assentam em três elementos fundamentais. O primeiro é a garantia da ampliação gradual e permanente de direitos sociais como forma de combater as desigualdades. Daí a previsão constitucional da realização de uma reforma agrária, da criação de um imposto sobre grandes fortunas (nunca regulamentado) e da garantia da função social da propriedade. O segundo elemento é a garantia da economia de mercado, mas com limites impostos pelo monopólio ou forte presença estatal em setores considerados estratégicos. E o terceiro elemento é a constituição de uma democracia liberal com garantias ao pluripartidarismo e à alternância no poder, ainda que com parcos instrumentos de participação direta.

Esses três elementos – ampliação gradual de direitos, economia de mercado e democracia liberal – formavam a base da Constituição Federal de 1988 e foram minimamente respeitados, mesmo nos governos neoliberais de Fernando Henrique Cardoso (1995-2002), por exemplo, com a criação do Bolsa Escola, a quebra da patente dos medicamentos e a introdução dos "genéricos", e a promoção de desapropriações de terras para fins de reforma agrária, graças à pressão do Movimento dos Trabalhadores Rurais Sem Terra (MST). Com a vitória de Lula, em 2002, a faixa presidencial foi entregue conforme determinava a Constituição, apesar da histeria de parte do mercado financeiro. E, nos governos petistas, a ampliação de direitos e a diminuição das desigualdades foi promovida respeitando religiosamente a economia de mercado, incluindo as determinações draconianas impostas pelo neoliberalismo nos anos anteriores, como as metas de inflação, o superávit primário e o pagamento da dívida externa.[494]

Acontece que esse pacto entrou em crise com os efeitos da crise econômica e a disputa que se abriu sobre os destinos do fundo público. De um lado, o capital, tentando usar o Estado como tábua de salvação, reivindicando crescentes desonerações fiscais, um pesado ajuste nas contas públicas e a retirada de direitos trabalhistas e previdenciários. De outro, o mundo do trabalho, cobrando do Estado a proteção dos mais vulneráveis, a manutenção dos investimentos públicos e medidas que

---

[494] MEDEIROS, Juliano. "A vertigem democrática". *Blog da Boitempo*, 2019. Disponível em: https://blogdaboitempo.com.br/2019/06/28/a-vertigem-democratica/. Acessado em: 03.11.2021.

estimulassem a produção. Tentando se equilibrar nessa disputa, Dilma Rousseff buscou contemplar parcialmente ambos os lados. Assegurou pesadas desonerações fiscais e impôs um duro ajuste nas constas do Estado ao mesmo tempo em que aprofundava um programa de concessões de rodovias, portos e aeroportos. Aos trabalhadores assegurou a defesa dos direitos consagrados na CLT e a política de valorização do salário-mínimo.

Mas era tarde. O capital queria mais. A chamada *Ponte para o Futuro*, programa apresentado pelo MDB no auge da crise econômica e que depois se tornaria a plataforma de Michel Temer no governo, defendida um verdadeiro "choque de austeridade" no Brasil, atacando direitos sociais e ambientais, desmontando as empresas públicas e apertando ainda mais as contas do Estado. Sem disposição de assumir o "pacto" imposto pela nova correlação de forças, Dilma caiu. Mas, para isso, outra garantia de 1988 teve de ser violada: a alternância de poder e o respeito à soberania da vontade popular. O golpe de abril de 2016, como demonstra de forma cristalina o filme de Petra Costa, *Democracia em Vertigem*, representou uma clara ruptura com as regras do jogo.

Em outra frente de batalha, a Operação Lava Jato agia para criminalizar a política e desmontar ao mesmo tempo a política de fortalecimento da Petrobras e todo o setor de infraestrutura nacional. O pano de fundo das investigações era o famigerado financiamento empresarial de campanhas, que alimentava uma rede de relações de "toma lá, dá cá" que tinha origem na Ditadura Militar e se perpetuou em todos os governos. Com o tempo, porém, a operação revelou-se arbitrária e partidarizada. Ela reforçou a ideia de que a corrupção é o mais grave problema do país e concentrou nos agentes públicos a responsabilidade pelo fenômeno. Com isso, a criminalização da política alcançou patamares inéditos, gerando uma enorme rejeição do cidadão comum aos partidos e instituições do Estado.[495] Utilizada para inflamar a sociedade contra o governo de Dilma Rousseff, a Lava Jato criou o

---

[495] MEDEIROS, Juliano. "A vertigem democrática". *Blog da Boitempo*, 2019. Disponível em: https://blogdaboitempo.com.br/2019/06/28/a-vertigem-democratica/. Acessado em: 03.11.2021.

ambiente para o golpe de 2016 e a arbitrária prisão de Lula. Hoje, com as revelações trazidas pela "Vaza Jato" a operação foi desmontada, mas não sem antes cumprir um papel decisivo no aprofundamento da crise política e econômica que vive o Brasil.

Fim de uma utopia tropical

Em um artigo publicado no livro *Cinco Mil Dias – o Brasil na era do lulismo*[496] Gilberto Maringoni usa uma expressão muito feliz para analisar a trajetória de 13 anos de governos de coalizão liderados pelo PT: "utopia tropical". A utopia estaria na crença de que seria possível manter, mesmo num contexto de desaceleração econômica, o pacto com as elites brasileiras forjada pela *Carta aos Brasileiros* em 2002.[497] No entanto, como lembra Maringoni, o modelo de governo de aliança entre classes exige a existência de excedentes a serem distribuídos. Com a retração econômica, nem a política de "austeridade" adotada por Dilma a partir de 2015 foi suficiente para salvar o pacto com as frações burguesas que sustentaram os governos petistas. Com o ambiente criado pela Lava Jato e com a ausência de respostas eficientes por parte do governo para mobilizar a base social beneficiada pelas políticas de combate às desigualdades, o projeto caiu sem muita resistência.

A partir da deposição de Dilma o que se viu foi uma ofensiva sem precedentes contra os direitos sociais. A aprovação do congelamento dos investimentos sociais por 20 anos através da Emenda Constitucional 95 foi o mais duro ataque. Mas não foi o único. A reforma da legislação trabalhista e a Lei das Terceirizações aprofundou radicalmente a flexibilização de direitos conquistados ao longo de décadas. O fim da política de financiamento dos sindicatos e centrais sindicais enfraqueceu ainda mais os instrumentos de organização da classe trabalhadora. O

---

[496] MARINGONI, G. "Ascensão e queda de uma utopia tropical". *In*: MARINGONI, G; MEDEIROS, J. (Coord.). *Cinco mil dias*: o Brasil na era do lulismo. São Paulo: Boitempo, 2017.

[497] Documento publicado pela campanha de Lula em 2002 com garantias ao capital.

retrocesso do marco legal de exploração das reservas do pré-sal – do regime de partilha para o regime de concessão – promoveu um duro golpe na soberania nacional.

Mas o que estava péssimo, poderia piorar. As contradições internas na frente que promoveu o golpe promoveram deslocamentos que desembocariam num projeto abertamente reacionário, baseado no combate à corrupção, no aumento da repressão à violência urbana e na defesa dos valores morais conservadores – "Deus acima de tudo, Brasil acima de todos". Quem encarnou esse projeto foi o obscuro Jair Bolsonaro. Afinal, por alguma razão que lhes escapava, os candidatos da elite econômica – Geraldo Alckmin (PSDB), Henrique Meirelles (MDB), João Amoêdo (Novo) etc. – não tiveram na disputa eleitoral de 2018 o desempenho esperado. Não tardou para que a indigência intelectual do liberalismo brasileiro – que ressuscitou personagens como Ludwig von Mises e Friedrich Hayek[498] – criasse argumentos para sustentar a aliança entre neoliberais e nacionalismo de extrema-direita, com Paulo Guedes como principal expressão daqueles.

Como aconteceu com Donald Trump (Estados Unidos), Viktor Orbán (Hungria), Matteo Salvini (Itália), Rodrigo Duterte (Filipinas) e Janez Jansa (Eslovênia), no Brasil o populismo de extrema-direita soube se conectar ao mal-estar causado pelo fracasso da globalização neoliberal e vencer as eleições. Bolsonaro, portanto, não é um raio em céu azul: ele é um subproduto da "crise completa" que deteriorou as condições de vida do povo brasileiro ao mesmo tempo em que revelou de forma cruel a natureza antipopular do Estado em momentos de retração econômica, interditando a "utopia tropical" em torno do pacto entre capital e trabalho.

Como lembra Boaventura de Sousa Santos, o "populismo de direita" se assenta na convicção de que as políticas de austeridade são o resultado natural dos excessos de bem-estar, de direitos e de proteção social conferidas por governos de centro-esquerda a cidadãos preguiçosos

---

[498] Economistas ultraliberais. O primeiro, simpático ao fascismo; o segundo, amigo de Pinochet, disse preferir uma "ditadura liberal" que uma democracia sem liberalismo.

que recusam trabalho.[499] Diante desse raciocínio, a extrema-direita mobiliza medos e preconceitos que estão presentes na sociedade e se vincula à insatisfação que as maiorias têm demonstrado com os efeitos da globalização neoliberal, que promete mais empregos e segurança, mas só promove desregulamentação, medo e incerteza.

A pandemia: uma tragédia e a chance de recomeço

O Brasil é o único país do mundo que está enfrentando a pandemia do novo coronavírus com ajuste fiscal. Enquanto os organismos financeiros internacionais (FMI, Banco Mundial, OCDE) orientam os governos nacionais a ampliarem os gastos públicos, o governo de Jair Bolsonaro opta por promover mudanças nas regras fiscais e aprofundar os mecanismos de desregulamentação financeira. A suspensão do Auxílio Emergencial de R$ 600,00 em dezembro de 2020 cumpriu um papel decisivo para a explosão da pandemia em 2021. A concessão de um auxílio que varia entre R$ 150,00 e R$ 250,00 durante apenas quatro meses, longe de representar uma política de proteção aos mais vulneráveis, é resultado de uma Emenda Constitucional que ataca ainda mais o serviço público e busca enfraquecer o Estado.[500] O sofrimento promovido pelas milhares de vidas perdidas tem relação direta com as opções do governo Bolsonaro, seu negacionismo e irresponsabilidade.

Mas a pandemia – que é uma tragédia incontestável – também demonstrou de forma incontestável a importância de financiar adequadamente os serviços públicos, em particular o SUS. Como ressalta Álvaro García Linera, "certamente testemunharemos uma reavaliação geral do Estado, tanto em sua função de proteção social quanto econômico--financeira". Para ele "apenas o Estado tem capacidade organizacional

---

[499] SANTOS, B. S. *A difícil Democracia*: reinventar as esquerdas. São Paulo: Boitempo, 2017.
[500] Explicar PEC 186.

e legitimidade social para defender os cidadãos".[501] Essa percepção ficou mais forte depois de três décadas de hegemonia neoliberal. Falar da instituição de uma renda justa permanente, da necessidade de um imposto sobre as grandes fortunas de bilionários ou da mudança das draconianas regras fiscais que amarram o Estado seria inviável antes da pandemia. Não resta dúvida de que a crise sanitária permite defender o que parecia indefensável até pouco tempo.

No prefácio à edição brasileira de um livro de Nancy Fraser[502] lançado recentemente no Brasil, Vitor Marques lembra que a expansão das relações capitalistas, colonizando novas esferas da vida, foi acompanhada da propaganda triunfalista que anunciava que a empresa privada e a democracia representativa parlamentar eram as formas finais da socialização humana. Com o colapso dessa fórmula, evidenciada pela crise do coronavírus e pela condução catastrófica por parte do governo da extrema-direita, temos a oportunidade de "pensar fora caixa" para propor saídas que antes eram consideradas perigosas demais.

Para isso, a esquerda deve reassumir uma postura abertamente antineoliberal e crítica do capitalismo. Ao abandonar essa perspectiva no início dos anos 2000 – resumindo sua missão histórica, no máximo, a uma administração mais "humana" da economia de mercado – os partidos da centro-esquerda acabaram por comprometer-se com os próprios limites impostos por um sistema político pensado para manter inalterados os privilégios das classes dominantes.

Para impulsionar uma contraofensiva dos que vivem do trabalho, as organizações políticas e sociais da esquerda deverão abandonar qualquer ilusão nos "pactos" do passado. A construção de uma alternativa antineoliberal passa pela ampliação do conflito contra os privilégios assegurados por um modelo econômico estruturalmente injusto. Uma esquerda que queira apenas voltar ao "velho normal" perderá a

---

[501] LINERA, A. G. "Pânico global e incerta no horizonte". *Quarentena Times*, abr. 2020, pp. 44-47.
[502] FRASER, N. *O velho está morrendo e o novo não pode nascer*. São Paulo: Autonomia Literária, 2019.

oportunidade de transformar a crise da globalização neoliberal numa janela para a construção de um projeto alternativo.

Durante os últimos trinta anos o neoliberalismo foi bem-sucedido ao introduzir, lentamente, mecanismos que foram minando a capacidade de proteger as conquistas asseguradas na Constituição de 1988. Nesse período quase uma centena de emendas constitucionais foram aprovadas, em geral retirando direitos ou adaptando o Estado às necessidades da gestão neoliberal. Ao mesmo tempo, o capital desatou uma ofensiva ideológica que teve como objetivo desfazer os laços comunitários que sustentavam a relação da classe trabalhadora e dos excluídos com suas organizações. O cerco jurídico-repressivo contra as greves, a criminalização dos movimentos sociais e a canalização de toda a insatisfação para as urnas, enfraqueceu os partidos e as organizações que representavam o mundo do trabalho.[503]

Os próprios governos petistas estimularam a noção de prosperidade individual, difundindo a ideia de que a possibilidade de viajar para fora do país, adquirir um carro novo ou um eletrodoméstico eram sinônimos de justiça social. A chamada "inclusão pelo consumo" foi uma armadilha que entranhou ainda mais a ideologia do inimigo entre os mais pobres. As religiões neopentecostais, ancoradas na "teologia da prosperidade", cresceram enormemente alimentando-se desses valores e estimulando-os.

Para enfrentar esse dilema estratégico é preciso reconhecer: o ciclo reformista se esgotou. No seu lugar é preciso construir uma estratégia que constitua uma nova identidade de classe em torno da ideia da maioria, *o povo*, contra a minoria, *as elites*. Os partidos e movimentos de esquerda devem se postular como instrumentos da indignação popular contra o sistema, e não seus legitimadores. Como sugere Nancy Fraser:

---

[503] MEDEIROS, J. "A vertigem democrática". *Blog da Boitempo*, 2019. Disponível em: https://blogdaboitempo.com.br/2019/06/28/a-vertigem-democratica/. Acessado em: 03.11.2021.

A SAÍDA, ONDE ESTÁ A SAÍDA?

> (...) se a esquerda espera reviver a ideia da classe trabalhadora como força dirigente dentro de um novo bloco contra-hegemônico, teremos de imaginar essa classe de uma nova maneira – *interseccionalmente*, se preferir – e não restrita a uma maioria étnica de homens heterossexuais, trabalhadores de manufatura e da mineração, mas englobando todas as novas ocupações – remuneradas e não remuneradas – e englobando massivamente imigrantes, mulheres e negros.[504]

Para a esquerda partidária isso significa combinar uma renovação programática que incorpore – sem concessões ao neoliberalismo progressista e suas inclinações identitárias – as diferentes formas de luta em defesa dos Direitos Humanos, do meio-ambiente, da igualdade de gênero, da luta antirracista, da democratização profunda das instituições de Estado. Significa pensar um projeto econômico à serviço das maiorias, fazendo do aparato estatal o indutor principal do desenvolvimento econômico, do combate às desigualdades e da construção de um sistema político radicalmente democrático – única forma de recobrar a legitimidade perdida.

Ao invés de verem seus governos como agentes de outros Estados ou de organizações internacionais, como o FMI, o Banco Mundial ou a União Europeia, incomensuravelmente mais isolados da pressão social do que é o tradicional Estado-nação,[505] as maiorias devem identificá-los como instrumentos de combate às desigualdades e aprofundamento da democracia. E para isso é preciso ferir de morte o cambaleante neoliberalismo. Esse deve ser a prioridade das esquerdas.

---

[504] FRASER, N. *O velho está morrendo e o novo não pode nascer*. São Paulo: Autonomia Literária, 2019.
[505] STREECK, W. "As crises do capitalismo democrático". *CEBRAP*, nº 92, mar. 2012, pp. 35-56.

Referências Bibliográficas

BRAGA, Ruy. "Terra em transe: o fim do lulismo e o retorno à luta de classes". *In*: SINGER, André; LOUREIRO, Isabel (Coord.). *As contradições do lulismo*. São Paulo: Boitempo, 2016.

CASTELLS, Manuel. *Ruptura*: a crise da democracia liberal. Rio de Janeiro: Zahar, 2018.

CASTORIADIS, Cornelius. *A instituição imaginária da sociedade*. Rio de Janeiro: Paz e Terra, 1982.

FRASER, Nancy. *O velho está morrendo e o novo não pode nascer*. São Paulo: Autonomia Literária, 2019.

GUERRA, Alexandre (*et al.*). *Brasil 2016*: recessão e golpe. São Paulo: Fundação Perseu Abramo, 2017.

LEITE, José Correa; UEMURA, Janaina; SIQUEIRA, Filomena. *O eclipse do progressismo*: a esquerda latino-americana em debate. São Paulo: Elefante, 2018.

LINERA, Álvaro García. "Pânico global e incerta no horizonte". *Quarentena Times*, abr. 2020.

MARINGONI, Gilberto. "Ascensão e queda de uma utopia tropical". *In*: _____; MEDEIROS, Juliano. *Cinco mil dias*: o Brasil na era do lulismo. São Paulo: Boitempo, 2017.

MASCARO, Alysson Leandro. *Estado e forma política*. São Paulo: Boitempo, 2013.

MEDEIROS, Juliano. "A vertigem democrática". Blog da Boitempo, 2019. Disponível em: https://blogdaboitempo.com.br/2019/06/28/a-vertigem-democratica/. Acessado em 16/12/2021.

MÉSZÁROS, István. *A crise estrutural do Capital*. São Paulo: Boitempo, 2009.

PAULANI, Leda Maria. "Desenvolvimentismo, planejamento e investimento públicos nos cinco mil dias do lulismo". *In*: MARINGONI, Gilberto; MEDEIROS, Juliano. *Cinco mil dias*: o Brasil na era do lulismo. São Paulo: Boitempo, 2017.

SINGER, André. *O lulismo em crise*. São Paulo: Companhia das Letras, 2019.

SINGER, André. *Os sentidos do lulismo*. São Paulo: Companhia das Letras, 2012.

STREECK, Wolfgang. "As crises do capitalismo democrático". *Novos Estudos*, nº 92, mar. 2012.

VAROUFAKIS, Yanis. *O minotauro global*: a verdadeira origem da crise financeira e o futuro da economia global. São Paulo: Autonomia Literária, 2016.

CAPÍTULO XXII
CRISE E PAPEL DO ESTADO

ALOIZIO MERCADANTE[506]

Defendemos que a superação das crises sobrepostas, econômica e sanitária, só será possível com o fortalecimento do papel do Estado, com ideias que rompam os limites da ortodoxia fiscal e com a superação das políticas neoliberais dominantes no mundo, que foram incapazes de responder à demanda social da maioria da população e que geraram uma sociedade profundamente desigual.

Lula livre

Março de 2021 entrará para a história como o mês em que, finalmente, a farsa judicial contra o ex-presidente Lula foi definitivamente desmascarada.

Dois fatos relevantes, ambos no âmbito do Supremo Tribunal Federal, marcam a vitória de Lula, da verdade, da própria democracia

---

[506] Economista, professor universitário e presidente da Fundação Perseu Abramo. Foi Deputado Federal (1995-2003), Senador (2003-11), ministro da Ciência Tecnologia e Inovação (2011-12), da Educação (2012-13) e da Casa Civil (2014-15).

e do Estado de Direito sobre o autoritarismo, o abuso de poder e o *lawfare*, devolvendo ao cenário político e ao povo a maior liderança popular da história do Brasil.

O primeiro foi a decisão monocrática do ministro Edson Fachin, depois referendada pelo plenário do STF, de anular todas as condenações contra Lula no âmbito da Operação Lava Jato, em razão da incompetência da Justiça Federal de Curitiba para julgar as indevidas acusações formuladas pelo força-tarefa da Lava Jato contra o ex-presidente.

Foram cinco anos de espera para que enfim fosse reconhecida a óbvia incompetência jurisdicional do ex-juiz Moro, por não haver vínculos nas acusações em relação à Petrobras.

O segundo e ainda mais relevante foi o reconhecimento, pela 2ª Turma do Supremo, nas figuras da ministra Carmen Lúcia, do ministro Lewandowski e do ministro Gilmar Mendes, da grotesca e incontestável suspeição do ex-juiz Sérgio Moro nas ações e condenações sem provas encetadas contra Lula. Decisão posteriormente confirmada por ampla maioria pelo pleno do STF.

Essas decisões representam, antes de tudo, uma vitória dos direitos e das garantias individuais contra os excessos e o arbítrio de agentes de um Estado que vinha flertando perigosamente com a exceção autoritária.

É verdade que as decisões não são capazes de reparar os danos pessoais sofridos por Lula, como os 580 dias em que ele ficou preso injustamente e os agravos contra a sua honra e dignidade e de sua família.

Também é verdade que não são capazes de apagar o profundo dano que a Lava Jato causou à democracia do Brasil, impedindo Lula de concorrer em 2018 e insuflando a candidatura de extrema direita de Bolsonaro. E, ainda, não restitui o impacto econômico que destruiu mais de 4,2 milhões de empregos e uma perda direta de renda superior a R$ 178 bilhões, segundo estudo recente do Dieese.

É importante destacar que as disputas jurídicas e o *lawfare* contra Lula podem retornar. Poderá ocorrer a retomada dos processos e de julgamentos. O aparato que promoveu toda essa campanha difamatória, com atropelos ao devido processo legal e parcialidade nos julgamentos, ainda tenta reverter as derrotas e pode ser reativado, mas, neste momento, o ambiente político e jurídico mudou radicalmente.

O retorno de Lula foi uma poderosa injeção de oxigênio em uma democracia que estava na UTI.

Não resta dúvida de que o resultado disso tudo deixa profundas cicatrizes na democracia e uma enorme polarização na nossa sociedade. Sobretudo, gera imensos desafios políticos para o PT e para o conjunto da esquerda.

Não podemos deixar de mencionar que foi também uma ação articulada e complexa, iniciada por um golpe de Estado, com o afastamento de Dilma Rousseff, uma presidenta legitimamente eleita sem crime de responsabilidade. Um processo que ainda precisa ser investigado com mais rigor, pois são muitos os indícios de participação do Estado profundo dos EUA, para forçar o retorno de uma agenda de retirada de direitos trabalhistas e previdenciários, de reversão da participação dos pobres no orçamento e nas políticas sociais, privatização de empresas estratégicas e do pré-sal e implantação de uma agenda neoliberal e o desmonte do Estado indutor do desenvolvimento.

É importante ressaltar que esse processo foi acompanhado pela emergência da extrema direita, com Trump nos EUA, Bolsonaro no Brasil e uma ofensiva de *lawfare* e golpes políticos contra lideranças populares e progressistas também em outros países da América Latina.

Seguindo um procedimento semelhante ao adotado contra Lula e contra o PT, outros golpes foram patrocinados em países que tinham experimentado, em um passado recente, a presença de governos progressistas, como na Guatemala com Zelaya, no Paraguai com Fernando Lugo, na Bolívia com Evo Morales e no Equador com Rafael Correa, só para mencionar alguns.

Ascensão e crise da extrema direita

De toda essa fissura institucional da nossa democracia, que resultou no afastamento do candidato que liderava todas as pesquisas, inclusive no silenciamento absoluto de Lula da vida nacional nas eleições de 2018, emergiu, sob esse ensurdecedor silêncio e com a cumplicidade de parte relevante da classe política, do mercado financeiro e do empresariado nacional, a catástrofe chamada Bolsonaro. O governo de extrema direita de Bolsonaro é formado por um núcleo militar envelhecido e saudoso dos tempos da ditadura, composto por quatro generais da ativa no ministério, mais alguns oficiais de alta patente das outras forças que ocupam diversos ministérios e estatais e nada menos que seis mil militares, predominantemente da reserva, espalhados pela Esplanada dos Ministérios.

Esse amplo envolvimento de militares na máquina pública muitas vezes ocorre em áreas para as quais eles não têm qualquer formação e competência, como foi a desastrosa presença de um general intendente no ministério da Saúde.

Um segundo núcleo no governo é formado pela equipe econômica neoliberal, cujo foco principal é a ortodoxia fiscal permanente, as privatizações e a estratégia do Estado mínimo.

O terceiro núcleo foi o lavajatismo, centrado no Ministério da Justiça, com o ex-juiz Sérgio Moro controlando a Polícia Federal e procurando avançar no uso do *lawfare* e na legislação repressiva contra adversários, mas que já foi defenestrado do governo e desmoralizado pela Vaza Jato, pela Operação Spoofing e pelas opções profissionais-
-empresariais do ex-magistrado e que culminou com as sentenças do STF que o condenaram pela incompetência e suspeição.

Há também um núcleo terraplanista e obscurantista, o olavismo, completamente desqualificado para a administração pública, centrado na luta ideológica-cultural e no estímulo à milícia digital para produção de *fake news* e do discurso de ódio. Esse núcleo foi composto pelo ex-ministro das relações exteriores, diplomata de tarja preta, e por vários ministros e quadros subalternos, empenhados na desconstrução das políticas educacional, de proteção ao meio ambiente, de igualdade racial, de fomento à cultura e a ciência e tecnologia, de enfrentamento da desigualdade racial, da construção dos direitos das mulheres e promoção da homofobia.

E, finalmente, há o clã da família Bolsonaro, marcado pelo completo despreparo na administração pública e que coordena o gabinete do ódio. O clã ficou muito exposto pelo envolvimento nas rachadinhas e por suas relações suspeitas com milícias, além do posicionamento frente à pandemia, que tem centralidade no negacionismo anticientífico e que foi determinante para o país mergulhar no mais grave desastre sanitário de sua história.

O resultado é catastrófico e retroalimenta um conjunto de crises sobrepostas: sanitária, econômica, social, política e moral.

O negacionismo sanitário e a tragédia brasileira

Desde o início da crise, Bolsonaro apostou na falsa dicotomia entre a recuperação econômica e as medidas científicas de contenção da disseminação do vírus, como o distanciamento social e o uso de máscaras. O mandatário foi incapaz de perceber que a saída da crise econômica passa necessariamente pela superação da crise sanitária. São duas crises concomitantes e que devem ser igualmente combatidas e enfrentadas.

Dados da PNAD Contínua, divulgados pelo IBGE, em janeiro deste ano, revelam que a taxa de desemprego no Brasil é recorde. Ela foi de 14,4%, atingindo mais de 14 milhões de pessoas. Os desalentados, que não trabalham e não buscaram empregos, somaram 5,7 milhões de pessoas. De um lado estima-se que mais de 800 mil micros e pequenas empresas fecharam as portas em 2020, de outro lado, mais de 10,3 milhões de brasileiros se encontram em situação de fome.

Ainda segundo o IBGE, o Produto Interno Bruto (PIB) caiu 4,1% em 2020, com a atividade economia registrando a maior contração desde o início da série histórica atual, iniciada em 1996.

A única proposta efetiva que permitiu aos trabalhadores brasileiros ficarem em casa durante a pandemia foi o auxílio emergencial de R$ 600, uma conquista da oposição no Congresso Nacional, uma vez que a proposta do governo Bolsonaro para o povo brasileiro era de um auxílio de R$ 200, apenas para os trabalhadores informais e autônomos.

O resultado de toda essa imprudência, de toda essa falta de governo e de toda essa inoperância de Bolsonaro é que o Brasil mergulhou em uma crise humanitária sem precedentes em nossa história. Somos um dos países com maior atraso no processo de vacinação e nos tornamos epicentro da pandemia e risco para a humanidade.

A economia mundial começa um processo de recuperação econômica promissor e o Brasil segue prisioneiro da pandemia, pelo atraso na vacinação, resultado direto do negacionismo e incompetência do governo Bolsonaro. A luta pelo fora Bolsonaro já conta com mais de 100 pedidos de *impeachment*, mas segue bloqueada na presidência das Câmara dos Deputados e não entrará na pauta sem uma poderosa mobilização popular nas ruas do país.

A volta de Lula e o legado dos governos do PT

Durante os governos Lula e Dilma, a construção de um Brasil mais justo, mais inclusivo e com maiores oportunidades para todos decorreu da implementação de um conjunto articulado de políticas públicas, que potencializou os ganhos econômicos e sociais, em um cenário internacional mais favorável, e conformaram um mercado interno de consumo de massas. Criamos um projeto inovador de desenvolvimento em que o econômico e o social são indissociáveis, por isso, a agenda social e o combate à fome e à pobreza ganharam centralidade e prioridade na ação do Estado.

Por meio de políticas sociais de transferência de renda, da ampliação do emprego e da renda, do reajuste real do salário mínimo e da democratização do acesso ao crédito para a população de baixa renda formamos um mercado interno de consumo de massas, que foi articulado com uma estratégia de ampliação dos investimentos públicos e privados, como fator propulsor para o desenvolvimento. O país que era a 13ª economia mundial chegou a ser a 6ª economia. Além disso, os frutos do desenvolvimento puderam ser compartilhados com uma ampla parte da população, que até então era excluída do processo de crescimento econômico.

Os números falam por si sobre o êxito dos nossos governos. O salário-mínimo cresceu, em termos reais, 77% em 12 anos e foram gerados 23 milhões de empregos formais. A renda dos 20% mais ricos da população apresentou um crescimento de 23%, enquanto entre os 20% mais pobres o crescimento chegou a 84%. Além disso, o PIB per capita, que entre 1980 e 2003, cresceu apenas 6%, uma taxa anual de 0,02%, entre 2004 e 2013 teve um crescimento de 30%, equivalente a um incremento médio anual de 2,6%.

Ao longo dos governos do PT, 36 milhões de brasileiros deixaram a pobreza extrema e outros 42 milhões ascenderam socialmente. Pelo conceito de pobreza multidimensional do Banco Mundial, que considera um conjunto de indicadores, a redução da pobreza extrema foi de 9,3% da população para apenas 1%.

Além disso, o Brasil saiu do Mapa da Fome da ONU/FAO, com uma queda de 82% da população subalimentada, entre 2002 e 2014. A mortalidade infantil caiu à metade, de 23,4 para 12,9 por mil nascidos vivos e o trabalho infantil entre os pobres e extremamente pobres caiu 84%, de 2004 a 2015, sendo que, em números absolutos, declinou de 2,4 milhões para 390 mil.

Em nossos governos, a educação foi tratada como um bem público, um direito subjetivo de todo cidadão, uma política pública de responsabilidade do Estado, estratégica e imprescindível para o novo projeto de desenvolvimento da nação. Na educação, avançamos na inclusão, no financiamento e na expansão, gerados por políticas públicas estruturantes, como o ProUni, o Fies, o Reuni, a reformulação do Enem, o Ciência Sem Fronteiras, o Pronatec, o Fundeb, o Piso Salarial dos Professores, a retomada da educação técnica e profissional, a vinculação de 75% dos royalties do petróleo e 50% do Fundo Social do Pré-sal e a aprovação da Lei de Cotas, que abriu oportunidades inéditas para os estudantes das escolas públicas, pobres, negros e indígenas chegarem ao ensino superior.

Na saúde, a política pública de maior impacto, nos governos do PT, foi o Programa Mais Médicos para o Brasil. Com a iniciativa, mais de 63 milhões de brasileiros, antes desassistidos, passaram a ser atendidos na atenção básica, após a contratação de 18,2 mil novos profissionais. Merecem menções, ainda, os programas Aqui Tem Farmácia Popular, o Samu e ações eficazes no combate as epidemias de Aids, malária, tuberculose e hanseníase. Durante a pandemia de H1N1, vacinamos, em 2010, mais de 100 milhões de pessoas, sendo 80 milhões em apenas três meses.

Outra marca de nossos governos foi o programa Minha Casa, Minha Vida, maior programa de habitação popular da história do país. Neste particular, o grande desafio foi garantir subsídios que permitissem às famílias com renda de até três salários mínimos acesso à casa própria, já que 84% do déficit habitacional brasileiro se concentravam nessa faixa de renda. Nos governos Lula e Dilma, 4,28 milhões de moradias foram contratadas em 96% dos municípios brasileiros e 2,75 milhões foram entregues.

No que diz respeito a uma inserção soberana do Brasil no mundo, construímos uma política externa "ativa e altiva", centrada particularmente no Mercosul, na Cooperação Sul-Sul e nos BRICS. O Brasil passou a apresentar uma taxa de crescimento das exportações superior à média de crescimento do comércio internacional.

A participação brasileira no comércio mundial, que era de 0,92% no período 1999/2002, cresceu para 1,32% entre 2011/2014. Essa melhora foi acompanhada pela geração de grandes superávits comerciais e uma acumulação inédita e elevada de reservas cambiais, no patamar de U$ 370 bilhões, que permitiram superar a histórica vulnerabilidade externa da nossa economia.

Nossos governos também tiveram um profundo compromisso com o Estado de direito, com a democracia e com a participação popular. Criamos o Ministério das Cidades, a Secretaria de Relações Institucionais, o Conselho Nacional de Desenvolvimento Econômico e Social (CDES), a Secretaria Nacional de Políticas para as Mulheres e a Secretaria de Políticas de Promoção e Igualdade Racial e ampliamos

CRISE E PAPEL DO ESTADO

os espaços da participação popular e da cidadania nas esferas públicas do estado brasileiro.

No sentido de dar maior transparência às ações do Estado e avançar no combate à corrupção, foram fortalecidos os órgãos de controle interno e externos e houve maior participação da sociedade civil no controle da gestão. Viabilizamos, por exemplo, a Lei de Conflito de Interesses, a Nova Lei de Lavagem de Dinheiro, a Lei que instituiu a Responsabilização de Pessoas Jurídicas por Atos de Corrupção, a Lei que reestruturou o CADE e outras medidas semelhantes. Também foram durante os governos do PT que foram criados o Portal da Transparência, os leilões eletrônicos e a Lei de Acesso à Informação, além de fortalecer o Estado e suas carreiras públicas.

No campo dos investimentos públicos e na indução aos investimentos, o PAC foi um marco na mudança do padrão de coordenação, elaboração e execução de projetos estratégicos de investimentos em infraestrutura social, logística e energia. Com o PAC, o país voltou a ter um crescimento extremamente vigoroso da construção civil pesada, dando grande impulso à engenharia nacional. Ademais, com o programa, o Brasil retomou o planejamento e mudou o padrão de financiamento de longo prazo e de governança dos investimentos públicos em infraestrutura.

Nos governos do PT, ainda, deu-se grande relevância à expansão do crédito para a alavancagem dos investimentos e para a expansão de um mercado de consumo de massa. Entre 2003 e 2015, o crédito como proporção do PIB foi duplicado, passando de 24,7%, em 2003, para 54,5%, em 2015.

A Caixa Econômica Federal ampliou a rede de correspondentes bancários e foi essencial no pagamento dos programas sociais, na oferta do crédito consignado e no acesso ao crédito para a população de menor renda. Não menos importante foi seu papel no financiamento habitacional e nos investimentos em mobilidade urbana e saneamento.

O Banco do Brasil atuou fortemente no crédito consignado, no crédito para PF e PJ, no financiamento à agricultura e no microcrédito produtivo orientado (Plano Safra e Pronaf). Já o BNDES foi essencial para a expansão do crédito de longo prazo às empresas dos demais setores, especialmente infraestrutura, energia e indústria em geral.

Após a crise de 2008-2009, os bancos públicos foram instados a ampliar sua participação no crédito total, de maneira a favorecer uma política anticíclica e, diante da retração dos bancos privados, foram essenciais para o enfrentamento da grave crise econômica e financeira internacional. Já no governo Dilma, a Finep e a Embrapii (Empresa Brasileira de Pesquisa e Inovação Industrial) tiveram papel destacado no financiamento à inovação tecnológica.

Por tudo isso, fica claro que o êxito dos governos Lula e Dilma não se deu exclusivamente em razão de um *boom* no ciclo das *commodities*. Também não se sustenta o discurso de que nossos governos não tiveram responsabilidade fiscal e que abusaram nos gastos públicos. Foram 11 anos de superávit primário e uma redução da dívida pública líquida herdada de FHC em 65% do PIB, quando o país não tinha reservas cambiais e estava monitorado pelas exigências do FMI, para uma dívida pública líquida de 62% do PIB quando ocorreu o golpe.

Neste momento é fundamental a mobilização para bloquear a política de desmonte em todas as áreas estratégicas, em especial o esquartejamento da Petrobras e venda do pré-sal e a privatização da Eletrobras, essencial para o planejamento e regulação do setor de energia, que poderá ser fortemente impactado com o fim do acordo binacional de Itaipu, em 2023.

O Plano de Reconstrução e Transformação do Brasil e o projeto de futuro

Cientes do nosso compromisso com o povo brasileiro, o PT tem procurado bloquear no parlamento os retrocessos, em especial o desmonte do Estado e seus instrumentos e procurado estimular a retomada das lutas populares, dentro das restrições impostas pela pandemia. Mas ao mesmo tempo, a Fundação Perseu Abramo (FPA) e o

CRISE E PAPEL DO ESTADO

PT apresentaram ao país o *Plano de reconstrução e transformação do Brasil*, com propostas emergenciais, outras para a saída da crise e, finalmente, iniciativas estruturais para uma nova síntese civilizatória.

Todo o esforço tem sido o de formular alternativas de políticas públicas para retirar o país da crise econômica em que se encontra, com mais emprego, mais renda e mais justiça social.

Trata-se de um projeto denso, complexo e audacioso, uma proposta à altura dos desmontes que estão sendo levados a cabo no Estado brasileiro pelo governo Bolsonaro. O plano foi fruto de propostas de 24 Núcleos de Acompanhamento de Políticas Públicas da FPA, que monitoram e formulam políticas em todas as áreas do Estado, com participação das Secretarias Nacionais e Setoriais do PT.

Esses núcleos são compostos por gestores, ex-ministros, servidores públicos, pesquisadores, intelectuais e lideranças, para que a gente possa ter um diagnóstico aprofundado sobre essa complexa, difícil e trágica realidade histórica que atravessamos. O desafio é não só para defender o legado dos nossos governos, mas principalmente apresentar alternativas para enfrentamento a crise e um projeto de futuro.

Por essa razão, o *Plano de reconstrução e transformação do Brasil* contempla ações e propostas para todas as áreas essenciais para o povo brasileiro, para a democracia, para a soberania, para o desenvolvimento do país e para o fortalecimento da inclusão social, da justiça social, das políticas públicas.

Partimos da constatação de que em muitos países, com destaque especial para o Brasil, os governos neoliberais e de direita não conseguem combater nem a pandemia e nem a crise econômica e social. Entretanto, em outros países, mesmo com tradições liberais ou conservadoras, há um processo de revisão de dogmas econômicos, como está ocorrendo com o novo governo Biden, que lançou um poderoso pacote de investimentos públicos. Na contramão, no Brasil, há um aprofundamento da ortodoxia fiscal, o desmonte do Estado de Bem-estar Social e o avanço de um neoliberalismo regressivo.

Defendemos que a superação das crises sobrepostas, econômica e sanitária, só será possível com o fortalecimento do papel do Estado, com ideias que rompam com os limites da ortodoxia fiscal e com a superação das políticas neoliberais dominantes no mundo, que foram incapazes de responder à demanda social da maioria da população e que geraram uma sociedade profundamente desigual.

A emergência exige o respeito ao distanciamento social, acelerar o processo de vacinação, assegurar o Auxílio Emergencial de R$ 600,00 e o apoio imediato às micro e pequenas empresas.

Nesse sentido, o gasto público coloca-se como potente ferramenta para dinamizar a economia e proteger os mais pobres. Além de enfrentar carências sociais e de infraestrutura e de ser um poderoso instrumento gerador de emprego e renda, os investimentos públicos são essenciais para atender às necessidades, especialmente dos mais pobres, por bens e serviços de qualidade.

Consideramos urgente a implementação de robustos e ambiciosos programas de eliminação da pobreza e de desigualdades históricas da nossa nação, bem como que sejam assegurados direitos aos trabalhadores, especialmente os explorados por plataforma digitais de serviços e ameaçados pela precarização das relações de trabalhado.

Avaliamos que esse passo só será viável com a construção progressiva de um Estado de bem-estar social pujante, com aposentadorias dignas e assistência efetiva a todos que dela precisem, inclusive por meio do Mais Bolsa Família, programa de renda básica consideravelmente ampliado.

Outros pontos a serem enfrentados com políticas públicas e investimentos que promovam a vocação econômica local são as desigualdades regionais.

No nosso projeto de Brasil, a distribuição da renda e do patrimônio e a erradicação da pobreza constituem eixos fundamentais do novo modelo de desenvolvimento que desejamos construir. A esse eixo da sustentabilidade social agregamos o vetor da sustentabilidade ambiental, de grande relevância para estimular atividades portadoras de futuro em direção a uma transição ecológica e energética.

Assim, o país que propomos terá de se fundamentar nos seguintes pilares estruturantes e combinados: a sustentabilidade social e a sustentabilidade ambiental, a inovação industrial e a democracia, a soberania e a integração regional. Toda a estratégia de desenvolvimento está associada a três transições: ambiental, digital e energética. E as ações serão formuladas a partir das missões sócioambientais que devem orientar todo o processo de desenvolvimento produtivo futuro.

Um dos grandes desafios para o futuro é a geração de empregos decentes e renda suficiente para todos. Para isso, propomos investimentos no desenvolvimento de uma nova indústria baseada em tecnologias inovadoras. Reindustrializar o país é impulsionar uma nova indústria, com os desafios da indústria 4.0.

Também é preciso avançar na ciência, na tecnologia e na inovação, associadas à educação gratuita de qualidade. Esses campos terão papel central no impulso à transição digital, na construção da sociedade do conhecimento e no desenvolvimento nacional.

Defendemos uma mudança radical nas políticas econômicas e fiscal, que vem sendo implementadas de forma agressiva desde a saída da presidenta Dilma, em maio de 2016. Entendemos que essa política ultraneoliberal de Temer e de Bolsonaro, de concentração de renda, de Estado mínimo, de arrocho orçamentário e de preferência para os serviços da dívida, está na contramão do país que queremos, voltado para o desenvolvimento soberano e o bem-estar de nosso povo.

Conforme apontamos no Plano de Reconstrução e Transformação do Brasil, propomos uma Reforma Tributária Justa, Solidária e Sustentável, que já se encontra em tramitação no Congresso Nacional por iniciativa dos partidos de oposição e que é marcadamente progressiva, com taxação de grandes fortunas, das grandes heranças e dos rendimentos financeiros e de lucros e dividendos, de forma a aliviar a carga tributária sobre os mais pobres e as pequenas empresas, reduzindo consideravelmente os tributos sobre o consumo e os serviços.

Além disso, defendemos uma reforma bancária capaz de aumentar a competição e a oferta de crédito, eliminando os spreads e o juros extorsivos que sufocam a economia real, garantindo crédito barato e acessível às pessoas e aos setores produtivos da sociedade.

Outra proposta que defendemos é uma guinada na gestão orçamentária financeira do Estado, com a revogação de regras da ortodoxia fiscal permanente, em especial o teto de gastos. A solução para a situação crítica em que o povo brasileiro se encontra nesta crise exige a adoção de medidas contracíclicas, como proposto por John Maynard Keynes.

O Estado precisa gastar bem para recuperar o crescimento econômico. O aumento temporário da dívida pública, com a emissão de moeda, não é impeditivo para um país como o Brasil, que tem reservas internacionais, deixadas pelos governos do PT, atualmente na casa de US$ 340 bilhões, ou seja, o equivalente a quase R$ 2 trilhões, um patamar de 30% do PIB. E com a retomada do crescimento, em um segundo momento, poderemos ter um conjunto de medidas para assegurar a sustentabilidade financeira e fiscal do Estado, ancorada em uma reforma tributária mais profunda e com progressividade.

Em resumo, o *Plano de reconstrução e transformação do Brasil* apresenta estratégias e iniciativas concretas para a implantação de uma política de desenvolvimento solidário, que rompa com o modelo neoliberal e tenha por objetivo a busca incessante pela igualdade, com os mais altos patamares de crescimento econômico, integração ao meio ambiente e defesa de valores civilizatórios.

Para isso, devemos colocar o Estado no comando do desenvolvimento nacional, procurando mitigar a financeirização crescente da economia mundial, que exigirá um complexo e delicado marco regulatório do mercado de capitais e uma gestão competente da política econômica.

A reconstrução exigirá prioridade na soberania alimentar com o papel estratégico da agricultura familiar e camponesa, integrar nosso país com energia elétrica, cabeamento ótico, ferrovias e hidrovias e deflagrar um plano de reurbanização de nossas cidades, com a meta de atender as necessidades de saneamento, moradia, transporte e equipamentos públicos (educação, saúde, cultura, esportes e lazer).

A produção desses bens públicos, combinada com a ampliação do consumo de bens privados, será o carro-chefe da reindustrialização e da nova indústria nacional. A coordenação dos investimentos, principalmente em infraestrutura, está na raiz de um projeto de desenvolvimento sustentável e transformador.

A preservação da Amazônia e dos recursos naturais estratégicos, acompanhado por uma transição ecológica na matriz energética e a transição digital para uma economia do conhecimento são eixos estruturantes de um novo ciclo histórico de desenvolvimento.

O plano defende ainda uma defesa intransigente da democracia, que passa pelo enfrentamento imediato dos arroubos autoritários do governo Bolsonaro. Por isso, defendemos a revogação imediata do entulho autoritário expresso na Lei de Segurança Nacional e propomos uma nova Lei de Proteção do Estado Democrático de Direito, combinado com maior representatividade na representação popular e a mais ampla participação da sociedade nos processos decisórios.

Também perseguiremos mais eficácia e mais transparência na administração pública, controle permanente da aplicação da lei, sem abusos de autoridade, e o combate à corrupção como princípio e dever, sem desvios, arbítrio, *lawfare* ou seletividade de qualquer natureza.

Destacamos ainda o imenso desafio de atuação nas redes sociais e no combate às *fake news*. Estratégico também será a regulação das grandes plataformas digitais globalizadas, que está na pauta da democracia e da política tributária em vários países. E, conexo a esse complexo desafio que configura um novo capitalismo de vigilância, temos a exigência de democratização dos meios de comunicação e fomento à diversificação de fontes e conteúdo de informações, cada vez mais facilitado pelas redes digitais.

Outra pauta estratégica é o diálogo inter-religioso, para enfrentar a presença política descabida da extrema direita e de Bolsonaro em muitas denominações religiosas. E, ainda, o tema da segurança pública cidadã, o combate às milícias e ao crime organizado, o fortalecimento do movimento dos policiais antifascistas e o combate ao genocídio da juventude negra.

Igualmente estratégico será o papel das Forças Armadas na democracia, com integral respeito aos valores constitucionais e superação da política ilegal e indevida de tutela militar sobre a democracia brasileira. A fratura exposta nas FFAA, decorrente da humilhação e intervenção recente de Bolsonaro nas três Forças, abre um espaço para os valores democráticos e republicanos. Valores que sempre estiveram presentes no governo de Lula na sua relação com as FFAA e que precisam retornar em outro patamar na pauta de um novo governo popular. A democracia brasileira precisa enfrentar com profundidade o tema do papel constitucional das FFAA.

Finalmente, uma reforma política profunda, pois esse padrão de regime presidencialista está exaurido, com severas limitações na governabilidade. As emendas parlamentares são um instrumento importante para o exercício dos mandatos legislativos, mas há, neste momento, um abuso nas definições de tais emendas impositivas, com pulverização de recursos orçamentários, que são indispensáveis para o enfrentamento da pandemia e da grave crise econômica e social.

De outro lado, a fragmentação partidária e a ausência do princípio da fidelidade dos parlamentares eleitos às suas respectivas agremiações desestabilizam o processo político e fragilizam a implantação de políticas públicas. Essa lógica de uma relação fragmentada e fisiológica, entre a base parlamentar e o governo eleito, precisa evoluir para outro patamar de responsabilidade pública e compromisso com a governabilidade e o programa de governo eleito pelo voto popular.

Há, ainda, outra pauta complexa e necessária para o reequilíbrio na relação entre os poderes. É necessário rever o protagonismo judicial em temas que deveriam ser do Legislativo eleito pelo voto popular ou do presidente eleito pela maioria do povo. A judicialização da política e a partidarização do judiciário estão aprofundando a crise de representação política, na fragilizada democracia brasileira.

Sobre a soberania, nossa prioridade é recuperar o respeito do Brasil na política externa por meio de uma ação voltada para o estímulo ao desenvolvimento nacional e para a construção de um mundo mais simétrico, assentado no multilateralismo e na multipolaridade. Precisamos atuar para que o país seja um dos principais pilares da integração latino-americana, viabilizando a formação de um vigoroso polo produtivo e tecnológico.

Portanto, defendemos a volta de investimentos no Mercosul, na Unasul e na Celac, assim como nas relações Sul-Sul, em particular com a África. Acreditamos também que faz parte de uma nação soberana uma política de defesa consistente, livre de ingerências externas, e com Forças Armadas bem equipadas, profissionais e centradas exclusivamente em suas missões constitucionais e democráticas.

Uma mesa de diálogo para as forças de esquerda com Lula, como eixo estruturante para a reconstrução do Brasil

Finalmente, é fundamental destacar que a grande prioridade política segue sendo a vacina no braço e a comida na mesa, já. A luta pela suspensão das patentes, o acesso universal a vacina e a agilização da vacinação no Brasil são inadiáveis. Igualmente emergencial é o Auxílio Emergencial de R$ 600,00 para enfrentar a fome que cresce de forma dramática e assegurar o distanciamento social.

A luta popular contra Bolsonaro e seu governo, com a retomada do povo nas ruas será decisiva para proteger o povo diante da pandemia e suas dramáticas consequências, para o futuro da democracia e do país.

Seria também importante destacar que o Plano de Reconstrução e Transformação do Brasil é um ponto de partida e não de chegada. Está aberto ao debate e a construção coletiva, inclusive para além do PT. O debate programático deve avançar no campo da esquerda e das forças populares e democráticas para a consolidação de uma aliança política programática e consistente. Os desafios da governabilidade seguem imensos, o país precisa de uma profunda reforma política, enfrentamento do *lawfare* e do Estado de arbítrio, recuperação do papel estratégico do Estado na regulação e indução ao desenvolvimento, de uma reforma tributária justa, sustentável e progressiva. Muitas dessas transformações dependem de povo na rua e de uma mudança política expressiva na composição do Congresso Nacional.

O PT está pronto para construir um programa comum, com alianças que sejam capazes de voltar a governar o Brasil e promover a reconstrução e as profundas transformações que o país demanda. O PT tem um projeto consistente e aberto ao debate para o desenvolvimento nacional, tem um legado de grandes realizações para apresentar à Nação e tem também a maior liderança popular da história deste país, que sem hegemonismo, está totalmente aberta ao diálogo e à unidade do campo progressista.

Essa liderança não pertence apenas ao PT, pertence, sobretudo, ao povo do Brasil.

Agradeço os comentários e contribuições de Marcelo Zero, Willian Nozak e Danilo Molina e assumo toda a responsabilidade por este texto.

CAPÍTULO XXIII
BRASIL DE TODOS OU QUINTAL DOS OUTROS?

FRANKLIN MARTINS[507]

A cada dia que passa fica mais evidente que os defensores do austericídio estão destruindo o país. Em meio a uma situação dramática que exige uma forte intervenção do Estado e uma inflexão planejada nos rumos da economia, eles seguem presos ao discurso que construíram para legitimar o golpe contra a presidente Dilma Rousseff.

Desde a Antiguidade, as sociedades só conseguem vencer as grandes crises quando contam com governantes capazes de diagnosticar corretamente suas causas e com Estados que organizem o esforço de todos para superá-la. Que o diga o Egito dos Faraós. Se não fosse

---

[507] Jornalista, atuou na rede Globo e Bandeirantes e no *Jornal do Brasil* e em *O Globo*, entre outros. Foi ministro-chefe da Secretaria de Comunicação Social (Secom) da Presidência da República, durante o segundo mandato presidencial de Luiz Inácio Lula da Silva.

José, hebreu vendido como escravo por seus irmãos ao comandante da guarda do Faraó, talvez a primeira grande civilização da história da humanidade tivesse soçobrado em meio à fome, à crise econômica e à convulsão social antes de 1.500 a.C.

Intrigado com o sonho que tivera em que sete vacas gordas eram devoradas por sete vacas magras, o Faraó, ao saber do talento de José na interpretação das mensagens noturnas, chamou-o à sua presença. Com tranquilidade, o escravo hebreu decifrou o recado: "Eis que vêm sete anos, e haverá grande fartura em toda a terra do Egito. E, depois deles, vão se levantar sete anos de fome, e toda aquela fartura será esquecida na terra do Egito, e a fome consumirá a terra".

Durante os anos de fartura, completou José, o Faraó deveria tomar a quinta parte das terras do Egito e formar grandes estoques de alimentos. Só assim seria possível enfrentar a fome da população nos anos de escassez. Impressionado, o Faraó decidiu seguir as recomendações de José e o nomeou governador geral. Nos anos seguintes, o Egito venceu o espectro da fome e seguiu em frente como uma grande civilização por muitos e muitos séculos.

EUA, 1929: duas lideranças opostas

Já na crise de 1929, pelo menos num primeiro momento, aconteceu o contrário. O presidente norte-americano Herbert Hoover, do Partido Republicano, embalado pela euforia dos *roaring twenties* e pela crença de que as forças do mercado resolveriam por si só a situação, demorou muito para se dar conta da gravidade da crise econômica. Tampouco conseguiu fazer um diagnóstico correto de suas causas: a superprodução, a especulação financeira, a concentração da riqueza e a enorme retração do consumo. Resultado: sem liderança, os Estados Unidos mergulharam na Grande Depressão, com uma fortíssima recessão e uma escalada no desemprego que atingiu um quarto dos trabalhadores do país. Só começaram a sair dessa crise na metade da década seguinte, graças ao presidente Franklin Roosevelt, que derrotou Hoover nas eleições de 1932.

Ao entrar na Casa Branca, Roosevelt lançou o New Deal, programa ancorado em uma vigorosa intervenção do Estado na economia, com o objetivo de estimular a criação de empregos e a retomada do consumo. Suas principais medidas foram investimentos maciços em obras públicas (usinas hidrelétricas, barragens, rodovias, hospitais, escolas, aeroportos), controle de preços e da produção, programas sociais de geração de postos de trabalho e de garantia de renda, apoio aos pequenos e médios agricultores e a criação do salário-mínimo, do seguro-desemprego e do seguro-aposentadoria.

O New Deal venceu a Grande Depressão porque o Estado deu condições ao andar de baixo de voltar a trabalhar, receber salários, consumir, o que reativou o mercado de massas e, por consequência, incentivou a retomada dos investimentos privados. Acertou no diagnóstico das raízes da crise e nas medidas para enfrentá-la. Assim, aos poucos, os EUA saíram do atoleiro profundo. Roosevelt reelegeu-se presidente em 1936, 1940 e 1944.

A partir daí, embora a contragosto, até os adeptos do liberalismo econômico renderam-se à evidência de que a ação do Estado é fundamental para vencer as grandes crises. Afinal, quando a economia entra em parafuso, as forças do mercado mergulham no salve-se quem puder – "farinha pouca, meu pirão primeiro". São absolutamente incapazes de pensar na sociedade como um todo e de abrir caminhos para o futuro.

Mão de gato

Mas, em tempos de neoliberalismo econômico, com frequência o Estado é induzido a intervir nas crises com mão de gato, tentando salvar, não o conjunto da sociedade, mas o patrimônio dos grandes grupos, especialmente do setor financeiro. Foi o que se viu na crise do Lehman Brothers, que, em 2008, lançou a economia norte-americana e mundial num cenário de enorme incerteza. As medidas adotadas pelo presidente Barack Obama não olharam para os mais pobres, que perdiam seus empregos e suas casas. Miraram no andar de cima: grandes injeções de dinheiro no setor financeiro para evitar a quebra dos bancos que haviam embarcado de mala e cuia na especulação imobiliária desenfreada.

Na época, o presidente Lula recusou-se a seguir o receituário neoliberal no Brasil. Manteve e ampliou os programas sociais de redução das desigualdades sociais e regionais. Fortaleceu os investimentos públicos em obras de infraestrutura do Plano de Aceleração do Crescimento, o PAC. Enfrentou o clima de pânico criado pelo setor financeiro, pela mídia e pelos economistas neoliberais. Em cadeia nacional de rádio e televisão, pediu aos trabalhadores e suas famílias que continuassem a consumir com responsabilidade, pois a manutenção e o crescimento do consumo eram fundamentais para manter girando a roda da economia.

Mais consumo, mais investimentos, mais empregos, mais arrecadação – esse foi o caminho adotado por Lula para vencer a "marolinha", inclusive contra a opinião de setores do governo agrupados no Banco Central. A vida mostrou que ele estava certo: o Brasil foi um dos primeiros países do mundo a vencer a crise econômica. Teve crescimento zero em 2009, é verdade, mas em 2010 cresceu nada menos de 7,5%, contra 2,6% dos EUA, passando a ser a sexta maior economia do mundo.

Crise e pandemia

Hoje a humanidade vive hoje um momento dramático. A pandemia do Covid-19 deixou evidente a necessidade de uma ação organizada e competente dos Estados para enfrentar a gravíssima crise sanitária que se abateu sobre o planeta. Só com medidas abrangentes de saúde pública e com programas emergenciais de proteção aos mais vulneráveis é possível garantir o isolamento social e reduzir a velocidade da disseminação do coronavírus. Muitos países fizeram isso.

Mas, nos EUA e no Brasil, Donald Trump e Jair Bolsonaro, parceiros no negacionismo, minimizaram a gravidade da pandemia. Fizeram pouco do distanciamento social, ridicularizaram as vacinas e apostaram suas fichas em remédios milagrosos sem eficácia comprovada. Resultado: a situação sanitária agravou-se de forma terrível e os dois países converteram-se em epicentros da epidemia, liderando as estatísticas mundiais em número de casos e de óbitos.

Nos Estados Unidos, essa situação começou a ser revertida a partir da derrota de Trump nas eleições presidenciais do ano passado. Assim que tomou posse, Joe Biden lançou um plano emergencial de enfrentamento da pandemia, no valor inicial de US$ 1,9 trilhão, focado na vacinação em massa, na transferência de renda para as pessoas mais pobres e no apoio às pequenas e médias empresas.

Mas Biden foi mais longe. Recuperando o espírito do New Deal de Roosevelt, anunciou no final de março um ambicioso plano de recuperação da economia de US$ 3 trilhões, baseado em investimentos públicos em infraestrutura (estradas, rodovias, ferrovias, pontes, habitação popular e banda larga), na recuperação dos empregos e salários, no apoio aos mais pobres e no incentivo à indústria sustentável (carros elétricos e postos de carregamento).

Para financiar o plano, Biden propôs o aumento do imposto de renda das empresas de 21% para 28% e a elevação da alíquota da taxa sobre os rendimentos das companhias americanas no exterior para 21%. Ou seja, dissociou-se explicitamente da cartilha neoliberal adotada por Ronald Reagan, seguida por todos os ocupantes da Casa Branca nos últimos 40 anos. A pandemia e o baixo crescimento econômico pós--Lehman Brothers levaram a sociedade americana a virar o disco. "É hora de construir nossa economia de baixo para cima e do meio para fora, não de cima para baixo", resumiu Biden.

No Brasil, porém, o desastre continua se agravando a cada dia. Bolsonaro – até a edição deste livro – segue contrariando todas as recomendações da ciência no combate à pandemia. Para ele, o coronavírus não passa de "uma gripezinha", o isolamento social é "coisa de maricas" e a cloroquina uma resposta melhor do que a vacina. Na área econômica, o atual desgoverno, com Paulo Guedes à frente, segue defendendo o teto de gastos como o único caminho para o país. Recusa-se a pagar um auxílio emergencial de R$ 600, próximo ao valor da cesta básica, enquanto durar a pandemia. Continua desmontando a Petrobras e busca vender a toque de caixa estatais importantíssimas, como a Caixa

Econômica, a Eletrobras e os Correios. Tornou o Banco Central independente do governo e submisso ao setor financeiro. Aprovou no Congresso uma PEC emergencial que, na prática, desidrata os serviços públicos em área cruciais como saúde e educação e abre caminho para o desmonte dos programas de proteção social.

Austericídio e destruição

A cada dia que passa fica mais evidente que os defensores do austericídio estão destruindo o país. Em meio a uma situação dramática que exige uma forte intervenção do Estado e uma inflexão planejada nos rumos da economia, eles seguem presos ao discurso que construíram para legitimar o golpe contra a presidente Dilma Rousseff. Diziam que o Brasil estava quebrado. Falavam em "ponte para o futuro" e prometiam recuperar a economia em poucos meses. Na verdade, mergulharam o país num poço sem fundo, com forte recessão e liquidação de milhões de empregos. De 2016 a 2020, nos governos Temer e Bolsonaro, a economia no Brasil teve crescimento negativo: menos 3,7%. Já a taxa de desemprego, que em 2014, no governo Dilma, havia sido de 4,8%, a menor da série histórica, quase triplicou. Saltou para 13,5% em 2020, a maior da série histórica.

É claro que houve erros fiscais no governo Dilma, como a equivocada ampliação da política de desonerações, que permitiu a retenção pelas empresas privadas de vultosos recursos que deveriam ter reforçado os cofres públicos. Mas, o Brasil não estava quebrado. Ao contrário, colhia os frutos das políticas econômicas acertadas dos governos democráticos e populares. Em 12 anos, o salário-mínimo teve um aumento real de 77% e o país alcançou a menor taxa de desemprego de sua história. Enquanto, de 2008 a 2015, a crise eliminou 60 milhões de empregos em todo o mundo, o Brasil gerou no mesmo período 11 milhões de novos postos de trabalho com carteira assinada.

Esses avanços importantíssimos deram-se dentro de um quadro de robustez macroeconômica. A inflação estava sob controle. A relação dívida pública/PIB, que no final do governo Fernando Henrique era de

60% caiu em 2014 para 35%, uma das menores do mundo. A situação cambial não guardava qualquer semelhança com a dos governos FHC, quando o Brasil quebrou três vezes. As reservas de divisas, que em 2002 eram de US$ 38 bilhões, multiplicaram-se por dez. Alcançaram US$ 380 bilhões em 2014.

Mas nada disso importa para as classes dominantes brasileiras. Ao contrário, é algo que as incomoda profundamente. Afinal, durante séculos, elas apresentaram como natural a exclusão social, a desigualdade regional, a falta de serviços públicos, o Estado mínimo, a repressão aos setores populares, a posição internacional submissa. Governavam para um terço da população e mandavam os outros dois terços se virar. Para eles, o povo sempre foi um estorvo, um peso, uma carga. Não cabia no orçamento e não cabia no Brasil. Depois diziam que o brasileiro tinha complexo de vira-latas.

Os governos democráticos e populares do início do século XXI desmontaram essa cantilena excludente e medíocre. Mostraram que a exclusão social não é algo inevitável, mas fruto das escolhas políticas dos donos do poder. Desnudaram o absurdo da tese de que o povo não cabia no país. O povo não só cabe no Brasil e no orçamento, como é uma grande riqueza e um patrimônio extraordinário. Sem ele, não se constrói um país forte, próspero e com futuro. Com ele, o Brasil progride, torna-se mais justo e pode ser mais rico e mais respeitado no mundo.

O papel insubstituível do Estado

Por isso mesmo, a saída para a dramática crise atual não está em seguir destruindo o Estado e cortando investimentos públicos, como pensam os neoliberais empedernidos com suas mãos de tesoura. O caminho é plantar para colher, é investir para voltar a crescer, é fazer com que os trabalhadores e a economia sejam mais produtivos para sustentar o fortalecimento do emprego e dos salários. É ir em frente, e não voltar para trás.

O Brasil precisa de um plano de reconstrução que supere a herança maldita dos governos Temer e Bolsonaro. Retomada do crescimento da economia, ampliação do mercado interno, garantia dos direitos trabalhistas, aumento da produtividade, políticas de inclusão social e de redução das desigualdades regionais, construção de um Estado de Bem-estar social – esse é o caminho que o país deve trilhar.

Para isso, são necessários investimentos públicos em infraestrutura, que gerem empregos e salários e promovam a recuperação do consumo e do mercado interno, fazendo girar novamente a roda da economia. Esse é o caminho para o país sair do atoleiro.

É preciso desenvolver políticas de defesa e de apoio à indústria nacional, fortalecendo as cadeias produtivas e impulsionando programas de desenvolvimento de ciência e tecnologia de ponta. São necessários também investimentos maciços em educação para aumentar a produtividade do trabalho em nosso país.

É preciso ainda uma reforma tributária que taxe as grandes fortunas e os rendimentos e dividendos dos muito ricos. Hoje no Brasil, os pobres pagam mais imposto do que os ricos, algo vergonhoso e intolerável.

A história ensina que as crises trazem enormes sofrimentos, mas também geram grandes oportunidades. O Brasil está vivendo um desses momentos de definição. Para sair mais forte e com mais futuro da atual crise, tem de responder acertadamente a perguntas cruciais.

Queremos ser uma economia de ponta ou um produtor de *commodities*? Queremos recuperar e fortalecer nossa indústria ou abriremos mão desse setor decisivo da economia? Queremos ser exportadores ou importadores de tecnologia? Queremos garantir educação, saúde, segurança e oportunidades para todos os brasileiros ou somente para os mais ricos? Queremos ser um país para todo o povo ou apenas para um terço da população? Queremos seguir construindo um Estado de Bem Estar Social ou regredir para o Estado Mínimo? Queremos desenvolver o país respeitando a natureza ou destruí-la, fazendo passar a boiada? Queremos uma reforma tributária que taxe os mais ricos ou permitiremos que os pobres continuem pagando mais impostos do que eles?

Queremos que a riqueza do pré-sal seja um passaporte para o futuro ou continuaremos a entregá-lo às companhias de petróleo estrangeiras? Queremos ser uma nação à altura das nossas potencialidades ou um quintal dos Estados Unidos?

Ao responder a essas perguntas, o Brasil decidirá o que será nas próximas décadas, talvez nos próximos séculos.

A Editora Contracorrente se preocupa com todos os detalhes de suas obras! Aos curiosos, informamos que este livro foi impresso no mês de janeiro de 2022, em papel Pólen Soft 80g, pela Gráfica Grafilar.